KB144909

창의와 융합의 국어교육

창의와 융합의 국어교육

2015년 7월 15일 초판 1쇄 인쇄
2015년 7월 30일 초판 1쇄 발행

지은이 김종철·윤여탁·구본관·민병곤·고정희·윤대석
펴낸이 윤철호
펴낸곳 (주)사회평론아카데미

편집 고하영·김천희
표지 디자인 김진운
본문 조판 디자인 시
마케팅 하석진

등록번호 2013-000247(2013년 8월 23일)
전화 02-2191-1133
팩스 02-326-1626
주소 121-844 서울특별시 마포구 월드컵북로12길 17(1층)

ISBN 979-11-85617-50-3 93710

창의와 융합의 국어교육

김종철 · 윤여탁 · 구본관 · 민병곤 · 고정희 · 윤대석 지음

사회평론

머리말

한글은 1894년 갑오개혁으로 비로소 국문으로서의 법적 지위를 얻었고, 이 국문을 포함한 국어가 국가 주도의 공교육에서 교육되기 시작한 것은 1895년부터이니 올해는 그 120주년이 된다. 이 기간 동안 국어교육은 국민 대다수를 문맹상태로부터 해방시켜 한국 사회를 근대화하는 데 큰 기여를 한 것으로 평가받고 있다.

그러나 국권 상실로 인한 민족어의 멸실 위기 경험은 이후 국어교육을 민족어 지키기의 틀에서 자유롭지 못하게 했으며, 해방 이후 산업화 위주의 근대화와 정치·사회·문화 분야에서의 민주화 지체는 국어교육을 보통 수준의 의사소통교육에 머물게 했다. 그런가 하면 국어교육 내부의 영역의 분화는 국어교육의 기반을 공고히 하고 내적 체계를 정교하게 하는 성과를 거두고 있으나 상호 소통 부재로 인해 국어교육의 거시적 전망에는 한계로 작용하고 있다.

이러한 국어교육의 한계들을 극복하기 위해서는 창의와 융합이 국어교육 본연의 지향점임을 인식할 필요가 있다. 자국민을 위한 국어교육이 개인의 기술적 의사소통능력의 발달을 넘어서서 사회적 자본으로서의 국어 능력, 문화 창조의 기반으로서의 국어 능력, 그리고 지식 창출과 융합의 매개체로서의 국어 능력을 지향하는 것은 당연한 일이기 때문이다.

이러한 국어교육의 본연의 길을 되찾기 위한 노력의 하나로 편찬된 것이 이 책이다. 이 책은 한국연구재단의 한국사회과학연구(SSK) 지원 사업의 하나로 2012년 9월부터 3년 동안 수행한 연구 과제인 '창의적 인재 육성을 위한 융합 교과 개발'의 성과물들을 중심으로 한 것이다. 창의와 융합을 화두로 하여 국어교육의 안팎을 자유롭게 넘나들며 사유한 결과들인 만큼 시론으로서의 성격이 강하나 국어교육의 고착화된 폐쇄적 틀을 깨트리고 국어교육의 본연의 길을 열어나가는 데 도움이 되리라 믿는다.

2015년 6월
필자들을 대표하여 김종철 씀.

차례

1부

국어교육에서
창의와 융합이란 무엇인가

1장

창의성의 재개념화와
융복합 교과로서의 국어교육

1. 창의성, 융복합, 창의적 인재 양성

최근 몇 년 사이 한국 교육계에 등장했던 화두(話頭)들로는 '창의', '인성', '통섭, 융합, 복합', '영재' 등이 있다. 예를 들면, '한국과학창의재단'이 지난 2008년에 출범하여 운영되고 있으며, 다양한 형태의 '영재교육원'이 대학이나 교육청 등 교육기관에 설립되어 운영되고 있다. 그리고 10여 년 전에 등장했던 '통섭'이라는 용어는 한동안 '융합'으로 대치되었다가 최근에는 다시 사용되고 있다. 이 장은 이런 용어 개념 중에서 '창의성'의 개념을 국어교육의 관점에서 재개념화하고자 한다. 그리고 국어교육의 특성과 실제를 융복합적 교과라는 측면에서 살펴보고, 이를 바탕으로 창의적 인재 양성을 지향하는 국어교육의 과제를 제시하고자 한다.

이제 필자가 연구에 참여하고 있는, '창의'라는 용어를 사용하고 있는 두 개의 연구팀을 소개하면서 이 논의를 시작하고자 한다. 그 하나는 '한국연구재단' SSK 사업의 일환으로 지난 2012년부터 시작된 '교육과 한국 사회의 미래: 창의적 인재 육성을 위한 융합 교과 개발'이라는 연구팀이고, 다른 하나는 2013년 9월부터 시작된 BK21+ 사업인 '창의적 국어교육 미래 인재 양성 사업팀'이다. 이 연구팀들은 약간은 서로 다른 지향을 추구하고 있지만, 공통적으로는 '창의적인 인재 양성'이라는 목표를 설정하고 있다.[1]

....

1 본 연구팀의 "창의적 인재 육성을 위한 융합 교과 개발 연구"는 '창의성(creativity)'과 '융합(convergence)'을 두 개의 핵심 축으로 설정하여 한국 사회의 미래를 대비하는 교육의 혁신을 모색하려고 한다. 산업화 시대가 규모의 경제를 가능하게 하는 표준화와 분업화를 강조했다면, 새로운 시대인 정보화 시대는 표준보다는 개성을, 분업보다는 융합을 강조한다. 학습자들이 미래의 사회에서 만나게 될 실제적이고 전문적 과제들은 영역의 구분을 넘어선 지식의 융합과 창의적인 비전을 요구할 것이다. 따라서 모든 분야의 토대가 되는 '언어적 창의성'을 중심으로 미래 인재 육성을 위한 융합 교과 과정을 개발하는 것이 본 연구의 최종 목표이다(김종철 외 9인, 『2012년 선정 한국사회과학연구지원사업(SSK) 1년차 연차보고서』, 2013, 1쪽).

우리 사업팀은 미래 한국 사회를 인문학 시대, 다매체 시대, 다문화 시대, 통일 한국 시대, 세계화 시대로 예측하고 이러한 사회 변화에 대응하여 한국 사회를 선도할 국어교육 전문 인력을 양성하는 데 목표를 둔다. 구체적인 목표는 다음과 같다.

(1) 인문학 시대를 선도하는 감성을 지닌 국어교육 인재

(2) 다매체 시대를 선도하는 창의력을 지닌 국어교육 인재

이런 연구들은 국어교육의 중요한 영역이라고 할 수 있는 언어적 창의성을 매개로 학문적 융합을 도모하고, 다양한 변화 양상을 보일 것으로 전망되는 미래 사회를 이끌어 갈 수 있는 전문 인재 양성을 목표로 하고 있다. 이 장은 이런 연구 계획에서 확인할 수 있는, 한국 사회가 해결해야 할 중요 과제인 '창의성', '융복합', '창의적 인재 양성'이라는 세 가지 명제를 국어교육이라는 연결고리로 묶어서 검토하는 것을 목적으로 한다. 이 세 가지 명제들은 개별성과 독자성이 강한 개념 범주들이다. 이처럼 차원이나 위상이 다른 이 명제들을 국어교육이라는 핵(core)으로 융합하여 논의하는 이유는 이 명제들에 대한 교육 정책과 대안 개발에 대한 요구[2]가 팽배하기 때문이다.

　　이를 위해서 이 장은 먼저 다양한 영역과 개념을 가지고 있는 창의성을 재개념화할 것이다. 그 이유는 국어교육이 지향해야 할 창의성은 기초가 되는 언어적 창의성을 넘어 정서적 창의성, 문화적 창의성이기 때문이다. 다음으로 이와 같은 창의성의 국어교육적 지향을 실현할 수 있는 방향으로 융복합이라는 명제를 설

··········
(3) 다문화 시대를 선도하는 소통 능력을 지닌 국어교육 인재
(4) 통일 한국 시대를 선도하는 통합 능력을 지닌 국어교육 인재
(5) 세계화 시대를 선도하는 경쟁력을 지닌 한국어교육 인재(윤여탁 외 17인, 『'창의적 국어교육 미래 인재 양성 사업팀' 사업 신청서』, 2013, 2쪽)
2　이런 점은 앞에서 언급한 화두들과 관련된 기관 운영뿐만 아니라 교육계에서 추진되고 있는 연구 요구들에서 쉽게 확인된다.

정하였다. 이 명제를 설명하기 위해서 현행 국어 교과서에 실현되어 있는 경제, 경영과 관련된 단원들을 조사할 것이다. 아울러 한 예시 단원에 실현된 교수-학습의 내용과 방법을 분석하여 이런 교수-학습 실제의 의의와 문제점도 확인하고자 한다. 그리고 이상과 같은 논의를 바탕으로 미래 사회를 선도할 창의적 인재 양성을 위한 국어교육의 역할과 과제를 구체화하고자 한다.

2. 창의성 교육으로서의 국어교육

1) 창의성의 개념과 유형

영어의 'creativity'를 번역한 용어로는 '창의학, 창의적, 창의력, 창의성' 등이 있다. 이 장에서는 그중 최근에 널리 사용되고 있는 '창의성'이라는 용어를 선택하고자 한다. 이 창의성이라는 용어에 대해서는 다양한 정의와 유형[3]이 있지만, 이런 창의성은 "새롭고(즉, 독창적이고 기대되지 않은) 질적으로 수준이 높으며, 적절한(즉, 유용하고 과제에서 요구하는 바를 충족시키는) 산물을 생

....

3 이에 대해서는 다음을 참고. 이동원, 『창의적 교육의 실천적 접근』, 교육과학사, 2009, 41-51쪽; 김영채, 『창의력의 이론과 개발』, 교육과학사, 2010, 14-26쪽.

산해 내는 능력"[4]이라고 정의할 수 있다. 대체로 창의성의 범주에는 새로움(novel)과 적절함(appropriate)이라는 두 개념이 핵심을 이루고 있다.[5]

이처럼 창의성 생성의 기본 원리는 새로운 조합을 추구하고, 새로운 관계를 지향하는 것이다. 즉 기존의 관습이나 관례보다는 새로움을 추구하는 것이며, 이런 원리는 언어의 창조성에서도 확인할 수 있다. 예를 들면, 새로움을 추구하는 창의성 생성의 기본 원리는 문학의 중요한 속성인 비유, 상징 등의 속성과도 일맥상통(一脈相通)한다. 비유와 상징과 같은 언어의 새로운 사용을 통해서 문학적 형상화가 이루어지고, 이와 같은 문학의 창조적 표현은 언어적 풍요화로 발전하기 때문이다. 즉, 문학적 창조성은 언어적 풍요화와 창의성 실현의 원리이자 하나의 방법이다.

이와 같은 창의성은 언어와 밀접한 관계를 맺고 있으며, 같은 맥락에서 언어적 창의성의 교육적 가능성과 당위성도 설명된다. 구체적으로 로즈와 린(Rose and Lin)은 창의성에 관한 실험

....

4 이에 대해서는 다음을 참고. R. J. Sternberg, E. L. Grigorenko and J. L. Singer eds., 임웅 역, 『창의성: 그 잠재력의 실현을 위하여』, 학지사, 2009, 15쪽.

5 이병민은 Sternberg와 Pope 등의 책을 참조하여 창의성의 개념을 설명하는 영어 표현으로 '새로움'에는 novel, original, unexpected, novelty, something new 등을, '적절함'에는 appropriate, value, valuable, significant, fitting, approved, acceptable, adaptive 등을 들고 있다. 이병민, 「창의성 및 언어의 창의성 개념과 외국어 교육에서의 함의」, 『국어교육연구』 31, 서울대학교 국어교육연구소, 2013, 145쪽.

연구 논문 46편을 메타 분석하여 각 분야별 창의성 교육의 효과를 분석·제시하였다. 이 연구는 창의성 훈련 프로그램이 도형적 창의성보다 언어적 창의성, 특히 언어적 독창성 분야에서 더 큰 향상이 있으며, 이는 창의적 훈련 프로그램이 언어적 활동에 의존하기 때문이라고 설명하고 있다.[6]

　　창의성이나 창의성 교육에 관한 연구의 최근 경향은 대체적으로는 창의성이 발현되기 쉬운 환경·기질 등에서는 공통점이 있는 영역 보편성이 있음에 비하여, 창의성의 구체적인 내용이나 발현의 측면에서는 영역이나 분야에 따라 다르게 나타나는 특수한 것[7]이라는 견해를 보이고 있다. 비슷한 맥락에서 어떤 분야에서의 창의성인가가 중요하고, 나아가서는 영역 특수적이라는 특성을 넘어 과제 특수적이라고 설명되기도 한다.[8] 이에 따라 창의성의 영역 특수성, 과제 특수성이라는 특성은 각 교과와 밀접한 관련을 맺을 수밖에 없다.

....

6　이에 대해서는 다음을 참고. L. H. Rose and H. T. Lin, "The meta-analysis of long-term creativity training programs", *Journal of Creative Behavior* 18, 1984, 11-22쪽.

7　이에 대해서는 다음을 참고. 소연희, 「정서 창의성과 대인관계성향에 관한 분석」, 『교육방법연구』16(2), 한국교육과정방법학회, 2004, 56쪽.

8　이에 대해서는 다음을 참고. 김은성, 「국어과 창의성 교육의 관점」, 『국어교육학연구』18, 국어교육학회, 2003, 77-79쪽; 이화선·최인수, 「언어 창의성의 과제특수성에 대한 연구」, 『교육심리연구』21(2), 2007, 한국교육심리학회, 395-397쪽.

이밖에 개인적 창의성(P-창의성, psychological creativity)을 토대로 하여 역사적 창의성(H-창의성, historical creativity)[9]을 지향해야 한다는 주장도 있다. 그리고 개인적 창의성과 유사한 little-c creativity(일상의 문제를 해결하고 변화에 능동적으로 대처하는 수준의 능력)와 역사적 창의성과 유사한 big-C creativity(타인의 삶과 사고 및 정서에 영향을 끼치는 수준의 능력)[10]으로 창의성을 구분하기도 한다. 이 중 전자가 일상생활에서 일어나는 작은 이탈이나 새 출발과 같은 것임에 비하여, 후자는 매우 드물게 일어나는 세계사적인 대발견과 같은 것이다. 따라서 우리의 가정이나 학교에서 이루어지는 창의성 교육은 big-C creativity도 중요하지만 little-c creativity에 관심을 두고 시작되어야 한다. 즉, 창의성 교육은 소수의 천재 학생을 대상으로 하는 것이 아니라 다수의 학생들에게 창의적 경험을 제공하여 다수 학생들의 창의적 능력을 기르는 것을 목적으로 해야 한다.

또한 창의성 교육은 '생태학적 상호작용 모형' 또는 '인간 중심'이라는 관계망인 4P[인간(person), 과정(process), 산물(prod-

....

9 이에 대해서는 다음을 참고. M. A. Boden, *The Creative Mind: Myths and Mechanisms*, New York: Basic Books, Inc., 1991.

10 이에 대해서는 다음을 참고. H. Gardner, "Seven creators of the modern era", J. Brockman ed., *Creativity*, New York: Simon Schuster, 1993, pp. 28-47; K. Kersting, "Considering Creativity - What exactly is creativity?", *Monitor Psychology* 34(10), 2003.

uct), 환경(press)][11] 사이에 일어나는 역동적인 상호작용이라는 관점도 있다. 즉 이들 요소들의 관계, 특히 환경과 인간의 관계는 유의미한 교수-학습의 내용이자 과정으로서의 교수-학습 활동이다. 이런 점에서 "개인의 능력은 창의성의 일부분에 불과하며, 오히려 주변 환경과의 상호작용에 가까운 것"[12]이라는 주장은, 우리를 둘러싸고 있는 사회·문화·경제적 환경으로부터 창의성을 분리해서 생각할 수 없음을 이야기하고 있다. 따라서 이제는 인간을 중심에 놓는 생태학적 맥락에서의 창의성도 고려해야 한다.

2) 창의성의 국어교육적 지향

이제 논의 내용을 국어교육 분야로 옮겨서 창의적인 학문으로서의 국어교육의 성격을 생각해 보고자 한다. 국어 교과는 대략 다음과 같은 네 가지 특성을 지닌다. 먼저, 국어는 일상생활의 현실적인 요구와 다른 학문을 배우는 도구(tool) 교과로서의 특성을 지닌다. 의사소통과 같은 국어의 사용(use) 능력과 연관된 것으로, 모든 언어의 기본적인 특성이기도 하다. 두 번째로, 국어는 우

....

11   로드(Rhodes)의 견해로 창의력에 관한 64개의 정의를 'person', 'process', 'product', 'press' 라는 네 유형으로 묶어서 설명하고 있다. M. Rhodes, "An analysis of creativity", *Dhi Delta Kappan* 42, 1961, pp. 305-310.

12   이동원, 앞의 책, 19쪽.

리 민족의 문화적 전통과 정체성을 확인할 수 있는 문화(culture) 교과로서의 특성이 있다. 언어문화에 담긴 민족 문화의 전통을 창조적으로 계승하는 것을 목표로 한다. 세 번째로, 국어는 교육 일반이 그렇듯이 국가 이데올로기의 재생산에 공헌하거나 때로는 이에 저항하기도 하는 이념(ideology) 교과로서의 특성이 있다. 언어를 통해서 발현되는 인간의 비판적(critical) 사고 능력 등이 이에 속한다. 마지막으로, 국어는 예술(art) 교과로서의 특성이 있다. 주로 국어의 예술적 산물이자 표현물인 문학과 관련된 것으로 주로 문학 능력과 관련된 특성이다.[13]

이와 같이 국어 교과에는 의사소통과 같은 일상의 언어 사용뿐만 아니라 다른 교과를 배우는 데 필요한 도구적 사용, 문화적 정체성 형성, 이념적·비판적 사고력 증진, 문학적 표현 능력 등의 영역에서 창의성이 작용하고 있다. 특히 비판적 사고력이나 문학적 표현의 핵심은 창의성 그 자체라고도 할 수 있다. 비판적 사고력은 언어적 문제 해결로서의 창의력(사고력)[14]에 초점을 맞추고

....

13　언어를 '언어학적 체계로서의 언어', '기능적 관점에서의 언어(행위로서의 언어)', '자기표현으로서의 언어', '문화와 이데올로기로서의 언어'로 설명한 튜더(Tudor)의 관점도 이와 크게 다르지 않다. I. Tudor, *The Dynamics of the Language Classroom*, Cambridge: Cambridge University Press, 2001, pp. 49-76.

14　언어적 창의력의 발현을 '발상 단계(느끼기, 깨닫기) → 구조화 단계(구체화하기, 관계 짓기, 뒤집어보기, 미루어보기) → 언어화 단계(경험화하기, 감각화하기, 의미화하기, 개별화하기) → 메타화 단계'로 설명하는 연구가 그 대표적인 예이다. 이삼

있으며, 문학적 표현 능력은 문학적 창작 능력으로서의 창조에 초점을 맞추고 있다. 이런 점은 국어 창의성이 다양한 영역을 넘나드는 특성을 지니며, 이 특성은 국어 창의성의 융복합적 특성과도 밀접한 관련이 있다는 점을 증명해 준다. 다만 지금까지는 창의성이라는 이름으로 국어 교과 내에서 영역 간 융복합을 추구했다면, 앞으로는 다른 교과와의 융복합을 모색해야 한다.

그동안 국어교육계에서의 창의성 논의들은 교육과정, 교과서, 교수-학습 등과 같은 실제적인 논의에 치중하였으며, 국어 창의성이 국어 능력과 별로 다르지 않은 것이라는 선입견이 작용하고 있었다. 최근 국어교육에서의 창의성 논의는 이런 한계들을 극복하려고 노력하고 있다. 예를 들면, 국어 능력을 기능적 문식성(literacy)이나 단순한 문제 해결 능력과 연결시켜 설명하기보다는 비판적 문식성, 문화적 문식성과 관련해서 설명하고 있다. 이를 통하여 국어 능력의 개념을 국어 교과의 이념적·정의적인 특성과 관련시켜 확장하고 있다.[15] 아울러 국어 교과의 중요한 특성이기도 하며, 그동안 국어교육에서 강조되었던 언어의 범교과적

....

형 외 2인, 「언어적 창의력 프로그램 개발 연구」, 『국어교육학연구』 19, 국어교육학회, 2004, 449-478쪽.

15　이에 대해서는 다음을 참고. 윤여탁, 「다문화 사회의 문식성 신장을 위한 한국어교육의 전략: 문학교육의 관점을 중심으로」, 『새국어교육』 94, 한국국어교육학회, 2013, 8-16쪽.

인 도구적 기능이 폄훼되어서는 안 되지만, 언어 사용 기능이 바로 사고 기능이라는 관점도 안 된다는 주장[16]도 고려해야 한다.

국어 교과의 이상과 같은 특성은 국어교육에서 요구되는 창의성이 인지적인 것에만 국한되지 않는다는 점과 연결된다. 즉, 국어교육에서 지향(指向)해야 할 창의성은 인지적 창의성뿐만 아니라 정서적 창의성도 포함해야 한다. 국어적 창의성은 일정 부분 정서적이며, 일상적이고, 대인관계 지향적이며, 문화적·이데올로기적이기 때문이다. 이처럼 국어교육이 지향해야 할 정서 창의성은 애버릴과 눈리(Averill and Nunley) 등이 정리한 개념으로, 사회구성주의(social-constructionism)를 토대로 등장했다. 이런 정서적 창의성은 인간이 대부분 사회/문화라는 환경 속에 존재하고 그 사회/문화의 정서를 습득하지만, 이를 그대로 수용하기보다는 사회와의 조율을 통해서 정서를 새롭고 융통성 있게 발현시킨다는 특성을 전제로 한다.[17]

....

16 이에 대해서는 다음을 참고. 김미혜, 「국어적 창의성의 구성 요소에 관한 연구」, 『국어교육학연구』 20, 국어교육학회, 2004, 334-335쪽; 신명선, 「국어적 창의성의 개념 정립에 대한 연구-정서 창의성의 도입을 중심으로」, 『국어교육학연구』 35, 국어교육학회, 2009, 303-311쪽; 김은성, 앞의 글, 83-85쪽.
17 정서적 창의성, 정서지능, 대인관계지능 등의 개념은 중복된다고 한다. 이에 대해서는 다음을 참고. J. R. Averill and E. P. Nunley, *Voyages of Heart: Living an Emotionally Creative Life*, New York: Free Press, 1992; 신명선, 위의 글, 315-322쪽; 한순미 외 4인, 『창의성: 사람, 환경, 전략』, 학지사, 2005, 30-33쪽.

국어 교과의 특성 중에서 문화적 전통과 정체성과 관련해서 국어교육의 창의성은 문화적 창의성[18]을 실천하는 것도 중요하다. 이 특성은 국어 문화와 문학의 창조적 특성과 관련된 것으로 고전의 용어로는 온고지신(溫故知新), 법고창신(法古創新)이며, 현대의 용어로는 상호텍스트성(intertextuality)과 대화주의(dialogisme)적 속성으로 설명할 수 있다. 즉, 전통의 창조적 계승이라는 관점에서 국어 창의성을 맥락화할 수 있어야 한다. 또한 국어교육에서의 창의성은 창의적 문제 해결보다 문제 발견의 과정에서 더 필요하며, 문제 발견이 창의성 발현의 더 중요한 차원[19]이라는 점도 명심해야 한다.

3. 융복합 교과로서의 국어교육의 지향

앞 절에서 논의한 것처럼 국어 교과에서의 창의성은 국어교육의 본질과 분리하기 어렵다. 근본적으로 문학이라는 예술 영역

....

18   최홍원은 문화적 창의성을 제안하면서 '사회 문화적 환경의 관여에 따른 창의성의 공간적 지평 확대', '과거 전통의 관여에 따른 창의성의 시간적 지평 확대', '위계 및 수준 설계에 따른 창의성의 교육적 지평 확대' 등의 맥락에서 창의성의 지평을 확대해야 함을 주장하였다. 최홍원, 「창의성에 대한 이해 지평의 확대와 국어교육적 재조명」, 『새국어교육』 89, 한국국어교육학회, 2011, 465-476쪽.

19   이에 대해서는 다음을 참고. E. de Bono, *The CoRT Thinking: Teachers Note*, New York Pergamon Press, 1991.

을 포함하고 있는 언어 교과이며, 도구 교과이면서 이념 교과이고, 사용 교과이면서 문화 교과이다. 특히 국어적 창의성의 개념 중에서 정서적 창의성과 문화적 창의성은 국어교육의 영역 확장 또는 교과 간 융복합을 실천할 수 있는 중요한 논거가 된다. 그 이유는 정서, 문화와 같은 개념들이 인간, 사회, 환경 등 인문과학, 사회과학의 핵심적인 내용으로부터 분리될 수 없는 학문 영역이기 때문이다.

어떻든지 국어 교과는 언어의 도구적 특성 때문에 다양한 제재를 선택하여 융복합적이고 통합적인 교수-학습을 실시하는 관계로 융복합 교육의 실제가 많이 있는 교과라고 인정되고 있다. 이 부분에서는 융복합 차원의 국어교육 내용과 방법을 살펴보기 위해서 2009 개정 교육과정에 따라 개발된 고등학교 '국어' 교과서(2013년 검정, 2014학년도 적용)에 수록된 경제, 경영 관련 제재와 교수-학습 활동을 조사하여 분석하고자 한다. 국어 교과서에 실현된 융복합 교육의 실제 모습은 교수-학습의 제재가 되는 다양한 자료 차원뿐만 아니라 교수-학습의 목표가 되는 지식이나 활동 등의 내용 차원, 교수-학습의 과정이나 절차 등과 같은 방법 차원에서 확인된다.[20]

....

20 이런 분석이 부분적인 사례에 머물렀다는 한계도 있다. 이후 논의에서 설명하겠지만, 그 이유는 국어교육에서 실현되고 있는 융복합이 화학적 단계에 도달하지 못하고 있기 때문이다.

먼저, 고등학교 '국어' 교과서에 수록된 경제, 경영 관련 제재들의 목록을 제시하면 다음과 같다.

'국어' 교과서 제재

(11종 22책의 교과서 목록은 〈부록〉으로 첨부했음.)

- 비상(우) 국어 I 5-2단원 〈공유지의 비극〉[21] (유레카 엠엔비 편집부)
- 해냄 국어 I 4-4단원 〈느림의 문화, 느림의 여행〉(정은정·허남혁)
- 신사고 국어 I 3-2단원 〈시장과 우물〉(박제가), 〈소비를 위한 변명〉(박정자)
- 천재(박) 국어 I 5-2단원 〈모두가 행복해지는 공정 여행〉(김재현)
- 비상(우) 국어 II 4-3단원 〈36.5도 인간의 경제학〉(이준구)
- 미래엔 국어 II 5-1단원 〈돈으로 살 수 없는 것들〉(마이클 샌들)
- 교학사 국어 II 6-2단원 〈세상을 바꾸는 선택, 공정 여행〉(자체), 2-2단원 〈저작권을 보호하자〉(한호)
- 지학사 국어 II 4-1단원 〈'메밀꽃 필 무렵'의 경제학 – 상업 시설의 입지〉(박찬선)

이런 제재들은 대부분 독서 방법이나 과정 등을 확인하기 위해 선택되고 있으며, 일부 제재는 사고 과정 확인이나 작문 활동을 위해 선택되고 있다. 이런 '국어' 교과서의 특성을 비유해서 표현하면, 화학적 융복합적인 교수-학습 활동이라기보다는 물리적 통합을 추구하는 교수-학습 활동이라고 할 수 있다. 이 부분에서는 다른 교과서에 비하여 융복합적 제재의 특성이 분명하고, 교수-학습 활동이 다양하게 제시되고 있는 〈'메밀꽃 필 무렵'의 경제학 – 상업 시설의 입지〉(박찬선)[22]를 중심으로 교수-학습 활동의 실제를 확인하고자 한다. 이 단원에서 제재로 선택하고 있는 내용의 일부와 '학습 활동'을 요약적으로 제시하면 다음과 같다.

'메밀꽃 필 무렵'의 경제학
– 상업 시설의 입지

허 생원은 왜 장돌뱅이가 되었을까?

이효석의 '메밀꽃 필 무렵'의 배경인 강원도 평창군은 평소

....

21 1968년 12월 13일자 『사이언스(*Science*)』에 실렸던 미국 UCSB 생물학과 교수였던 개릿 하딘(Garrett James Hardin, 1915-2003)의 글("The Tragedy of the Commons")의 일부와 제목을 차용하여 쓴 글임.
22 1978년생으로 "고등학교에서 지리를 가르치고 있으며, 도시·사회 분야에 관심이 많다. 저서로 『톡 한국 지리』가 있다."라고 소개되어 있다.

에도 관광객이 끊이지 않는 곳이지만 메밀꽃이 피는 가을이면 더욱 시끌벅적해진다. 마치 소금 뿌려 놓은 듯 흐드러지게 피는 메밀꽃 만개시기에 맞춰 메밀꽃 축제(평창 효석 문화제)가 열리기 때문이다. 이처럼 많은 사람들이 몰려들면서 덩달아 근처에서 5일 만에 한 번씩 서는 봉평장, 대화장 등 시골 장터도 활기를 되찾고 있다. 그런데 이곳에 언제나 편리하게 물건을 살 수 있는 시장이나 마트가 들어서는 대신, 여전히 장터가 인기를 끌고 있는 이유는 무엇일까? 그 이유를 알아보자.

드팀전 장돌이를 시작한 지 이십 년이나 되어도 허 생원은 봉평장을 빼논 적은 드물었다. 충주, 제천 등의 이웃 군에도 가고, 멀리 영남 지방도 헤매기는 하였으나 강릉쯤에 물건 하러 가는 외에는 처음부터 끝까지 군내를 돌아다녔다. 닷새만큼씩의 장날에는 달보다 확실하게 면에서 면으로 건너간다. 고향이 청주라고 자랑삼아 말하였으나 고향에 돌보러 간 일도 있는 것 같지는 않다. 장에서 장으로 가는 길의 아름다운 강산이 그대로 그에게는 그리운 고향이었다. 반날 동안이나 뚜벅뚜벅 걷고 장터 있는 마을에 거지반 가까웠을 때, 거친 나귀가 한바탕 우렁차게 울면—더구나 그것이 저녁녘이어서 등불들이 어둠 속에 깜박거릴 무렵이면 늘 당하는 것이건만 허 생원은 변치 않고 언제든지 가슴이 뛰놀았다.

위에서 인용한 이효석의 '메밀꽃 필 무렵'에 등장하는 허

생원은 여러 장을 돌아다니며 물건을 파는 장돌뱅이다. 허 생원과 같은 장돌뱅이들은 장이 서는 곳을 찾아 밤길 육칠십 리를 걷는 것은 예사고, 때로는 며칠이나 걸리는 거리를 가야 하는 경우도 허다했다. 등에는 봇짐을 지고 나귀는 천 바리들을 싣고 여기저기 돌아다니며 물건을 팔았던 허 생원. 가게를 차리고 손님을 기다리는 편이 훨씬 수월했을 텐데, 그는 왜 물건을 팔기 위해 이곳저곳을 옮겨 다녔던 것일까?

시장이 5일마다 열린다?

(생략)

공간의 손익 분기점이 바로 최소 요구치!

(생략)

이제는 24시간 시대

(생략)

학습 활동

1. 다음 활동을 하며 이 글의 내용을 이해해 보자.

(1) 이 글에서 설명하고 있는 대상은 무엇인지 말해 보자.

(2) 글의 소제목을 중심으로 해당 부분의 중심 내용을 파악해 보자.

(3) 글을 다시 훑어 읽으며 중요한 개념이나 내용을 찾고, 그 뜻을 설명해 보자.

2. 문제 해결 과정으로서의 독서의 특성에 주목하여 다음 활동을 해 보자.

(1) 다음 질문에 대한 답을 찾으며 글을 읽을 때 부딪히는 문제를 해결해 보자.

(2) 이 글을 통해 얻은 지식을 활용하여 일상생활의 문제를 해결해 보자.

3. 다음 활동을 하며 이 글이 어떤 정보를 어떻게 조직했는지 알아보자.

(1) 이 글에 제시된 정보들을 찾아 정리해 보고, 그 중요도를 판단해 보자.

(2) 핵심 정보를 연결하여 이 글의 내용을 요약해 보자.

4. 다음은 '외부 효과'에 관한 설명문의 일부분이다. 작문 맥락에 따라 정보를 선별하고 조직하여 설명문을 완성하는 활동을 해 보자.

(1) 위에 제시된 설명문의 뒷부분을 완성하려 한다. 필요한 정보들을 수집한 후, 위에 제시된 작문 맥락을 고려하여 정보들을 선별해 보자.

(2) '외부 효과'에 대한 설명문을 쓰기 위해 작성한 개요(왼쪽)를 참고하여 위 설명문의 뒷부분을 완성해 보자.

이 단원의 자료는 "과거에는 상업 시설이 구매 수요를 찾아 이동했지만 오늘날에는 공간적·시간적 제약에서 많이 벗어나 입지하는 추세이다."라는 내용을 설명하는 글이다. 글쓴이는 이 내용을 설명하기 위해 이효석의 〈메밀꽃 필 무렵〉이라는 소설의 내용을 바탕으로 평창 5일장 등 시장의 변화를 이야기하고 있다. 이 단원은 제재의 측면에서는 경제 관련 글과 소설 작품을 같이 선택하고 있어서 융복합을 추구하고 있다. 즉 교수-학습의 내용 측면에서는 설명문을 읽는 방법과 문제 해결 과정으로서의 독서의 특성, 맥락을 고려한 작문 쓰기를 목표로 하고 있으며, 교수-학습의 방법적 측면에서는 읽기, 말하기, 쓰기 등 통합적인 학습 활동을 제시하고 있다. 그리고 이와 같은 학습 활동을 위해서는 경제와 관련된 배경 지식이 필요하기 때문에 〈메밀꽃 필 무렵〉은 국어 교과만을 위한 읽기 자료, 혹은 경제 교과에서 개념 이해를 위해 보조 자료로 사용되는 수준을 넘어서고 있다.

대체로 국어 교과의 경우, 문학이나 문법 단원에서는 한국문학 작품, 국어학 관련 글이나 자료를 중심으로 내용 파악이나 지식 학습과 같은 교수-학습 활동을 진행한다. 이에 비하여 말하기, 듣기, 읽기, 쓰기와 같은 의사소통 능력과 관련된 활동 단원에서는 인문, 사회, 과학, 예술 관련 글뿐만 아니라 광고나 신문, 방송, 인터넷, 스마트폰 등 다양한 매체(media)에 실렸던 자료들이 교수-학습에 제공된다. 그리고 이런 자료를 활용한 활동으로는 위에서 예시한 문제 해결 과정으로서의 독서 활동 외에도, 심미적·정의적·문화적인 능력 함양을 위한 문학교육 활동, 비판적인 사고력과 관련된 광고나 매체 관련 교수-학습 활동 등 다양한 융복합적 교수-학습 내용과 방법 등이 있다.

앞에서 살펴본 국어 교과서의 교수-학습 활동은 경제, 경영 관련 제재를 활용하여 교과 간 융복합을 지향한다는 관점에서 의미가 있다. 특히 경제, 경영과 관련된 언어 자료나 다양한 통계, 도표 등을 활용하여 국어 교수-학습 활동을 한다는 점에서 그렇다. 즉 국어과와 사회과의 교수-학습 목표를 동시에 실천할 수 있다는 점에서 일정한 의의를 가진다. 이와 같은 교수-학습 활동은 국어교육이 의사소통 능력을 증진하는 도구적 성격을 기본으로 하지만, 사회 교과 영역에 속하는 경제나 경영 관련 내용과 국어 교과가 사회·문화 능력을 기르는 교과라는 특성에서 무관하지 않다는 점을 상기시킨다. 그리고 사회·문화 능력 함양이라는 국어교육의 목표는 문화적 창의성이라는 창의성 개념으로부터 자유스러울 수 없다.

그러나 이 국어 교과서의 교수-학습 내용이나 활동은 사회·문화적 능력 함양을 지향하는 좋은 예이기는 하지만 제재 통합과 같은 물리적 통합의 수준을 넘어서고 있는 것은 아니다. 더구나 창의성 교육이라는 지향과는 거리가 멀다. 단순한 제재 통합을 넘어 궁극적으로는 "인간은 경제적 동물이다."라는 명제를 국어교육의 관점에서 사유하고 맥락적으로 실천하는 것이 진정한 융복합 교육이고, 이런 방법을 새롭게 모색하여 가르치는 것이 창의성 교육이다. 그리고 이와 같은 방향이 앞으로 화학적 융복합을 지향하는, 창의적인 국어교육이 나아갈 길이기도 하다.

4. 창의적 인재 양성을 위한 국어교육의 과제

이 부분에서는 미래 사회를 이끌어 갈 창의적 인재 양성을 위한 국어교육계의 과제와 쟁점을 이야기해 보고자 한다. 먼저 국어 교과의 도구적 속성과 관련된 것으로, 국어 교과는 다른 교과 학습의 기초가 된다. 그 이유는 국어 교과 외에도 대부분의 교과가 교수-학습의 내용과 방법을 한국어로 설명하고 있기 때문이다. 그렇기 때문에 국어를 잘해야 다른 교과 학습도 잘 할 수 있다. 궁극적으로 국어 교과의 범교과적이고, 도구적이라는 속성 때문에 국어 능력은 다른 교과 관련 교수-학습에 기초가 된다. 따라서 국어와 관련된 인재 양성은 국어교육 영역에만 한정되지 않으며, 몇 가지 전제와 단계를 거쳐야 하겠지만 다른 교과의 인재 양성과도 밀접한 관련이 있다.

국어 교과는 이처럼 다른 교과의 교수-학습과 의사소통에도 작용한다. 즉 어떤 상황이나 자리에서든지 의사소통의 단계에서 언어 능력, 국어 능력은 작용하며, 앞에서도 언급한 것처럼 이런 특성은 국어의 도구적 특성으로부터 연유한다. 국어와 거리가 멀어 보이는 수학이나 예체능과 같은 교과의 경우에도 그 교과의 내용뿐만 아니라 교수-학습 활동을 지시하는 문장은 언어로 제시되어 있다. 그래서 일상적인 의사소통뿐만 아니라 다른 교과의 학습도 일차적으로 국어를 통하여 이루어지기 때문이다.

이런 측면에서 미래 사회를 이끌어 갈 인재를 가르치는 교사들은 학문의 기초인 국어 능력을 겸비한 교사여야 한다. 최근 모든 교과의 교수-학습에서 교수-학습의 내용도 중요하지만, 교수-학습의 방법이나 과정이 강조되면서 교사와 학습자들 사이에 일어나는 의사소통의 중요성이 강조되고 있다.[23] 그리고 이와 같은 교수-학습 현장에서 의사소통이 원만하게 이루어지기 위해서는 교사의 국어 능력이 중요시된다. 이처럼 국어교육은 국어 능력

....

23　출퇴근길에 들었던 창의성과 관련된 방송에서 이 점을 확인할 수 있는데, 그 대강의 내용은 다음과 같다. "얼음이 녹으면 무엇이 되나요?"라는 초등학교 선생님의 물음에 대부분의 아이들은 "물이 됩니다."라고 대답을 했는데, 한 아이만 "봄이 옵니다."라고 대답했다고 한다. 이 이야기를 소개한 방송 진행자는 이 아이의 대답이 창의적이라고 설명하였다. 그러나 이 대답은 두 가지 관점에서 해석할 수 있다. 즉 이 아이가 선생님의 질문을 재담으로 응대했다면 창의적이지만, 선생님의 질문을 잘못 받아들였다면 바보나 다름없다. 과학적으로는 얼음이 녹으면 물이 되든지, 아니면 드라이아이스처럼 기체로 증발하기 때문이다. 이런 측면에서 창의적인 사람과 바보는 별로 차이가 없을 수도 있다.

을 겸비한 교사 양성에도 작용하고 있다.

국어교육과 관련된 창의적 인재 양성에서 고려해야 할 두 번째 쟁점은 국어과의 또 다른 속성인 인문학 전통과 정체성을 실천하는 교육을 지향해야 한다는 점이다. 대부분의 교과교육 관련 학문의 내용이나 방법은 실용성을 추구하고 있다. 이에 비하여 국어 교과는 언어학, 문학 등 인문학적인 학문 내용을 교육의 기본으로 하는 학문 영역이다. 따라서 국어교육은 인문학이 추구하는 인간 중심주의 전통을 계승하고 발전시키는 기초 학문으로서의 역할도 수행해야 한다.

대부분의 인문학 일반이 인간을 중심에 놓은 학문이지만, 언어학과 문학을 포함하고 있는 국어 교과는 창의성을 넘어 언어적·문학적 창조성을 중요시한다. 그리고 이 점이 국어교육의 특수성이기도 하다. 특히 국어 교과의 한 영역인 문학은 인간의 삶, 이념, 정서 등을 언어적으로 형상화하고, 이를 통해서 인간의 인지적·정의적 발전을 도모하는 인간 교육을 지향하고 있다. 이런 점에서 국어교육은 인간을 사유와 실천의 중심에 놓는 인본주의(人本主義, humanism)적인 학문이고, 인간다운 인간을 기르는 것을 목적으로 하는 기초 학문 영역이라고 할 수 있다.[24] 그리고 국어교육이 지향해야 할 세 번째 쟁점은 교과 학문 간의 융합은 화학적 융복합을 지향하는 교수-학습이어야 한다는 점이다. 이미 앞에서 언급한 국어 교과의 도구적 속성과도 관련된 내용이지만, 이제 국어

교과는 단순한 도구적 속성을 극복할 수 있는 방향이어야 하고, 물리적인 통합을 넘어 화학적 융복합을 지향해야 한다. 물리적 통합의 예는 기존 교과서에서 실현하고 있는 제재 통합적인 방법이다. 이에 비하여 앞으로 지향해야 할 화학적 융복합은 제재 통합뿐만 아니라 교수-학습의 내용과 방법까지도 융복합을 추구해야한다. 이런 학문적 지향은 학문적 융복합을 추구하는 미래 학문의 지향과도 부합하는 것이자 이런 학문적 지향을 선도하는 것이기도 하다.

이 과정에서 학문적 융복합을 위해서는 교수-학습의 내용과 방법 차원에서 혁신적인 모색을 추구해야 하며, 이와 같은 맥락에서 실용주의를 지양(止揚)·극복할 수 있는 원칙적이고 장기적인

....

24 이런 측면에서 국어교육은 도구적 교과로만 규정할 수 없다. '문학'과 같은 예술 영역을 포함하고 있는 국어 교과는 정의적이고 이데올로기적일 뿐만 아니라 문화적인 특성이 강한 교과이다. 특히 문화교육이라는 특성은 언어교육의 보편적인 특성이기 때문에 외국어교육이라고 해서 예외가 될 수 없다. 브라운의 다음과 같은 언급에서 이를 확인할 수 있다.

문화가 뿌리 깊은 행동 및 인식 양상의 집합으로서 제2 언어 학습에서 매우 중요한 것이 되어가고 있는 것은 분명하다. 언어는 문화의 일부분이며, 또한 문화는 언어의 일부분이다. 즉 이 둘은 밀접하게 얽혀 있어서 언어든 문화든 그 중요성을 잃지 않으면서 둘을 떼어낼 수는 없다. 특수한 도구적 학습(말하자면, 학문적인 원문을 연구하기 위해 한 언어의 독해력만을 습득하는 경우처럼)을 제외하면, 제2 언어 습득은 또한 제2 문화의 습득이기도 하다(H. 더글라스 브라운, 이홍수 외 역,『외국어 학습·교수의 원리』, Pearson Education Korea, 2005, 207쪽).

창의적 미래 인재 양성 방안을 마련해야 한다. 구체적으로는 미래 사회를 이끌어 갈 국어교육 인재 양성은 국어교육이라는 학문적 특수성에 바탕을 두고 모색되어야 한다. 예를 들면, '인문학적 감성을 실현할 수 있는 문화적 인재', '창의성을 발현하는 창조적 인재', '융복합적 사고력을 실천하는 인재', '세계화 시대에 미래를 선도할 수 있는 인재' 등을 제시할 수 있다. 특히 세계화, 다원화, 통일 등의 과제와 같은 거시적인 시각에서 미래 학문을 개척할 수 있는 국어교육 인재 양성에 초점을 맞추어야 한다.

5. 창의성과 교육을 위하여

이 장은 창의성, 융복합, 창의적 인재 양성이라는 개념을 중심으로 국어교육의 지향을 살펴보았다. 글을 시작하면서 대개 그렇듯이 거창한 목표를 세웠지만, 결국 창의성이라는 거대한 소용돌이에 휘둘리고 말았다는 생각이다. 그 이유는 너무도 다양하고 모호한 이 창의성이라는 개념 때문이다. 창의성의 이런 특성은 내가 공부하고 가르치는 문학의 다양성이나 모호성과도 상통하는 것이기도 하다. 그러나 결국은 그 방향을 분명하게 찾지 못하고 말았다. 더구나 기술 문명이 지배하는 미래 사회는 예측하기도 어렵기 때문에 분명한 대안이나 방법을 내놓지 못하고, 원론적인 입장과 처방만을 나열하고 말았다.

이 분야의 전문가들은 창의성을 개발(開發)/계발(啓發)하기 위해서는 책을 많이 읽고, 생각을 많이 해야 한다는 원론적인 말을 많이 한다. 그래야 발상을 전환하여 창의성을 발현할 수 있기 때문이라고 한다. 그런데 현대사회는 우리 학생들로부터 아니 모든 인간으로부터 한가하게 책을 읽을 기회와 여유를 빼앗아 가 버렸다. 전문가들이 추천하고 권하는 것처럼 천천히 책을 읽거나 생각을 할 여유가 많지 않다. 서점에서 책을 구입해서 읽기보다는 빠르게 움직이는 전파와 영상, 인터넷 등이 제공하는 정보를 찾아다니는 것이 훨씬 편리하기 때문이다.

이제 이와 같은 원론적인 처방을 넘어 창의성 개발/계발의 방법을 구체적으로 제시해야 한다는 점을 강조하고자 한다. 대체로 창의성의 개발/계발이라는 명제는 우리 사회의 지배적 담론으로 작용하고 있는 보편적인 관념이나 일반화된 법칙에 대한 의문으로부터 출발한다. 구체적으로는 다른 사람의 글이나 말에 대해 새롭게 질문을 하고, 그 질문에 대한 새로운 해답을 찾아가는 과정과 그 결과 모두가 창의성이다. 예를 들면, '거꾸로 생각하기', '역지사지(易地思之)'의 발상을 거쳐 새로운 발견에 이르는 것이다. 그리고 이런 창의성이라는 개념에는 객관성이나 합리성, 논리성과 같은 근대 학문의 보편적 원칙이 보장되어야 한다. 즉, 창의성에 관한 그동안의 여러 논의에서처럼 참신성(새로움)과 합리성

(적절함)이라는 두 잣대를 충족시킬 수 있어야 한다.

끝으로, 교사 양성을 지향하는 사범 교육은 다른 학문 영역과는 달리 서로 다른 학문이나 전공 영역과의 융복합을 추구하기에 유리한 형태라고 할 수 있다. 다양한 학문 분야의 학과가 있고, 어떤 학과에는 몇 개의 서로 다른 전공 영역들이 같이 있기 때문이다. 대체로 교과교육학, 순수학문, 교육학 등으로 나눌 수 있는 이 영역들은 독자성과 공통성을 가지고 있다. 수학적으로 설명하면 합(合)집합, 교(交)집합, 여(餘)집합이 모두 존재한다. 이런 점에서 교사 양성을 위한 사범 교육은 융복합적 연구, 교육 방법, 인재 양성 등에 대해서 깊이 있는 논의를 보여 주어야 한다. 그리고 이런 영역이 사범 교육의 고유한 학문 영역이 될 수 있음을 밝히면서 이 장을 맺고자 한다.

부록

※ 2009 개정 교육과정 고등학교 '국어' 교과서 (11종 22책)
김종철 외 10인,『고등학교 국어』ⅠⅡ, 천재교육, 교육부 검정 2013. 8. 30.
김중신 외 6인,『고등학교 국어』ⅠⅡ, ㈜교학사, 교육부 검정 2013. 8. 30.
문영진 외 8인,『고등학교 국어』ⅠⅡ, 창비, 교육부 검정 2013. 8. 30.
박영목 외 12인,『고등학교 국어』ⅠⅡ, 천재교육, 교육부 검정 2013. 8. 30.
신동흔 외 15인,『고등학교 국어』ⅠⅡ, 두산동아, 교육부 검정 2013. 8. 30.
우한용 외 7인,『고등학교 국어』ⅠⅡ, 비상교육, 교육부 검정 2013. 8. 30.
윤여탁 외 17인,『고등학교 국어』ⅠⅡ, ㈜미래엔, 교육부 검정 2013. 8. 30.
이삼형 외 6인,『고등학교 국어』ⅠⅡ, ㈜지학사, 교육부 검정 2013. 8. 30.
이숭원 외 8인,『고등학교 국어』ⅠⅡ, 신사고, 교육부 검정 2013. 8. 30.
조현설 외 30인,『고등학교 국어』ⅠⅡ, 해냄에듀, 교육부 검정 2013. 8. 30.
한철우 외 10인,『고등학교 국어』ⅠⅡ, 비상교육, 교육부 검정 2013. 8. 30.

2장
창의적 문화 세대를 위한 국어교육의 지향

1. 창의성의 개념과 국어교육

다시 국어과 교육과정 개정 작업이 진행되고 있다. 2007년 대폭적인 개정 이후 2009년, 2011년에 부분적으로 개정하였고, 현재 개정 작업을 진행하고 있는 '문·이과 통합형 국어과 교육과정'이 2015년에 공시되면 최근 10년 이내에 네 차례나 국가 단위 교육과정을 개정하는 셈이다. 그동안 엄청난 인적·물적 자원을 소모하여 두 차례에 걸쳐 초·중·고등학교 전 학년의 국어 관련 교과서를 개편해서 발행하였지만, 국어교육의 현장에 제대로 적용해 보지도 못했을 뿐만 아니라, 교육적 효과나 문제점에 대한 검증 작업도 해 보지 못한 상황에서 교육과정 개정과 교과서 개편 작업을 진행하고 있는 실정(實情, 失政)이다.

지난 10년 동안 진행된 국어과 교육과정 개정과 교과서 개편 작업에서 특징적인 현상의 하나는 새로운 매체 환경의 변화를 수용하여, 이를 매개로 하는 의사소통 맥락을 '매체언어'라는 용어 개념으로 국어교육에 수용하고 있다는 점[1]이다. 이에 따라 주로 명작(名作)이나 명문(名文)을 수록하였던 국어 교과서는 일상생활에서 쉽게 접할 수 있는 광고, 대중가요, 영화, 텔레비전 드라마, SNS 등을 통해서 이루어지는 의사소통 맥락과 행위를 교수-학습 활동의 제재로 선택하고 있다. 그리고 교과목으로서 '매체'라는 명칭은 2007년 국어과 교육과정에 등장하였지만 독립적인 교과로 실현되지는 못하였고, 이후 국어과 교육과정에서는 각 교과의 교수-학습 내용과 활동으로 반영되었다. 현재 개정 작업을 진행하고 있는 2015년 국어과 교육과정에서는 문법과 통합하여 '언어와 매체'라는 과목명으로 다시 등장하였다.

이러한 국어과 교수-학습의 제재와 내용, 방법, 활동의 변화는 새로운 국어 문화 환경의 변화를 반영·수용한 것이라는 긍정적인 측면도 있지만, 가볍고 일시적인 현상이라고 비판받기도 하는 대중문화를 추수(追隨)하는 것이라는 비판으로부터도 자유롭지 못하다. 특히 제7차 국어과 교육과정(1997. 12) 이후 신매체

....

1   윤여탁 외 4인,『매체언어와 국어교육』, 서울대학교출판부, 2008.

(new media), 다매체(multi-media), 대중매체(mass-media) 등을 매개로 발달한 대중문화를 국어 교과서에 적극적으로 도입하는 경향에 대한 비판적인 견해는 대중문화에 대한 보호주의적인 관점을 극복한 20세기 중반 이후의 확대된 비판적 문화교육의 관점[2]에서도 별로 달라지지 않는다.

어떻든지 제7차 교육과정 이후 국어교육에서 새로운 매체와 대중문화는 긍정적인 측면과 부정적인 측면이 공존하는 양면성을 가진 불편한 존재이자 실체가 되었다. 그래서 대부분의 국어 교과서는 전통문화의 수용 차원에서는 명작이라고 할 수 있는 문학 작품으로 대표되는 고급문화를 선택하고, 현실문화의 수용 차원에서는 대중문화를 수용하고 있다. 또 전통문화적인 산물은 이해나 감상을 위한 주제재로, 현실문화적인 산출물은 교수-학습 활동 제재로 선택하기도 한다. 아울러 역사적 평가가 아직은 이루어지지 않았거나 고급문화와 대중문화의 경계에 서 있는 당대의 문학 작품이나 시론적(時論的)인 글을 제재로 해서 국어 교수-학습의 효용성을 증대시키는 방법도 선택하고 있다.

본격적인 논의를 진행하기 전에 이 장의 중요 개념인 '창조적 문화 세대'라는 용어를 검토하면, '창조적'이라는 용어는

....

2 윤여탁, 「비판적 문화 연구와 현대시 연구 방법」, 『한국시학연구』 18, 한국시학회, 2007, 71-92쪽.

'creative'의 번역이고 보편적으로 '창의적'이라는 용어가 사용된다.[3] 이 장에서는 이러한 용어 개념 중에서 '창의적'이라는 용어를 사용할 것이다. 아울러 '창의적 문화 세대'라는 용어는 현재의 국어교육이 직면하고 있는 전통문화(고급문화)와 현실문화(대중문화)의 조화를 추구하는, 궁극적으로 전통문화의 계승을 통해서 새로운 현실문화를 창조해야 하는 사람들(학습자뿐만 아니라 교수자를 포함하는)을 지칭하는 개념으로 바꾸어서 논의를 진행할 것이다. 즉, '창의적 문화 세대를 위한'이라는 수동적인 교육의 대상이 아니라 '창의적 문화 세대의'라는 능동적인 교육의 주체라는 관점으로 문화 세대의 위상을 전환해서 그 지향과 과제를 검토하고자 한다.

이 장에서는 이상과 같은 전제를 바탕으로, 국어교육 문화 환경의 맥락에서 변화하는 현재와 미래를 살아가야 할 창의적 문화 세대들을 위한 국어교육의 지향을 점검하는 것을 목적으로 한다. 이를 위해서 먼저 문제의식을 확인하기 위해서 창의적인 교과로서 국어교육의 위상과 현상들을 검토할 것이다. 그리고 이러한

....

3 윤여탁, 「창의성의 재개념화와 국어교육의 지향과 과제」, 『새국어교육』 98, 한국국어교육학회, 2014, 190-195쪽. 일례로 정부 조직 중에 '미래창조과학부(Ministry of Science, ICT and Future Planning)'에는 창조에 부합하는 용어는 없으며, '한국과학창의재단(Korea Foundation for the Advancement of Science & Creativity)'에는 창의에 부합하는 'creativity'가 사용되고 있다.

논의를 통해서 창의적 문화 세대들이 실천해야 할 국어교육의 지향과 전망(展望, perspectives)을 제시하고자 한다.

2. 창의 교과로서의 국어교육

이 부분에서는 '창의적 문화'라는 관점에서 논의를 진행할 것이다. 즉 국어 교과를 통해서 전통문화를 이해하고 계승하여 새로운 문화로 표현하고 창조하는 것이며, 예술로서의 국어를 대표하는 형식인 문학을 이해하고 표현하는 활동을 통해서 전통문화는 새로운 세대로 계승되고 수용된다. 아울러 이렇게 계승·수용된 전통문화는 문학을 창조하는 과정을 통해서 새로운 문화를 탄생시키게 되며, 이 문화는 다시 전통문화가 되어 수용 과정을 거쳐서 계승된다.

또한 이러한 순환 과정은 예술의 영역으로서의 국어가 아닌, 예를 들면 사용으로서의 국어라는 맥락에서도 확인된다. 즉, 창의성과 문화는 언어 사용 맥락에서의 전통의 언어문화를 계승하고 새로운 언어문화를 창조하는 과정에도 작용한다. 특히 현대사회와 같은 소통 환경의 변화는 의사소통 과정에서도 변화를 요구하고 있으며, 창의적 문화 세대는 이러한 변화를 비판적으로 수용하여 창의적으로 새로운 전통을 형성하게 된다. 문화적 전통은 고여 있는 물처럼 고정적인 것이 아니라 흐르는 물처럼 유동적인 것이고, 관습에 얽매인 소통이 아니라 창의적이고 비판적인 소통을 요구하고 있기 때문이다.

이런 견해를 받아들이면, 예술 교과 또는 문화 교과라는 국어 교과는 공집합 관계에 있다고 할 수 있다. 즉 국어교육의 사용, 문화, 이념, 예술이라는 네 가지 본질과 특성 중에서 문화와 예술이라는 속성은 문화 창조, 창의적 사고 등을 통하여 밀접한 관계를 맺고 있으며, 궁극적으로는 문학이라는 예술의 향유(창작과 수용)라는 형태로 발현된다. 또 국어교육의 본질과 특성을 문화와 창의라는 개념을 사용해서 설명하면, 국어 과목은 창의적 문화 교과로서의 국어교육이자 문화를 창조하는 교과로서의 국어교육으로, 동전의 양면 같으면서 뫼비우스의 띠처럼 연속적으로 이어지는 관계라고 할 수 있다.

그리고 현대사회에서 사용되는 단어 중에 합성어를 만들 때 활성도가 높은 단어로 문화와 문식성[文識性, 문해력(文解力), literacy]을 들 수 있다. 이 중에서 문화라는 단어는 우리 인간들의 의식이나 행동뿐만 아니라 인간 사회의 제도, 관습 등과 관련된 다양한 용어들과 결합하여 그 개념과 범주, 특성을 설명해 준다. 이런 문화는 19세기에 근대 사회와 근대 학문의 발달에 따라 정립된 개념으로 근원적으로는 제국주의적이고 지배 이데올로기적인 특성을 지닌 담론(談論, discourse)이다. 일찍이 타일러는 문화 또는 문명을 "광범위한 민족지적 견지에서 볼 때, 지식, 신념, 예술, 도덕, 법률, 관습 그리고 사회의 일원으로서 인간이 습득한 다른 모든 능력들과 습관들을 포함하는 바로 그 복합적인 총체물"[4]이라고 정의하였다.

타일러와 비슷한 시기를 살았던 아놀드는 근대적인 대중문화와 노동 계급의 문화에 주목하였다. 그는 이들의 문화는 사회 병폐와 같은 것으로 지식인들의 비판과 교육을 통해 이를 교정(矯正)해야 한다고 주장하였다. 이후 20세기 영국의 문화 연구자들은 아놀드처럼 고급문화만을 문화로 규정하는 것을 인문적 관점의 엘리트주의라고 비판하면서, 다양하게 변화하는 현대사회의 산물인 대중문화, 민중문화를 문화론의 대상으로 올려놓았다. 이와 같은 확대된 문화 개념에 따르면, 문화는 적극적인 의사소통 행위의 산물이며, 의미의 생산과 유통 작용이고, 산업 사회에서 권력 구조가 규제되고 분배되며 전개하는 방식[5]이며, 우리가 속한 집단 내에서 이루어지는 인간의 생활과 관련된 현상과 작용 전반을 가리키는 개념으로 이해되기에 이른다.

국어교육에서 이러한 문화라는 개념을 받아들이면 다음과 같은 몇 가지 문화교육 현상을 확인할 수 있다. 먼저 사회와 기술

....

4   E. B. Tylor, *Primitive Culture: Researches into the Development of Mythology, Philosophy, Religion, Language, Art, and Custom*, London: J. Murray, 1871.
5   그래엄 터너, 김연종 역, 『문화 연구 입문』, 한나래, 1995, 37쪽.

문명이 발전함에 따라 생겨나는 다양한 대중문화 현상들을 교육해야 한다는 관점이다. 특히 현대사회의 변화와 발전이 다양하고 급속하게 진행되면서, 우리는 신매체, 다매체, 대중매체의 시대를 살고 있다. 이에 따라 전통적인 인쇄 매체로 대표되는 아날로그적인 매체 환경뿐만 아니라 SNS 등과 같은 디지털 매체 환경 속에 살고 있다. 이 같은 소통 수단의 변화는 인간들의 삶의 방식, 예를 들면 교육의 작용 기제들을 변화시키고 있다. 그래서 의사소통과 같은 도구적 속성뿐만 아니라 전통적인 문화 계승을 목표로 하는 문화적 속성을 지닌 국어교육의 근간을 흔들고 있는 것이다.

현대의 산업 기술의 발달에 따라 개발된 이와 같은 매체 기술을 기반으로 성장한 대중문화가 급속도로 확산되면서, 이런 대중문화들은 교육 현장에 과거의 매체나 문화와는 비교할 수 없을 정도로 막대한 영향력을 미치고 있다. 이에 따라 대중문화에 주목해야 한다는 견해는 보호주의 관점을 극복해야 했으며, 대중문화나 민중문화도 적극적으로 교육해야 한다는 비판 문화론자들의 이론으로 발전하기에 이른다.[6] 같은 맥락에서 국어교육은 대중문화, 민중문화 등 현실문화의 다양한 현상들을 교수-학습함으로써 문화적 민주주의를 실현할 수 있는 방법을 추구하고 있다.

....

6   윤여탁, 앞의 글, 2007, 71-92쪽; 윤여탁, 「다문화 사회: 한국문학과 대중문화의 대응」, 『국어교육연구』 26, 서울대학교 국어교육연구소, 2010, 3-24쪽.

두 번째로는 지난 세기 후반부터 우리 한국사회의 쟁점으로 부각된 다문화(multiculture) 또는 다문화주의(multiculturalism) 현상을 들 수 있다. 이 개념은 다양한 내포를 지니고 있다. 이 다문화주의라는 용어는 세계화의 진전에 따라 이주(移住)의 시대가 되면서 시작된 '이주 문제에 대한 적절한 해법을 모색하려는 시도'라는 좁은 의미에서부터 '현대사회가 평등(平等)한 문화적·정치적 지위를 가진 상이한 문화집단을 끌어안을 수 있어야 한다는 믿음'[7]이라는 넓은 의미까지 아주 폭넓게 사용되고 있다. 그리고 우리나라의 경우에는 저출산, 산업화의 후유증이 노정된 1990년대 이후부터 이주 노동자, 결혼 이민자, 국내 혼혈인, 북한 이탈 주민 등을 둘러싼 경제적·사회적·정치적인 문제들이 다문화의 쟁점으로 제기되었다.[8]

어떻든지 다문화라는 용어[9]는 단일 문화와는 상대되는 개념으로, 다인종, 다언어, 다민족이라는 사회 구성원의 다양성에 따른 문화의 차이를 인정하고 존중하는 사회적 인식이다. 또 이밖에

....

7 윤여탁, 『문화교육이란 무엇인가: 한국어 문화교육의 벼리[綱]』, 태학사, 2013, 49쪽.
8 위의 책, 95-102쪽.
9 다문화라는 용어는 미국(multiculture)과 유럽(interculture)에서 개념의 차이가 존재하지만, 대체로 인종(race), 종교, 문화, 언어, 민족(nationality)의 다양성이나 성(gender), 장애(disabilities), 사회계층(social class)과 같은 사회적 불평등으로부터 발생하는 다양성을 의미한다. 이에 대해서는 다음을 참고. 제임스 A. 뱅크스, 모경환 외 역, 『다문화교육 입문』, 아카데미프레스, 2008, 33-35쪽.

도 사회적 불평등이나 종교적 차이와 같은 사회적 특성 역시 다 문화를 생성하는 동인(動因)으로 작용한다. 이런 점 때문에 다문 화라는 개념은 다양성 외에도 복합성을 전제로 하고 있으며, 이 에 따라 다문화라는 정치적 담론을 실천적으로 수행하는 국가의 정책이나 교육 정책 등을 중심으로 현실과 대책들이 논의되었다. 이러한 맥락에서 다문화와 관련된 여러 담론들 중에서 '다문화교 육'이라는 용어가 핵심적인 쟁점으로 등장하였다.

그리고 이와 같은 다문화주의 관점은 근대 이후 문화론을 지 배했던 제국주의적 보편주의 관점이나 접근법을 극복하고자 한 다원적 문화 상대주의(cultural relativism)의 한 경향이다. 이 관점 은 서로 다른 문화들의 차이를 인정하고, 각 문화들의 고유한 가 치를 존중하는 것을 기본으로 한다. 최근 들어 문화 상대주의 관 점은 다문화교육(multicultural education)뿐만 아니라 간(間)문화 교육(intercultural education), 교차문화교육(crosscultural educa- tion) 등으로 개념이나 맥락의 차이는 있지만, 국어교육뿐만 아니 라 언어교육, 사회교육 등 교육계 일반에서 구체적인 실천 방법을 적극적으로 모색하고 있는 관점이다.

세 번째로는 기술문명의 발달로 대표되는 현대사회의 소통 을 디지털 매체가 주도하면서 국어교육 내에서 소통의 개념이 바 뀌었다는 현실을 이야기할 수 있다. 즉, 새로운 매체의 발달은 언 어의 기능적 차원에서 논의되었던 기존의 소통 개념으로부터 언어문화라는 통합적이고 문화적인 차원의 소통 개념으로까지 확대되었다. 이와 같은 현대사회에서의 소통 개념의 변화는 국어교육의 현장에서 매체 또는 매체언어의 향유와 수용이라는 근본으로부터 관점의 전환을 요구하고 있다. 따라서 매체언어 교육의 관점에서 국어교육에서 다루어야 할 매체에 관한 지식이나 교수-학습 활동 방식, 매체를 통한 의사소통 능력(communicative competence)의 개념 등을 새롭게 정립해야 할 상황이 되었다.

그리고 이러한 필요와 요구에 따라 국어교육계에서는 새로운 매체를 매개로 이루어지는 의사소통과 문화 향유 방식의 변화에 따라 매체언어의 무엇을, 어떻게, 왜 교육하고 실천해야 할 것인가를 논의하였다. 특히 이러한 모색은 새로운 의사소통 도구로 부상하고 있는 매체언어의 복합 양식(multi-modal), 복합 양식 문식성(multi-modal literacy)이라는 특성에 주목하여 진행되었다. 이런 논의를 통하여 '국어교육의 요구와 실천', '언어와 매체를 바라보는 관점', '소통론의 확장', '문화 능력의 신장' 등으로 매체언어 교육의 목표[10]를 제시하였고, 이를 통하여 국어교육에서 매체언어 교수-학습의 이론과 실제를 구체화하기도 했다.

또 이와 같은 현대사회 매체의 발달은 국어교육의 근본을 흔들어 놓았다. 다원주의를 표방하는 현대 산업사회의 발달에 따라

....

10 윤여탁 외 4인, 앞의 책, 2-7쪽.

다양성을 추구하는 이념적·정서적 경향이 확산되면서 그동안 공공(公共)의 미덕으로 강조되었던 공동체 의식이나 문화적 정체성과 같은 개념들을 회의적으로 받아들이는 사회가 되었다. 이에 따라 국어교육은 현대사회의 발전과 더불어 파생된 사회적 소외와 단절 등의 문제를 해결하기 위해서 문화적·이념적 교과라는 측면에서 소통과 화합을 추구해야 하는 책임과 역할을 담당해야만 할 상황이 되었다.

끝으로, 현대사회와 매체 환경의 변화는 학문 간 소통을 촉진하고 요구하고 있다. 특히 세계화, 다원화, 다매체, 다문화 등과 같은 변화로부터의 요구가 클수록 국어교육은 능동적인 변화를 추구해야만 한다. 그리고 이런 특성은 학문적 소통에서 핵심적인 매개이자 매체인 언어를 중심으로 하는 국어교육이 감당해야 하는 책임이자 의무이며, 국어교육이 가지고 있는 장점이기도 하다. 즉, 국어교육은 학문적 도구적 언어를 가르치는 것을 넘어서 학문 간 소통과 통합의 장(場)을 만들어서 학문 영역을 새롭게 개척할 수 있을 것이다. 그리고 이처럼 학문 간의 소통과 통합을 추구할 수 있는 국어교육의 이와 같은 특징은 국어 교과가 다양한 학문적 제재와 교수-학습 활동으로 구성되는 융복합[11]적 교과라는 특성

....

11   융복합(融複合, convergence)이라는 개념은 통섭(統攝, consilience), 융합(融合, convergence, fusion) 등과 크게 다르지 않다. 이에 대해서는 다음을 참고. 윤여탁·이상아, 「융복합적 미래 인재 양성을 위한 국어교육의 과제: 광고를 활용한 교수-학

과도 관련이 있다.

　이와 같은 국어교육의 지향은 기존의 국어교육이 추구했던 방향과 전혀 다른 방향은 아니며, 국어 교과의 융복합적 특성은 이를 가능하게 할 것이기 때문이다. 미래지향적인 차원에서 국어 교과는 국어교육의 본질이라고 할 수 있는 국어라는 언어를 매개로 하는 서로 다른 학문들의 소통 능력을 함양하는 역할을 적극적으로 모색해야 한다. 앞으로 미래 사회는 더욱더 다원화될 것이기 때문에 더 어려운 문제들이 제기될 것으로 예측되지만 말이다. 역설적으로 국어 교과가 다양한 영역과 제재를 넘나들고 있기 때문에 소통과 통합을 모색해야 하는 것이고, 국어 교과의 융복합적·통합적 성격은 국어교육의 이러한 융복합적 지향을 가능하게 할 것이다.

3. 창의적 문화 세대의 국어교육

　이 순간 이 시대를 살고 있는, 창의적인 문화 세대인 우리들에게 주어진 과제는 우리나라와 우리 문화를 발전시키고 전승하는 일이다. 그리고 국어 교과는 문화와 예술이라는 국어 과목의

....

습을 중심으로」,『교육연구와 실천』80, 서울대 교육종합연구원, 2014, 21-40쪽.

중요한 특성 때문에 이 일을 주도적으로 감당해야 할 교과가 될 수밖에 없다.[12] 이를 위해서 국어교육은 과거의 전통을 계승하는 국어교육, 현실의 요구에 부응하는 국어교육, 미래의 전망을 제시하는 국어교육이라는 거시적(巨視的)인 목표를 세우고, 이를 실현할 수 있도록 구체적인 실천 내용과 방법을 제시해야 한다. 이 부분에서는 국어교육 정책, 국어과 교수-학습, 국어교육 연구의 차원에서 실천 방안을 제안하고자 한다.

첫 번째로 국어교육 정책의 차원에서는 국어과는 교과 과목으로서의 국어라는 범위를 넘어 이념 교과로서의 국어 교과라는 기본을 정립해야 한다. 즉 국어는 그 나라의 국격(國格)을 상징하는 언어이자 대표적인 교과목이라는 점을 선언적으로 내세워야 하며, 국어를 교수-학습 대상으로 하는 국어과 역시 이에 상응해야 한다. 실제로 국어교육의 중요 대상인 한글이나 한국어는 매년

....

12　국어 교과인 문학이 가지고 있는 범교과적 특성이나 고급 언어적 특성에 대해서는 문학교육을 통해서 '언어 능력의 증진'할 수 있다는 논의(김대행 외 7인, 『문학교육원론』, 서울대학교출판부, 1999, 38-43쪽), 영어교육에서 '①가치 있고 실제적인 자료(valuable authentic material), ②문화적 풍요화(cultural enrichment), ③언어적 풍요화(language enrichment), ④개인적 연관(personal involvement)'이라는 측면에서 문학 작품의 효용성을 설명하고 있는 논의(J. Collie and S. Slater, *Literature in the Language Classroom: A Resource Book of Ideas and Activities*, Cambridge[Cambridgeshire]; New York: Cambridge University Press, 1987, pp. 3-6)를 참고할 수 있다.

한글날 즈음에 떠들썩하게 이야기되지만(조금만 지나면 언제 그랬느냐는 듯이 잊혀져 버리고), 국어 교과는 교육적 논의의 장에서 주목보다는 다른 교과들로부터 견제만을 받는 과목이다. 국가 교육 과정이 논의될 때마다 국어과의 시수를 줄이라는 요구가 그 대표적 예이다.

최근 들어 실용적인 의사소통을 목표로 하는 외국어교육에서도 문화를 중요시해서, 일부 도구적인 차원에서 독해력만이 필요한 외국어 학습을 제외하면 제2 언어 습득은 제2 문화 습득[13]이라고 주장되고 있다. 즉, 우리 모두 언어교육의 근본은 국어와 국어 문화에 대한 정체성을 정립한 이후에 가능하다는 사실을 명심하고 기억해야 한다. 이러한 차원에서 이제 국어교육학계가 국어를 경시(輕視)하는 경향에 대해서 총체적으로 대응할 것(국어교육의 날 제정, 국어교육 관련 연합 학술대회 개최 등)을 제안한다.

두 번째로 국어과 교수-학습의 차원에서는 창의적인 국어교육을 위해 국어과 교수-학습의 실제적인 문제들을 중심으로 구체적인 방법을 탐구해서 실천해야 한다. 먼저 앞에서도 언급한 것처럼, 국어교육의 목표는 사용을 넘어 문화와 예술로서의 국어교육으로 나아가야 한다. 외국어교육의 경우에도 의사소통과 같은 사

....

13　H. 더글라스 브라운, 이흥수 외 역, 『외국어 학습·교수의 원리』, Pearson Education Korea, 2005, 207쪽.

용 능력이 가장 중요한 능력이지만, 목표 언어의 문화적 상황에 걸맞은 언어 사용을 위해서는 사회·문화 능력도 함께 길러야 한다고 주장되고 있다.[14] 더구나 자국어로서의 국어교육은 도구로서의 사용 능력도 중요하지만, 궁극적으로는 문학이라는 예술의 이해와 표현을 통해서 우리나라의 문화적 정체성을 계승하고 후대에 전승하는 역할을 담당해야 한다.

다음으로 국어 교과는 초등학교 과목으로는 '국어', '국어 활동', 중학교 과목으로는 '국어', '생활 국어', 고등학교 과목으로는 '국어', '문학', '독서와 문법', '화법과 작문', '고전' 등이 있다. 초·중학교는 읽기 교재와 활동 교재로 통합되어 있는 것에 비하여 고등학교는 지나치게 세분되어 있다. 국어 교과가 융복합적인 특성을 지닌다는 점을 고려한다면 고등학교의 경우에도 과목을 나누기보다는 통합하는 방향(예를 들면 이해와 표현 등)으로 나아가야 한다.[15] 특히 다양한 국어 교과목과 국어 관련 활동을 통합하는 교수-학습 방법을 적극적으로 개발함으로써, 과목(전공) 이기주의를 극복할 수 있을 뿐만 아니라 줄어드는 국어과 수업 시수에도

....

14 미국의 외국어교육 기준인 5C(communication, cultures, connections, comparisons, communities)에서도 확인할 수 있다. 이에 대해서는 다음을 참고. AATK(American Association of Teachers of Korean), *Standards for Foreign Language Learning in the 21th Century*, Allen Press, 2012.

15 윤여탁, 「국어교육의 본질과 교과서」, 『선청어문』 36, 서울대학교 국어교육과, 2008, 545~547쪽.

효과적으로 대응할 수 있을 것이다.[16]

　그리고 국어과 교수-학습의 기본을 학습자를 중심에 놓는 원칙에서 시작할 것을 제안한다. 굳이 수용미학, 독자 반응 이론을 원용하지 않더라도 현대의 교육이론이나 문화이론은 소비(분배)와 소통이 공급자의 관점보다는 수용자의 관점에서 이루어져야 한다고 주장되고 있다. 즉, 공급자인 교수자의 관점이 아니라 소비자인 학습자의 관점에서 국어교육의 전체상이 설계되어야 한다.[17] 아울러 최근 교수-학습 이론은 대화적 학습 활동 과정을 통해서 학습자들 스스로가 지식[18]을 구성하는 것이라는 사회적 구성주의를 견지하고 있다는 점도 받아들여야 한다.

....

16　2014년 9월에 발표된 '문·이과 통합형 국어과 교육과정'은 다양한 통합 방향을 지향한다(김창원, 「통합형 국어과 교육과정 구성의 방향과 과제」, 『청람어문교육』 51, 청람어문교육학회, 2014, 7-37쪽)라고 밝히고 있지만, 결국 고등학교 국어 교과는 통합을 지향하기보다는 과목 세분화라는 방향으로 나아갔다. 구체적으로는 '화법과 작문', '독서', '언어와 매체', '문학'(일반 선택), '실용국어', '심화국어', '고전 읽기'(진로 심화 선택) 등으로 세분화되었다(김창원 외 14인, 『문·이과 통합형 국어과 교육과정 재구조화 연구』, 교육부, 2014).

17　학습자 중심주의는 수용자를 중요시한다는 측면에서 토플러의 『제3의 물결』에서 생산자와 소비자의 경계를 허물어서 생비자(生費者, prosumer)라고 설명한 관점과 맥락을 같이 한다.

18　지식 교육의 구조를 사실적 지식의 관계화, 개념적 지식의 의미화, 방법적 지식의 재구성으로 설명한 바 있다. 이에 대해서는 다음을 참고. 윤여탁 외 3인, 「현대시 교육에서 지식의 성격과 교육의 방향」, 『국어교육연구』 27, 서울대학교 국어교육연구소, 2011, 311-328쪽.

세 번째로 국어교육 연구의 차원에서는 창의적인 국어교육의 발전을 위해 국어교육학 연구 방법론을 심화해야 한다. 대체로 국어교육 연구는 국어교육학 이론, 교수-학습의 현장, 교수자와 학습자에 대한 연구가 중요 분야이다. 이러한 국어교육 연구 분야 중에서 많은 연구가 교수-학습 현장에 대한 연구이고, 그 수준은 교육과정이나 교재, 교수-학습의 실제에 대한 보고의 수준을 넘어서지 못하고 있다. 이제 보고서 수준의 국어과 교수-학습 연구를 지양(止揚)하고, 보다 심층적인 교수-학습 현장 연구, 교수자와 학습자에 대한 인적 자원에 대한 연구를 추구해야 한다. 이를 위해서 사회과학적인 양적 연구 방법뿐만 아니라 질적 연구 방법을 동원하여 심층적인 교수-학습 현장에 대한 자료를 축적하고, 이런 자료를 귀납해서 이론화해야 한다. 그리고 이렇게 정립된 국어교육학의 이론은 국어과 교수-학습 현장과 국어교육학 연구 현장에 송환(送還, feedback)되어야 한다.

　결론적으로 앞서 언급한 국어교육을 바라보는 기본적인 관점의 정립, 국어과 교수-학습과 관련된 지향(문화, 융복합, 학습자, 구성주의), 국어교육학 연구 방법론의 심화 등은 다른 사람이 대신해 줄 수 있는 과업이 아니라 지금 우리 국어 교사나 국어교육 연구자들이 해야 할 과제이다. 아울러 이러한 국어교육의 목표를 달성하기 위해서는 무엇보다 문화적 전통을 계승한 창의적인 발상, 새로운 것을 창조하려는 부단(不斷)한 실천 노력 등이 필요하다.

즉, 국어교육이 지향하는 문화적 창의성과 국어교육 현장이 요구하는 실천력은 현재 국어교육에 종사하고 있는 우리 문화 세대의 중요한 덕목(德目)이라는 사실이다.

4. 창의적 문화 세대를 위한 국어교육

지금까지 창의적인 문화 세대를 위한 국어교육의 지향점을 논의하였다. 이를 위해서 먼저 문화와 예술로서의 국어 교과를 연결하는 고리로 창의성이라는 개념을 사용하였고, 넓은 범주에서의 문화 개념보다는 예술, 전통 등으로 대체할 수 있는 좁은 범주로서의 문화 개념을 사용하였다. 다음으로 창의적인 문화 세대의 개념을 학습자뿐만 아니라 연구자, 교수자로 확대하였다. 이러한 전제를 바탕으로 이 장에서는 현대사회 기계 문명의 발달에 따라 감당해야 할 국어교육의 위상의 변화에 대해서 이야기했다. 즉 '대중문화의 확장', '다문화주의 사회의 도래(到來)', '매체 발달에 따른 의사소통 환경의 변화', '학문 간 소통의 문제' 등에 대해 언급하였다.

그리고 국어교육의 위상 변화에 따라 국어교육을 연구하고 실천하는 국어교육학자들이 감당해야 할 역할과 임무에 대해서 논의하였다. 구체적으로 연구자와 교수자로서 국어교육학자는 국어과 교수–학습 현장에 바탕을 두고 학문적·실천적 연구를 진행함으로써 그 사명을 다해야 한다는 점을 강조하였다. 특히 실천적인 국어교육학자는 국어교육 이론을 탐구하고 심층적인 연구 방법론을 적용하여 학문적 발전을 도모해야 할 뿐만 아니라 이를 바탕으로 국어 교수–학습에 적용될 수 있는 실제적인 국어교육 내용과 방법을 제공해야 한다. 그리고 연구자는 이러한 현장에 대한 연구를 바탕으로 국어교육학의 이론과 실천 방안을 다시 도출해야 한다는 점을 이야기하였다. (나 역시 그렇게 하지 못하고 있지만 말이다.)

이상과 같은 논의를 바탕으로, 국어교육 문화 환경의 맥락에서 변화하는 현재와 미래에 대응해야 할 국어교육의 지향을 확인하였다. 특히 국어교육은 실용적이고 기초적인 도구 교과로서의 제한을 극복하고 창의적인 교과, 문화 교과, 예술 교과, 융복합적인 교과로서의 위상을 정립해야 한다고 주장하였다. 그리고 이러한 논의를 통해서 '이념 교과로서의 위상 정립', '학습자 중심의 교수–학습 방법의 통합과 구체화', '국어교육학 연구 방법론의 심화'라는 창의적 문화 세대들이 실천해야 할 국어교육의 지향과 전망을 구체적으로 제시하였다.

필자는 이 장에서 국어교육을 바라보는 보수적인 관점의 장점과 미덕을 강조하였다. 이러한 맥락에서 국어 교과가 문화이고 예술이라는 점에 초점을 맞추고자 했으며, 국어교육의 목표를 국어교육의 근원적·본질적·원론적인 속성으로부터 도출해 내고자 했다. 그렇다고 해서 국어 교과의 도구적 성격이나 사용으로서의 속성, (언어)생활로서의 국어라는 특성을 과소평가하는 것만은 아니다. 다만, 자국어교육의 영역에서는 국어의 실용적 차원의 사용이라는 목적은 과정이나 도구적인 수단은 될 수 있어도 최종적인 목표가 될 수는 없다는 사실이다. 아울러 문화/예술로서의 국어 교과와 도구/사용으로서의 국어 교과라는 특성은 위계적(位階的)인 관계라는 점을 확인해 두고자 한다.

3장

통(융)합적 교양의 가능성과 한계
– 이효석 소설에서의 음악

1. 교양 이념의 가능성

교양(敎養, Culture, Bildung)이란 자연 속에는 없는 자극을 주어 정신을 기르는 것, 인간을 진정한 인간으로서 훌륭한 인격을 갖추도록 길러 내는 것을 의미한다. 나아가 인간으로서의 생활을 풍부하게 하기 위해 학문·예술을 익힘으로써 능력을 종합적으로 발달시키는 것도 의미한다. 그러니까 교양은 한정된 전문 직업에 갇히는 것이 아니라 지식, 감정, 의지의 전반적인 발달을 도모하여 스스로 문화의 주체로 성장해 나가는 것을 의미한다.[1] 잘 알려진 대로 교양의 어원인 라틴어 cultura는 농작물을 경작하고 가축을 기르는 것을 의미했으나, 16~7세기 culture는 자연 상태로부터 벗어난 상태로 인간을 고양하는 것으로 그 의미가 변했다. 독일의 경우 '인간성의 형성'이라는 헤르더나 칸트, 헤겔의 이러한 계몽주의적 해석의 연장선상에서 교양(Bildung)이 대학을 중심으로 한 엘리트의 이념이 된 것은 19세기 대학 개혁의 움직임 속에서였다.[2] 신학·의학·법학을 중심으로 한 중세형 대학이 공학이나 경제학 같은 실용적인 학문을 받아들이지 않을 수 없었던 시기, 교양은 단순한 실용적 지식, 혹은 단순한 학식·지식과 구분되어 통합적이고 창조적인 이해력과 지식, 그리고 수양의 의미를 지니게 되었다. 자유인으로서 전체 정신에서 생각한다는 대학 이념으로 대학 개혁을 수행하려 했던 훔볼트가 그러한 교양 이념을 잘 보여 주고 있다.[3] 그 이후 교양은 대학을 중심으로 한 지식인 형성에서 중심적인 역할을 하는 지식이 된다.

영국의 교양주의는 매슈 아놀드의 『교양과 무질서(Culture and Anarchism)』에서 잘 표현되어 있는데, 아놀드는 거기서 "교양은 완성에 대한 공부다. 교양은 순수한 지식을 향한 과학적 정열로만, 또는 주로 그런 정열로만 움직이는 것이 아니라, 선을 행

....

1 '교양'의 의미 및 어원, 어의 변천, 번역에 관해서는 다음을 참고. 編輯部編, 『哲學·思想飜譯語事典』, 東京: 論創社, 2003, pp.70~71.

2 フリッツ リンガー, 西村稔訳 譯, 『讀書人の没落』, 名古屋: 名古屋大學出版會, 1991, pp.12~15.

3 요시미 슌야, 서재길 역, 『대학이란 무엇인가』, 글항아리, 2014, 108~113쪽.

하려는 도덕적·사회적 정열의 힘으로도 움직인다."[4]라고 하였다. 영국의 교양 이념 또한 교육 개혁[5]과 깊은 연관을 지니고 있었는데, 영국에서 퍼블릭 스쿨의 개혁이 이루어져 퍼블릭 스쿨법이 제정된 것은 1868년으로서 『교양과 무질서』가 발간되기 1년 전이었다. 매슈 아놀드 자신도 장학사였지만, 그의 아버지인 토마스 아놀드는 퍼블릭 스쿨인 럭비교 교장으로서 교육 개혁의 기수였다. 중세부터 존재해 온 귀족 학교인 퍼블릭 스쿨은 19세기 초에 이르면 부르주아 계급의 교육 참여로 인해 확대되면서 동시에 부실해졌고, 토마스 아놀드는 위기에 처한 퍼블릭 스쿨을 개혁하여 영국의 엘리트를 만드는 교육기관으로 재정립하려는 노력을 기울였다. 그는 학생의 자치권을 강화하고 럭비[6] 같은 스포츠를 도입하여 페어플레이십과 단체정신을 가진 '신사(Gentleman)'를 형성하는 장으로서 퍼블릭 스쿨을 재정립하고자 했던 것이다. 이때 토마스 아놀드가 주장한 것 가운데 하나가 교양교육을 그 중심에 두자는 것이었고, 그의 주장은 아들 매슈에게 계승된다. 매슈 아놀드는 오늘날의 교양 개념과 이념을 완성한 사람으로 평가된다.[7]

....

4 　매슈 아놀드, 윤지관 편, 『교양과 무질서』, 한길사, 2006, 55쪽.

5 　이에 관해서는 다음을 참고. 小池滋, 『英国流立身出世と教育』, 東京: 岩波新書, 1992, 第1章.

6 　럭비 스쿨에서 럭비라는 스포츠가 유래되었음은 잘 알려져 있다.

7 　이에 대해서는 다음을 참고. 윤지관, 「교양 이념의 형성과 현재적 의미」, 매슈 아놀드, 위의 책, 12쪽.

이처럼 근대 초기에 중세적 교육을 비판하며 등장한 '교양'은 '인간 최고치의 지식·감성·윤리'를 사회에 전파하는 것으로서, 엘리트 교육의 이념이었다. 매슈 아놀드는 인간의 '가장 고귀한 것'을 '단맛과 빛(sweetness and light)'이라고 표현하였는데,[8] 이는 실천(윤리)과 지식·감성을 각각 상징하는 것으로서 헤브라이즘과 헬레니즘으로도 표현된다. '단맛과 빛'은 예술과 시(문학)로 대표되는데, "교양은 시와 흡사한 정신을 가지고 시와 동일한 법칙을 따"르며, "최상의 예술과 시에서는 종교와 시는 하나가 되고, 아름다움의 이념과 모든 방면에서 완벽한 인간 본성이라는 이념에 종교적이고 헌신적인 에너지가 보태져 힘을 얻게 된다."[9]라고 한다. 예술과 문학 교육을 통한 완전한 인간성의 형성이라는 이러한 매슈 아놀드의 교양 이념은 그의 사후인 1921년에 발표된 '뉴볼트 보고서(Newbolt Report)'를 통해 영국 교육의 기본 이념이 된다.[10] 영국에서 영문학이 분과 학문으로서 대학의 학제에 진입하고 문학교육이 초등학교에서 대학교까지 실시되는 것은 이 무렵부터였다.

통(융)합적 교육을 지향했던 '교양' 이념의 실질은 다양한

....

8 앞의 책, 65쪽.

9 위의 책, 66쪽.

10 이효석, 「아널드의 교양 개념의 문화정치학적 함의와 '열린' 교양의 가능성」, 『새한영어영문학』 54, 새한영어영문학회, 2012, 66쪽.

(인간 최고치의) 지식·예술의 통합적 이해, 인식·감성·실천 능력의 통합적 육성에 있었다. '교양'이라는 지식에는 인문학적 지식뿐만 아니라 자연과학적 지식까지 포함되어 있었는데, 아놀드는 "자신의 말하는 '최상의 것' 속에 과학의 중심적인 성과물을 포함시키고 있음을 분명히"[11]했다. 그러나 '인간 최고치의'라는 수식어를 단 교양의 이념에 이미 우열에 따른 배제와 구별의 가능성은 포함되어 있고, 이것이 이후 교양 연구자의 집중적인 비판 대상이 된다. 즉 교양 이념 속에서 배제되는 것은 대중과 타민족(인종)이었으며, 따라서 교양주의는 대중과 비유럽을 배제한 엘리트주의·제국주의의 논리라는 것이다.[12] 레이먼드 윌리엄스가 대문자 Culture가 아닌 소문자 culture로서의 대중문화와 '감정 구조'에 주목한 것은 이러한 맥락에서 이루어진 일이었다.

서양에서 비롯된 교양의 이념이 바다를 건너 동아시아로 전파되었을 때 그러한 부정적 의미의 교양주의는 확대된다. 다케우치 요는 일본 구제 고등학교-제국대학을 중심으로 한 교양주의가 가진 특징을 특권의식, 사회와의 절연, 서구적 교양·언어에 치중한 교육이라 요약한다.[13] 구제 고등학교의 교육이 '데칸쇼(데카르

....

11   매슈 아놀드, 앞의 책, 157쪽.
12   이에 관해서는 다음을 참고. 이효석, 앞의 글.
13   다케우치는 1920-30년대까지 일본에서 유행한 마르크스주의조차 교양주의의 일종이었다고 한다. 이에 대해서는 다음을 참고. 竹內洋, 『敎養主義の沒落』, 東京: 中公

트-칸트-쇼펜하우어)'로 대표되는 서구의 철학과 영·불·독·러의 문학, 영어·불어·독어의 외국어교육 중심이었고, 이러한 교육은 사회에서 대중과 엘리트를 구별하는 일종의 상징적 폭력으로 작용했다는 것이다.[14] 교양이 인간의 내적 성장이 아니라 외면적 구별과 차별로 작용할 때 교양의 속물화가 시작된다고 할 수 있는데,[15] 1930년대 말기에서 1945년까지 전개된 교양주의조차 군국주의·전체주의에 대한 저항이기는커녕 엘리트·남성의 특권성이라는 점에서 그것과 공모적 관계에 놓여 있었다[16]고 한다.

일본의 식민지였던 조선의 교양주의는 그 부정성이 더욱 증폭된다.[17] 경성제국대학이 '비지(飛地)의 대학'이라는 점,[18] 그러니까 식민지라는 조건 때문에 교양에서의 서구 지향·현실 유리·특권 의식이 더욱 확대되었던 것이다. 이는 식민지 본국 일본이라는 또 하나의 문화적 결절점이 설정됨으로써 생긴 현상이라 할 수 있다. 교양주의란 구별 기제라는 점에서 문화적 열등감에 호소하는

....

新書, 2003.

14 이효석, 앞의 글, 53쪽.

15 フリッツ リンガー, 앞의 책, 20-24쪽.

16 高田里惠子, 『文學部をめぐる病い』, 東京: ちくま文庫, 2006, pp.281-297.

17 이에 관해서는 다음을 참고. 윤대석, 「경성제대의 교양주의와 일본어」, 『흔들리는 언어들』, 성균관대출판부, 2008.

18 정준영, 「경성제국대학과 식민지 헤게모니」, 서울대학교 박사학위논문, 2009, 169-174쪽.

것이었기 때문이다.

1930년대 후반 이효석 소설에 대한 비판적 평가의 근거는 대개 이러한 교양주의의 부정성과 일치한다. 지나친 서구 편향, 현실 도피, 배제의 논리(특권 의식)가 그것이다. 그러나 '위장된 순응주의'라는 오래된 비판[19]에서부터 최근의 '그로테스크한 교양주의'[20]라는 비판으로까지 이어지는 기존 연구가 놓치고 있는 것은 교양주의가 가지고 있는 가능성이다. 그 가능성을 실현하지 않는 한 교양주의는 해소되지 않는다.[21] 근대적 교양의 이념에는 분명히 '현실에 대한 항의와 요구'가 포함되어 있기 때문에 그것을

....

19 정명환은 이효석 소설에 "성의 해방이 있고 대중에 대한 멸시가 있고 음악의 예찬이 있고 서양의 동경이 있"지만, "효석의 비극은 도피를 통해서 새로운 현실을 찾아내지 못했다"는 점에 있다고 지적한다. 이에 대해서는 다음을 참고. 정명환, 「위장된 순응주의」, 《이효석 전집(8)》, 창미사, 1983, 173쪽.

20 허병식은 "서양 숭배와 교양주의의 기반에" 제국주의가 놓여 있다고 지적한다. 이를 확대하여 1930년대 후반의 교양주의가 신체제와 긴밀한 연관 관계를 가진다고 주장하며 교양주의의 정치적 의미를 분석한다. 청각·시각이라는 감각을 중심으로 이효석의 하얼빈 소설을 연구한 김미란의 경우도 이효석의 교양주의에서 '권력의 힘'을 읽어 낸다. 이에 대해서는 다음을 참고. 허병식, 「식민지 지식인과 그로테스크한 교양주의」, 『한국어문학연구』 52, 한국어문학연구학회, 2009, 223쪽; 허병식, 「교양의 정치학」, 『민족문학사연구』 40, 민족문학사연구소, 2009; 김미란, 「감각의 순례와 중심의 재정위」, 『상허학보』 38, 상허학회, 2013.

21 이와 관련하여 가라타니 고진은 "종교는 환상이다. 그러나 이 환상 가운데 현실에 대한 항의와 요구가 포함되어 있다. 그렇다면 이른바 종교를 실현하지 않고 종교를 폐기할 수 없다."라고 한다. 이에 대해서는 다음을 참고. 가라타니 고진, 조영일 역, 『네이션과 미학』, 비, 2009.

다른 방식으로 이어받아 현실화해야 하는 과제가 우리 앞에 놓여 있는 것이다. 이효석의 교양주의를 '음악'을 중심으로 살펴보는 것은 교양의 이념에 포함되어 있는 통합적 교양의 가능성과 한계를 통해 현재 이루어지고 있는 융합 담론이 지향해야 할 방향을 살펴보기 위해서이다. 이는 교양주의를 폐기함으로써 그것을 실현하기 위한 두 번째 발걸음일 터이다.

2. 서양 고전 음악의 절대성

다른 작가들의 소설에 비해 이효석의 그것에서는 서양의 고전 음악과 그 전문가·애호가가 많이 등장한다. 구체적인 곡목이 제시된 경우만 하더라도 〈마주르카〉(〈북국사신〉, 〈화분〉), 〈뱃노래〉(〈마음의 의장〉), 〈왈츠〉(〈여수〉), 〈녹턴〉(〈풀잎〉), 〈에튀드〉(〈화분〉, 〈녹의 탑〉), 〈즉흥곡〉(〈화분〉), 〈발라드〉(〈화분〉) 등 쇼팽의 피아노곡은 거의 망라되어 있고, 베토벤의 경우도 교향곡인 〈운명〉(〈가을과 산양〉, 〈벽공무한〉), 〈전원〉(〈화분〉)과 바이올린 곡인 〈로망스〉(〈여수〉, 〈녹의 탑〉) 등의 곡이 등장하며, 그 외에도 차이코프스키, 파데레프스키, 슈베르트, 푸치니, 오펜바흐 등의 다양한 서양 고전음악이 소설에서 묘사되고 있다. 곡목만 다양한 것이 아니라 감상의 방법 또한 실연(實演)과 축음기 재생, 라디오라는 당대 음악 감상의 모든 수단이 등장하고 있으며, 감상 장소도 카페, 찻집, 집, 극장, 식당, 호텔, 연주회장 등으로 전방위적이다.

　이러한 서양 음악의 전면적 노출은 다분히 의도적이라 할 수 있다. 그것은 "시간이 두께에 따라 축적된 체험의 현전을 포함하는 몸의 지향성뿐만 아니라 물리적·이념적·도덕적 상황"[22]까지 드러내려는 행위라 할 수 있다. 박태원이 도시의 음경(音景)을 재현함으로써 산보를 통해 시각의 모더니티를 추구했던 것만큼이나 청각의 모더니티를 추구했던 것처럼, 이효석의 서구 음악 묘사는 박태원과는 다른 의미에서 청각의 모더니티를 지향한 결과라 할 수 있다.

　이효석의 소설에서 서양 음악만 많이 등장하는 것이 아니라, 서양 음악을 연주하는 음악가도 많이 등장한다. 그의 소설에 등장하는 서양 음악가로는 〈해바라기〉의 보배(성악), 〈가을과 산양〉의 준보·옥경 부부(피아노), 〈여수〉의 스타아홉(피아노)·크리이긴(수풍금)·아키임(기타)·이와눞(북)·피에엘(바이얼린), 〈소복과 청자〉의 성남(피아노), 〈일요일〉의 연, 〈풀잎〉의 실, 〈거리의 목가〉의 영옥·명호(성악)·옥주(피아노)·보패(성악·피아노), 〈화분〉의 영훈(피아노) 등이 있다. 그 외에도 음악가는 아니지만 악기를 다룰 줄

....

22　임태훈, 「'소리'의 모더니티와 '음경'의 발견」, 『민족문학사연구』 38, 민족문학사연구소, 2008, 439쪽.

알거나 서양 음악을 즐기는 음악 애호가는 더욱 많이 등장하고 있다. 이들 서양 음악가는 서양 음악의 육화된 존재로서 그것의 인격화라 할 수 있다.

커피나 버터, 치즈, 홍차와 같은 음식 취향과 양장과 같은 의상 취향, 문화주택으로 상징되는 주거 취향으로 대표되는 소문자 culture, 즉 생활양식으로서의 문화(교양)에서 드러나는 서구 지향성은 이효석의 소설 속에서 상대화되는 데 반해 서양 음악에 대한 지향은 거의 절대적이라 할 수 있다.

> 치즈하구 된장하구 어느 쪽이 자네 구미에 맞는가. 만주 등지를 한 일주일 여행하구 집엘 돌아왔을 때, 무엇이 제일 맛나던가. 조선된 장과 김치가 아니었던가. 그런 걸 누구한테서 배운단 말인가. 체질의 문제고 풍토의 문제야.[23]

> 소우다수 대신에 화채를, 코오피 대신으로는 수정과, 홍차에 필적할 음료로는 식혜, 보리수단자 등등으로. 이건 참 그럴 듯한 착안이어서 다방은 전보다도 더욱 번창하고 풋내기 코오피통을 자랑삼던 패들도 속속 수정과당으로 전향해 오는 격이었다.[24]

....
23 이효석, 〈은은한 빛〉, 《이효석 전집(3)》, 창미사, 1983, 78쪽.
24 이효석, 〈소복과 청자〉, 《이효석 전집(3)》, 창미사, 1983, 96쪽.

음식 취향의 상대화는 의상 취향의 상대화와 맞물린다. 〈소복과 청자〉나 〈녹의 탑〉, 〈봄의상〉 등에서 수없이 반복되는, 여성 한복에 대한 찬양과 한복과 양장의 미적 등가성에 대한 주장은 그 연장선상에 있는 것이다. 그것은 일본 여성으로 하여금 한복을 입도록 만드는 젠더적 조선주의로 이어진다. 이처럼 미각, 후각, 시각에서 서구 지향성이 상대화되는 데 반해 음악으로 드러나는 청각에서 서구 지향성은 거의 절대적이다.

하나의 예외는 여주인공 은실이 여류 피아니스트 성남의 권유에도 불구하고 피아노를 배우지 않고 가야금을 배운다는 〈소복과 청자〉의 설정이다. 그러나 이것조차도 초점은 청각에 맞추어져 있다기보다 시각에 맞추어져 있다.

전아한 한국 춤을 배우고 싶다는 은실은 가야금을 타는 것이 여간 솜씨가 아니었다. 유명한 여류 피아니스트인 백씨의 아내 성남 여사의 말을 빌리자면 그 여자의 기교는 매우 훌륭하여 이미 상당한 경지에까지 다다라 있다는 것이었다. (중략) 폭 패인 온돌방에 긴 치맛자락을 펼치고 가야금 앞에 단좌한 모습은 피아노의 경우와는 또 정취가 다른 풍류였었다.[25]

....

25 이효석, 〈소복과 청자〉, 앞의 책, 97-98쪽.

한국 고전음악에 대한 묘사는 '솜씨'나 '기교'와 같은 개념적인 묘사와 '단좌한 모습'과 같은 시각적 묘사를 넘어설 수 없었다. 이는 한국 고전음악에 대한 이효석의 감각이 육화되지 않았음을 의미한다. 서양 고전음악은 마음과 만나 공진한다면, 다른 음악은 이효석에게 공진의 대상이 아니었다. 이효석이 미란 "향기여서 감동만을 요구하고 비판을 거부하는 것 같다. 굳이 비판을 시험할 때에는 향기는 그만 사라져버린다."[26]라고 했던 것을 기억하면, 이효석에게 서양 고전음악이야말로 미의 표본과 같은 것이었다고 할 수 있다.

그런 점에서 이효석에게 서양 고전음악은 이래도 좋고 저래도 좋은, 쾌와 불쾌에 바탕을 둔 취향(taste)보다는 합목적성의 지각에서 느껴지는 쾌와 관련되는 반성적 판단력의 영역[27]에 가깝다. 칸트에 따르면 판단력에는 특수한 것을 보편적인 것 아래 수렴함으로써 규정하는 규정적 판단력과 주어진 특수한 것에 대한 보편적인 것을 찾으려고 애씀으로써 스스로 법칙수립자가 되고자 하는 반성적 판단력이 있다.[28] 이러한 미의 영역에 속하는 반성적 판단력은 "미감적 사용에서는 쾌·불쾌의 감정 영역에서 목적

....

26 이효석, 〈화춘의장〉,《이효석 전집(7)》, 창미사, 1983, 139쪽.
27 볼데마르 오스카 되에링, 김용정 편, 『칸트철학 입문』, 중원문화, 1978, 262쪽.
28 칸트의 판단력에 대한 논의는 백종현의 해제를 참조했다. 이에 대해서는 다음을 참고. 임마누엘 칸트, 백종현 편, 『판단력비판』, 아카넷, 2009, 23-24쪽.

개념 없이도 합목적성이라는 법칙수립의 역량을 내보인다."[29] 그러기에 반성적 판단력은 자유(실천이성)에서 자연(순수이성)으로 이행을 가능하게 한다. 이효석에게 서양 음악이란, 소리의 모더니티라는 현상(자연)이기도 했지만, 감각이 지향해야 하는 합목적적 세계(자유)이기도 했고, 따라서 세계를 인식하는 정신과 세계를 살아가는 윤리를 연결하는 존재이자 그 원리였던 것이다.

'인간 최고치의 경지'라는 교양의 절대적인 판단 기준이 취향의 대상인 소문자의 문화가 아니라, 심미의 대상인 대문자의 문화인 음악을 향하는 것은 당연한 일이다. 이효석에게 서양 음악이라는 교양은 장식물이 아니라 감각과 행위의 원리이자 윤리의 원리였던 것이다.

3. 실천적 감각으로서의 교양

소리에 대한 집요한 관심이 이효석 소설의 특징이라는 분석[30]도 있지만, 그것이 모든 소리에 대한 예민한 감각을 의미하는 것은 아니다. 이효석이 유달리 자연이나 일상의 소리에 민감했던 것

....

29   임마누엘 칸트, 앞의 책, 25쪽.
30   김미란, 앞의 글, 189쪽.

은 아니었고, 오히려 이효석 소설에서는 음악을 제외하면 소리에 대한 묘사는 거의 두드러지지 않기 때문이다.[31] 이 점이 소리를 중심에 두었을 때 파악될 수 있는, 박태원과의 차이라고 할 수 있다. 이효석의 경우 소리란 곧 음악이고, 그것은 곧바로 서양 음악을 의미했다. 그에게는 자연의 소리마저 음악의 소리로 번역됨으로써 의미가 발생하는 것이었다.

> 제이악장 폭풍우의 대목이었다. 벌판을 엄습하는 빗소리. 바람소리. 새라는 새는 모두 수풀 속 둥우리 속에 숨어버리고 꽃과 풀들이 쏟아지는 빗발에 물매를 맞는다. 도랑은 순식간에 물이 불어 콸 콸 콸 풀밭으로 넘쳐흐르고 더욱 모질어가는 빗발은 바위라도 무너뜨릴 듯. 빗소리 바람소리 우뢰소리. 벌판을 온통 떠가려는 듯도 한 우뢰소리… 우르르르. 교향악의 세상에서만이 아니라 어느덧 문밖 세상에도 우뢰소리가 섞여진 듯하다.[32]

미란과 단주의, 폭풍우처럼 요동치는 욕망을 묘사하기 위해 도입된 자연의 소리인 우레는 베토벤 교향곡 〈전원〉에서의 우레 묘사에 의해 의미를 획득한다. 이 두 소리 모두 욕망의 은유라는

....

31 김미란의 논문에서도 〈하얼빈〉의 첫 장면에 나오는 음향 묘사 이외에 자연이나 일상의 음이 언급되지 않는다는 점에서도 이를 알 수 있다.
32 이효석, 〈화분〉, 《이효석 전집(4)》, 창미사, 1983, 94쪽.

점에서는 다를 바가 없겠으나, 중요한 것은 자연의 소리만으로 의미를 생성시키기에는 부족하고 그것이 음악으로 표현되었을 때에만 등장인물의 마음에 와 닿는다는 점이다. 그 연장선상에 "알레그로가 지나고 안단테에 들어갔을 때의 감동, 그것이 봄의 걸음이다."[33]라는 은유적 표현이 존재한다. 그런 의미에서 음악은 자연이나 일상의 소리를 분절함으로써 의미를 발생시키는 인공적인 소리로서 언어와 동격인 것이었다.

　이러한 인공적인 소리는 최초의 음악사회학자라 할 수 있는 막스 베버가 말한 "계산된 합리적인 음정"[34]을 의미한다. 베버에게 자본주의가 프로테스탄티즘에서 생겨난 서양 고유의 것임과 마찬가지로, 이러한 계산된 합리적 음 또한 서양 고유의 것이었다. 또한 오카다는 서양 예술음악을 ①지적 엘리트 계급에 의해 지탱되고, ②주로 이탈리아·프랑스·독일을 중심으로 발달한, ③종이에 설계된(작위된) 에크리처로서의 음악 문화로 정의하는데,[35] 이 가운데 ③은 베버의 견해를 개념적으로 정의한 것이라 할 수 있다. 이효석이 받아들이고 묘사한 것은 무질서한 소리의 세계가 아니라, 인간의 이성에 의해 교묘하게 만들어진 소리의 세계였

....

33　이효석, 〈들〉,《이효석 전집(2)》, 창미사, 1983, 8쪽.

34　Max Weber, *The Protestant Ethic and the Spirit of Capitalism*, London: Unwin University Books, 1930, pp. 14-15.

35　岡田暁生, 『西洋音樂史』, 東京: 中公新書, 2005, pp.10-11.

다. 그러니까 이효석이 보기에 서양 고전음악은 '인간 정신의 최고치', 그러니까 최고치의 작위(作爲)였던 것이다.

아름다운 것을 다만 아름답다고 생각하는 것과 아름다운 것을 참으로 아름다워하는 것과는 뜻이 다르다. 방 속에 묻혀 뜰 밖의 꽃을 아름다우려니 환상만 하고 있는 것보다는 몸소 뜰 밖에 나가 그 꽃을 구경함이 나으며 팔짱을 끼고 다만 꽃을 바라보는 편보다는 손수 한 포기를 떠다가 뜰앞에 옮기거나 꺾어다가 책상 위에 꽂는 편이 몇 층이나 더 보람 있는지 모른다.

그까짓 꽃 누가 아름다운 줄 모르랴 하고 꾀바른 얼굴로 단 한마디 비웃어버리는 사람과 묵묵히 그것을 뜰 앞에 가꾸는 사람과의 사이에는 동일에 논할 바 아닌, 거의 종족의 차이가 있는 것이다. 전자의 소극성에 비하여 후자의 적극성 건설성이야말로 사람으로서 바라야 할 바이며 이 길만이 인류의 생활을 승양(升揚)시키고 문화를 진전시키는 동력이 되는 것이다.[36]

흰 것과 초록과 어느 것이 더 아름답습니까? 흙과 펭키와 어느 것이 더 아름답습니까? 흰 것이나 흙은 문화 이전의 원료이지 아름다운 것이라구 발명해 낸 것은 아니거던요. 아이들의 소꿉질과 같이 알롱달롱한 옷도 생각해 보구 유리창 휘장에 푸른 빛도 써 보구 하는 대

....
36 이효석, 〈화춘의장〉, 136쪽.

담한 장난이 문화의 시초였고, 그런 연구 속에서 아름다운 것도 생겨나오는 법이지 재료만으로 아름다운 것이 있을 수 있나요?[37]

그러나 이효석에게 서양 음악은 인공의 최고치, 즉 작위의 최고치인 것만은 아니고, 그 너머에 존재하는 것, 즉 그것을 통해 무반성적 영역(자유)에 도달할 수 있는 것이었다.

아름다운 것에 대해서 사람은 이치도 연유도 없이 무턱대고 머리를 숙이고 항복해야 한다. 아름다운 것의 절대적인 특권인 것이다. (중략) 반성을 허락하지 않는 순간의 감정인지는 모르나 그 순간의 감정이 절대적인 것이다.[38]

자연에서 출발하여 작위를 거쳐 절대성에 도달하는 것은 서양 근대음악의 주제 가운데 하나이다. '지상에서 천상으로', 그러니까 지상에서 천상의 열락을 맛보게 하기 위한 인공물인 성가(聖歌)의 원리는, 천상(신)이라는 절대성을 국민국가, 나아가 자본주의라는 절대성으로 바꾼 교향곡의 원리로 재탄생한다. 그런 의미에서 음악이란 제의의 일종인 것이고,[39] 그것이 20세기 현대 음악

....

37 이효석, 〈화분〉, 179쪽.
38 위의 글, 170쪽.
39 크리스토프 스몰, 조선우·최유준 역, 『뮤지킹-음악하기』, 효형출판, 2004, 161-

이 극복하고자 한 것 가운데 하나이다. 이효석의 교양주의가 비판 받을 만한 것이라고 한다면, 음악을 둘러싼 정치성을 삭제하고 그 것을 곧바로 무반성의 영역으로 옮겨 버렸기 때문이다. 또한 절대 성(자유)에 도달하는 발판(scaffold)에 불과한 서양 고전 음악을 절대화한 점에 있다. 문학을 20세기의 종교로 만들고 비평을 그 사제로 만들었다는 매슈 아놀드에 대한 비판[40]은 이효석에게도 해당한다.

그러나 이효석의 교양과 음악은 천상으로만 향하는 것이 아 니라 지상으로도 향하는 것이었고, 그때 교양으로서의 의미를 가 지게 된다.

바탕이 빈한한 우리의 길은 될 수 있는 대로 미의 창조에 힘씀에 있다. 자연에 대한 미의식을 왕성히 배양하고 자연물의 형상, 색조, 의상을 생활양식에 알뜰히 이용하며 나아가 독창적 발명을 더하여 생활을 재건함에 있다.[41]

서양이 만들어 낸, '음'에 관한 최고치의 작위를 통해 음에 대

....

162쪽.

40 이효석, 「아널드의 교양 개념의 문화정치학적 함의와 '열린' 교양의 가능성」, 66-67쪽.

41 이효석, 〈화춘의장〉, 141쪽.

한 감각을 기르고 그것을 통해서 생활에서의 감각을 세련화한다는 것은 I. A. 리처즈가 말하는 최고의 소통 수단인 문학의 교육을 통한 소통과 반응의 세련화라는 주장[42]과 연결된다. 리처즈는 매슈 아놀드의 교양과 비평 이념을 이어받아 예술 경험은 상대적 혼돈으로부터 상대적 질서로, 혼란으로부터 안정된 평형 상태로 변화하는 것을 도와주는 치료적 경험이라 했는데,[43] 이 점에서 보면 이효석은 그러한 교양 이념의 핵심에 도달해 있었다고 할 수 있다. 그것은 교양과 문학의 특권성인 무사심(disinterestedness), 즉 '자유로운 놀이', '자유로운 상상적 경험의 세계에 특권적으로 참여하는 것' 때문에 가능했다. 교양이 윤리로 전환될 수 있는 근거는 여기에서 생겨난다.

4. 실천적 윤리로서의 교양

매슈 아놀드는 목적이 아닌 수단에 불과한 것을 '기계 장치'라고 부르며 이것에 본래적으로 소중한 목적이 있다는 생각을 비판하였다.[44] 또한 계급과 일상의 이데올로기에 얽매어 있던 실천

....

42 엘리자베드 프로인드, 신명아 역, 『독자로 돌아가기』, 인간사랑, 2005, 54-62쪽.
43 위의 책, 61쪽.
44 매슈 아놀드, 앞의 책, 61쪽.

행위를 해방시켜, 현실적 충동 너머에 존재하는 근본적 충동의 충족에 그것을 근거 짓고자 했다. 이러한 매슈 아놀드의 교양 이념은 "우리의 고정관념과 습관에 신선하고 자유로운 생각의 줄기를 갖다"[45] 댄다는 점에서 실천적 윤리가 된다.

소설 〈화분〉과 〈풀잎〉은 교양이 윤리적 실천으로도 이어질 수 있음을 보여 준다. 1930년대 중반 이효석의 소설에서 '성(性)'은 그 자체가 윤리성을 띠고 있지 않은 미적 탐구의 대상이었다. 〈돈〉이나 〈개살구〉의 세계가 그것을 잘 보여 준다. 그 속에서는 불륜이나 동성애나 패륜조차도 객관적인 탐구의 대상이었다. 그러나 자연적 미에 대한 탐구에서 인공적인 미에 대한 탐구로 눈을 돌린 1930년대 후반 소설인 〈화분〉에서는 '성'에 대한 새로운 인식을 보여 준다.

〈화분〉에서 주인공 미란은 음악을 알게 되자 '성'을 해석하는 윤리 감각이 생겨나기 시작한다. 그것은 육체의 흐름을 분절하는 정신의 탄생을 의미한다. 미란은 "남녀들이 벌거벗고 원시의 풍속을 과장하면서 육체와 청춘을 자랑하는 듯이 모든 생각을 육체 위로만 유혹하고 인도하는 것을 상스러운 풍습으로만 생각하"[46] 게 되는 것이다.

....

45 매슈 아놀드, 앞의 책, 39쪽.
46 이효석, 〈화분〉, 203쪽.

날마다 시간마다 목격하게 되는 허다한 새로운 재료와 사실이 미란의 마음을 한없이 열어 주며 걸을 때나 앉았을 때나 볼 때나 그 무수한 것을 받아들이기에 마음은 분주하고 세상이 이렇게도 넓은가, 생각하지도 못한 동쪽 한 구석에 이런 놀라운 생활의 사실이 있을 제는 세상을 통 턴다면 얼마나 인생이란 넓은 것일까 하는 생각이 들면서 그 어지럽고 착잡한 재료의 세상에서 차차 한 가닥의 방향과 통일이 마음속에 들어서기 시작했다. 그 한없이 착잡한 재료 속에서 골라낸 것은 역시 아름다운 것의 요소였고 그것의 배열─예술의 감동이 마음을 차차 정돈시켜 주고 의욕을 자극해 주었다. 세상을 해석할 한 개의 표준되는 열쇠가 어느 곁엔지 손안에 잡히면서 그것이 새로운 힘으로 마음을 다시 불 지르게 되며 평생의 방향과 결의가 작정되었다.[47]

음악이 미란에게 제공한 "세상을 해석할 한 개의 표준되는 열쇠"란, "착잡한 재료의 세상에서 차차 한 가닥의 방향과 통일이 마음속에 들어서기 시작했다"라는 말에서 볼 수 있듯이, 삶은 불협화음처럼 혼란스럽지 않고 조화되어야 한다는 것이었다. 1939년 11월 『인문평론』의 교양 특집에서 최재서가 매슈 아놀드의 교양론을 토대로 말한 개성적 질서로서의 교양이 이와 상통하고 있다.

....
47 이효석, 〈화분〉, 앞의 책, 124-125쪽.

교양 이념이 말하는 조화나 질서가 단지 기존 도덕의 긍정이 아님은 그것이 "집단적 생활과는 양립되는 않는 성질을 가지고 있다"[48]는 최재서의 말에서도 알 수 있다. 〈화분〉에서 단주와 현마의 동성애나 단주와 세란, 단주와 옥녀의 불륜이 부정적으로 그려지는 것은 그것이 사회적 도덕에서 벗어나기 때문이 아니라 육체를 욕망이 이끄는 대로 내버려 둔 부작위였기 때문이다. 소설 앞 장면에서 등장하는 영화 〈실락원〉에 대한 묘사는 아담과 이브의 낙원 추방을 통해 최초의 윤리가 탄생하는 장면을 포착하고 있는데, 질서(=윤리) 이전의 세계는 "선악을 가릴 수도 없고 흑백을 고를 수도 없는 혼란하고 불결한 정경"[49]이었던 것이다. 무질서의 세계에 놓여 있던 미란이 서양 고전 음악을 만나 조화롭고 질서 있는 삶으로 향한다는 〈화분〉의 서사는 음악의 윤리화라고 부를 수 있다.

이처럼 자율적 윤리의 생성이 교양의 원리임은 〈풀잎〉에서 가장 잘 드러난다. 거기서 교양을 통해 생성한 자율적 윤리는 사회적 도덕과 정면에서 배치된다. 〈풀잎〉에서 주인공들의 '성'은 다른 사람들의 비난 대상이 되는 것이다. 그러나 주인공 준보는, "사회에 이름이 있다는 건 개인의 자유행동에 그만큼 구속을 받

....

48 최재서, 앞의 글, 25쪽.
49 이효석, 앞의 글, 267쪽.

구 책임을 져야 한다는 거야. 개인만의 개인이 아니구 사회를 위한 개인이야."라는 친구 벽도의 비판에 다음과 같이 대답한다.

> 자네두 문학을 한다는 사람이 왜 그리두 범용하구 옹색한가. 사랑엔 인물 차별과 지경이 없다는 걸 실물로 교육할 수 있다면 얼마나 더 인간적인 교육이 될 수 있다는 건 생각해 보지 못하나? 한 사람의 인물에 대한 소문과 진실이 얼마나 다르다는 것, 사람은 누구나 일반이라는 것, 사랑은 자유롭다는 것, 행복은 주위 사람들의 시비에도 불구하구 당사자들의 의지로 창조할 수 있다는 것, 이 많은 교훈을 난 말없이 다만 한번의 행동으로서 많은 사람에게 가르칠 수 있는 것이네. 학생들은 흔연히 이 교육을 받을 것이요, 그 인간적인 영향과 효과두 백권의 수신서를 읽는 것보다 나으리. 자네들의 상식 이상으로 이것은 참으로 건전한 생각이라는 걸 알아 두게. 그리구 자네 내일부터 문학 그만 두게나. 문학은 인간되자구 하는 것이지 심심 파적으로 숭상하는 건 아니니까.[50]

문학으로 대표되는 교양이란 계급의 표지로서 구별의 역할을 하는 것이 아니라, "인간되자구 하는 것", 즉 세상을 살아갈 윤리를 형성하는 것임을 위의 인용문에서 알 수 있다. 그것은 매슈

....
50 이효석, 〈풀잎〉,《이효석 전집(3)》, 창미사, 1983, 225쪽.

아놀드가 말한 것처럼 고정관념과 상식, 관습에 얽매인 지배적 도덕과는 서로 어울리지 않는 것이었다. 문학과 음악의 향수를 통해 도달한, 상식의 세계를 벗어난 개성적이고 자율적인 윤리 감각은, 오로지 엘리트의 것이라고 비판할 수는 있을 것이나, 그것을 용인하지 않는 시대 속에서 빛을 발한다. 방공연습을 거스르며 "그 정도의 사생활의 특권쯤은 그다지 망발이 아니"며 "밤의 시간은 자유로워도 좋을 법했다."[51]고 생각하는 화자의 말 속에서 그것을 알 수 있다. '방공연습'으로 상징되는 1940년대 총동원 체제 속에서 개인의 자율적 윤리를 고수하려는 이효석의 노력은 국민문학의 정의에서도 드러난다.

즉, 고도의 지성이나 비판성보다도 상식적인 이상이나 '건전한' 시민성이 더 많이 국민문학의 타당한 내용으로 생각되어 온 것이다. 국민문학의 가치의 높이로 보아 반드시 그런 속성만이 소중한 전부가 아님을 생각할 때 종래의 통념이 너무 단순하고 통속적이었음도 사실이다.[52]

총력전 체제에 보탬이 되는 것만을 국민문학이라 부르는 것을 비판하며 상식이나 건전성이라는 고정 관습을 갱신하는 고도

....
51 이효석, 〈풀잎〉, 앞의 책, 208쪽.
52 이효석, 〈문학과 국민성〉, 《이효석 전집(6)》, 창미사, 1983, 242쪽.

의 지성과 비판성으로서의 교양, 그리고 문학에 대한 주장을 인용문에서 볼 수 있는데, 이러한 비판성이야말로 교양의 실천적 의미라 할 수 있다.

반면에, 음악에 대한 감각을 포함한 이효석의 교양이 엘리트의 것으로서 여성과 하층 계급을 배제하는 것임은 틀림없는 사실이다. 그 가운데 이효석의 유행가 혐오는 특히 두드러진다.

대로상에서 범람하는 이 저열하고 시끄런 노래, 등줄기를 간질이고 신경을 쑤시는 이 요란한 노래. 시청은 왜 그것을 취체하고 금지하지 못하고 그대로 버려두는지를 모르겠다. 이 열등한 소리판은 민중의 미의식과 감식안을 저하시킴이 막심하다.

시중에 대청결을 베풀 듯이 이런 종류의 음가는 모름지기 거리에서 일소해 버려야 할 것이다. 취체리(吏)의 손이 부족하다면 위생과 감독쯤으로도 족하다. 집집의 불결한 것을 들어가듯 그런 레코드를 모조리 압수해 가기를 바란다. 그 속에 사는 시민의 한 사람으로서 나는 그것을 원한다. 그렇게 품이 높고 살기 좋은 거리가 어디 있으랴만 현재 거리의 규모라는 것은 저급하기 짝이 없다.[53]

작위의 최고치로서의 교양이라는 생각에서 보면 이러한 배

....
53 이효석, 〈강의 유혹〉, 《새롭게 완성한 이효석 전집(7)》, 창미사, 2003, 357–358쪽.

제는 당연한 결과이겠으나, 그러한 교양 이념이 감각의 차이를 우열로 바꾸어 놓는 원리가 됨도 사실이다.

또한 이효석의 교양이 여성을 그 주체가 아니라 대상으로 삼고 있다는 것도 지적할 수 있다. 특히 의상 취향의 경우 여성의 복장만을 대상으로 삼는 미적 남성 중심주의, 일본 여성에게도 한복을 입히는 전도된 오리엔탈리즘이 그것을 잘 보여 준다. 이에 대한 연구는 기존에 충분히 이루어져 있어 생략하겠는데, 그러나 반대로 이효석의 교양은 민족적·인종적 차별과 구별을 넘어서 그것을 부정하는 근거가 되기도 한다.

일본어 소설 〈녹의 탑〉은 조선인 청년과 일본인 여성의 사랑, 조선인 청년의 학문적 성취를 그리고 있는데, 이 둘은 모두 민족적 차별이라는 장애물과 만나게 된다.[54] 그 장애물이란 조선 민족에 대한 고정 관념, 즉 식민주의였고, 이효석이 이러한 장애물을 한꺼번에 뛰어넘는 수단으로 선택한 것은 혈액형으로 상징되는 '과학'이었다.

> "B형의 수혈자는 O형 및 B형이 사람으로부터 수혈을 받을 수 있습니다. 그렇기 때문에 A형이나 B형(원문대로. AB형의 오식으로 보

....

54 이에 대해서는 다음을 참고. 윤대석, 「1930년대 '피'의 담론과 일본어 소설」, 『우리말글』, 우리말글학회, 2011.

임 – 인용자)의 사람으로부터는 안 됩니다. 그런데 여러분 가운데 O형이나 B형인 사람을 고르면 되는 겁니다."

B형인 요코(영민의 연인, 일본인 – 인용자)의 혈관 속에 네 사람 가운데 누군가로부터 같은 형의 혈액을 수혈하려는 것이었다.

도대체 누가 같은 혈액형의 소지자일 것인가. 각각 긴장한 흥미 가운데 그 작은 운명의 선언을 기다리면서 과학의 방법을 주시하고 있었다.

따로 만들어 둔 오벡트 글라스 위에 마키(요코의 오빠 – 인용자)의 혈구는 B에 응집하여 A형임이 판명되었다.

다키카와(영민이 연적, 일본인 – 인용자)는 A, B 모두에 응집하여 AB형임을 알았다.

왜 이렇게 다른가. 가족의 피야말로 같은 형이어야 하고 잘 맞아야 할 터인데, 이토록 지리멸렬한 것은 왜인가?

마키는 실망하여 삼촌과 얼굴을 마주 본다.

같아야 할 피가 과학의 분석 앞에서는 틈이 있고 오차가 있다. 남매라도 타인인 것이다. 무슨 뜻일까. 무슨 의미일까.

(중략)

혈구는 틀림없이 A에서 응집하기 시작하고 B에서는 신선한 액상을 유지한 채 유동했다.

"진정정명(正眞正名) B형이다. A형도 O형도 아닌 똑같은 B형이다."

의사가 개가를 올렸을 때에는 영민은 무척 기뻐했다.

"요코의 피 속에 내 피가 섞이는 것이다. 그리고 그녀의 몸을 구하는 것이다."[55]

요코를 사랑하는 영민과 요코의 오빠·삼촌, 영민의 연적인 다키카와가 모여 요코의 목숨을 좌우할 수혈을 위해 각자의 혈액형을 조사하는 장면이다. 그 가운데 민족이 다른 영민만이 요코와 같은 혈액형이었다는, 지금으로서는 참으로 유치한 갈등 해소법이지만, 이러한 혈액형 담론은 당대에는 최대이자 최신의 과학, 나아가 인간 정신의 최고치인 교양이었다. 이러한 과학적 교양을 통해 민족이란 피를 나눈 형제라는 상식을 전복시키는 것이 이 소설의 결론이라 할 수 있다. 이는 달리 말하면 민족의 차이를 차별로 전환시킬 근거가 없다는 것을, 그러한 식민주의적 주장을 교양을 통해 극복·비판하는 것이다. 이효석의 예술적 교양, 문학적 교양, 과학적 교양은 일제 말기에는 이처럼 식민주의적 편견을 거스르고 그것을 비판하는 데 그 실천적 의의가 있었던 것이다. 물론 교양 이념이 가진 남성중심주의, 엘리트 중심주의는 비판되어야 마땅하지만, 이것은 '인간 최고의 정신'이라는 교양의 이념이 배제의 원리가 되기도 하지만 그것을 거스르는 원리가 되기도 함을 보여 주는 것이다.

....

55 이효석, 〈녹의 탑〉, 『國民新報』, 1940.4.21.

5. 융합 담론을 위해

이상으로 음악에 대한 이효석의 인식을 통해 교양 이념의 가능성과 그 한계를 살펴보았다. 음악을 중심에 둔 이효석의 교양 이념은 배제와 구별로도 향하지만, 그러한 배제와 구별에 대한 비판의 원리, 즉 실천적 감각·윤리로도 작용한다는 것을 이를 통해 알 수 있었다. 이는 교양 이념의 몰락을 예고하는 것이기도 하지만, 새롭게 형성될 통합적 담론이 지향해야 할 바를 가리키는 것이기도 하다.

엘리트의 특권적 지식인 교양이 대중(mass) 혹은 다중(multitude)의 시대에 몰락의 길을 걷게 된 것은 당연한 일이다. 다케우치 요에 의하면 고등학생의 대학 진학률이 15퍼센트를 넘으면 대학은 대중적 교육기관이 되고, 따라서 교양주의는 대학의 이념이 될 수 없다고 한다.[56] 일본의 경우 대중문화가 직접적으로 대학에 침투하는 시기인 1960년대가 이에 해당한다고 하는데, 이에 비추어 보면 한국에서 교양주의의 몰락은 80년대 초에 이미 시작되었다고 할 수 있다. 대학 내외에서 교양은 배제의 기제로도 작용하지 못하고 기껏해야 장식물(백화점 문화센터의 교양)로 전락하고 말았다. 미완의 프로젝트로서의 계몽이라는 하버마스의 말

....

56 竹內洋, 앞의 책, 206쪽.

을 패러디하면, 어쩌면 미완의 프로젝트로서의 교양주의는 그 본거지인 대학의 바깥에서 교양의 내용과 그에 대한 태도를 갱신하면서 새롭게 '대중지성'으로 부활하고 있는지도 모른다. 그러나 그것을 '교양'이라 부를 수 있을지도 의문이고, 또한 그것이 긍정적인 의미에서의 교양 이념을 계승하고 있는지도 의문이다. 그것이 교양의 이념만큼 통합성을 지니고 있지 못하기 때문이다.

그렇다고 인간의 삶 가운데 극히 일부분에 불과한[57] 부(富)의 갱신과 증진에 관련된 인식의 창출에만 몰두하는 현재의 융(통)합 담론이 교양의 이념을 대신할 수 있을 것인가. 이는 대학의 상업화와 더불어 현재의 우리가 곱씹어볼 만한 문제이다. 진정한 융(통)합 이론은 교양 이념을 대체하는 것이 아니라 그것을 폐기함과 동시에 그것을 실현해야만 만들어질 수 있을 것이다.

....

57 한나 아렌트는 인간의 행동(behavior)이란 노동(labour), 작업(work), 행위(action)로 나눌 수 있다고 한다. 생산과 재생산을 의미하는 경제적 행위란 이 셋 가운데 하나인 '노동'에 불과한 것이다. 이에 대해서는 다음을 참고. 한나 아렌트, 이진우 역, 『인간의 조건』, 한길사, 1996.

4장

융합교육을 위한 교과교육의 소통과 언어적 창의성
– 〈농가월령가〉 교육을 중심으로

1. 머리말

이 글은 현재 한국의 중등교육에 융합교육(融合敎育)이 필요함을 전제하고 논의를 전개하고자 한다. 또한 융합연구를 다(多)학문적, 학제(學際)적, 초학제(超學制)적 연구를 포괄하는 개념으로 설정하는 것[1]을 받아들여 중등교육의 융합교육 역시 교과들 사이의 다양한 결합 방식으로 이루어질 수 있다고 가정하고자 한다. 다시 말해 융합연구의 단계에 대응하여 교과협동교육, 통합교과교육, 융합교과교육 등의 융합교육을 설정할 수 있다고 가정한

....

1   홍성욱 외 5인, 『융합이란 무엇인가』, 사이언스북스, 2012, 12-13쪽 참조.

다. 따라서 융합교육이 무엇이며, 왜 필요한가에 대해서는 논의하지 않고 선행 논의를 수용하고자 한다.[2]

융합교육(融合敎育)의 필요성을 받아들인다고 할 때, 무엇보다 먼저 현재 학교교육에서 실행되고 있는 분과(分科) 체제의 교과교육 사이의 소통이 추구될 필요가 있다. 현재의 교과교육과 관련이 없는 융합교육이 존재할 수 없다는 점과 현재의 교과교육이 융합교육의 기반이 될 수밖에 없다는 점을 감안한다면 교과교육 사이의 소통은 융합교육을 위한 첫걸음이 될 것이기 때문이다.

학문일반의 차원에서 융합에 대한 논의는 인문학, 사회과학, 자연과학, 공학 등을 중심으로 다양하게 논의되고 있고,[3] 교육에서는 주로 과학·기술교육 및 예술교육을 중심으로 논의와 실천이 진행되고 있다.[4] 이러한 논의와 실천들은 현재의 분과(分科) 학

....

2 학문 연구 차원의 융합의 필요성에 대해서는 다음을 참조. 김광웅 외 9인, 『융합학문, 어디로 가고 있나?』, 서울대학교출판문화원, 2011.

3 이태수 외 6인, 『외국에서의 인문학의 학제간 연구·교육 및 인문진흥관련 법 사례 조사 연구』, 경제·인문사회연구회, 2006; 권재일 외 3인, 『인문학의 학제적 연구·교육 현황과 활성화 방안』, 경제·인문사회연구회, 2006; 이은경 외 3인, 『인문학과 정보과학기술의 학제간 연구·교육 현황과 활성화 방안』, 경제·인문사회연구회, 2006; 박기묵 외 3인, 『인문학과 생명과학(공학)의 학제간 연구·교육 현황과 활성화 방안』, 경제·인문사회연구회, 2006; 조주연, 『인문학기반의 통합학문적 융합과제 도출 방안』, 경제·인문사회연구회, 2010; 조주연, 『인사-이공 학제간 융합연구 과제 도출 및 활성화 방안』, 경제·인문사회연구회, 2010.

4 STEAM 중심의 논의에 대해서는 다음 논의들을 참조. 김성원 외 3인, 「융합인재교

문 체제나 분과 체제의 교과교육이 융합의 요소는 물론 융합의 가능성을 내포하고 있음을 보여 준다. 모든 분과 학문과 교과가 다른 학문 및 교과와 소통 및 융합 가능성을 내포하고 있다는 점은 기존의 학문과 교과교육을 융합의 관점에서 재인식할 필요가 있음을 뜻한다.

학문의 발전이 분과(分科) 내의 전문화(專門化)만이 아니라 다른 학문과의 결합에 의한 새로운 분야의 개척으로도 이루어지는 점을 고려하면[5] 학문들 사이의 융합은 자연스러운 현상이라 할 수 있다. 이에 비해 교과교육의 발전에서 다른 교과와의 결합에 의한 새로운 교과 내지 교육 영역의 개척은 거의 없다고 해도 과언이 아니다. 그 이유는 여러 가지일 수 있는데, 중등교육(중학교와 인문계 고등학교)의 교과교육 체제가 대학의 교양교육 체제에 연계되어 있다는 점과, 교과목을 확대하는 것이 수업 시수와 학습량의 차원에서 볼 때 결코 용이하지 않은 것도 그 이유일 것이다. 또한 융합교과를 개발한다고 할 때 그것이 기존의 교과를 대체할 수 있는지의 문제도 간단하지 않은 것이다. 융합의 구현에

....

육(STEAM)을 위한 이론적 모형의 제안」, 『한국과학교육학회지』 32(2), 한국과학교육학회, 2012; 송진웅 · 나지연, 「창의 융합의 과학교육적 의미와 과학 교실문화의 방향」, 『교과교육학연구』 18(3), 이화여자대학교 교과교육연구소, 2014; 곽영순 외 3인, 「핵심역량과 융합교육에 초점을 둔 과학과 교육과정 개선 방향 연구」, Journal of the Korean Association of Science Education 34(3), 한국과학교육학회, 2014.
5   이남인, 「철학과 학제적 연구」, 김광웅 외 9인, 앞의 책, 20-53쪽 참조.

서 융합에 참여하는 기존 학문의 전문성이 중요하며, 새로운 융합 학문이 기존 분과 학문을 대체하는 것이 아님을 참고할 때 교과교육 내에서의 융합교과의 위상 정립은 꽤 까다로운 과제이다.

이러한 상황에서 교과교육 사이의 소통을 구축하여 초보적인 융합교육을 추구하는 것이 매우 현실적인 방법이 될 수 있다. 즉, 개별 교과교육에서 다른 교과교육과의 소통을 실천하여 부분적인 융합을 구현하는 노력이 필요한 것이다. 다시 말해 개별 교과교육을 기존의 분과(分科) 체제의 교과교육의 성격에 머물지 않고 융합교육의 성격을 갖게 하자는 것이다. 이에 이 글에서는 개별 교과교육에서 다른 교과교육과의 소통을 실천하여 부분적인 융합을 구현하는 교육을 '교과소통교육'이라 잠정적으로 명명하고, 이를 융합교육의 첫 단계로 설정하고자 한다. 이를 위해서는 기존의 교과교육을 융합교육의 관점에서 재인식하는 것이 필요하다. 개별 교과교육이 분과교육이자 동시에 융합교육일 수 있음을 인식하면 다른 교과교육과의 소통과 융합이 보다 원활해질 수 있기 때문이다.

이 글은 이러한 관점에서 정학유(丁學游, 1786~1855)의 〈농가월령가〉를 제재로 한 교과소통교육의 가능성을 탐색하고자 한다. 주지하듯이 이 작품은 농민들로 하여금 농업에 힘쓰기를 권장하는 가사(歌辭)이다. 〈농가월령가〉 자체는 문학 작품이지만 그 창작의 목적은 광의의 의미에서 농민교육에 있으며, 그 교육 내용도 한 가지에 국한되지 않고 있다. 월별로 해야 할 농사를 구체적으로 제시하면서 이를 실천하기를 권유하고, 농촌공동체의 미풍양속과 농촌생활의 즐거움을 예찬하고, 나아가 농업의 중요성을 강조하면서 농민의 농촌으로부터의 유리(遊離)를 만류하는 것 등이 주요 내용을 이루고 있다. 이 점에서 이 작품은 농민과 농촌공동체를 중심으로 하여 상호 관련이 있는 여러 가지 과제들을 통합적으로 해결하기 위해 창작되었다고 보아야 한다. 이처럼 여러 가지 사회적 과제들의 해결을 위해 창작되었다는 점에서 이 작품은 현재 국어교육, 특히 문학교육의 제재로 활용되는 것[6]을 넘어서 여러 교과가 참여하는 교과소통교육의 적절한 제재가 될 수 있다. 다시 말해 특정 교과의 교육 제재로 간주되어 온 것이 사실은 여러 교과의 제재이기도 함을 인식하고, 나아가 특정 교과 중심의 교육이 아닌, 여러 교과교육이 평등하게 참여하는 '교과소통교육'의 제재일 수 있음을 논의하고자 한다.

이 글은 〈농가월령가〉를 제재로 한 문학교육에서 다른 교과와의 소통교육을 모색하면서 동시에 교과 사이의 소통어와 그것

....

6 문학교육의 관점에서의 〈농가월령가〉 교육에 대한 논의로는 다음을 참조. 김상욱, 「〈농가월령가〉의 교육적 수용을 위한 담론 분석」, 이상익 외 18인, 『고전문학 어떻게 가르칠 것인가』, 집문당, 1994; 박경주, 「고전문학 교육의 연구 현황과 전망: 시가 교육을 중심으로」, 『고전문학과 교육』 1, 한국고전문학교육학회, 1999; 고영화, 「〈농가월령가(農家月令歌)〉에 나타난 시간관의 교육적 고찰」, 『선청어문』 36, 서울대학교 국어교육과, 2008.

의 언어적 창의성에 주목하고자 한다. 학문 분야별 용어가 다르듯이 교과별로도 용어가 다르게 쓰이고 있고, 이것은 자연스런 현상이나 교과 사이의 소통을 추구할 때에는 공동으로 사용할 수 있는 언어를 설정할 필요가 있다. 교과 사이의 공동 언어가 마련된다면 교과의 협동, 통합, 나아가 융합의 가능성이 높아질 수 있기 때문이다. 아울러 교과 사이의 새로운 관계를 형성하고 분과별 교육의 영역을 넘어선 새로운 교육 영역을 개척하는 데 기여한다는 점에서 이 교과 사이의 소통의 언어, 또는 공동 언어는 창의성을 갖는다고 할 수 있는 것이다.

2. 교과소통교육 제재로서의 〈농가월령가〉

모든 교과는 분과교과이면서 동시에 융합교과일 수 있다는 관점을 확대하면 모든 교육 제재가 정도의 차이는 있겠지만 융합교육의 제재일 수 있다. 모든 교과의 제재는 인간과 세계의 삼라만상과 관련되어 있고, 그 삼라만상은 서로 연관이 있기 때문이다. 이러한 제재 중에서도 여러 교과에 걸친 내용을 포함하여 교과 사이의 소통이 기본적으로 요청되는 제재로서 〈농가월령가〉의 성격을 검토하기로 한다.[7]

앞에서 언급한 바와 같이 이 작품은 농민에게 농업에 대한 실질적 정보를 제공하면서 농업에 힘쓰고, 농촌공동체를 안정적으로 유지할 것을 권하는 가사이다. 그러니까 원래 이 작품은 농민교육을 위한 것이다. 조선시대에 농민을 대상으로 한 농업교육은 크게 세 가지로 이루어졌다고 볼 수 있다. 첫째는 〈농가월령가〉처럼 문학을 통한 교육으로, 김기홍(金起弘, 1637~1701)의 〈농부사(農夫詞)〉, 김익(金熤, 1746~1809)의 〈권농가(勸農歌)〉, 이기원(李基遠, 1809~1890)의 〈농가월령(農家月令)〉, 작자미상의 〈치산가(治産歌)〉 등이 전후로 창작되었다. 둘째는 농서(農書)의 보3급을 통한 농업 기술교육이다. 『농사직설(農事直設)』, 『금양잡록(衿陽雜錄)』, 『농가월령(農家月令)』, 『농가집성(農歌集成)』, 『색경(穡經)』, 『산림경제(山林經濟)』, 『농정요지(農政要志)』 등이 조선 전·후기에

....

7 〈농가월령가〉에 대한 주요 선행 연구로는 다음을 들 수 있다. 권정은, 「조선시대 농서(農書)의 전통과 〈농가월령가〉의 구성 전략」, 『새국어교육』 97, 한국국어교육학회, 2013; 권정은, 「조선후기 농가시와 경직도의 복합적 양상 비교」, 『比較文學』 63, 한국비교문학회, 2014; 길진숙, 「中人 金逈洙의 〈農家月令歌〉 漢譯과 그 意味」, 『東洋古典研究』 6, 동양고전연구회, 1996; 김기탁, 「〈농가월령가〉에 대한 고찰」, 『韓民族語文學』 2, 한민족어문학회, 1976; 김석회, 「〈농가월령가〉와 〈월여농가(月餘農歌)〉의 대비 고찰」, 『국어국문학』 137, 국어국문학회, 2004; 김형태, 「〈農家月令歌〉 창작 배경 연구: 歲時記 및 農書, 家學, 『詩名多識』과의 연관성을 중심으로」, 『東洋古典研究』 25, 동양고전연구회, 2006; 이상원, 「고전시가의 문화론적 접근 -〈농가월령가〉를 중심으로」, 『어문논총』 60, 한국문학회, 2014; 이승원, 「〈농가월령가〉에 나타난 자연·인간·사회」, 『국어국문학』 137, 국어국문학회, 2004; 임치균, 「〈농가월령가〉 일 고찰」, 백영 정병욱 선생 10주기추모논문집 간행위원회, 『한국고전시가작품론』, 집문당, 1992.

걸쳐 편찬되었다.[8] 셋째는 행정조직과 지방의 자치조직을 통한 권농이다. 행정에서는 국왕의 권농윤음(勸農綸音), 지방수령의 권농임무, 면(面) 단위의 권농관(勸農官) 임명 등을 통해, 지방자치 조직으로는 향청(鄕廳)과 향약(鄕約)을 통해 농사를 장려했다. 농업이 조선 시대 경제의 중심이었기 때문에 이러한 여러 경로의 농업교육이 이루어졌던 것이다. 따라서 〈농가월령가〉는 당시 농업의 발전이라는 국가적 과제 해결을 위한 다각도의 노력 중의 하나였다고 볼 수 있다.

20세기에 농민교육은 농민계몽운동, 농업 전문 서적 출판, 농업학교와 같은 제도교육, 농업 진흥을 위한 국가 기구의 설치와 정책 실시 등을 통해 이루어졌으나, 20세기 후반기의 산업화로 인해 국가 경제에서의 농업의 비중은 약화되기 시작했다. 이러한 흐름 속에서 〈농가월령가〉의 농민교육 기능은 20세기가 되면서 상실되기에 이르렀다고 할 수 있다. 반면, 〈농가월령가〉는 20세기 후반기에 제도교육 속에서 농민교육이 아니라 국어교육, 특히 문학교육의 제재로 선택되었다. 민족문학 중심의 문학교육에서 〈농가월령가〉의 전통적 월령체 형식, 농민 생활과 농업 기반의 풍부한 어휘, 세련된 표현, 실학적 사고 등이 높이 평가되었던 것이다.

....

8 조선시대 농서의 편찬과 그 내용에 대해서는 김용섭, 『(신정 증보판)조선후기농학사연구』, 지식산업사, 2009 참조.

그런데 원래 문학을 통한 농민교육을 지향했던, 오늘날 문학 갈래로는 교술문학에 속하는 이 작품을 문학교육이라는 분과교육의 테두리 속에서 제대로 가르치는 것이 가능한 일인가? 가령 당시의 시대적 배경 속에서 그 소통 맥락을 복원하여 이 작품을 읽는다고 할 때, 교사와 학습자는 당시의 정치, 경제, 사회에 대해 상당한 정도의 정보를 가져야만 하는데, 학습자는 말할 것도 없고 분과 교과의 교사인 국어교사에게도 이것이 가능한 일인지는 의문이다. 이는 문학교육에서 〈농가월령가〉를 제대로 가르치자면 불가피하게 여러 교과의 도움이 있어야 함을 뜻하고, 바로 이 점에서 교과 소통교육으로서의 융합교육의 성격을 갖지 않을 수 없음을 뜻한다. 이하에서 〈농가월령가〉의 교육에 관여할 수 있는 여러 교과 중 과학 교과, 역사 교과, 실업 교과를 중심으로 살펴보기로 한다.

1) 과학 교과와의 소통

〈농가월령가〉는 해와 달의 운행에 따른 절기(節氣)와 계절(季節)의 순환에 대한 언급으로 시작한다.

천지(天地) 조판(肇判)함에 일월성신(日月星辰) 비치거다.
일월은 도수(度數) 있고 성신은 전차(躔次) 있어
일년 삼백육십일에 제 도수 돌아오매

동지(冬至) 하지(夏至) 춘·추분(春秋分)은 일행(日行)으로 추측(推測)하고

상현(上弦) 하현(下弦) 망회삭(望晦朔)은 월륜(月輪)의 영휴(盈虧)로다.

대지상(大地上) 동서남북 곳을 따라 틀리기로

북극(北極)을 보람하여 원근(遠近)을 마련하니

이십사(二十四) 절후(節侯)를 십이삭(十二朔)에 분별하여

매삭(每朔)에 두 절후(節侯)가 일망(一望)이 사이로다.

춘하추동(春夏秋冬) 왕래하여 자연히 성세(成歲)하니(序詞)[9]

농업이 기본적으로 계절의 순환과 지리적 환경에 영향을 받는 것이므로 위와 같은 시작은 당연하다 할 수 있는데, 인용 부분에서의 계절의 순환과 역법에 대한 언급 속에 천체(天體)의 운행에 대한 당시의 과학적 관측에 기초한 지식이 포함되어 있다. 참고로 〈농가월령가〉의 한역 개작(漢譯改作)이라 할 수 있는 김형수(金逈洙)의 〈월여농가(月餘農歌)〉의 11월 부분에서 "묵은 달력 못

....
9 〈농가월령가(農家月令歌)〉 인용은 '이상원, 『가사육종(歌辭六種)』, 보고사, 2013' 소재 주석본을 중심으로 하되 다음 자료들을 참고하여 현대어로 표기하기로 한다. 운포처사, 〈농가월녕가〉(필사본, 일사본), 서울대학교 소장; 〈농가월녕가〉, 『忘老却愁記』(필사본, 가람본), 서울대학교 소장; 〈농가월령가(農家月令歌)〉, 김성배 외 3인, 『주해 가사문학전집』, 정연사, 1961; 〈농가월령가(農家月令歌)〉, 박성의 주해, 『한양가·농가월령가』, 예그린출판사, 1974.

다 썼는데 새 달력 나눠주니, 내년의 절기(節氣)는 어떠한고? 예부터 가장 정밀한건 지금의 시헌력, 마테오리치의 계산은 더할 나위 없지."[10]라고 하고 있는데, 여기서 자연 현상과 과학적 인식 사이의 정합성에 대한 19세기 지식인들의 관심도를 엿볼 수 있다.

이러한 지식은 현행 분과 체제의 교육에서는 지구과학교육 또는 통합과학교육에서 다루는 것인데, 과학기술사의 관점에서는 조선 후기 천체 인식과 천체 관측 수준과 관련하여 이해해 봄직한 내용이다. 특히 인용 부분은 지구와 달의 자전과 공전 주기, 동지·하지·춘분·추분 등의 절기의 전개와 그때의 지구의 태양계에서의 위치, 달의 모습이 변화하는 원리와 태음력과 태양력의 원리 등을 배경으로 하고 있는데, 이 태양계에 대한 지식은 현재 과학교육에서 주요하게 다루어지고 있는 것이다. 예컨대, 현행 고등학교 과학교과서들을 보면 '태양계와 지구'가 하나의 독립된 장(章)으로 설정되어 있고, 여기서 태양계의 생성과 행성의 운동 및 지구의 구성 요소 등을 다루고 있다. 특히 지구와 달의 자전과 공전 및 공전 궤도, 그리고 일식과 월식의 원리를 구체적으로 다루고 있다.[11]

....

10 "舊曆猶存新曆頒, 明年節序何如耶, 古來最精今時憲, 利瑪竇算蔑以加." 김형수, 〈월여농가〉, 농촌진흥청 편, 『규곤요람 외』, 농촌진흥청, 2010, 271쪽.

11 곽영직 외 7인, 『고등학교 과학』(서울특별시교육감인정), 더텍스트, 2011, 94-167쪽; 김희준 외 8인, 『고등학교 과학』(서울특별시교육감인정), 상상아카데미, 2011,

따라서 위의 인용 부분에 포함된 과학적 현상을 과학교육과의 차원에서 자세히 분석할 수 있다. 예컨대 "동지(冬至) 하지(夏至) 춘·추분(春秋分)은 일행(日行)으로 추측(推測)하고"의 '일행(日行)', 즉 태양의 움직임은 태양의 연주 운동에 해당하는 것인데 이는 지구의 공전 때문에 그렇게 나타나는 현상이다. 그리고 동지, 하지 등의 절기의 변화는 지구가 자전을 하면서 태양 주위를 공전하되 그 자전축이 공전 궤도와 공전축에 대해 각각 일정한 각을 이루고 있어서 결과적으로 공전 궤도상의 지구의 위치에 따라 태양의 남중고도가 달라지면서 생기는 현상이다.[12] 이러한 사실들을 〈농가월령가〉에서는 지구 중심의 관점에서 '일행(日行)'의 결과로 본 것이다. 이에 대해서는 천동설(天動說)에서 지동설(地動說)로의 전환, 케플러의 법칙, 뉴턴의 운동 법칙 등의 학습을 바탕으로 비판할 수 있다.

이상에서 위의 인용 부분이 과학 교과의 제재가 될 수 있고, 과학 교과에서 배운 지식이 활용될 때 정확히 그 내용이 이해될 수 있음을 보았다. 그런데 이러한 방식의 과학 교과와의 소통은 작품의 내용과 관련된 배경 지식을 얻는 데 유용할 뿐이다. 작품의 세계와 작품의 형식이나 구성 방식에 대한 이해가 과학 교과의 지식과 연계될 수 있다면 문학교과와 과학교과의 소통은 한 단계

....

82-141쪽; 오필석 외 9인, 『고등학교 과학』(서울특별시교육감인정), 천재교육, 2011, 79-151쪽 참조.

12 김희준 외 8인, 앞의 책, 106쪽 참조.

높아질 수 있다.

위의 인용문에서 태양계의 역학에 대한 정확한 인식에 도달하지는 못했으나 태양과 달의 운행과 변화를 중심으로 절기의 변화와 시간의 흐름을 정확히 파악하고, 나아가 "춘하추동(春夏秋冬) 왕래하여 자연히 성세(成歲)"하는 법칙을 인식하고 있음을 볼 수 있다. 농업은 바로 이 춘하추동의 왕래라는 법칙을 활용하는 것이고, 이 시간의 변화에 따른 농업 정보의 제공을 목적으로 하고 있다는 점에서 〈농가월령가〉에서의 농업 정보 제공 절차는 근본적으로는 태양과 지구의 역학 관계에 기초해 있다고 할 수 있다. 이 점을 잘 보여 주는 것이 위의 인용에서 "이십사(二十四) 절후(節侯)를 십이삭(十二朔)에 분별"하였다는 언명처럼 월별로 절기를 제시하고, 그에 따른 농업 정보를 제공하는 방식이다. 예컨대 4월령은 "사월(四月)이라 맹하(孟夏)되니 입하(立夏) 소만(小滿) 절기(節氣)로다."로 시작하고, 사월에 해야 할 농사일로 누에치기, 면화 갈기, 이른 모내기 등을 제시하는 식이다. 12개월을 이런 방식으로 구성하고 있으므로 〈농가월령가〉의 월령체 형식과 개별 월령의 내용 구성 방식은 태양과 지구의 역학 관계에 의한 것이라 할 수 있다.

나아가 자연과학적 인식에서 얻은 자연 법칙이 이 작품에서 화자의 설득의 논리로 활용되고 있는 점도 주목할 필요가 있다. 이 작품 내에서 청자는 농민인데, 화자는 위에 인용한 서사(序詞)에서 농업의 자연적 조건의 하나인 계절의 순환이 천체의 운행으로 말미암는다는 과학적 인식을 내세우고, 이를 바탕으로 자연의 운행 법칙에 잘 대응하여 농사를 하면 실패하지 않을 수 있음을 다음과 같이 강조한다.

농사는 믿는 것이 내 몸에 달렸느니
절기(節氣)도 진퇴(進退) 있고 연사(年事)도 풍흉(豊凶) 있어,
수한풍박(水旱風雹) 잠시 재앙 없다야 하랴마는,
극진히 힘을 들여 가솔(家率)이 일심(一心)하면
아무리 살년(殺年)에도 아사(餓死)를 면하느니
제 시골 제 지키어 소동(騷動)할 뜻 두지 마소.
황천(皇天)이 인자(仁慈)하사 노하심도 일시로다.
자네도 헤어 보소, 십년을 가량(假量)하면,
풍년은 이분(二分)이요 흉년은 일분(一分)이라.(結詞)

자연이 때때로 주는 재해는 어쩔 수 없다 해도 십년을 단위로 하여 통계를 내어 보면 흉년보다 풍년이 훨씬 많이 든다는 과학적 판단은 자연의 순환 법칙에 맞추어 농업에 힘쓰면 성공할 가능성이 매우 높으므로 농민에게 농업을 버리고 고향을 떠나지 말라는 화자의 주장의 근거가 된다. 자연 현상에 대한 과학적 지식이 인간의 노력에 대한 보상 가능성을 보장하고, 나아가 농촌의 안정을 추구하는 정책 실현에 활용되고 있는 것이다.

이상에서 문학 교과와 과학 교과의 소통이 교육 제재 내용의 정확한 배경 지식의 획득에서부터 작중 화자의 설득 논리, 그리고 교육 제재의 구성 원리에 대한 이해에까지 이를 수 있음을 보았다.

2) 역사 교과와의 소통

내용상 〈농가월령가〉는 과학 교과보다 역사 교과와 관련된 부분이 훨씬 많다. 농업과 향촌 사회에 대한 풍부한 내용을 담고 있는 19세기 자료라는 점에서 역사교육의 제재라 할 수 있다.

우선 다음 부분은 농업의 진흥이 조선의 주요 통치 정책이었음을 보여 준다.

> 어와 우리 성상(聖上) 애민중농(愛民重農)하오시니
> 간측(懇惻)하신 권농윤음(勸農綸音) 방곡(坊曲)에 반포하니
> 슬프다 농부들아 아무리 무지한들
> 네 몸 이해 고사(姑捨)하고 성의(聖意)를 어길소냐.(정월령)

〈농가월령가〉의 화자(話者)는 당시 국왕의 권농윤음에 호응하면서 농민들로 하여금 이에 따르도록 권유하고 있다. 권농윤음은 통상 국왕이 매년 초에 내리는데,[13] 조선의 경제 기반이 농업이었으므로 농업의 발전은 국가의 주요 정책 대상일 수밖에 없었다. 나아가

조선 왕조의 농업 권장은 국왕의 연례적인 권농윤음으로만 그치지 않고 지방수령의 기본 임무 중의 하나로 설정되어 있었다. 『목민심서(牧民心書)』에 제시된 권농의 구체적 과제 일부를 보기로 하자.

- 권농의 요체는 세를 덜어 주고 가볍게 함으로써 그 근본을 배양하는 데 있다. 이렇게 하면 토지가 개간되고 넓혀진다.
- 권농의 정사는 농사만 권장할 것이 아니라 원예·목축·양잠·길쌈 등의 일도 권장하지 않으면 안 된다.
- 농사는 식생활의 근본이고 양잠은 의생활의 근본이다. 그러므로 백성들에게 뽕나무 심기를 권장하는 것은 수령의 중요한 임무이다.[14]

〈농가월령가〉는 이러한 수령의 권농 임무들을 빠짐없이 포함하고 있어서 당시 국가의 권농 정책과 맥을 같이 하고 있다. 이러한 사실은 이 작품의 창작 배경의 일단을 이해하는 데 도움이 될 뿐만 아니라 조선의 국가 운영에 대한 이해로 확산될 수 있는 계기가 된다. 그리고 이러한 내용은 포괄적으로 보면 역사 교과의

....

13 〈농가월령가〉가 1832년의 극심한 흉년, 특히 경기 지역의 흉년을 배경으로 한 1833년(순조 33년)의 권농윤음과 직접적인 관련이 있다는 견해도 있다. 이상원, 앞의 글 참조.
14 정약용, 다산연구회 역주, 『역주 목민심서』 3, 창작과비평사, 1981, 175-213쪽 참조.

내용이지만 통치와 행정 차원의 국가 운영 사항인 점에서는 사회 교과의 내용이기도 하다.

정월에 반포된 권농 윤음 외에 10월령의 동헌(洞憲)의 강신(講信) 행사는 조선 후기 향촌 사회의 자치 조직에 대한 것으로 역시 역사 교과의 제재이자 사회 교과의 제재가 될 수 있는 것이다. 이 강신 행사는 10월령의 대부분을 차지하고 있을 정도로 자세한데, 마을의 잔치와 동장(洞長)의 발언 두 부분으로 이루어져 있다. 먼저 잔치 부분에 대한 묘사를 보자.

술 빚고 떡하여라 강신(講信)날 가까웠다.
꿀 꺾어 단자하고 메밀 앗아 국수하소.
소 잡고 돝 잡으니 음식이 풍비(豐備)하다.
들 마당에 차일 치고 동네 모아 자리 포진(鋪陳)
노소(老少) 차례 틀릴세라, 남녀 분별 각각 하소.
삼현(三絃) 한 패 얻어오니, 화랑이 줄무지라.
북 치고 피리 부니 여민락(與民樂)이 제법이라.
이풍헌(李風憲) 김첨지(金僉知)는 잔말 끝에 취도하고
최권농(崔勸農) 강약정(姜約正)은 체괄이 춤을 춘다.(10월령)

향약(鄕約) 또는 동계(洞契)의 강신(講信)의 절차는, 율곡 이이의 〈사창계약속(社倉契約束)〉의 '강신의(講信義)' 사례에 의하면,

구성원들이 모여 예(禮)를 행하고 좌차(座次)에 따라 좌정하고 약법(約法)을 강독(講讀)하고 구성원들의 행위에 대한 상벌(賞罰)을 논의하여 기록한 다음 구성원의 서열에 따라 술을 올려 마시고, 선행을 한 사람에게 특별히 술을 권해 격려하고 모임을 마치는데, 술자리의 예법이 매우 엄숙하다.[15] 이에 비해 〈농가월령가〉의 강신 행사는 화랑이패가 음악 연주를 하여 흥을 돋우고, 풍헌(風憲)은 술에 취하여 넘어지고, 권농(勸農)과 약정(約正)은 체괄이 춤을 추는, '그야말로 흥겨운 잔치이다. 이 잔치에 지방의 하위 행정 조직의 직책인 풍헌과 권농, 향청의 직책인 약정이 모두 술에 취하여 주정하거나 춤추는 모습을 보이는 점에서 이것은 향촌의 힘 있는 사족(士族)이 주도하는 동계(洞契)의 일부라기보다는 향약 도입 이전부터 있어 왔던 전통적인 촌계(村契)의 모습으로 보인다. 촌계는 동제(洞祭), 두레, 촌회(村會)로 구성되는데, 화랑이패가 와서 음악을 연주하고, 참석자들이 흥겹게 노는 양상이 동제(洞祭) 뒤의 마을 잔치를 연상케 한다.[16]

　　〈농가월령가〉를 한역하면서 개작한 〈월여농가〉는 이 모임을

....

15　〈사창계약속(社倉契約束)〉, 지교헌 외 2인, 「부록(附錄)」, 『조선조향약연구』, 민속원, 1991, 246-248쪽 참조.

16　향약 도입 이전의 전통적인 촌계(村契)와 향약 및 동계와의 관계에 대해서는 김용덕, 「總序: 鄕約新論」, 향촌사회사연구회, 『조선후기 향약 연구』, 민음사, 1990; 이해준, 「조선후기 洞契·洞約과 촌락공동체조직의 성격」, 향촌사회사연구회, 『조선후기 향약 연구』, 민음사, 1990 참조.

'사제일(社祭日)', 즉 추분(秋分) 무렵에 지내는 추수 감사의 날에 여는 '동계(同禊)'라 하고 있다. 역시 이 모임에 화랑이패가 연주와 노래를 부르는 것으로 묘사하고 있고, 김동지, 이풍헌, 최권농, 강약정 등의 술 취한 모습에다 마름, 머슴, 소작인들이 제멋대로 콧노래와 엉덩이춤으로 즐기는 모습을 그리고 있다.[17] 그리고 이어서 등장하는 동장(洞丈)은 "유림(儒林)의 향약(鄕約)은 내 몰라도, 동헌(洞憲)과 가훈(家訓)은 엄해야 하지 않겠나."[18]라고 하여 '동계(同禊)'가 향약(鄕約)의 성격보다 전통적인 촌계(村契)의 성격이 강함을 보여 준다.

〈농가월령가〉에서는 이러한 잔치 뒤에 향약이나 동계의 강신(講信) 절차에 해당하는 부분이 나온다.

잔(盞) 진지(進支)하올 적에 동장(洞長)님 상좌(上座)하여
잔 받고 하는 말씀 자세히 들어보소.
"어와 오늘 놀음 이 놀음이 뉘 덕인고?
향약(鄕約)은 못하여도 동헌(洞憲)이야 없을소냐.
효제충신(孝悌忠信) 대강 알아 도리를 잃지 마소."(10월령)

향약(鄕約)은 군현(郡縣) 차원의 지배 사족(士族) 중심의 규약

....

17 김형수, 〈월여농가〉, 앞의 책, 269-270쪽 참조.
18 "儒林鄕約非吾知, 洞憲家訓無妨嚴", 위의 책, 270쪽.

인 반면 동헌(洞憲)은 주로 동(洞)을 단위로 하여 상하층이 모두 참여하는 규약으로 대체로 조선 후기에 행해졌던 것이다. 향약에서 동계, 또는 동헌으로의 변화는 향청(鄕廳)의 위상 변화, 또는 중앙 정부에서 파견된 지방 수령, 향촌의 지배 사족, 향리(鄕吏) 집단, 피지배층인 평민층, 그리고 요호부민(饒戶富民) 사이의 역학 관계의 변화를 반영하는 것으로 조선 후기 향촌사회의 변화를 이해하는 데 중요한 사항이다.

현행 고등학교 한국사 교과서에는 조선 전기(前期)의 '서원과 향약'이란 항목에서 향약이 농민의 교화와 향촌의 자치 기능을 맡은 것, 그리고 이를 통해 사족이 향촌에서 사회적 기반을 굳히는 것을 기술[19]하고 있고, 조선 후기 부분에서는 '향촌 사회의 변화'란 항목에서 양반들의 권위가 약화되면서 양반들이 군현(郡縣) 단위로 농민을 지배하기 어렵게 되자 차츰 자신들의 거주지를 중심으로 촌락 단위의 동약(洞約)을 실시하여 신분적·경제적 이익을 지켜나가려 한 사실을 기술하고 있다.[20] 따라서 앞에서 인용한 동약 행사 부분은 조선 전기에 비해 달라진 조선 후기 향약의 변화 양상을 잘 보여 주는 것으로 역사 교과의 제재가 될 수 있다

〈농가월령가〉와 역사 교과와의 소통은 여기서 그치지 않는

....
19 도면회 외 7인 공저, 『고등학교 한국사』, 비상교육, 2011, 78쪽 및 김종수 외 7인, 『고등학교 한국사』, 금성출판사, 2014, 161쪽 참조.
20 김종수 외 7인, 위의 책, 194쪽 참조.

다. 현행 한국사 교과서에서는 조선 후기의 농업과 관련하여, 농업 생산력 증대(모내기법의 보급, 퇴비의 활용, 농기구의 발달 등), 토지 이용 방식의 발달(이모작, 그루갈이), 상품 작물의 재배(인삼, 담배, 채소, 면화), 광작(廣作)의 등장과 빈농(貧農)의 발생, 농민의식의 성장과 타조법의 도조법의 전환, 농서(農書)의 편찬, 지식인들의 농업 개혁론 등을 두루 다루고 있다.[21] 이러한 내용들은 사실 거의 대부분 〈농가월령가〉 속에서 다루어지고 있거나, 〈농가월령가〉와 직간접적인 관계가 있다. 대표적인 사례로서 상품 작물의 재배를 권한 부분을 보기로 한다.

보쟁기 차려 놓고 춘경(春耕)을 하오리라.
살진 밭 가리어서 춘모(春麰)를 많이 갈고
면화(棉花)밭 되어 두어 제 때를 기다리소.
담배 모와 잇 심기 이를수록 좋으니라.
원림(園林)을 장점(粧點)하니 생리(生利)를 겸하도다.
일분(一分)은 과목(果木)이요 이분(二分)은 뽕나무라.
뿌리를 상치 말고 비오는 날 심으리라.(2월령)

음력 2월에 농민이 해야 할 일은 농기구를 준비하여 봄보리

....
21 김종수 외 7인, 앞의 책, 185-207쪽 참조.

갈기, 면화밭 갈기, 담배 모와 잇 심기, 과일 나무와 뽕나무 심기 등이다. 주식에 해당하는 보리 농사, 의류 자원인 면화 농사, 상업 적 농업인 담배 농사, 원예 농업, 양잠 등이 두루 포함되어 농업 의 주요한 부분에 해당하는 일들이다. 이러한 농업의 실제에 해당 하는 정보는 작품 전체에 걸쳐서 쌀· 보리· 밀· 콩· 조 등 주요 곡물 농사를 비롯하여 가축 기르기, 거름 장만하기, 누에치기, 소 보 살피기, 길쌈하기 등등 농사 전반에 걸쳐 매우 자세하게 제시되고 있다. 이러한 정보는 당시 농업의 실상을 반영한 것이어서 이 작품은 이를 알고 있는 농민에게는 농업 정보의 재확인이 될 수 있으며, 이를 아직 실천하지 못하고 있는 농민에게는 새로운 정보의 제공이 될 수 있다.

이상에서 〈농가월령가〉가 역사 교과와 소통할 내용이 매우 많으며, 역사 교과에서는 조선 후기의 농업과 농촌의 변화를 파악하는 데 유용한 제재임을 보았다.

3) 실업(농업) 교과와의 소통

서론에서 언급하였듯이, 〈농가월령가〉는 농민에게 농업 정보를 제공하는 것이 주요 목적의 하나이므로 오늘날 관점에서는 실업교육의 제재라 할 수 있다. 특히 〈농가월령가〉는 권농가사(勸農歌辭) 중에서도 장편(長篇)이어서 그 권농 내용이 매우 구체적이고 상세하다. 12개월의 월별 농사 과제를 농작물 전반과 관련하여 제시하여 농민으로 하여금 그 월별 과제대로 농사를 지으면 되게 하였다. 그리고 이앙법과 같은 농업 기술, 담배, 면화와 같은 상품 가치가 있는 작품 재배, 지력(地力)을 높이는 퇴비 제작법 등을 포함하여 명실상부하게 농가(農家) 경제를 발전시키는 정보들을 제공하고 있다. 예컨대 다음을 보기로 하자.

> 뽕 눈을 살펴보니 누에 날 때 되었구나.
> 어와 부녀들아 잠농(蠶農)을 전심(專心)하소.
> 잠실(蠶室)을 쇄소(灑掃)하고 제구(諸具)를 준비하니,
> 다래끼, 칼, 도마며 채광주리 달발이라.
> 각별히 조심하여 냄새 없게 하소.
> 한식(寒食) 전후 삼사일에 과목(果木)을 접(接)하나니
> 단행(丹杏), 유행(油杏), 울릉도(鬱陵桃)며 문배, 참배, 능금, 사과
> 엇접, 피접, 도마접에 행차접(行次接)이 잘 사나니(3월령)

누에치기를 위한 자세한 준비 사항과 접 붙여야 하는 과일나무들과 접붙이기 방법들을 열거하고 있는 이 대목은 이 작품이 농업 기술을 전파하는 교재로서의 역할을 함을 잘 보여 준다. 이 점에서 이 작품의 정확한 이해에는 실업 특히 농업 교과와의 소통이 요청됨을 말한다. 근대화 이후 농업은 공업 등에 비해 비중이 줄

었지만 그래도 여전히 중요한 1차 산업으로서의 지위를 유지하고 있기 때문이다.

현행 교육과정에서 농업교육은 두 교과에서 이루어지고 있다. 하나는 보통 교과인 생활교양 교과 영역의 실과(기술·가정)의 심화선택과목으로 '농업생명과학' 과목이고, 다른 하나는 전문 교과의 '농생명 산업 계열 전문 교과'이다.[22] 그래서 인문계 고등학교의 문학 교과교육에서 실업 교과의 소통은 생소한 일일 수 있다. 그러나 〈농가월령가〉에서 다루는 벼, 보리, 콩, 채소, 과일, 약재 등은 오늘날도 여전히 농업 생산물이고, 특히 상품 작물의 재배는 오늘날 더욱 분화 발전되어 있다. 그리고 오늘날 농업 교과교육이 농가의 소득을 증대하는 작물 재배, 농업 기술, 농업 경영 방식 등을 주 내용으로 하고 있는 것은 〈농가월령가〉와 다름이 없다. 이 점에서 농업 교과의 관점에서는 〈농가월령가〉를 농업교육의 역사를 보여 주는 좋은 제재가 될 수 있으며, 문학교육에서는 〈농가월령가〉의 농업교육이 현재에도 유의미함을 현재 농업 교과의 내용에서 확인할 수 있다.

〈농가월령가〉는 이상에서 본 바와 같이 과학 교과, 역사 교과, 실업 교과와의 소통만이 아니라 윤리 교과(전통 풍속), 환경 교

....

22 이에 대해서는 교육과학기술부, 『실과(기술·가정)교육과정』(별책10), 교육과학기술부, 2012 및 교육과학기술부, 『농생명 산업 계열 전문 교과 교육과정』(별책21), 교육과학기술부, 2012 참조.

과(생태교육)[23], 경제 교과(농업 경제) 등과도 소통할 수 있는 풍부한 내용을 포함하고 있다.

3. 〈농가월령가〉의 정보 결합 방식과 소통어

앞에서 〈농가월령가〉가 여러 교과와 상호 소통할 수 있는 교육 제재임을 확인했다. 이는 〈농가월령가〉를 여러 교과의 제재로 활용할 수 있음을 말할 뿐만 아니라 특정 교과의 제재로 활용하면서 다른 교과와의 관련 부분은 상호 소통을 통하여 교과협동교육을 실천할 수 있음을 말한다. 더 나아가 특정한 교과교육 중심이 아니라 여러 교과들이 함께 〈농가월령가〉를 제재로 한 교과소통교육을 할 수도 있음을 보여 준다. 그렇다면 문학교육의 언어 중심이거나, 역사교육의 언어 중심이 아닌 교과소통교육 중심의 언어는 어떤 성격을 띨 것인가?

예컨대 문학 교과의 제재로 〈농가월령가〉를 교육할 때 작품 서두의 계절의 순환을 서술하는 부분에서 과학 교과와 소통했다가 다시 문학 교과로 회귀할 경우, 그 소통 과정에서는 두 교과의

....

23　월령체로 된 이 작품의 시간의 체험을 통한 전통적인 농경문화적 세계관의 경험과 환경교육의 가능성이 모색된 바 있다. 고영화, 앞의 글, 36-38쪽 참조.

언어가 교차하여 일시적으로 혼성(混聲) 또는 다성(多聲) 상태가
되지만, 곧 다시 문학 교과의 언어로 일원화된다. 〈농가월령가〉를
다른 교과의 제재로 활용할 때에도 마찬가지의 현상이 일어날 것
이며, 학습자는 학습 대상에 대해 부분적으로는 입체적 이해를 할
수 있으나 특정한 교과교육의 지평을 넘어서기는 어려울 것이다.
만약 특정 교과가 중심이 아닌, 여러 교과가 평등하게 참여하여
〈농가월령가〉 교육을 한다고 할 때 그 소통 과정 내내 혼성(混聲),
또는 다성(多聲) 상태가 지속된다고 가정할 수 있고, 이 상태를 특
정 교과 중심으로 질서화하지 않고 제3의 학습을 추구한다고 할
때 이 혼성과 다성을 매개하는 소통 언어가 필요할 것이다.

교과소통교육의 언어를 논의할 때 제재 자체의 언어, 소통에
참여하는 교과의 언어, 그리고 교과소통의 언어 세 층위를 고려해
야 한다. 교과소통의 언어는 제재 자체의 언어와 소통에 관여하는
각 교과의 언어를 기반으로 구축되는 제3의 언어라 할 수 있는데,
이 제3의 언어가 잘 구축되어야 교과 사이의 소통이 분절적이지
않고 유기적으로 이루어질 수 있다는 것이 이 글의 가정이다.

그런데 〈농가월령가〉의 화자의 언어를 관찰해 보면 이 교과
소통의 언어를 구축하는 데 유용한 정보를 얻을 수 있다. 앞에서
보았듯이 〈농가월령가〉는 다양한 정보들을 농민에게 제공하고 있
는데, 그 정보들은 성격이 동일하지 않다. 예컨대 월별 농사 과제
들과 과제를 해결하는 데 유용한 농업 기술과 지식 등은 개별 농

민을 위한 것이지만 세시풍속들과 동헌(洞憲)은 농촌공동체를 위한 것이며, 동장(洞長)의 조세 납부 권장은 국가를 위한 것이다. 다시 말해, 개별 농민과 농촌공동체 및 국가는 이해(利害)가 서로 충돌할 수 있는 소지가 많음에도 불구하고 〈농가월령가〉의 화자는 그 충돌을 적절히 회피하면서 상호 관계를 긍정적으로 이끌고 있다. 따라서 농민, 농촌공동체, 국가 사이의 긍정적 관계, 즉 상호 이익 관계를 이끌어내는 화자의 발화 전략을 분석한다면 교과소통교육에서의 소통의 언어의 성격과 역할을 예측할 수 있을 것이다.

〈농가월령가〉의 화자는 직접 소농(小農) 규모의 농사를 짓는 농민이면서 농업 전문가이다. 그는 작품 내에서 다양한 위치에서, 청자인 농민들과 다층적인 관계를 맺으면서 발언하고 있다. 농촌의 일 년 동안의 농업과 생활을 조망(眺望)하는 위치에서 농부들을 호명하기도 하고, 농가(農家)의 생업 현장에서 부녀(婦女)들, 또는 아이들을 호명하기도 하고, 자기 집에서 '우리집 부녀들아'라고 호명하기도 하면서 구체적인 농사일을 제시하고, 권유하고 있다. 이 과정에서 때로는 고답적인 위치에서 설명하기도 하고, 국왕을 대변하기도 하고, 농업을 지도하는 지도자로서 농부·부녀·목동 등에게 권유하기도 하고, 농사를 주도하는 가장으로서 가족 구성원들에게 일거리를 분배하기도 하고, 마지막 결사(結詞)에서는 농부를 '자네'라 호칭하면서 '내 말'을 들으라고 직접 대화하듯이 말하기도 한다. 그런가 하면 농촌생활의 즐거움을 말할 때에는 그 즐거움을 즐기는 주체로서 발언하고, 농촌의 세시풍속에 대해서는 관찰자로서 기술하고 논평을 한다. 화자가 이처럼 청자에게 다양한 방식으로 발언한 것은 화자 목소리의 단조로움을 피하여 정보 전달력과 설득력을 높이기 위한 전략이라 할 수 있다.[24]

그렇지만 화자가 농민에게 제공하는 정보들은 그 성격이 같지 않다. 주된 정보는 절기와 자연의 변화에 따른 농업 정보와 농가 경제에 관한 것인데, 근면한 노동, 노동과 농촌생활의 즐거움, 세시풍속, 그리고 납세와 같은 농민의 의무 등도 상당한 비중을 차지하고 있다. 농업 정보를 제공하여 농가 경제를 발전시키는 것이 주목적이라면 세시풍속 같은 정보는 그다지 긴요하지 않을 수 있고, 농민의 이해관계에서 보자면 납세 권유는 세금 부과가 과도하거나 부당하다면 농민에게 설득력이 없게 된다. 즉, 화자가 제공하는 정보들은 서로 충돌하거나 유기적 관계가 형성되지 못할 수 있는 것이다. 그리고 이 문제는 앞에서 본 바와 같이 화자가 단조로운 목소리를 버리고 다양한 방식으로 발화한다고 해서 해결되는 것은 아니다. 그렇다면 화자는 이 다양한 성격의 정보들을 어떻게 유기적으로 결합시키고 있는가? 다시 말해, 상충하거나 관련이 없

....

24 〈농가월령가〉의 화자의 특성에 대한 분석은 임치균, 앞의 글 및 김상욱, 앞의 글 참조.

을 수 있는 정보들 사이에 어떤 소통 언어가 관여하고 있는가?

이에 답하기 전에 〈농가월령가〉의 화자가 청자 분석을 했음을 전제해야 한다. 청자 분석은 무엇보다도 청자가 처한 현실을 정확히 파악하고 그 원인을 분석해야 하며, 청자들이 그 현실에 어떻게 대응하려 하는지를 파악해야 한다. 화자가 청자 분석을 통해 파악한 핵심은 결사(結詞)에서의 화자의 다음 발언 속에 들어 있다.

배 부려 선업(船業)하고 말 부려 장사하기,
전당(典當) 잡고 빚주기와 장(場)판에 체계(遞計)놓기
술장사 떡장사며 술막질 가게보기
아직은 흔전하나 한번을 실수하면
파락호 빚꾸러기 사던 곳 터가 없다.
농사는 믿는 것이 내 몸에 달렸느니(…중략…)
아무리 살년(殺年)에도 아사(餓死)를 면하느니
제 시골 제 지키어 소동(騷動)할 뜻 두지 마소.(結詞)

농민들이 농업이 아닌, 운송업, 상업, 금융업 등을 선망하고 있고, 이로 인해 농촌을 떠나려 한다는 것이다. 화자는 이러한 청자들의 동향을 커다란 사회적 문제로 인식하고 농민들을 농촌에 안정시키는 것이 중요하다고 판단한 것이다. 그런데 주지하듯이 조선 후기의 농민의 농촌으로부터의 유리(遊離)는 자연재해로 인

한 실농(失農)보다는 가혹한 세금 부과와 수탈, 토지 집중 등의 이유가 컸었다. 이 문제에 대한 해결책 제시 없이 운송업, 상업, 금융업이 위험하니 상대적으로 안전한 농사를 계속 지으라는 것은 설득력이 떨어진다. 더구나 〈농가월령가〉의 화자는 국가를 대변하여 농민들에게 조세(租稅)를 성실히 납부하라는 목소리까지 담고 있어서 농민의 현실을 제대로 파악하지 못한 인상마저 농민들에게 줄 수 있다.

> 임금의 백성 되어 은덕으로 살아가니
> 거미 같은 우리 백성 무엇으로 갚아볼꼬?
> 일 년(一年)의 환상(還上) 신역(身役) 그 무엇 많다 할꼬.
> 한전(限前)에 필납(畢納)함이 분의(分義)에 마땅하다.
> 하물며 전답(田畓) 구실 토지로 분등(分等)하니
> 소출(所出)을 생각하면 십일세(什一稅)도 못 되느니
> 그나마 못 먹으면 재(災) 주어 탕감하니
> 이런 일 자세히 알면 왕세(王稅)를 거납(拒納)할까?(10월령)

동헌(洞憲)에 따라 행하는 강신(講信)에서 동장(洞長)이 농민에게 하는 발언이다. 동장이 이런 발언을 하는 까닭은 사족(士族)이 주도한 향청이 양전(量田)과 조세 수취의 임무를 띠었고 조선 후기에는 동 단위의 동계(洞契)가 부세(賦稅)의 단위로 활용되는

공동납제(共同納制)가 시행되었기 때문이다. 그런데 이런 동장의 발언은 농민들, 특히 소농(小農)이나 소작인들로서는 받아들일 수 없는 것이다. 〈농가월령가〉의 화자는 동장의 발언과는 달리 소농의 현실을 다음과 같이 서술한다.

> 가을에 거둔 곡식 얼마나 하였는고?
> 몇 섬은 환상(還上)하고 몇 섬은 왕세(王稅)하고,
> 얼마는 제반미(祭飯米)요, 얼마는 씨앗이며,
> 도지(賭地)도 되어 내고 품값도 갚으리라.
> 시곗돈 장변리(場邊利)를 낱낱이 수쇄(收刷)하니,
> 엄부렁하던 것이 나머지 바이 없다.
> 그러한들 어찌할꼬 농량(農糧)이나 여투어라.
> 콩나물 우거지로 조반석죽(朝飯夕粥) 다행하다.(11월령)

이처럼 〈농가월령가〉의 화자는 자기 땅 외에 남의 땅을 빌리고, 또 일꾼을 구해 농사를 힘써 짓지만 양식을 빌리고 고리(高利)의 돈도 빌려야 하는 농민의 현실을 대변하여 동장과는 다른 목소리를 낸다. 이 점에서 화자는 농민의 처지에 더 공감하고 있다고 할 수 있다. 그렇지만 화자는 농민의 처지에서 조세 부담의 문제를 더 이상 제기하지 않는다. 화자는 조반석죽도 다행이라는 농민의 발언을 내세우면서 당시 현실의 핵심 문제로 육박하지 않고 현

실을 수용하는 쪽으로 재빨리 선회한다.

그럼에도 불구하고 화자가 결사(結詞)에서 앞에서 인용한 바와 같이 농민들에게 농촌을 떠날 생각을 말라는 주장을 할 수 있는 작품 내적 근거는 〈농가월령가〉에 포함된, 여러 교과의 제재가 될 수 있는 내용들의 유기적 연결을 바탕으로 화자가 농업과 농촌 생활에 대한 긍정적 이미지를 구축한 데 있다고 본다. 이하에서 이 유기적 연결과 긍정적 이미지의 구축 방식을 검토해 보기로 한다.

첫째, 다양한 정보들의 유기적 연결은 형식 차원과 내용 차원에서 볼 수 있다. 형식 차원으로는 1월부터 12월까지의 시간과 농촌과 주변 자연 환경이라는 공간의 범주로 정보들이 체계화되어 있음을 볼 수 있다. 다시 말해, 농촌이라는 고정된 공간에서 절기의 변화에 따라 적용될 농업 정보를 배열한 것이다. 내용 차원으로는 절기의 변화, 농사 과제, 농가 경제, 농촌 생활, 풍속 등등 다양한 정보들이 농업, 농민, 농촌의 세 범주를 기반으로 연결되어 있음을 볼 수 있다. 즉 절기의 변화에 따라 농업 활동은 달라지고, 농민은 농업 활동의 주체이면서 그 생활은 농촌 공동체 내에서 이루어지는 것이다. 따라서 내용상 여러 정보들은 유기적으로 연결되어 있다고 할 수 있다.

둘째, 긍정적 이미지는 각 정보들이 함축하는 의미에 기반을 두고 있다. 화자는 월별로 (가)절기, (나)절기의 변화에 따른 자연 풍광의 모습, (다)그 달에 해야 하는 농사와 농가 경제 활동, (라)농업 노동, (마)농촌 생활, (바)그 달의 풍속 등을 포함시키는데, (가)~(다)는 반드시 포함되며, 나머지는 선택적으로 포함된다.

(가)는 매달 절기가 어김없이 드는 것을 보여 주어, 자연이 주는 규칙적 안정감을 느끼게 한다. (나)에서 화자는 대부분 자연 풍광을 아름답게 묘사한다. 예컨대 "개구리 우는 곳에 논물이 흐르도다. 멧비둘기 소리 나니 버들 빛 새로워라."(2월령), "만물이 화창하니 백화(百花)는 난만하고, 새소리 각색이라."(3월령) 식이다. (다)에서는 농민에게 유익한 농업 정보(작물, 농사기술 등등)를 상세히 제공한다. 다른 권농 가사들이 추상적으로 농업의 중요성을 강조하는 것과 달리 이 작품은 구체적인 정보들을 월별로 제시하여 실질적인 농업 지침서의 역할을 하고 있다. (라)에서는 노동의 기쁨을 강조하고 있다.

해 진 후 돌아올 제 노래 끝에 웃음이라.
애애(靄靄)한 저녁 내는 산촌(山村)에 잠겨 있고
몽몽(朦朦)한 밤 달빛은 밭길에 비치었다.(6월령)

"반각(半刻)도 쉴 때 없이 마치며 시작나니"(8월령)처럼 끝이 없는 농업 노동을 고달픔의 이미지로 드러내지 않고, 즐거움과 웃음으로 나타내고 있다. (마)에서도 농촌생활의 즐거움을 강조하고 있는데, 그 빈도가 상대적으로 잦다.

촉고(數罟)를 둘러치고 은린옥척(銀鱗玉尺) 후려내어

반석에 노구 걸고 솟구쳐 끓여내니

팔진미(八珍味) 오후탕(五候湯)을 이 맛과 바꿀소냐.(4월령)

(바)는 절기에 따른 주요 풍속들을 보이는데, 미풍양속(美風良俗)이란 이름 그대로 인간관계의 돈독함, 놀이의 즐거움, 민간속신의 정겨움 등을 나타내고 있다.

이상에서 (가)의 자연 순환의 규칙적 안정감, (나)의 농촌의 생태 환경의 아름다움, (다)농업 정보의 유익함, (라)의 노동의 기쁨, (마)의 농촌생활의 즐거움, (바)의 풍속의 아름다움 등은 모두 농업과 농촌 생활에 대한 긍정적 이미지 형성에 기여한다. 그리고 각 정보들의 함축적 의미가 갖는 긍정적 성격은 서로 친연 관계를 형성하며, 이 친연 관계로 인해 긍정적 이미지는 상승작용을 하게 된다. 이러한 이미지 구축을 바탕으로 화자는 앞에서 본 바와 같이 농민들의 농촌으로부터의 유리를 만류하고, 상업과 금융업에 비해 상대적으로 안전한 농업에 희망을 가질 것을 권유했던 것이다. 다시 말해 농업에 회의를 하고, 농촌을 떠나고자 하는 심리를 가진 농민들에게 안정감, 유익함, 아름다움, 기쁨, 즐거움 등을 체험하는 농민을 제시하여 부정적 심리를 긍정적 심리로 전환시키고 있는 것이다. 이러한 심리 전환 전략은 1년 농사를 지어 조세를 납부하고 빚을 청산한 다음 가난하지만 단란한 생활을 하는 농가의 모습을 제시하는 데서 잘 드러난다.

> 공채(公債) 사채(私債) 요당(了當)하니 관리(官吏) 면임(面任) 아니
> 온다.
> 시비(柴扉)를 닫았으니 초옥(草屋)이 한가하다.
> 단구에 조석하니 자연히 틈 없나니
> 등잔불 긴긴 밤에 길쌈을 힘써 하소.
> 베틀 곁에 물레 놓고, 틀고, 타고, 잣고, 짜네.
> 자란 아이 글 배우고 어린아이 노는 소리
> 여러 소리 지껄이니 실가(室家)의 재미로다.(11월령)

화자는 농사를 지어 큰 부자가 되는 것이 아니라 겨우 살아
가지만 그래도 가족은 건사하는 수준의 삶을 구체적으로 제시하
여 유리(遊離) 직전의 농민에게 농촌을 떠나지 말 것을 현실성 있
게 호소를 하고 있다. 요컨대 〈농가월령가〉의 화자는 여러 정보들
을 농업과 농촌 생활의 긍정적 이미지가 드러나도록 결합하여 농
민을 설득하고 있는 것이다.[25]

이상의 논의에서 〈농가월령가〉의 다양한 정보를 결합시키는
소통어를 추출할 수 있다. 하나는 정보를 결합하는 형식적 체계

....
25 이는 일종의 위무(慰撫)의 수사학이라 할 수 있다. 김상욱, 앞의 글, 458-461쪽
참조.

를 구축하는 언어로서, 곧 농업과 농촌 생활을 규정하는 '시간'과 '공간'이라 할 수 있다. 12개월의 시간의 전개에 따라 정보들이 체계화되어 있고, 또한 모든 정보들이 농촌이라는 공간을 벗어나지 않는다는 점에서 이를 확인할 수 있다. 다른 하나는 〈농가월령가〉 내에서 정보들이 청자인 농민들에 대해 갖는 함축적 의미에 대응하는 언어이다. 이 언어는 명시적으로 드러난 것과 그렇지 않은 것으로 나눌 수 있는데, 전자로는 '재미', '즐거움' 등의 어휘를 들 수 있고, 후자로는 '유익함'이나 '아름다움' 등의 어휘를 들 수 있다. 물론 이러한 함축적 의미 중심의 소통어 추출은 〈농가월령가〉를 당시 농민의 문제, 특히 농업을 포기하고 농촌을 떠나려는 심리를 가진 농민들을 설득하는 과제를 해결하기 위해 창작한 것으로 보았을 때 성립되는 것이다.

이상에서 본 바와 같은, 〈농가월령가〉의 화자가 여러 정보를 결합하면서 설정한 소통어를 참고한다면 〈농가월령가〉를 제재로 한 교과소통교육의 소통어는 어떤 성격을 띨 것인가?

예컨대, 문학 교과와 과학 교과의 소통을 가정해 보자. 2절에서 보았듯이 작품의 서두에 절기(節氣)의 순환에 대해 상당한 정도의 서술을 하고 있고, 이 부분은 과학 교과와 소통이 가능하다. 먼저 작품에 등장한 용어들을 보기로 한다.

일월성신(日月星辰), 도수(度數), 전차(躔次), 동지, 하지, 춘분, 추분,

일행(日行), 상현, 하현, 망회삭(望晦朔), 동서남북, 북극

오늘날 잘 쓰이지 않는 용어도 있으나 대부분 과학 분야와 일상생활에서 공통으로 쓰는 용어들이다. 이에 비해 현행 과학 교과에서 이 용어들이 지시하는 현상을 설명하는 용어들은 양상이 조금 달라진다.

태양계, 자전, 공전, 공전축, 태양의 남중(南中) 고도(高度), 중력, 만유인력, 뉴턴 운동법칙, 케플러 법칙, 천동설, 지동설, 일주운동, 코리올리의 효과, 연주운동, 연주 시차, 광행차(光行差), 도플러 효과, 항성월, 삭망월

이 중에는 상식 수준에서 일상적으로 쓰이는 용어들도 있으나 전문용어로 분류되는 것들도 적지 않다. 한편, 이 부분을 다루는 문학 교과의 용어들은 다음과 같을 것이다.

월령(月令), 서사(序詞), 중심 내용, 작품 내적 기능, 율격(律格), 문체(文體), 화자(話者), 서법(敍法), 청자

이처럼 두 교과의 전문용어들은 현격하게 달라서 이 부분에 대한 두 교과의 소통은 일견 불가능해 보인다. 말하자면 두 교과는 차

원이 서로 다른 세계에 각각 속해 있는 것처럼 보이고, 소통을 시도한다고 해도 서로 격절(隔絶)된 일종의 혼성(混聲), 또는 다성(多聲) 상태에 처하게 된다. 문학 교과에서 일시적으로 과학 교과의 도움을 얻는다고 한다면 이 격절된 다성 상태는 문제가 되지 않는다. 예컨대, 서사(序詞)의 과학 관련 내용의 진위(眞僞) 여부를 파악하는 경우가 그러하다. 그러나 두 교과의 소통을 통해 학습 내용에 대한 융합적 인식을 지향한다고 할 때에는 이 격절된 다성 상태가 지속될 수 있고, 이 다성 상태를 효과적으로 이끌어 나가기 위해서는 두 교과의 전문용어들을 연결하는 소통어를 설정할 필요가 있다.[26]

이 소통어의 설정에는 세 가지 조건이 있다. 첫째, 두 교과의 소통을 통해 알고자 하는 대상이다. 〈농가월령가〉의 서사(序詞)에서 핵심적으로 다룬 것은 1년 단위의 절기의 전개라 할 수 있고, 이것이 두 교과 소통의 공통 대상이 된다. 이 대상에 대해 과학 교과에서는 앞에서 인용한 바와 같은 전문용어들을 동원하여 절기의 전개가 일어나는 원리를 설명하고, 문학 교과에서는 이 대상과 관련된 구체적 사실과 그 대상을 서술하는 방식의 특징에 대해 앞

....

26 이 소통어는 여러 학문 영역에 걸쳐 적용되는 통합 개념(core idea)을 나타내는 용어와 기본적으로 상통한다. 다만 통합 개념이 일종의 보편 개념을 지향한다면 이 장에서는 소통어를 구체적 제재를 중심으로 한 교과교육의 소통에서 요청되는 매개 정보에서부터 새로운 융합영역의 전문어까지를 포괄하는 것으로 상정하고 있다. 통합 개념에 대해서는 김성원 외 3인, 앞의 글, 391-392쪽 참조.

에서 인용한 전문용어들을 중심으로 분석하고 평가한다. 말하자면 '1년 단위의 절기의 전개'를 중심으로 차원이 다른 두 교과가 연결될 수 있고, 이것은 두 교과 소통의 형식적 체계가 된다. 〈농가월령가〉에 국한하여 말하자면 문학 교과와 과학 교과의 공동 영역이 구축된 것이다.

둘째, 소통어는 두 교과 사이에 소통 가능한 정보를 지칭해야 한다. 과학 교과는 절기 순환의 원리에 대한 이해를 지향한다. 그래서 태양계 행성의 운행 원리의 이해를 기반으로 절기의 순환을 설명하고자 하며, 문학 교과에서는 절기 순환의 원리가 작품 내에서 어떻게 수용되고 있는지, 작품 전체 내용과 어떤 관련이 있는지, 화자가 이에 대해 어떤 태도를 취하며, 어떻게 서술하는지 등을 주목한다. 이처럼 두 교과에서 다루는 정보는 동일하면서도 각 교과의 접근 방향과 전문용어가 다른 상황에서 소통어는 정보 자체에 즉해서 설정할 수밖에 없다. 그렇지만 그 소통어는 두 교과 사이에 전이 가능성이 있는 정보를 지칭하는 것이어야 한다. 두 교과에서 두루 학습의 화두가 될 수 있어야 하기 때문이다.

셋째, 소통어는 두 교과의 소통을 기반으로 학습자가 공동의 대상에 대한 총체적 인식을 추구하는 데 기여할 수 있어야 한다. 다시 말해 개별 교과로는 도달하기 어려운, 대상의 총체적 인식으로 나아갈 수 있게 해야 한다.

이러한 소통어 설정의 세 가지 조건을 적용한다면 〈농가월령가〉의 '서사' 부분을 제재로 한 문학 교과와 과학 교과의 소통에서 소통어는 '절기 순환의 원리'로 설정할 수 있다. 과학 교과에서는 절기 순환의 원리에 대한 탐구를 하여 지구의 자전과 공전 등을 인식하는 방향으로 나아가고, 문학 교과에서는 '절기 순환의 원리'가 작품 내에서 어떤 역할을 하는가를 탐구하여 월령체와의 관계, 내용 전개의 원리 등을 인식하는 방향으로 나아간다. 이 점에서 '절기 순환의 원리'는 두 교과 사이의 공동 대상이자 서로 전이 가능한 정보의 지칭이라 할 수 있다. 그리고 이 '절기 순환의 원리'를 소통어로 하여 〈농가월령가〉를 제재로 문학 교과와 과학 교과의 소통교육을 한다면 학습자는 절기 순환이 태양계의 역학에 의해 이루어지며, 그 순환 원리는 농업의 주요한 원리(계절에 따른 농사)이자 문학 작품의 원리(예컨대 월령체 형식)로 전이됨을 인식할 수 있고, 이를 바탕으로 자연세계와 인간 사회의 관계에 대한 통합적 인식에 이를 수 있다. 다시 말해 태양과 지구 사이의 관계, 즉 자전과 공전에 따른 절기 순환의 원리에서 절기 순환의 규칙성이 도출되고, 인간들은 이 규칙성에 적응하거나 규칙성을 활용하여 농사를 짓고, 문학 작품의 형식이나 내용 전개의 원리를 만들어 내었음을 총체적으로 인식할 수 있는 것이다. 이 점에서 교과 사이의 전이 가능한 정보를 지칭하는 언어로서 소통어의 유용성을 인정할 수 있다.

요컨대 교과 사이의 공동의 학습 영역을 설정하고, 이 공동 영역이 각 교과와 연계되는 양상을 점검한 다음, 교과 사이에 서로 전이될 수 있는 정보를 지칭하는 소통어를 설정할 수 있는 것이다. 물론 이 소통어는 하나일 필요가 없으며, 공동의 학습 영역에 대한 교과소통 차원의 이해를 넘어서 제3의 새로운 학습 영역을 설정할 수 있다면 새로운 소통어를 창조할 수 있을 것이다.

4. 교과소통교육의 소통어와 언어적 창의성

교과소통교육에서 소통어가 유용한 역할을 하는 것은 소통어가 언어적 창의성을 구현하기 때문이라고 할 수 있을까?

물론 교과 사이의 소통을 가능하게 하기 위해 소통어를 설정하는 것 자체가 어휘 생성의 차원에서는 창의적 활동에 속한다고 할 수 있다. 그 어휘가 기존의 어휘를 그대로 쓴 것이라 해도 교과소통의 맥락에서 특수한 의미를 부여받을 경우 새로운 의미를 생성한 것이라 할 수 있기 때문이다. 그러나 우리의 관심은 교과 사이의 소통이 어떤 새로움을 이끌어내고, 그것이 언어의 창의적 활용과 밀접한 관련이 있느냐 하는 것이다.

교과소통교육이 추구할 수 있는 새로움은 두 가지를 설정할 수 있다. 하나는 교과소통을 통해 각 교과의 기존의 학습 내용을 새롭게 인식하는 것이고, 다른 하나는 교과소통을 통해 새로운 학습 내용을 개척하는 것이다. 전자는 학습자가 학습 내용이 특정한 교과 영역에만 국한된 것이 아니라 여러 교과 영역의 학습과 밀접한 연관이 있음을 알고, 이를 통해 학습 내용에 대한 인식을 새롭게 하는 것이므로 잠정적으로 '인식의 새로움'을 추구하는 것이다. 이에 비해 후자는 교과 사이의 경계에 속해 소홀히 다루어지는 영역을 새롭게 주목하거나 아니면 교과 사이의 공동의 학습 영역을 새롭게 개척하는 것이므로 잠정적으로 '영역의 새로움'을 추구하는 것이다.

먼저 '인식의 새로움'을 추구하는 교과소통교육의 사례를 보기로 한다. 2009 개정 교육과정에 의한 고등학교 과학 과목은 융합형 과학교육을 지향한 것으로 알려져 있고, 특히 '우주와 생명'을 다룬 부분은 물리, 화학, 생물, 지구과학 교과를 종합하여 자연을 이해하는 것을 표방하고 있다. 실제로 이 융합형 과학교육을 지향한 교과서들은 우주의 빅뱅에서부터 생명의 진화에 이르기까지의 경과를 과학 교과들의 영역 구분 없이 함께 설명하는 성과를 이루었다. 그러나 자연 현상을 설명하면서 대상의 속성에 따라 교과별로 설명하는 경향이 있고, 이 장의 관심인 소통어의 설정에는 관심을 기울이지 않았다. 교과서 중에는 단원의 마무리를 하면서 '개념 정리'[27] 또는 '개념 관련짓기'[28] 항목을 두었으나 단원에서 학습한 내용을 체계

....

27 김희준 외 8인, 앞의 책, 78쪽, 138쪽 등 참조.
28 오필석 외 9인, 앞의 책, 74쪽, 148쪽 등 참조.

화한 것에 지나지 않고, 과학 교과별 전문 용어 사이의 개념의 관련을 추구하지는 않았다. 다시 말하면 자연 현상을 복수의 과학 교과의 관점에서 이해하는 데 그쳤다고 할 수 있다.[29]

다음으로 '영역의 새로움'을 추구한 교과소통교육의 사례를 보기로 한다.

우선 앞에서 본 융합형 과학 교과서에서 '과학과 문명'을 다룬 부분이 이에 해당한다고 할 수 있다. 여기에서 정보 통신과 신소재, 인류의 건강과 과학 기술, 에너지와 환경 등을 다루고 있는데, 과학이 현대문명과 불가분의 관계를 맺고 있음을 이해하게 하는 의미 있는 성과라 할 수 있다. 특히 과학교육이 자연에서 인류의 문명과 사회로 그 내용 영역을 확장했다는 점에서 '영역의 새로움'을 본격적으로 추구했다고 평가된다. 그렇지만 이 새로운 영역의 개척에도 불구하고, 이 영역에 대한 설명은 과학적 설명이나 대응에 그치고, 이 영역에 관여하는, 예컨대 사회과학이나 인문학의 관점과의 소통으로 적극적으로 나아가지 않았다. 즉, 자연과학 내의 분과들의 소통을 추구했으나 자연과학의 테두리를 넘어서려 하지 않을 것이다.

다음으로 과학교육의 테두리를 넘어선 시도로서, 이른바 과

....

29 과학 교사들은 이 융합 과학교과서들이 융합을 제대로 구현했다고 적극 평가하지 않고 있다. 윤회정·윤원정·우애자, 「2009 개정 교육과정과 융합형 과학 교과서에 대한 고등학교 과학교사들의 인식」, 『교과교육학연구』 15(3), 이화여자대학교 교과교육연구소, 2011 참조.

학과 예술의 융합을 추구하는 STEAM 교육을 들 수 있다. STEAM 교육에 대해서 이것이 마치 과학교육을 선진화하는 만병통치약으로 과장하여 인식하는 경향[30] 도 없지 않은 반면, 이 교육이 추구하는 융합형 인재 양성에서 예술의 역할에 대해 회의적인 의견[31]도 없지 않다. 과학과 예술의 융합 시도는 새로운 영역을 개척한 사례라 할 수 있으나 과학에 보다 중점을 두는 경향이 없지 않으며, 이 장의 관심인 소통의 실제적 양상에 대한 탐구는 보기 어렵다.

이와 달리 예술에 중점을 두고 과학과의 융합을 설명하는 경우[32] 예술 창조에 과학이 어떻게 활용되고 있는가를 잘 보여 주고 있으나 또한 예술 창조의 비밀을 과학으로 풀어보는 방식을 크게 넘어서지 않고 있다. 또 예술과 사회과학의 융합교육을 지향하면서 역시 예술을 중심에 둔 경우[33]에도 실제로는 예술 창작의 사회·역사적 맥락의 설명이 주를 이루는 경향에서 크게 벗어나지 않고 있다. 이상의 두 사례는 예술이 융합의 산물이자 융합적 인식의 대상임을 잘 보여주는 성과를 거두었으나 예술과 과학, 또는 예술과 사회과학 사이의 경계와 소통 경로에 대한 체계적 설명은 만족스럽지 못하다.

....

30 송진웅·나지연, 앞의 글, 832-833쪽 참조.
31 곽영순 외 3인, 앞의 글 참조.
32 김문제·송선경, 『예술을 꿀꺽 삼킨 과학』, 살림, 2012 참조.
33 이두현 외 6인, 『미술관 옆 사회교실』, 살림, 2014 참조.

이에 비해 '빅 히스토리(Big History)'가 개척한 '영역의 새로움'은 시사적이다. 자연의 역사와 인류의 역사를 통합하여 '빅 히스토리(Big History)'라는 새로운 영역을 개척했는데, 이 장의 관심인 소통어를 중심으로 볼 때, 자연의 역사와 인류의 역사를 동일한 시간의 축 위에 연결하면서, 기존의 역사의 시대구분처럼, 거대 역사의 질적 변화를 '복잡성의 증가'와 '임계 국면' 및 '골디락스 조건'을 기준으로 인식하는 방법을 취한 점이 주목된다. 무엇이 나타나기에 알맞은 조건인 '골디락스 조건'이 갖추어지면 새로운 복잡성이 증가하기 시작하는 임계 국면이 나타난다는 것이다.[34] 그리하여 우주와 인류의 거대 역사를 시간의 축 위에서 빅뱅, 별의 출현, 새로운 원소의 출현, 태양계와 지구, 지구상의 생명, 집단학습, 농경, 근대 혁명 등의 8개의 임계국면으로 인식할 수 있게 하였다. 이러한 거대 역사의 설명에는 천문학, 물리학, 화학, 생물학, 고고학, 인류학, 역사학 등등의 많은 학문이 동원되는데, 거대 역사라는 새로운 분야에 대한 여러 분과 학문의 관점에서의 설명들이 혼성(混聲) 상태에 머물지 않는 것은 '임계 국면'을 기준으로 일정한 시간 단위로 많은 정보들이 체계화되기 때문이다. 다시 말하면, 거대 역사의 하위 단위에서는 개별 학문 중심의

....

34 '복잡성 증가', '임계 국면', 및 '골디락스 조건'의 개념에 대해서는 데이비드 크리스천·밥 베인, 조지형 역, 『빅 히스토리』, 해나무, 2014, 29쪽, 104쪽 참조.

설명이 이루어져도 상위 단위에서는 이를 통합적으로 인식하는 개념을 설정한 것이다.

그런데 우리가 특히 주목해야 할 것은 '빅 히스토리'란 제목처럼 시간의 흐름이란 체계와 그 시간을 질적으로 구분하여 인식하는 단위 개념인 '임계 국면'이 일종의 '설명의 틀' 또는 '서사(敍事)'를 형성한다는 점이다. 즉 우주와 인류의 역사가 여러 요소와 요인들의 상호작용에 의해 전개되는 거대 서사이며, 서사 전개의 새로운 단계는 임계 국면에서 시작된다는 설명의 틀이 만들어진 것이다. 요컨대 '빅 히스토리'는 새로운 영역을 개척했을 뿐만 아니라 그 영역을 설명하는 서사적 틀을 새롭게 마련했다는 점에서 언어적 창의성을 띤다고 수 있다. 언어적 창의성을 언어예술만을 지칭하는 것이 아니라 창조적 성과를 이끌어내는 언어의 효과적 활용 전반을 지칭하는 것[35]으로 볼 때, '빅 히스토리'의 설명의 틀은 이 세상과 인류가 어디서 와서 어디로 가고 있는가를 수많은 사건의 연쇄로 이루어진 거대 이야기로 보여 준다는 점에서 충분히 언어적 창의성을 띤다고 할 수 있다. 물론 이 이야기는 문학의 본질인 '그럴듯함'을 갖추고 있고, 그것은 여러 분과 학문의 성과로 뒷받침되어 있다.

....

35 기업의 광고와 그것의 허구성 비판, 세계 변화를 위한 거대 기획 등에 활용된 언어적 창의성의 양상에 대해서는 김종철, 「문학교육과 경제교육의 소통 – 언어적 창의성을 중심으로」, 『문학교육학』 43, 한국문학교육학회, 2014 참조.

'빅 히스토리'가 서사 단계별로 질적 변화를 갖춘 거대 서사이며, 그 질적 변화를 인식하는 틀이 '임계 국면'이란 점을 이 장의 관심인 소통어에 적용해 본다면 소통어가 제 역할을 하는 것 역시 소통어가 언어적 창의성과 연관되기 때문이라고 예측할 수 있다.

앞에서 분석한 〈농가월령가〉에서의 다양한 정보들의 결합에서 이러한 현상을 발견할 수 있다. 월령체 형식을 수용하여 여러 정보들을 시간의 축 위에 배열하고, 각 월령마다 정보들을 '유익함'이나 '즐거움'의 소통어를 중심으로 긍정적 이미지를 갖도록 의미화한 것도 하나의 '서사'를 구성한다. 즉, 자연의 순환에 적응하여 아름다운 자연 환경 속에서 유용한 농업 정보를 활용하여 농사를 지으면서 노동의 기쁨과 아름다운 풍속이 전해지는 농촌 생활의 즐거움을 누린다는 '서사'인 것이다. 자연의 순환에 맞추어 적절한 정보를 활용하여 농사를 지으면 안정적인 삶을 영위할 가능성이 높다는, 농민을 대상으로 한 설명의 틀은 그 속에 희망의 서사를 내포하고 있는 것이다. 〈농가월령가〉는 오늘날에도 지속되는 전원생활의 원형 이미지를 구축한 대표적 작품이라 할 수 있는데, 이러한 서사를 함축한 이미지를 구축할 수 있었던 것은 시간의 축이라는 체계와 독자의 심리 변화를 지향하는 소통 언어의 운용에 있었다고 할 수 있다.

역시 앞에서 분석한 바 〈농가월령가〉의 '서사' 부분을 제재로

한 문학 교과와 과학 교과의 소통교육에서도 소통어인 '절기 순환의 원리' 역시 설명의 틀을 구축할 수 있다는 점에서 언어적 창의성과 관련이 있다고 할 수 있다. 이 '절기 순환의 원리'는 과학 교과와 〈농가월령가〉의 서사 부분의 내용 및 〈농가월령가〉의 형식 구성 원리 사이에 상호 전이 가능한 정보를 지칭하는 소통어인데, 이 소통어를 중심으로 태양계의 역학과 농업 활동의 원리 및 문학 형식이 일맥상통함을 설명할 수 있는 틀이 마련되었다. 즉, 자연과 인간의 생산적 행위(농업과 창작) 사이의 관계를 설명하는 유용한 틀을 마련했다는 점에서 언어적 창의성과 관련이 있는 것이다.

요컨대 교과소통교육을 할 때 요청되는 소통 언어는 단순히 교과들 사이를 매개하여 학습자로 하여금 학습 내용을 특정 교과의 설명을 넘어서 새롭게 인식하게 하는 역할에서 머물지 않고, 학습 내용의 인식을 중심으로 여러 교과들이 유기적으로 참여하는 '설명의 틀'을 구축할 수 있다는 점에서 언어적 창의성을 띤다고 할 수 있다. 〈농가월령가〉의 화자가 여러 이질적인 정보들을 결합하여 농민들을 설득하는 담론을 구성하였듯이, 교과소통교육에서 소통어는 소통에 참여하는 교과들의 설명 정보들을 효과적으로 연결하여 하나의 일관된 '설명의 틀'을 구축하고, 이 틀은 일종의 '서사'를 함축한다는 점에서도 언어적 창의성을 띤다고 할 수 있다.

5. 맺음말

지금까지 융합교육을 위한 초보적 단계로 '교과소통교육'을 제안하고, 이 교과소통교육에서 요청되는 '소통어'와 그것의 언어적 창의성을 〈농가월령가〉의 정보 융합과 소통어의 특성 분석을 바탕으로 검토해 보았다. 문학 교과에서 〈농가월령가〉 교육이 과학 교과, 역사 교과, 실업 교과 등과 소통할 수 있는 제재임을 살피고, 이 작품의 화자가 다양하고 이질적인 정보들을 결합하여 농민들을 설득하는 방식에서 이질적인 정보들의 소통어를 추출하여, 실제 문학 교과와 과학 교과 사이의 소통교육에서 소통어를 설정해 보았다. 나아가 교과소통교육이 학습 내용에 대한 인식의 새로움과 영역의 새로움을 추구함을 검토하고, 이 새로움의 추구 과정에서 소통어가 새로운 인식과 새로운 영역 설정을 가능케 하는 '설명의 틀'을 구축하며, 이 틀은 또한 일종의 '서사'를 함축하여 언어적 창의성을 띰을 검토하였다. 이는 '교과소통교육'이라는 융합교육의 초보 단계를 설정하고, 소통교육에서 '소통어'의 역할과 그 언어적 창의성을 주목한 점에서 일정한 의의를 가지나, 차후에 다양한 제재를 학습 내용으로 한 실제 교과소통교육의 경험을 기반으로 한 일반화 작업이 요청된다.

2부

융합을 통한
창의적 국어교육의 모색

5장

문법과 문학 영역의 통합

1. 문법과 문학의 만남
– 문법은 문학과 만나야 하는가?

별이 빛나는 창공을 보고, 갈 수가 있고 또 가야만 하는 길의 지도를
읽을 수 있던 시대는 얼마나 행복했던가? 그리고 별빛이 그 길을 훤
히 밝혀 주던 시대는 얼마나 행복했던가? 이런 시대에 있어서 모든
것은 새로우면서도 친숙하며, 또 모험으로 가득 차 있으면서도 결국
은 자신의 소유로 되는 것이다. 그리고 세계는 무한히 광대하지만 마
치 자기 집에 있는 것처럼 아늑한데, 왜냐하면 영혼 속에서 타오르는
불꽃은 별들이 발하고 있는 빛과 본질적으로 동일하기 때문이다.

　　　　– 게오르그 루카치(György Lukács),『소설의 이론』중에서

인간의 의지와 신의 의지가 분리되지 않았던 시대에 인간은 행복하였다. 우리의 기도는 곧 현현되었다. 가락국 사람들은 한목소리로 노래하며 수로왕을 맞이하였으며, 신라 사람들은 큰 소리로 외쳐 동해 용왕에게서 수로 부인을 돌려받았다. 이러한 시대에 인간이 내뱉는 모든 언어는 곧 시(詩)가 되었다. 이 합일의 시대, 미분리의 시대에는 인간의 일상의 말은 모두 주술이었고, 소망의 실현이었으며, 그대로가 문학 작품이었다. 온 땅의 언어가 하나였던 시절, 인간은 바벨탑을 쌓기 시작했다. 인간의 교만에 대한 신의 형벌은 더 이상 하나의 언어를 가질 수 없게 한 것이었다. 신의 의지가 더 이상 인간의 의지와 같을 수 없는 분리의 시대에, 인간의 언어는 신의 언어가 아니었으며 일상의 언어는 문학의 언어가 아니었다.

인간이 처음 언어를 사용할 때를 상상해 보자. 그들의 언어는 일상어의 문법에 갇혀 있지 않았을 것이다. 그러므로 모든 언어는 창조적이었으며, 모든 언어는 그대로 시였을 것이다. 그러나 오늘날 우리가 사용하는 언어는 원시의 언어에서 진화하여 일상어와 시어가 분리되었으며, 둘 사이에는 불가해의 간극이 생겼다. 더 이상 보통 인간은 시를 말하지 않으며 시의 언어는 신의 축복이 남아 있는 소수의 시인들만이 사용하는 언어가 되었다.

진화발생생물학(evolutionary developmental biology)[1]에 따르면 생물의 발생 과정은 종종 그 생물의 진화를 반복한다고 한다. 우리가 아이들의 언어 습득 과정을 살피면 일상어와 시어가 미분리된 상태에서 점차 일상어와 시어로 분리되는 과정을 관찰할 수 있다. 할리데이(M. A. K. Halliday) 식으로 말하면 아이가 처음 말을 배울 때는 '의미(기능) – 소리'의 이원적인 분류만 있을 뿐 '문법'이 없다. 따라서 이 시기에는 일상어와 문학어가 구분되지 않음은 물론이고, 아이의 말은 그대로가 시(詩)이다. 아이가 차츰 일상어의 문법을 익히기 시작하면서 일상어는 문학어와 분리되어 멀어지기 시작한다.

마치 장욱진의 그림이 아이들의 낙서를 닮아 있다고 느끼듯이, 문학어가 아이의 언어를 닮았다고 생각될 때가 있다. 아이들의 표현에는 이따금 놀랄 만한 문학적 표현이 보이기도 한다. 그렇지만 아이들의 언어는 시어처럼 의미를 부여하기 위해 의도적으로 문법을 벗어난 것이 아니므로 이런 특성 때문에 예술로 보기는 어렵다. 낙서냐 그림이냐의 문제가 그렇듯이 아이들의 언어와 시어의 구분에도 의도성과 관련한 해석 공동체의 인정 여부가 관여함은 물론이다.

미분리의 시대에서 분리의 시대로의 진행은 시간의 흐름에 따라 점점 심화되었다. 베이컨(F. Bacon)에 따르면 중세 시대의

....

1 진화발생생물학은 다양한 생물의 발생 과정을 비교하여 이를 생물의 진화와 관련시켜 연구하는 학문이다.

학문은 이성(reason)과 관련되는 분야, 상상력(imagination)과 관련되는 분야, 기억(memory)과 관련되는 분야 등으로 나뉜다고 한다. 이성과 관련되는 대표적인 학문이 철학이고, 상상력과 관련되는 대표적인 학문이 시학이며, 기억과 관련되는 대표적인 분야가 역사학이다. 베이컨이 명시하지 않았지만 언어학은 철학이 그러한 것처럼 자연과학과 함께 이성과 관련되는 분야로 이해되었다. 우리가 흔히 도서관에서 학문 분류를 위해 사용하는 듀이(M. L. K. Dewey)의 십진분류법에서도 언어는 300번 사회과학과 500번 자연과학 사이의 400번이며, 문학은 700번으로 800번인 예술과 인접해 있다.

구술 문학(oral literature)의 시대에 있어 문학과 문법의 구분은 의미 없는 것이었다. 일상어적인 감성은 그대로 문학의 감성이었으며, 화자들은 음유적(吟遊的)이었다. 문자의 발명은 이러한 시대의 종말을 예고하는 것이었다. 문자를 사용하면서 구술 문화의 구어적 전통은 사본 필사자의 기록에 의한 전통으로 바뀌었다. 차츰 구어와 문어는 분리되었으며, 일상어와 시어 역시 분리의 길을 가게 되었다. 인쇄 문화의 도래는 더 이상 복사본을 전수해야 할 필요성을 느끼지 못하게 하였다. 그러면서 이제는 오히려 문어와 구어는 간극이 조금씩 좁아지기 시작했다. 이어서 다가온 대중매체의 시대나 디지털 문화 시대는 하이퍼텍스트의 양산으로 이어졌다. 하이퍼텍스트의 시대는 모든 대상의 융합을 가속화하게 되었다.

문법과 문학의 차이에 대한 인식은 국어국문학 전공 안에서도 국어학과 국문학이 완전히 다른 학문이라는 인식을 가지게 하였으며, 국어교육 전공 안에서도 이른바 '한 지붕 세 가족'으로 '문학교육과 문법교육 그리고 기능 교육'이 삼분되어 서로 다른 학문이라는 인식을 강하게 가지게 하였다. 그럼에도 불구하고 우리가 다음 절에서 논의할 것인 바, 문학과 문법은 끊임없이 접근을 시도하였고 그러한 시도가 일정 부분은 성과를 거두고 있기도 하다.

이미 언급했듯이 하이퍼텍스트 시대로서의 현대는 다시 분리의 시대를 넘어 융합의 시대로 나아가고 있다. 통섭이나 학제 간 융합, 협동 과정이니 하는 논의가 화두가 된 지 제법 오랜 시간이 흘렀다. 이제 미분리의 시대와 분리의 시대를 거쳐 다시 융합의 시대가 되었다. 다음의 그림은 현대가 융합의 시대임을 상징적으로 보여 준다.

[그림 5-1] plantimal(plant+animal)의 예[2]　[그림 5-2] 로봇 공생 2014[3]

[그림 5-1]은 분자생물학을 통해 피튜니아 꽃에 사람의 유전자를 합성하여 만든 것이다. 과학 기술의 진보는 예술에도 영향을 주어 [그림 5-2]와 같이 로봇과 인간이 공생하는 세계를 이미지화하고 있기도 하다.

사실 동물과 식물의 유전자적 융합이나 로봇과 사람의 융합에 비하면 문법과 문학의 융합은 너무나 유사한 대상끼리의 융합이다. 국어교육을 하는 우리에게는 쉽지 않은 문제였을지라도 문법교육과 문학교육의 만남은 너무나 당연하여 자못 의미 없는 것으로 보일 지경이다. 문법과 문학, 혹은 문법교육과 문학교육의 융합의 조짐은 이미 훨씬 이전부터 곳곳에서 보이기 시작했다. 언어학과 시학의 문제를 다룬 야콥슨의 논의나 현대의 텍스트 언어학, 인지언어학 등의 노력이 그러하다. 이에 대해서는 다음 절에서 자세하게 다룰 것이다. 사정이 어떠하든 우리는 다시 만남의 시대를 살고 있다. 그것이 비록 별이 반짝이던 시대, 신과 인간이, 혹은 세계와 이성이 조화롭게 만나던 시대는 아닐지라도.

....

2 이 사례는 홍성욱, 「과학과 예술의 접점과 융합, 상상력과 창의성을 중심으로」, 『서울대학교 SSK 사업팀 초청 특강 자료』, SSK 창의적 인재 육성을 위한 융합 교과 개발 연구팀, 2014에서 가져온 것이다.

3 이 작품은 김현주의 것으로, 인간의 뇌로 표상되는 물체 사이로 로봇이 돌아다니는 그림이다. 기술의 발달로 로봇이 인간화되어 인간과 공생하는 불편한 관계를 작품화하였다.

2. 일상어와 시어―언어는 수단인가, 목적인가?

게임은 아마 완전히 다른 것입니다. 게임은 창작의 과정을 거쳐 완성된 무엇이라기보다는 탐색하고, 조작하고, 그 안에서 머무르게 되는 것입니다. 게임은 음악의 악보이기보다는 악기에 가까운 것입니다. 플레이어들이 직접 사용해야 하는 것이죠. 게임은 문학 작품이기보다는 문법과도 같은 것입니다. 여러 가지 방법으로 연결되어서 의미를 만드는 가능성의 집합체입니다. 게임은 순수 미술의 걸작들과는 너무나 다르기 때문에 우리가 흔히 이해하는 예술처럼 보이지 않을 수도 있습니다.

― 에릭 짐머만(E. Zimmerman), 〈게임의 정의〉[4] 중에서

다시, 오늘날에 있어서 예술은 무엇인가? 혹은 문학은 무엇인가? 일상과 떨어져 존재하는 것인가? 일상과 함께 숨 쉬고 변화하는 것인가? 일상어와 시어는 다른 것인가?

1) 일상어와 시어의 구별

흔히 국어교육 현장에서는 시어(poetic language)를 일상어

....

4　이 글은 미국의 게임 랩 창설자 겸 운영자인 짐머만이 쓴 것으로 서울대학교 미술관에서 2014년에 기획된 '예술-인간-과학'이라는 제목의 전시에서 가져온 것이다.

내지 과학의 언어와 구별해 왔다. 그러한 논의에 의하면 시어는 함축적이고 일상어는 지시적이며, 시어는 개인적·간접적이며 일상어는 개인적이지 않으며 직접적이다. 이 밖에도 시어는 일상어와 달리 규범성에 대한 일탈의 성격[5]을 가진 것으로 논의되기도 한다.

시어가 정말 일상어와 차이가 나는 것일까? 우리는 시어의 차이점보다 공통점에 주목하는 논의들을 많이 알고 있기도 하다.

◇ 시어의 정의[6]

시에 쓰인 언어를 시어라고 부른다. 고도의 언어예술인 시에서 언어는 핵심적인 지위를 차지한다. 그렇다고 시어가 특별히 일상어와 다른 것은 아니다. 물론 시어는 일상어와 달라서 고상하고 우아한 언어로 가려 써야 한다는 생각이 지배하던 시대도 있었다. 하지만 시어에 대한 많은 논의를 통해 이러한 생각은 근본적인 변화를 가져왔다. 시어에 대한 가장 활발한 논의는 낭만주의 시대에 이루어졌는데, 특히 워즈워스(W. Wordsworth)의 『서정민요집』 재판 서문은 그러한 변화의 중요한 전환점이었다. 워즈워스는 시어와 일상어가 다르지 않음을 반문하면서 언어의 관습적 사용을 부정하고 자연적 언어의 사용을 주장한다. (중략) 야콥슨(R. Jakobson)을 비

....

5 시어가 가진 탈규범성을 일탈이 아니라 창조의 성격을 가지는 것으로 볼 수도 있으며, 조금 중립적으로 사용역이나 장르적인 특성이라고 말할 수도 있다.
6 한국문학평론가협회 편, 『문학 비평 용어사전』, 새미, 2013.

롯한 러시아 형식주의자들은 시를 유기적인 구조이자 자율적인 총체로 파악했다. 이들에 따르면 시어와 일상어는 본질적으로 다르지 않다. 다만, 용법상의 차이가 있을 뿐이다. 시어의 특수한 용법이란 일상어가 지시적이라면 시어는 정서적이라는 것, 기호와 지시물과의 관계에서 일상어가 1 : 1의 관계라면, 시어는 1 : 1의 관계를 넘어선다는 것, 그래서 일상어가 외연적(지시적) 의미를 지니고 있다면 시어는 내포적(함축적) 의미를 지니고 있다는 것을 뜻한다.

위의 정의에서 알 수 있듯이 시어는 일상어와 구분되는 특별한 것이 아니며, 일상어를 시라는 구조 전체에서 파악하여 함축적인 의미를 가지게 하는 것임을 알 수 있다.

시어가 일상어와 완전히 구별되는 것은 아니지만 차별되는 지점을 가지고 있기도 하다. 야콥슨은 그 유명한 언어의 기능에 대한 논의에서 시적 기능은 발신자가 수신자에게 전달하고자 하는 메시지 그 자체에 대한 지향(Einstellung)이라고 하였고, 레비스트로스(C. Lévi-Strauss)는 시어를 언어를 초월하는(transcends language) 동결된 담화(frozen speech)라고 하였으며, 러시아 형식주의자들은 시어는 언어에 가해진 조직적 폭력(the organized violence of language)이라고 하였다.[7]

....

7 김경아, 「윤동주의 〈서시〉에 대한 단상」, 김완진 외 38인, 『문학과 언어의 만남』, 신구문화사, 1996, 630-661쪽.

필자는 또한 황지우의 시를 인용하면서 언어의 본질의 관점에서 시어와 일상어의 차이를 논의한 바 있다.[8] 사르트르(J. C. A. Sartre)는 언어를 '도구로서의 언어'와 '대상으로서의 언어'로 구분한다. 언어의 본질은 의사소통에 있지만 의사소통은 언어의 수단에 불과하고, 그 수단이 희미해지는 시와 같은 상황에서 언어는 대상으로서의 육체성을 회복한다고 보았다.

모르는 풀꽃이여, 내 마음은 너무 빨리

식은 돌이 된다, 그대 이름에 내가 걸려 자빠지고

흔들리는 풀꽃은 냉동된 돌 속에서도 흔들린다

나는 정신병에도 걸릴 수 있는 짐승이다

(중략)

내가 그대를 불렀기 때문에 그대가 있다

불을 기억하고 있는 까마득한 석기 시대,

돌을 깨뜨려 불을 꺼내듯

내 마음 깨뜨려 이름을 꺼내가라

— 황지우, 〈게눈 속의 연꽃〉 중에서

이 시는 시 내지 시어에 대해 말하고 있다는 점에서 메타적

....
8 구본관, 「한국어에 나타나는 언어적 상상력」, 『국어국문학』 146, 국어국문학회, 2007, 55-91쪽을 참조.

인 시이다. 시집의 뒤편에 실린 진형준의 비평을 참고하여 이 시를 해석해 보자면 시인은 세계는 언어를 통해서만 우리 마음에 자리 잡을 수 있음을 표현하고 있다. 하지만 동시에 언어를 통해 세계를 인식하는 것이 얼마나 어려운지를 표현하고 있기도 하다. 우리가 일상의 언어로 세계를 담아내기는 매우 어렵다. 그리하여 시인은 세계의 본질을 드러내기 위해 일상어가 아닌 시어를 사용한다. 그러나 시어 역시 언어이기 때문에 시어를 통해서도 세계를 나타내는 것이 어려운 것이다.

시어와 일상어는 같으면서 다르다. 같다는 것은 시어가 시적 일탈을 가진다 해도 시어는 일상어와 마찬가지로 넓은 의미에서의 언어 운용의 원리인 문법을 따른다는 것이며, 그 일탈마저도 일상어의 문법을 전제로만 성립하는 것이다. 결국 시어는 언어이며 시라는 장르 특성 내지 사용역에서 쓰이는 언어의 변이형일 뿐이다.

2) 스펙트럼 상의 일상어와 시어

우리가 언급한 것처럼 시어와 일상어는 둘로 양분되는 개념이 아니며 스펙트럼 상의 연속을 둘로 나눈 것에 불과하다. 워즈워스가 그랬듯이 김대행에서도 "언어의 창조적인 측면은 일상생활에서도 풍부하게 발견된다. 어린이들이 별명을 사용하는 것은 규범적인 언어에서 일탈하고자 하는 욕구가 구체화된 것이라고 보는 것이 정당하다."[9]라고 하여 시어와 일상어가 쉽게 구별되지 않음을 말하고 있다.

이미 언급했듯이 야콥슨의 관점에서는 시어는 지시적 기능 (referential function), 표현적 기능(expressive function), 명령적 기능(conative function), 친교적 기능(phatic function), 메타언어적 기능(metalingual function), 시적 기능(poetic function) 등 언어의 여섯 가지 기능 중 시적 기능에 가장 가깝다. 하지만 특정한 언어 표현이 한 가지 기능만으로 쓰이는 경우는 매우 드문 것처럼 시에 쓰이는 언어도 시적 기능만으로 쓰인 것인지에 대해서는 명확하게 말하기 어렵다. 시란 넓은 의미에서는 표현적 기능에 속하며 특수한 경우 명령적 기능이나 친교적 기능 등으로도 쓸 수 있음은 물론이다.

야콥슨과는 달리 할리데이는 아이들의 언어 습득과 관련하여 언어의 기능을 일곱 가지로 나누었다. 그의 도구적(instrumental) 기능, 통제적(regulatory) 기능, 상호작용적(interactional) 기

....

9　이 인용문은 주세형, 「할리데이 언어 이론의 국어교육학적 의미」, 『국어교육』 130, 한국어교육학회, 2009, 173-204쪽에서 재인용한 것이다. 김대행 선생님께서 이런 표현을 사용한 것은 일상어와 시어의 구분을 위한 것이 아니라 규범적 국어교육을 반대하고 창의성 교육을 강조하기 위한 것이다. 하지만 사실 규범 교육, 더 나아가 문법 교육이 창의성과 무관한 것은 아니다. 언어의 본질이 원래 창의성과 유관한 창조성을 가지며 최근의 규범 교육의 목표 역시 규범의 암기나 준수에 그치는 것이 아니라 규범을 알고 규범을 넘어서는 사용까지 포괄하는 것이기 때문이다.

능, 개인적(personal) 기능, 발견적(heuristic) 기능, 상상적(imagi-native) 기능, 정보 제공적(informative) 기능 중 상상적 기능이 시어의 특성에 가장 가까운 것이지만, 시어는 발견적 기능이나 개인적 기능의 특성도 가질 수 있음은 물론이다. 이미 언급했듯이 할리데이는 유아의 언어 습득에서 '문법'이 형성되지 않은 시기가 있으며 우리의 관점에서는 이 시기의 유아의 말은 시어에 더 가깝다. 일곱 가지 기능 중 가장 늦게 발달하는 정보 제공의 기능은 문법의 형성과 함께 일상어에 더 가까워지는 것을 의미한다.

시어와 관련하여 할리데이의 논의에서 우리가 주목해야 할 것은 사용역(register)이나 장르에 따른 언어 사용의 차이에 관한 것이다. 할리데이를 비롯한 체계-기능 문법가들이나 사회언어학자들은 사용역에 따른 언어 사용에 관심을 가진다. 이런 관점에서 보면 문학의 장르들도 하나의 사용역을 이루며 사용역에 따른 관습을 가지게 된다. 사용역의 관점에서 보면 문학은 상관적 장면보다는 단독적 장면[10]에 가깝다는 점에서 상황 맥락이 구체적으로 드러나지 않는 경우가 많다. 또한 강한 장르 규칙을 가지며 사회 문화적 맥락의 지배를 강하게 받고 있기도 하다. 문학 작품 속에서의 일탈 혹은 시적 허용도 시인의 창조적인 언어 사용의 결과일

....

10   주지하듯이, 상관적 장면은 화자와 청자가 명시적으로 상정되는 발화 상황을 말하며 단독적 장면은 그렇지 않은 발화 상황을 말한다.

수도 있지만 장르의 특성에 따른 관습적인 것일 수도 있다.

　일상어와 시어의 차이보다는 공통점에 더 관심을 가진 문법가 중에는 일군의 인지언어학자들도 있다. 레이코프와 존슨(Lakoff and Johnson)은 시어뿐 아니라 일상어는 은유를 기반으로 발화되며 시어와 일상어는 결정적인 차이를 가지지 않는다고 본다. 그들이 주장한 개념적 은유에 대해서는 3절에서 언급하게 될 것이다.

　우리가 생각하기에 일상어와 시어는 언어 사용의 스펙트럼 상의 연속에서 어느 한 지점에서 나눈 것일 뿐 본질적으로 차이가 나는 것은 아니다. 물론 그 차이가 작지 않다고 할 수는 있다. 다음의 시를 보면서 이에 대해 구체적으로 언급해 보기로 하자.

　　가령 사과를 먹듯이

　　시간을 그렇게 먹다 보면

　　1년 내내 땅이 보호하고

　　햇살이 길러낸

　　한 알의 붉은 사과를 먹듯이

　　그렇게 조금씩 향기를 먹다 보면

　　그 향기로 사랑을 시작하고

　　그 빛깔로 사랑을 껴안다 보면

아름다운 자연처럼

푸르게 다시 태어날 수도 있으리

또한 그 힘으로

지상의 우울을 조금씩 치유하고

고즈넉한 웃음들을 만들기도 하리

가령 한 알의 사과를 먹듯이

그렇게 조금씩 향기를 먹다 보면

한 권의 책을 먹다 보면

열다섯 해쯤 그렇게 맛있게 먹다 보면

– 문정희, 〈사과를 먹듯이〉

이 시에서 우리는 '먹다'의 용법의 확대를 발견하게 된다. 먼저 흔히 그러하듯, '사과를 먹다'가 있으며 '시간을 먹다', '향기를 먹다'를 거쳐 '책을 먹다'에까지 자연스럽게 도달한다. '먹다'의 사전적인 의미는 「1」 음식 따위를 입을 통하여 배 속에 들여보내다.', 「2」 담배나 아편 따위를 피우다.', 「3」 연기나 가스 따위를 들이마시다.', 「4」 어떤 마음이나 감정을 품다.', 「5」 일정한 나이에 이르거나 나이를 더하다.', 「6」 겁, 충격 따위를 느끼게 된다.', 「7」 욕, 핀잔 따위를 듣거나 당하다.' 등이다. '사과를 먹다'는 원형적인 의미로서 '1'의 의미에 해당하고 '시간을 먹다'는 '5'에 가까우며, '향기를 먹다'는 '3'에 약간 가까운 듯하나 조금 거리가 느껴진다. 하지만 '책을 먹다'는 현행 사전의 어떤 의미와도 연결시키기 어렵다. 이들 용법은 스펙트럼을 이루고 일상어적인 것에서 시어적인 것으로 나아간다.

사실, 사전에 실린 어휘들이 원형적인 의미에서 확장 의미로 나아가는 것은 문학 작품에서와 같은 비유적인 사용이 작용한 결과로 볼 수 있다. 그런 점에서 언어의 시적인 사용은 일상어적인 사용과 그리 다른 것이 아니다. 시적인 사용 중에서 일부는 사회적인 공인을 얻어 사전에 다의적인 용법의 하나로 등재되며, 일부는 그렇지 않을 뿐 확장의 원리 자체가 특별히 구분되는 것은 아니다. 일상어적인 속성은 상대적으로 더 관습적인 것을 말하며, 시어적인 속성은 상대적으로 더 낯설게 표현된 창조적인 것을 말할 뿐 사용의 원리는 다르지 않은 것이다. 시가 아니어도 얼마든지 언어를 창조적으로 사용할 수 있음도 물론이다.

일상어와 시어의 차이를 지나치게 구분하는 것이 문제인 것과 달리, 양자를 구분하지 못해서 문제가 되기도 한다. 이삼형의 연구[11]에서는 문학과 문법의 통합을 논의하는 자리에서 이용주의

....
11   이삼형, 「'문법' 영역과 '작문' 영역의 통합 문제」, 『문법 교육』 12, 한국문법교육학회, 2010, 65-86쪽.

연구[12]를 인용하여 우리에게 익숙한 동요 '산토끼'의 한 구절에 대해 이야기한다. 이 시의 원작은 '토실토실 밤토실'인데, 초등 교과서에 실으면서 '밤토실'이 '알밤을'로 바뀌었다는 것이다. 아마 '밤토실'이 규범에 맞지 않아서 수정한 것이라고 짐작한다. 사정이 이러하다면 이는 전적으로 시어와 일상어의 차이를 이해하지 못했거나 그 차이를 중요하게 생각하지 않은 것에서 나온 적절하지 못한 처리이다. 유사하게 남가영의 연구[13]에서는 일간 신문에서 국어 교과서의 오류를 지적하면서 7차 중학교 교과서에 나오는 '호랑이가 너울너울 춤을 추는 것이 아닌가?'에서의 '너울너울'을 오류로 지적한 점을 들었다. 이는 시어에 대한 무지이며, 이런 무지를 없애려면 창의성에 대한 열린 관점이 필요함을 보여 준다.

이와는 차원이 약간 다르지만 산토끼 노래에서 '깡총깡총'을 '깡충깡충'으로 바꾼 것도 그리 바람직한 것은 아니라고 생각된다. '깡총깡총'에서 '깡충깡충'으로의 변화는 모음조화가 점점 약화되는 국어의 언어 사실을 반영하여 표준어가 바뀌었기 때문이다. 그러나 시어는 예스러운 표현을 유지할 수 있으며 시어가 굳이 표준어일 필요가 없다. 이를 굳이 수정한 것은 표준어를 교육하려는 의도에서 나온 것이겠지만 문학 장르의 특성을 고려하지

....

12   이용주, 「초·고교에서의 언어지식 교육」, 『제5차 국어과·한문과 교육과정 개정을 위한 세미나』, 한국교육개발원, 1986.
13   남가영, 「문법 탐구 경험의 교육 내용 연구」, 서울대학교 박사학위논문, 2008.

않은 신중하지 못한 처리로 생각된다.

　일상어와 시어는 같으면서도 다르다. 같다는 것은 결국 기저의 언어 운용의 원리인 문법을 따르고 있다는 것이고, 다르다는 것은 그 원리를 알면서도 의식적으로 넘어서려 한다는 것이다. 넘어서려 한다는 것은 역설적이게도 지배를 받고 있다는 것의 다른 말이기도 하다. 문학의 언어가 일상어와 다르지만 결국은 언어이며, 장르적인 차이 혹은 사용역의 차이를 보여 주는 좀 특별한 언어일 뿐이다.

3. 문법 연구와 문학

子謂伯魚曰 女爲周南召南矣乎아 人而不爲周南召南이면 其猶正牆面而 立也與인저.
공자께서 아들 백어에게 말씀하셨다. 너는 시경의 주남, 소남이라 는 시를 아느냐? 사람이 주남, 소남을 모르면 그는 담벼락에 얼굴 을 맞대고 서 있는 것과 같게 되는 것이다.

－『論語』, 〈陽貨〉

　공자가 시를 사랑했음은 잘 알려진 바와 같다. 공자가 말하 는 시란 그 당시 백성들에게 전해 내려오던 민요와 같은 것으로 평범한 사람들의 꾸밈없는 희로애락이 담겨 있는 소박한 노래들이었다. 공자가 시에는 "사특함이 없다."라고 한 것도 같은 맥락이었다. 푸엥카레(J. Poincaré)에게 과학을 왜 연구하느냐고 물었을 때 그는 "아름답기 때문이다."라고 했다. 문학을 왜 공부하는가? 역시 아름답기 때문이라고 하겠다. 문법을 왜 연구하는가? 역시 대답하겠다, 아름답기 때문이라고. 촘스키는 문법 규칙의 정밀함에서 아름다움을 느꼈다고 한다. 시를 모르는 사람과 말을 할수 없다고 생각한 공자, 규칙에서 아름다움을 찾으려한 촘스키, 문법학자들은 이제 시를 공부해야 할 것인가?

1) 실증적 언어학과 문학

개화기 이후 우리의 문법 연구는 실증적인 자료 중심의 전통을 가지고 있다. 그리하여 현대 국어보다는 중세 국어나 고대 국어의 문헌 연구가 주류를 이루었다. 국어사 연구의 보완적인 목적, 혹은 독자적인 연구 가치를 가지는 것으로 방언을 연구한 것도 실증적이고 자료 중심적인 연구의 흐름에서 이어지는 것이었다. 이는 훈고학이나 고증학의 학문적인 흐름을 이어받는 것이기도 하며, 소창진평(小倉進平)에서 시작된 한국 안에서의 일본인 문법가들의 영향을 받은 것이기도 했다.

자료를 중시하는 이런 문헌학적 연구는 국어사적 사실을 담고 있는 다양한 문헌 자료에 대한 실증적인 연구로 이어졌고, 당연하게도 향가에서부터 시조에 이르는 모든 문학 작품이 언어 연구의 중요한 자료가 되었다. 양주동이나 김완진의 향가 연구 및 고려 가요의 연구 등이 모두 이런 흐름에서 국어학적 방법을 고전 문학 작품의 해석에 원용한 것들이었다.

사실 단어나 문장을 포함한 어휘는 생성이 되는 순간 길든 짧든 역사를 가진다는 점에서 현존하는 모든 언어 자료는 국어사의 대상이 될 수 있다. 언어로 된 문학 역시 창작되는 순간 역사를 가지게 되므로 고전문학 작품과 현대문학 작품을 구분하는 것이 원리적으로는 쉽지가 않다. 예를 들어 정지용의 〈장수산 1, 2〉의 경우 흔히 현대 문학 작품으로 다루어지지만 '~하이', '뫼ㅅ새', '희고녀', '줏는다' 등 예스러운 표현을 의식적으로든 무의식으로든 많이 사용하고 있어, 현대문학 작품으로만 보기 어려운 점도 있다.[14] 심지어 1960년대나 1970년대 작품도 지금의 젊은 세대에게는 언어 면에서 보면 고전 작품과 크게 다르지 않을 수도 있는 것이다. 특히 방언을 많이 사용하는 작품의 경우는 고전 작품과 현대 작품의 경계 구분이 더 어렵다. 이런 점에서 방언 연구는 국어사 자료의 부족을 메우기 위한 보조 자료로서의 성격을 강하게 가질[15] 뿐만 아니라 방언으로 된 문학 작품의 해석에도 기여하는

....

14   현대어와 다른 표현은 작품 창작의 시대 언어의 반영일 수도 있고, 문체적인 효과를 위해 의도적으로 사용한 것일 수도 있다.

15   주지하듯이 방언에는 국어사적인 편린이 많이 남아 있어 살아 있는 '국어사 자

바가 크다.[16]

이와 같은 실증적인 문법 연구는 문학 연구의 기반이 되는 것으로 볼 수 있다. 김완진의 연구[17]처럼 문법 연구자의 해석이 단지 어학적인 해석에 그치지 않고 문학적인 상상력으로 나아간 경우도 있지만, 더 많은 연구에서 문법가들의 연구는 문학 작품의 일차적 해석의 근거를 마련하는 데 기여하고 있다.

우리는 문법가들의 실증적인 연구를 통해 문학 연구에 기여한 좋은 사례를 이기문의 연구[18]에서 찾아볼 수 있다.[19] 이 논문에는 시집 〈진달내꽃〉(1925)을 중심으로 하여 김억 편 〈소월시초〉,

··········

료의 보고(寶庫)'(이기문, 『신정판 국어사개설』, 태학사, 1998, 14쪽)로 일컬어지기도 한다. 쉬운 예로 경상도 방언에는 성조가 남아 있는데, 이를 통해 중세 국어의 성조를 짐작하는 것은 어렵지 않다.

16   방언에 대한 국어학적 지식을 문학 작품의 이해에 적용하고자 하는 논의는 제법 많다. 특히 이기문 외 12인, 『문학과 방언』, 역락, 2001에는 이용악의 시를 다룬 '곽충구, 「이용악 시의 시어에 나타난 방언과 문법의식」, 김완진 외 38인, 『문학과 언어의 만남』, 신구문화사, 1996, 590-616쪽' 등 방언학의 전문가들이 시에 나오는 방언에 대한 믿음직한 해석을 보여 주고 있어 참조가 된다.

17   김완진, 『향가해독법 연구』, 서울대학교출판부, 1980.

18   이기문, 「소월시의 언어에 대하여」, 백영 정병욱 선생환갑기념논총간행위원회, 『국어학 연구』, 신구문화사, 1983.

19   굳이 이 논문을 든 이유는 소월 시가 우리나라를 대표한다는 점, 이제는 고전과 현대의 경계에 선다는 점, 국어사와 방언의 문제를 모두 언급할 수 있다는 점 등을 고려했다. 특별히 이 논문의 필자가 우리 시대를 대표하는 국어학자라는 점, 소월 시의 기저 방언의 화자라는 점, 당신의 고백에 의하면 시를 사랑하는 시인 지망생이라는 점도 고려했다.

백순재·하동호의『결정판 소월전집 못잊을 그 사람』(1966) 등을 자료로 활용하여 소월 시에 나타나는 방언 어휘의 어학적인 해석을 시도하고 있다. 소월 시에서 국어학적 해석이 필요한 부분에 대해서는 김이협의『평북방언사전』을 비롯한 기존의 연구와 필자 자신의 국어학적 지식을 동원하고 있다. 이 중 몇 가지 사례만 들어 보기로 하자.

비오는 모래밧테 오는눈물의
축업은 벼개까의쭘은 잇지만

– 〈님에게〉

안이, 땀냄새, 쌔무든냄새,
비에마자 축업은살과 옷냄새

– 〈女子의 냄새〉

두 시에 나오는 '축업은'은 정주 방언의 형용사로서 '추겁다, 추거워'처럼 'ㅂ' 불규칙 활용을 하는 단어이다. 이 단어는 '축축하다'의 '축'과 형용사 파생 접미사 '-업-'의 결합으로 볼 수 있다. 이기문의 연구[20]에 따르면 백순재·하동호의 연구[21]에서는 '축 없는' 내지 '축없은'으로 되어 있다고 하는데, 이는 방언에 대한 이

....
20 이기문, 앞의 글.
21 백순재·하동호,『결정판 소월전집 못잊을 그 사람』, 양서각, 1966.

해가 없어 시 작품을 잘못 이해하였기 때문이라 생각된다.

다음은 '불설워'에 대해 살펴보자.

누나라고 불너보랴

오오 불설워

싀새움에 몸죽이는 우리누나는

죽어서 접동새가 되었습니다.

-〈접동새〉

표준어로 이해하기 어려운 '불설워'는 『평북방언사전』에는 '불써럽다'로서 "살림이 곤궁하여 신세가 매우 가엾다. '불쌍하다'와 약간 뉘앙스가 다름."으로 되어 있다. 이 단어를 '불쌍하다'로만 이해한다면 가난한 살림에 죽은 누이가 접동새가 되었다는 설화의 의미를 오롯하게 담기 어려움은 물론이다.

이기문의 연구[22]에서는 위에서 예를 든 시구 말고도 '점을손', '순막집', '눈세깃물', '싀새리' 등 표준어로는 이해할 수 없는 방언들을 예로 들면서 방언에 대한 이해가 시의 말맛을 정밀하게 이해하는 데에 얼마나 중요한지를 논의하고 있다. 이런 어휘들에 대한 이해는 단순히 시의 문학적인 이해를 위한 일차 자료에 그치

....

22 이기문, 앞의 글.

는 것이 아니라 방언의 어휘에 대한 이해 자체가 시의 이해라고 할 수 있는 바가 있음은 물론이다.

2) 구조주의 언어학(변형생성문법)과 문학

실증적인 언어학자들과 달리 구조주의 언어학자는 야콥슨이 그러하듯 언어의 시적 기능에도 주목한다. 그리하여 문학 작품도 넓은 의미에서 언어 연구의 자료로 생각한다. 이와는 달리 구조주의의 유산을 계승하면서 특히 통사론 분야에서 언어적인 보편성을 추구한 생성문법가들의 주된 관심은 이상적인 화자의 언어, 특히 일상어에 집중되어 있어 시나 시어를 중요한 연구 대상으로 삼지는 않았다. 구조주의와 생성문법을 공부한 학자들이 중심이 되어 문학과 언어학의 만남을 시도한 논의들은 김완진 외 38인의 연구[23]에 여러 편이 수록되었다.[24]

....

23 김완진 외 38인, 앞의 책.
24 이 논문집은 일찍이 언어와 문학의 접점에 대해 고민하면서 향가와 고려가요를 연구하신 김완진 선생님의 정년을 맞아 후배들과 제자들이 펴낸 것이다. 여기에는 앞에서 언급한 '곽충구, 「이용악 시의 시어에 나타난 방언과 문법의식」, 김완진 외 38인, 『문학과 언어의 만남』, 신구문화사, 1996, 590-616쪽'과 같이 방언과 문학의 관계뿐 아니라 국어사 지식과 고전문학 작품의 이해, 구조주의 언어학이나 변형생성문법과 문학 작품의 이해, 텍스트 언어학과 문학 작품의 이해 등을 보여 주는 39편의 논문이 실려 있다.

그중 김경아의 연구[25]를 중심으로 윤동주의 〈서시〉에 대한 언어학적 접근을 간략하게 논의해 보기로 하자.

죽는 날까지 하늘을 우러러
한 점 부끄럼이 없기를,
잎새에 이는 바람에도
나는 괴로워했다.
별을 노래하는 마음으로
모든 죽어 가는 것을 사랑해야지.
그리고 나한테 주어진 길을
걸어가야겠다.
오늘밤에도 별이 바람에 스치운다.

- 윤동주, 〈序詩〉

이 시는 두 개의 비대칭적인 연으로 이루어져 있어 시의 단락을 어떻게 나누는지가 중요한 논제가 되기도 하였다. 김경아의 연구에서는 어학적인 근거를 들어 1·2행, 3·4행, 5·6행, 7·8행, 9행을 하나의 단락으로 보아 5개의 단락으로 나눌 것을 주장한다. 이는 대체로 하나의 문장을 하나의 단락으로 나눈 것이다. 이렇

....

25 김경아, 앞의 글.

게 볼 경우 1~4행을 두 단락으로 보는 것이 문제이다. 하지만 어학적으로 보면 '~없기를'은 '괴로워했다'의 목적어가 될 수 없으므로 '없기를' 뒤에 '기도했다, 소망했다' 따위의 서술어가 생략된 것으로 볼 수 있고, 이렇게 보면 1~4행을 두 단락으로 보는 것이 자연스럽다는 것이다.

이 시에서 난해구의 하나는 9행 '오늘밤에도 별이 바람에 스치운다'이다. '스치우다'는 사전에 등재되지 않은 단어이며 사전에 나오는 '스치다'는 '바람에 옷깃을 스치다'와 같은 타동사 용법과 '바람이 옷깃에 스치다' 정도의 자동사적 용법을 가지고 있다. 이때 '-우-'의 정체가 문제이다. 일반적으로 '-우-'는 사동 파생 접미사이지만 이 시구는 사동문으로 해석할 여지가 없고 오히려 능동문인 '바람이 별을 스친다.'에 해당되는 피동문 '별이 바람에 스쳐진다.' 정도로 해석된다. 이때 '-우-'는 윤동주의 다른 시에 나오는 '쫓기우다', '감기우다', '말리우다', '드리우다'와 마찬가지로 피동이나 사동을 강조해 주는 일종의 시적 일탈로 이해된다.[26] '스치우다'를 피동으로 해석하게 되면 능동에 비해 상황 의존성 내지 행동주의 탈동작성을 특징으로 하는 피동의 의미 특성이 드

....

26 '쫓기우다, 감기우다'는 피동형에, '말리우다, 드리우다'는 사동형에 '-우-'가 결합한 것이다. 이런 표현은 드물지만 방언에는 나타나므로, 이를 가져온 것으로 볼 수도 있지만 윤동주 시가 방언을 많이 사용하지 않음을 고려하면 시적 일탈로 보는 것이 좋을 것이다.

러난다. 이렇게 이해하게 되면 '-겠-'에 의해 나타나는 바 '자기에게 주어진 길을 걸어가려는 적극적인 의지'와, 피동에 의해 나타나는 바 '그럼에도 불구하고 어쩔 수 없는 시대 상황의 모순'을 시로 형상화한 것으로 해석할 수 있게 된다.

3) 텍스트 언어학과 문학

언어학과 문학의 접점을 찾는 일은 텍스트 언어학의 오랜 주제였다. 국어학계에서도 80년대 후반 유럽 언어학계에서 텍스트 언어학을 받아들이면서부터 문학 작품의 언어학적 해석에 관심을 가지게 되었다.[27]

여기에서는 고영근의 연구[28]를 바탕으로 한용운의 〈님의 침묵〉[29]에 대한 텍스트 언어학적 해석을 간략하게 소개해 보기로 한다.[30]

....

27   텍스트 이론을 국내에 소개한 초기의 대표적인 저술은 고영근, 『텍스트 이론』, 아르케, 1999이다. 이를 개고한 고영근, 『텍스트 과학』, 집문당, 2011이나 고영근 외 23인, 『한국문학작품과 텍스트분석』, 집문당, 2009에는 문학 작품의 텍스트언어학적 해석을 다룬 많은 논의가 소개되고 있다.

28   고영근, 『텍스트 과학』, 집문당, 2011.

29   〈님의 침묵〉은 1926년에 출판된 동명의 시집에 실려 있지만 여기서는 고영근, 『텍스트 과학』, 집문당, 2011을 따라 한계전, 『한용운의 님의 침묵』, 1996에 현대어로 번역된 것을 제시하였다.

T1 [(S1 님은 갔습니다)S1 (T1' 아아)T1' (S2 사랑하는 나의 님은 갔습니다)S2
(S3 e 푸른 산빛을 깨치고 단풍나무 숲을 향하여 난 작은 길을 걸어서 차마 떨치고 갔습니다)S3
(S4 황금의 꽃같이 굳고 빛나던 옛 맹세는 차디찬 티끌이 되어서 한숨의 미풍에 날아갔습니다)S4
(S5 날카로운 첫 키스의 추억은 나의 운명의 지침을 돌려 놓고 뒷걸음쳐서 사라졌습니다)S5] **T1**

T2 [(S6 나는 향기로운 님의 말소리에 귀먹고 꽃다운 님의 얼굴에 눈멀었습니다)S6
(S7 사랑도 사람의 일이라 만날 때에 미리 떠날 것을 염려하고 경계하지 아니한 것은 아니지만 이별은 뜻밖의 일이 되고 놀란 가슴은 새로운 슬픔에 터집니다)S7 (C 그러나)C (S8 e 이별을 쓸데없는 눈물의 원천을 만들고 마는 것은 스스로 사랑을 깨치는 것인 줄 아는 까닭에 걷잡을 수 없는 슬픔의 힘을 옮겨서 새 희망의 정수박이에 들어부었습니다)S8] **T2**

T3 [(S9 우리는 만날 때에 떠날 것을 염려하는 것과 같이 떠날 때에 다시 만날 것을 믿습니다)S9
(T3' 아아)T3' (S10 님은 갔지마는 나는 님을 보내지 아니하였습니다)S10
(S11 제 곡조를 못 이기는 사랑의 노래는 침묵을 휩싸고 돕니다)S11] **T3**

T = 텍스트, S = 문장, C = 접속사, e = 공범주

〈님의 침묵〉은 주제 전개의 관점에서 보면 세 개의 단락(텍스트)으로 나누어진다. T1은 님이 맹서와 추억을 뒤로 한 채 떠났다

----

30 〈님의 침묵〉에 대한 텍스트 언어학적 해석은 전체적으로는 고영근, 『텍스트 과학』, 집문당, 2011을 따르되, 세부적인 내용은 필자가 많이 수정하였다.

는 내용이고, T2는 눈이 멀 정도로 님을 사랑하였지만 이별을 초극하여 새로운 삶을 살겠다는 의지를 나타내는 내용이며, T3은 물리적으로 떠났으나 정신적으로 보내지 않았으므로 다시 만나겠다는 기대를 갖는다는 내용이다. 그밖에 감탄사로 이루어진 T1′, T3′ 두 개의 자족적인 텍스트를 추가로 가지고 있다.

세 개의 단락(텍스트)으로 나누어지는 것은 시제 형식으로도 반영되어 단락(텍스트) 간의 강한 응집성을 보인다. T1의 문장들은 모두 과거 시제소를 사용하고 있으며 시간 내용에 있어서도 현재와 거리를 가진 미래임이 분명하다. T2의 문장들은 현재이거나 현재의 시간 내용으로 파악할 수 있다. S6은 과거 시제소를 가지고 있지만 '멀다'라는 동사의 특성상 현재를 표현하는 경우에도 항상 과거형인 '멀었다'를 사용하므로 현재의 시간 내용으로 파악된다. 만일 과거라면 '멀었었다'를 사용하게 된다. S8 역시 과거 시제소를 가지고 있지만 바로 앞의 S6을 고려할 때 현재 완료의 기능으로 파악된다. T3에서는 과거와 현재의 합일을 통해 현재나 미래로 이어지는 의미가 파악된다. 즉, 의미적으로 T1, T2를 요약하여 텍스트 간에 상호텍스트성을 강화하고 있다. S10은 두 개의 절로 되어 있는데 시제소는 모두 과거이지만 의미적으로는 선행절은 과거, 후행절은 현재의 일을 나타내어 각각 T1과 T2와 시간상의 일치를 보인다. S10을 둘러싼 S9와 S11은 모두 현재 시제소를 가지고 있지만 전자는 미래, 후자는 현재의 시간 내용을 가진다.

T1, T2, T3는 모두 크게 3개의 문장으로 이루어진 등가적인 구조를 가진다. 물론 T1은 나머지 둘과 달리 5개의 분절문을 가지고 있다. 하지만 S1, S2, S3는 하나의 명제 내용을 셋으로 갈라서 반복 내지 강화하고 있을 뿐이다.

주지하듯이 시집 〈님의 침묵〉의 첫머리에는 "님만이 님이 아니라 기른 것은 다 님이다."로 시작하는 '군말'을 가지고 있다. 이 '군말'은 이 시집에 실려 있는 시 전체에 대한 메타 텍스트적인 성격을 가지지만 특히 이 시와 밀접하게 연결되어 강한 상호텍스트성을 이루고 있다. '군말'에 '님'이 11번이나 사용되며, 이 시에도 여섯 번이나 쓰여 응집성을 강화해 주고 있다.

T1, T3, T3가 거시적으로 서로 연결되어 있을 뿐만 아니라 이들 각각이 반복이나 생략 등의 응결성 장치를 통해 미시적으로 응집성을 실현하고 있기도 하다. 일례로 T1만 살펴보기로 하자. S1의 주어 명사구 '님'은 S2에서는 '사랑하는 나의 님'으로 더 구체화되어 명사적 연쇄를 이루고 있다. S1의 서술부 '갔습니다'는 S2에서 그대로 반복되어 동사적 연쇄를 이루고 있다. S3에서는 주어 명사구가 생략되어 있는데, 주지하듯이 생략 역시 강한 응결성 장치로 작용한다. S3의 서술부 '갔습니다'가 S1, S2와 동사적 연쇄를 이루고 있음은 물론이다. S3에 나타나는 '날아가다', '사라지다' 등은 모두 S1, S2의 가다와 유의어를 이룬다는 점에서 역시 강한 응결성 장치로 작용한다.

4) 인지언어학과 문학

인지언어학은 언어를 인간의 체험의 축적을 바탕으로 한 일반적인 인지 활동과 관련하여 파악하고자 하는 언어 연구의 접근법이다. 인지언어학에 있어서 언어가 나타내는 의미란 객관적으로 드러나는 것이 아니라 인간 체험의 축적에 의한 개념화이다. 인지언어학이 언어의 의미, 인간의 인지 작용 등에 관심을 가지고 있었기 때문에 최근 국어교육이나 문법교육에서 가장 주목 받는 기저 이론의 하나로 작용해 왔다.

인지언어학이 문학과 만나는 지점은 특히 환유나 은유 등에 대한 접근법이었다. 특히 레이코프와 존슨은 은유가 시적인 상상력과 수사적인 풍부함을 나타내는 도구일 뿐만 아니라 일상적인 활동을 지배하는 보편적인 원리라고 주장한다.[31] 그리하여 '나는 그와의 논쟁에서 이긴 적이 없다.', '시간을 낭비하지 마라.', '짧은 말에 네 생각을 담도록 해라.'와 같은 흔히 쓰이는 표현들이 모두 은유로 이해된다고 하였다. 그에 따르면 이들은 각각 '논쟁은 전쟁', '시간은 돈', '언어 표현은 그릇'과 같은 이른바 개념적 은유로 설명할 수 있다고 한다.

....

31 조지 레이코프·마크 존슨, 노양진·나익주 역, 『삶으로서의 은유』, 박이정, 2006 을 참조.

레이코프와 존슨의 개념적 은유를 한국 시에 적용한 논의가 노진서의 논의이다.[32] 여기에서는 노진서를 바탕으로 기형도의 〈빈집〉을 텍스트로 하여 인지언어학으로 문학을 설명하는 방안에 대해 간략하게 언급해 보고자 한다.[33]

사랑을 잃고 나는 쓰네

잘 있거라, 짧았던 밤들아

창밖을 떠돌던 겨울 안개들아

아무것도 모르던 촛불들아, 잘 있거라

공포를 기다리던 흰 종이들아

망설임을 대신하던 눈물들아

잘 있거라, 더 이상 내 것이 아닌 열망들아

장님처럼 나 이제 더듬거리며 문을 잠그네

가엾은 내 사랑 빈집에 갇혔네

― 기형도, 〈빈집〉

....

32 노진서, 「영어와 한국어의 시 구절에 나타난 개념적 은유 비교: 사랑 표현을 중심으로」, 『영미어문학』 83, 한국영미어문학회, 2007, 177-196쪽.

33 〈빈집〉에 대한 인지언어학적 해석은 노진서, 「영어와 한국어의 시 구절에 나타난 개념적 은유 비교: 사랑 표현을 중심으로」, 『영미어문학』 83, 한국영미어문학회, 2007, 177-196쪽을 따르되, 세부적인 내용은 필자가 보완하였다.

노진서에 따르면, 레이코프와 존슨은 은유가 낱말의 고정된 의미를 넘어서려는 이른바 시적 일탈이라는 전통적인 견해를 지양하고 은유를 개념적인 문제로 이해하였다. 그리하여 은유는 하나의 개념 영역을 다른 개념 영역으로 이해하는 것이라고 정의한다. 〈빈집〉에서 '사랑'은 다음 몇 가지 개념적인 은유로 이해된다. 우선 '사랑은 사람(동물)이다' 은유가 주도적으로 나타난다. 그리하여 사랑은 '빈집에 갇히는' 대상으로 표현되는 것이다. 한국 시에서 '사랑은 사람이다' 은유가 적용되는 경우는 매우 흔하다. 이성부의 〈적벽〉에서는 '아, 사랑이여, 귀중한 울음을 바치고'로 표현되며, 박인희의 〈사랑은〉에서는 '눈물겹게 태어난 사랑'이기도 하다. 물론 〈빈집〉에서의 사랑은 단순히 사람이 아닌 잃어버릴 수 있는 대상이라는 점에서 '사랑은 소중한 것(사람 혹은 사물)'일 수도 있다.

사랑을 사람으로 보는 은유가 시에서만 나타나는 것이 아님은 물론이다. 다소 시적인 표현으로 생각할 수 있기는 하지만 '어느 날 사랑이 찾아왔다'와 같은 표현을 일상적인 언어생활에서 발견하는 것이 어렵지 않다. '사랑을 키우다'라는 표현에 드러나는 '사랑은 식물이다' 은유, '사랑에 눈멀다'와 같은 '사랑은 병이다' 은유, '사랑이 식었다'와 같은 '사랑은 불꽃이다' 은유 등등의 다양한 은유가 문학 작품이나 일상의 언어생활에서 나타남은 물론이다.

개념적 은유 이론은 최근 개념적 혼성 이론으로 발달하기도 하였다.[34] 개념적 혼성 이론은 개념적 은유 이론에서의 근원 영역과 목표 영역의 특성이 어떻게 결합하여 은유가 성립하는지를 보여 주고자 한다. 그리하여 '입력 공간 1'에서는 주로 근원 영역의 특성을 나열하고 '입력 공간 2'에서는 목표 영역의 특성에 은유가 이루어지는 과정에서 발생하는 새로운 개념이 더해져서 '혼성 공간'이 만들어지는 과정을 설명한다. 예를 들어 위의 시에서 나타나는 '사랑은 사람이다'라는 은유의 경우 '입력 공간 1'에는 '돌아다니고, 울고, 밥 먹고' 등등의 사람의 특성이 나열될 것이며, '입력 공간 2'에서는 '기쁘고, 슬프고, 아프고, 커지고, 작아지고' 등등의 사랑의 특성이 나열될 것이다. '혼성 공간'에서는 입력 공간 1이나 2에 모두 있는 특성이 드러나기도 하지만 둘 중 하나에만 나타나는 특성도 드러나므로 '갇히다'처럼 '입력 공간 2'에서는 잘 나타나지 않는 특성도 드러나는 것이다.

4. 문법교육과 문학교육
– '문학법(文學法)' 교육은 가능한가?

날 부르는 자여, 어지러운 꿈마다 희부연한 빛 속에서 만나는 자여,
나와 씨름할 때가 되었는가. 네 나를 꼭 이겨야겠거든 신호를 하여

....

34 김동환, 『인지언어학과 개념적 혼성 이론』, 박이정, 2013.

다오. 눈물 담긴 얼굴을 보여다오. 내 조용히 쓰러져주마.

　　　　　　　　　　　　－ 황동규, 〈이것은 괴로움인가 기쁨인가〉

　　문학교육 영역은 통합의 무풍지대였고, 문법교육 영역은 전쟁터의 부상병이었다. 문법교육의 관점에서 보면 통합 논의의 공간에는 두 개의 해가 있고 문법교육은 그 사이에 위치하고 있는 달의 처지이다, 양 쪽에서는 달을 끌어당긴다, 의도하였든 아니든.

　　하지만 개기 월식이 있을지언정 달이 완전히 없어지는 것은 아니다. 통합, 까짓 거 못할 것도 없다. 다만 왜 하느냐, 그것이 도움이 되느냐의 문제일 뿐이다. 융합의 본질은 해체를 통해 완전히 새롭게 만드는 것이다. 새로운 것은 원래 신의 영역이었다. 인간은 융합을 통해 신을 꿈꾼다. 새로운 것이 신이 만든 피조물처럼 조화로운 것일지, 〈프랑켄슈타인〉이나 영화 〈플라이〉에 나오는 인간과 파리의 복합체와 같은 괴물일지는 아무도 모른다. '작독자(wreader)', '디지로그(digilog)'처럼 문법과 문학을 합친다면 '문학법(文學法)'이 될 것이다. 그것이 국어교육을 위해 아름다운 것이 될 것인지 괴물이 될 것인지는 나는 모른다. 다만 시인이고자 하였으나 될 수 없었고, 문학 연구자가 되려 하였으나 되지 않았던, 실증적인 문법 연구자 혹은 문법교육 연구자인 필자로서는 신의 흉내를 내는 일은 할 수가 없는 것이었다.

1) 통합의 방향

(1) 국어교육과 통합

통합에는 크게는 교과를 넘어선 탈교과적인 통합과 교과 간의 통합[35]도 포함된다. 하지만 국어교육에서 이루어진 통합은 주로 국어과 내의 각 영역의 통합이거나 영역 안에서의 통합이었다. 우리도 국어과 내의 문법 영역과 문학 영역의 통합을 논의하게 된다.

이미 언급했듯이 문학은 다른 영역과의 통합이 본격적으로 논의되지 않았다고 볼 수 있다. 담론 차원에서 문학과 독서의 통합이 논의된 바 있고, 이삼형의 연구와 같이 문학과 다른 영역의 통합이 논의된 바 있으나,[36] 뒤에서 언급할 것인 바 고등학교 선택 과목에서의 통합 문제 등에서 문학은 비교적 자유로웠다.

문법은 문학과 달라 문법교육 자체의 학문 논리에서든, 외부의 비학문적인 논리에서든 통합 논의의 가운데에 서 있었다. 김광해의 연구[37]에서 정리한 것처럼 문법교육의 필요성이나 방안에 대해서는 일찍부터 부정적 입장, 독자적 입장, 통합적 입장, 포괄

....

35　민현식, 「통합적 문법 교육의 의의와 방향」, 『문법 교육』 12, 한국문법교육학회, 2010, 1-37쪽에서는 '한문, 외국어, 사회, 도덕/윤리, 역사, 지리, 과학, 예술' 등과의 통합 요소를 정하는 것이 가능하며 상대적으로 한문과의 통합 가능성이 크다고 언급했다.

36　이삼형, 「문학과 말하기의 랑데부와 도킹」, 『문학과 교육』 11, 문학과교육연구회, 2000, 105-117쪽 참조.

37　김광해, 『국어지식 교육론』, 서울대학교출판부, 1997.

적 입장 등으로 나누어져 있었고, 다른 영역과의 통합이 중요한 문제로 제기되어 왔다. 통합에 대한 논의는 최근까지 이어져 신명선, 신호철, 이관규, 민현식의 연구 등 문법 영역을 중심으로 국어과의 전체 영역들의 통합을 논의하기도 하였으며,[38] 문법과 작문의 통합을 다룬 이삼형과 양세희의 연구,[39] 문법과 화법의 통합을 다룬 전은주의 연구,[40] 문법과 독서의 통합을 다룬 임규홍, 이경현 등의 논의[41]가 이루어지기도 하였다. 문법교육과 다른 영역과의 통합 논의는 문법 영역의 정체성 문제와 관련지어 논의되어 오다가 2009 개정 교육과정에서 선택 과목 수의 축소라는 현실적인 문제에 부딪히면서 논의가 증폭되었다.[42]

　　문법은 말하기·듣기, 읽기, 쓰기 등 이른바 기능 영역과의 통

....

38　신명선, 「통합적 문법교육에 관한 담론 분석」, 『한국어학』 31, 한국어학회, 2006, 245-278쪽; 신호철, 「국어교육의 상보적 통합: 문법 영역을 중심으로」, 『문법교육』 7, 한국문법교육학회, 2007, 51-74쪽; 이관규, 「통합적 문법 교육의 의의와 방법」, 『문법교육』 11, 한국문법교육학회, 2009, 259-282쪽; 민현식, 앞의 글, 1-37쪽.

39　이삼형, 앞의 글, 65-86쪽; 양세희, 「문법과 쓰기의 통합적 양상 분석」, 『문법 교육』 12, 한국문법교육학회, 2010, 271-297쪽.

40　전은주, 「화법과 문법의 통합 교육 내용 구성」, 『문법 교육』 12, 한국문법교육학회, 2010, 87-116쪽.

41　임규홍, 「'문법'과 '독서'의 통합성」, 『문법 교육』 12, 한국문법교육학회, 2010, 39-64쪽; 이경현, 「'독서와 문법' 교과서 단원 구성 방향」, 『한어문교육』 23, 한국언어문학교육학회, 2010, 353-381쪽.

42　2010년 2월 19일 한국문법교육학회에서의 주제가 문법과 다른 영역의 통합이었던 것도 개정 교육과정에 따른 문법 교육의 당면 과제를 해결해야 하기 때문이었다.

합이 활발하게 논의되었지만 선택 과목의 통합 과정에서든 교수 내용이나 방법의 차원에서든 문학과의 통합이 본격적으로 논의된 적이 거의 없었다. 이는 이미 언급한 것처럼 문학이 다른 영역과의 통합에서 비교적 자유로웠다는 점에서 당연한 결과이지만, 문법과 문학의 거리가 상대적으로 멀었다는 것을 의미하기도 한다. 그럼에도 불구하고 우리는 문법과 문학의 통합을 논의하고자 한다.

통합에 대해 본격적으로 논의하기 위해서는 우선 통합의 수준이나 정도에 대해 언급할 필요가 있을 것이다. 이삼형은 랑데부와 도킹의 차이를 말하면서 진정한 통합은 두 영역이 단순히 나열되는 것이 아니라 함께 어울려 제삼의 것이 되어야 한다고 하였다.[43] 즉, 물리적 결합이 아니라 화학적 결합, 우리가 앞에서 언급한 용어로는 '문학법' 수준이 되어야 한다는 것이다. 한편 신호철은 한 영역을 중심으로 다른 영역을 흡수하거나 합병하는 배타적 통합과 두 영역이 서로 상생하는 상보적 통합을 구분하면서 국어과에서 의미 있는 통합은 상보적 통합이라는 점을 언급하였다.[44] 전은주는 현실적으로 존재하는 영역의 가치를 존중하면서 두 영역

....

43　이삼형, 앞의 글, 105-117쪽.
44　신호철, 「국어교육에서 '통합'에 대한 관점」, 『한말연구』 27, 한말연구학회, 2010, 127-156쪽.

모두에게 유의미한 학습 결과로 이어지는 통합을 주장하였다.[45]

하지만 실제 통합 논의나 교과서에 실현된 통합의 모습은 이상적인 것과는 거리가 멀다. 교육과정에서도 통합은 수사적 표현에만 그치는 경우가 많았고[46] 구체적인 방법을 제시해 주지 못하고 있으며, 각각의 교과서는 하나의 단원에 여러 개의 성취기준을 사용해야 하는 현실적인 문제 때문에 통합의 흉내만 내고 있을 뿐이다. 이렇게 보면 화학적인 통합도, 상보적인 통합도 이루어지지 않고 있는 것이다.

(2) 문법과 문학의 통합 방향

교육은 언제나 이상과 현실이 만나는 어느 지점에 머물러 있었다. 문법과 문학의 통합 논의도 아주 단순하게 제재를 공유하거나 형식을 빌려 오는 수준에서부터 두 영역의 교육 목표를 공통적으로 실현하거나 두 영역의 경계를 알기 어려운 수준에 이르기까지 다양하다. 우리는 이런 현실적인 것을 고려하면서 문법과 문학의 통합을 어떤 영역이 중심이 되는지와 통합의 수준은 어느 정도인지를 고려하면서 구체적인 사례를 들어 논의해 보기로 한다.

....

45 　전은주, 앞의 글, 87-116쪽.

46 　예를 들어 2007 국어과 교육과정에서는 '교수-학습 방법' 항에서 "국어 활동의 총체성을 고려하여 영역 간, 영역 내의 학습 요소를 통합하여 지도하기 위한 교수·학습 방안을 제시한다."와 같이 통합의 당위성을 강조하고 있다.

통합의 방향 면에서 보면 문법을 중심으로 하되 문학을 더하는 방식의 통합이 있을 것이다. 이는 다시 통합의 수준을 몇 단계로 나누어 볼 수 있다.

문법에서 문학으로의 낮은 단계의 통합은 문법 설명을 위해 문학을 재료로 사용하거나 문학의 형식만을 빌려 오는 것이다. 문법 설명을 위해 문학을 재료로 사용하는 경우의 예는 지금까지 흔히 교과서에서 활용되었다. 2002 고등학교 문법 교과서에는 설화 〈해와 달이 된 오누이〉를 제시하고 감탄사를 찾게 하는 활동이 제시되어 있으며, 7차 고등학교 문법 교과서에서는 박완서의 소설에서 용언 찾기나 조명세의 시에서 관형어 찾기와 같은 활동이 제시되어 있다.[47] 품사를 찾기 위해서 문학 작품이 사례가 될 필연적인 이유가 없고 이런 논의가 문학 작품의 이해에 도움이 되지 않는다는 점에서 이런 논의는 통합의 정신을 제대로 살린 것이라 보기 어렵다. 2002 문법 교과서 139쪽에서 윤흥길의 〈장마〉를 예로 들면서 표준어와 방언의 가치를 논의한 것도 마찬가지이다. 이런 활동이 실제로 사용되는 다양한 문맥에서 어휘를 선택하여 논의한다는 점에서 문법만을 설명하기 위해 만든 부자연스러운 문장을 예시하는

....

47 이런 예시들은 주세형, 『문법교육론과 국어학적 지식의 지평 확장』, 역락, 2006 과 남가영, 「문법 탐구 경험의 교육 내용 연구」 서울대학교 박사학위논문, 2008에 다수 언급되고 있다.

것보다 문법교육의 방법 측면에서 의미 있는 것임에 분명하지만,[48] 통합을 위한 의미 있는 활동으로 구현되었다고 보기는 어렵다.

하지만 2002 문법 교과서 126쪽에서 문법 설명을 위해 문학 작품을 가져오는 다음의 활동은 제법 의미 있는 통합으로 보인다.

※ 다음 글을 읽고 고유어에 대하여 더 알아보자.

그때 나는 그의 얼굴이 웃기보다 찡그리기에 가장 적당한 얼굴임을 발견하였다. 군데군데 찢어진 건성드뭇한 눈썹이 올올이 일어서며 알로 축 처지는 서슬에 양미간에는 여러 가닥 주름이 잡히고 광대뼈 위로 뺨살이 실룩실룩 보이자, 두 볼은 쪽 빨아든다. (중략) 나는 그 신산스러운 표정에 얼마쯤 감동이 되어서 그에게 대한 반감이 풀려지는 듯하였다.

— 현진건, 〈고향〉 중에서

• 윗글에서 고유어와 한자어를 구별하여 보자.
• 윗글에 나오는 고유어와 한자어를 서로 바꿀 수 있는지, 바꾸었을 때 문장 전체의 분위기는 어떻게 달라지는지 알아보자.

위의 논의가 고유어와 한자어의 구별과 표현 효과에 주목하

....

48 문법교육의 자료로 문장을 제시하는지, 담화나 텍스트를 제시하는지는 의미 있는 차이이다. 아울러 문학을 포함하여 실제 사용되는 다양한 맥락의 언어를 예시하는 것도 의미 있는 일이다.

는 문법교육의 목표를 달성하기 위해 설계된 것으로 보이지만, 결국 이런 논의는 현진건의 고향이 가지는 분위기나 주제의 이해와 관련을 가지게 하고 있다는 점에서 부분적으로는 문학 작품의 이해와도 관련을 맺고 있다. 이런 정도 수준의 문법과 문학의 통합은 최근의 교과서들에서도 흔히 발견된다. '미래엔' 출판사에서 2009년에 발간한 중학교 국어 교과서(윤여탁 외 지음) 108-110쪽에는 현덕의 〈나비를 잡는 아버지〉라는 문학 단원이 실려 있다. 이 단원의 활동의 하나로 능동과 피동의 차이를, "경환이는 멱살을 잡히고 이리저리 목을 저었다."와 "바우는 경환이의 멱살을 잡았다."라는 문장과 만화를 곁들여 설명하고 있다. 피동과 능동의 차이가 문법적인 성취기준에서 온 것임은 물론이지만, 이는 등장인물인 바우와 경환이의 처지와 관련된다는 점에서 문학 작품의 이해와도 부분적으로 관련이 있다.

문법 설명을 위해 문학 작품을 제재로 사용하는 것이 아니라 문학의 형식을 빌려 오기도 한다. 아래에서 제시한 문무학의 〈품사 다시 읽기〉는 문법 지식을 시조의 형식으로 나타낸 바 있는데, 최근 몇몇 출판사의 국어 교과서류에 실려 있기도 하다.

1
애당초 나서는 건 꿈꾸지도 않았다
종의 팔자 타고 나 말고삐만 잡았다

그래도 격이 있나니 내 이름은

격조사.

– 문무학, 〈품사 다시 읽기 2 – 조사〉 중에서

품사를 나타낸 시조들을 문법 교과서에 실은 이유는 학습자들의 흥미를 불러일으키기 위한 것으로 보인다. 사실 이 시조들이 품사의 특질을 정확하게, 충분히 언급하고 있는 것도 아니다. 이 시조들이 문학 작품이라는 점에서 문법과 문학이 통합된 사례임에 틀림이 없으나 이 시조들의 문학적인 가치에 대해서는 판단이 다를 수 있다. 문법을 학습하기 위해서가 아니라면 굳이 이 시조를 배울 필요가 없다고 한다면, 이러한 통합은 높은 수준의 통합으로 보기는 어렵다.

문법을 설명하기 위해 문학의 형식을 빌려 오자는 논의도 더러 있다. 김은성이나 오현아의 연구 등이 그러한데, 이들은 이야기를 활용한 문법교육과 같이 서사구조를 문법교육의 수단으로 사용하기도 한다.[49] 이야기 구조를 문법교육에 도입하게 되면 학생들은 이미 알고 있는 구조적인 스키마를 활용하므로 문법교육에 대한 흥미가 높아지고 내면화가 쉽게 이루어질 것이라는 점이

....

49 김은성, 「이야기를 활용한 문법교육 가능성 탐색」, 『국어교육』 122, 한국어교육학회, 2007, 353-383쪽; 오현아, 「에듀테인먼트 콘텐츠로서의 문법 교육 내용의 이야기화 모델 탐색」, 『국어교육』 138, 한국어교육학회, 2012, 117-146쪽 참조.

이런 논의들의 전제이다.

　문법교육을 위해 문학을 활용하는 좀 더 높은 수준의 논의들
도 발견된다. 주세형은 김훈의 〈칼의 노래〉에 나타나는 조사 '은/
는'과 '이/가'를 예로 들면서 담화 차원에서의 조사 교육에 대해
언급하고 있다.[50] 이 논의가 문법 영역 내에서의 형태와 의미 혹은
담화의 통합을 다루고 있지만, 이를 작품의 이해와 관련시킨다면
우리가 논의하고자 하는 바 문법과 문학의 통합에 이를 수도 있을
것이다.

　다음의 시 역시 '은/는'과 '이/가'를 다루고 있어 매우 흥미
롭다.

　　당신은 당신 뒤에 '이(가)'를 붙이기 좋아하고
　　나는 내 뒤에 '은(는)'을 붙이기 좋아한다
　　당신은 내'가' 하며 힘을 빼 한 발 물러서고
　　나는 나'는' 하며 힘을 넣어 한 발 앞선다

　　(중략)

　　당신의 혀끝은 멀리 달아나려는 원심력이고
　　내 혀끝은 가까이 닿으려는 구심력이다

....

50　주세형, 앞의 책, 195쪽.

그러니 입술이여, 두 혀를 섞어다오

비문(非文)의 사랑을 완성해다오

- 정끝별, 〈은는이가〉 중에서

이 시는 문법교육의 중요한 내용인 조사 '은/는'과 '이/가'를 설명하려는 목적으로 쓴 시로 보기는 어렵다. 다만 '은/는'과 '이/가'의 차이에 대한 문법적인 지식은 시를 형상화하기 위한 모티프가 되고 있을 뿐이다. 이 시의 문학적인 가치를 문외한인 필자가 언급할 바는 못 되지만 문법 설명을 위해 쓴 시가 아니기 때문에 오히려 문법과 문학의 자연스러운 통합의 교육 내용으로 삼을 만하다고 생각된다.

문학을 중심으로 하되, 문법을 부분적으로 활용하는 논의들도 제법 있다. 흔히 고전문학 작품이나 방언으로 된 작품들에서 문학 작품을 이해하기 위한 기초 작업으로 어휘의 뜻풀이를 제시하여 학습하게 하는 것들은 대체로 이에 해당한다고 볼 수 있다. 단어의 의미에 대한 탐구가 크게 보아 문법교육의 영역에 속한다는 점에서 보면, 대학수학능력시험에서 흔히 그러하듯 문학 작품 속에서 어려운 어휘나 사자성어를 묻는 문항들은 낮은 차원의 통합으로 볼 수 있다. 물론 이러한 문항 중에는 해당 단어의 반의어나 동의어를 묻는 것으로 확대되면 좀 더 깊이 있는 문법적인 지식으로 이어지기도 한다.

문학을 중심으로 하는 문법의 통합은 사실은 문학 작품의 이해와 밀접하게 관련될 때 가능해진다.

열무 삼십 단을 이고
시장에 간 우리 엄마
안 오시네, 해는 시든 지 오래
나는 찬밥처럼 방에 담겨
아무리 천천히 숙제를 해도
엄마 안 오시네, 배추잎 같은 발소리 타박타박
안 들리네, 어둡고 무서워
금간 창틈으로 고요히 빗소리
빈방에 혼자 엎드려 훌쩍거리던

아주 먼 옛날
지금도 내 눈시울을 뜨겁게 하는
그 시절, 내 유년의 윗목

                               － 기형도, 〈엄마 생각〉

이 시에 대한 문학적인 평가가 이루어지는 장면에서 몇 가지 시어들에 대해서는 문법적인 접근이 도움이 된다. '해가 시들다' 라는 표현은 일상어에 흔히 나타나지 않는다는 점에서 비문법적인 문장, 흔히 말하는 시적 일탈로 볼 수도 있다. 하지만 앞에서 언급한 개념적인 은유의 관점에서 '해는 식물이다' 은유가 사용된 것으로 시라는 장르에서는 자연스러울 뿐만 아니라 일상어에서도 사용 가능한 표현으로 볼 수 있다. 이는 문법의 용어로 말하면 흔히 통사론에서의 선택 제약을 위반한 사례이다. 선택 제약의 위반이 광고나 시 등에 흔히 나타난다는 점을 고려하면 이런 표현은 특정한 사용역에서의 표현 효과를 위한 사용한 것으로 볼 수도 있다. 또한 '찬밥'과 '더운밥', '윗목'과 '아랫목'(바로 위의 '뜨겁게'를 떠올릴 수도 있다)의 대립어를 학습하면서, 동시에 시적 화자 상황을 이해하게 할 수도 있다. 물론 '나는 찬밥처럼 방에 담겨'를 '나(사람)은 사물이다'의 개념적 은유로 설명할 수 있음은 물론이다.

문법과 문학의 이상적인 통합이란 어느 한 쪽에서 다른 쪽을 받아들이는 것이 아니라 양방향적이어야 할 것이다. 사실 두 영역이 하나로 융합된 이상적인 상태라면 이미 하나가 된 것이므로 방향 자체가 의미가 없을 수 있다. 앞에서 예시한 〈은는이가〉나 〈엄마 생각〉이 그러하듯 문법에서 문학으로의 통합이나 문학에서 문법으로의 통합이 높은 단계에 이르면 어느 한 방향이라고 말할 필요조차 없다고 볼 수도 있다. 다만 교육 목표가 문학과 문법으로 나누어져 있다는 점을 고려한다면 특정한 제재로 두 가지 학습 목표를 유의미하게 달성하기 위한 교수-학습의 순서나 방안에 대해서는 언급할 필요가 있을 듯하다.

위에서 예시한 문법과 문학의 통합은 문학적인 해석이 끝난 후 해당 작품을 다시 문법적인 해석을 하거나 문학 작품을 해석하기 위해 문법적인 지식을 동원하는 것이 보통이었다. 양방향의 통합이라면 '문학 → 문법 → 문학 → 문법 → 문학 …' 식의 반복으로 나타날 것으로 생각된다. 이는 구성주의적 작문 이론에서 작문의 각각의 단계 구분은 의미가 없고 진행 과정에서 조정하기가 반복되는 것과도 흡사하다. 김은성의 연구[51]에서 설명한 것처럼 문법의 교육 내용인 언어의 본질을 언급하기 위해 문학 작품인 〈프린들 주세요〉라는 소설을 도입하는 경우를 생각해 보자.[52] 이 소설의 줄거리나 주제에 대학 학습은 자연스럽게 언어의 본질에 대해 접근하게 해 준다. 따라서 어떤 교육 목표를 먼저 교수-학습하든 문법이나 문학의 교육 목표가 자연스럽게 반복되며 이어질 수 있을 것이다. 따라서 이상적으로 문법과 문학의 양방향에서의 통합이 가능하려면 적절한 제재를 고르는 일이 중요하다는 것을 알 수 있다.

물론 이미 앞에서 언급했듯이 문법과 문학의 통합이 반드시 양방향으로 이루어져야만 하는 것은 아니며 또한 완전한 통합만이

....

51 김은성, 앞의 글, 353-383쪽.
52 〈프린들 주세요〉는 클레멘츠(A. Clements)가 지은 것으로 언어의 자의성과 사회성 등을 잘 보여 주는 작품이어서 교과서에 실린 적이 있으며, 이에 대한 논문도 나온 바 있다.

가치 있는 것은 아니라고 생각한다. 우리는 어느 한 방향에서의 통합이나 부분적인 통합도 그것대로의 가치를 가진다고 생각한다.

2) 문법과 문학 통합의 거시 구조

(1) 과목의 통합

민현식은 국어과 내부의 영역 간 통합 가능성을 '문학과 독서, 문학과 작문, 문학과 화법, 문학과 문법, 화법과 독서, 화법과 작문, 화법과 문법, 독서와 작문, 독서와 문법, 작문과 문법' 등의 11가지로 제시한 바 있다.[53] 국어과의 통합 논의는 이처럼 대체로는 영역 간의 통합에 관한 논의가 대부분이었지만, 2009 개정 교육과정에서 고등학교 선택 과목의 축소 방침에 따라 영역 간의 통합 논의는 선택 과목의 통합으로 나타났다. 과목 간의 통합은 국어교육학계 내부의 논리가 아닌 외부의 방침에 의한 것이었다는 점에서 큰 파장을 가져왔다.

이러한 반강제적인 통합이 바람직한 것은 아니나 이후 통합 논의에 영향을 미쳤으며, 지금도 영향을 미치고 있다. 2009 개정 교육과정 논의 과정에서 고등학교 선택 과목은 논란 끝에 '독서와 문법', '화법과 작문'이 통합되고 문학이 독립을 유지한 채로

....

53 민현식, 앞의 글, 1-37쪽.

마무리되었다. 하지만 2015 개정 교육과정을 앞두고 있는 지금 또다시 과목 통합 논의가 재연되고 있다. 특히 '독서와 문법'의 통합이 유기적으로 이루어지지 못했다는 점에서 '문법'과 '독서'를 독립시키는 안과 '문법(언어)과 매체'를 합치는 안 등이 제기되고 있다고 한다. 여전히 가장 큰 문제는 이런 논의가 국어교육학계 내부의 논리와 무관하게 이루어지고 있다는 점이다.

문법과 문학 영역의 통합에 대해서는 이미 언급한 것처럼 교육 내용 차원에서 이루어졌을 뿐 과목 간의 통합은 논의된 바가 없다. 두 영역의 성격을 고려하면 앞으로도 과목 수준의 통합 논의는 없을 것으로 생각된다.

(2) 교육과정의 통합

교육 내용 차원에서의 통합이 효율적으로 이루어지기 위해서는 교육과정에서 통합이 모습이 구체적으로 드러나야 한다. 이미 언급했듯이 기존의 교육과정에서는 영역 간의 통합이 교육의 목표 차원이거나 교수–학습 방법 차원에서 제시되었으나, 성취기준에서 차원에서 통합이 명시적으로 제시된 바는 없었다. 교과서는 성취기준을 준거로 만들어지므로 성취기준에서의 통합이 명시적으로 제시되지 않으면 교과서에서의 통합 모습 역시 적절한 방법으로 이루어지기 어렵다.

민현식은 문법의 교과 내용을 '지식 문법'과 '생활 문법(실용 문법)'으로 나누고 생활 문법에 '화법 문법', '작문 문법', '독서 문법', '문학 문법'을 포함시키고 있다.[54] 여기에서 '문학 문법'이란 '문학 이해에 기여하는 수사학이나 문체론의 이해, 시 문법(낭독법, 시어의 탈규범성), 소설 문법(소설 문체), 고전문학의 어법' 등을 포함하는 것으로 기술하고 있다. 또한 명시적으로 언급하고 있지는 않으나 문법과 문학을 통합한다고 할 때, '지식 문법'은 독자적으로 제시되고 생활 문법은 통합적으로 제시되는 형식이 가능할 것으로 생각된다.[55] 우리는 지금 시점에서 문법과 문학의 통합이 제삼의 영역이 될 정도로 완전한 융합의 방식으로 이루어지기는 어렵다고 생각한다. 따라서 교육과정은 성취기준 수준에서 문법과 문학 각자 제시되는 부분과 공통으로 제시되는 부분으로 구성될 수 있다고 가정한다. 하지만 여기서는 문법, 문학이 별개로 제시되는 성취기준과 공통 성취기준을 구조화하여 보여 주지는 않고 문법을 기준으로 가능한 통합의 모습을 보여 주는 것에 그치고자 한다. 또한 교육과정에서의 문법과 문학의 통합은 초등학교 1학년에서 고등학교 3학년에 걸친 국어과 전 영역에서 이루어질 수 있지만, 논의의 편의상 고등학교 선택 과목을 예로 들어 설명하기로 한다.

....

54 민현식, 앞의 글, 1-37쪽.
55 문법과 문학뿐 아니라 모든 영역이 각 영역의 고유한 성취기준과 서로 통합될 수 있는 성취기준을 제시하는 방식이 가능할 것이다.

문법과 문학이 각자 제시될 수 있는 영역을 제외하고 공통으로 제시할 수 있는 목표나 내용이 어떤 것이 될지를 언급해 보기로 하자.

◇ 문법에 통합될 수 있는 문학 내용(문법 영역 기준으로 제시)

가. 언어의 본질: 일상어와 시어의 특성

나. 현대 국어의 구조

　음운: 시의 낭송, 시의 운율이나 리듬

　단어: 시어의 형성, 시어의 중의성

　문장: 시에 쓰인 문장의 중의성, 시어의 어순

　담화: 문학 작품의 사용역의 특성, 시어의 선택

다. 국어의 규범: 시적 일탈과 규범의 관계

라. 국어의 변화: 고전 작품의 해석과 문법

2절에서 언급한 것처럼 일상어와 시어는 원리 면에서 같지만 양 극단에 위치하기 때문에 구별되는 점을 가지고 있기도 하다. 따라서 이에 대해 통합적인 교육 내용이 제시될 수 있을 것이다. 시의 낭송에 음운적인 지식이나 이의 활용이 필요하다는 점과 시의 운율에 음운적인 특성이 기여할 수 있으므로 이런 점은 이미 국어교육에 널리 활용되어 오고 있다. 시어의 중의성의 문제나 시인이 다양한 단어 형성법에 의해 새로운 단어를 만들어 사용하는 것에 대해서도 교육 내용으로 삼는 것이 가능하다.[56] 시어가 가지는 어순의 특성, 문장의 중의성 등도 교육 내용으로 삼는 것이 가능하다. 언어학 내지 문법의 관점에서 보면 문학은 독특한 장르로서 그 장르에 따른 사용역의 특성을 보인다. 사용역에 따른 언어 사용의 차이 중 특히 문학 장르의 사용역에 주목하는 것이 필요할 것으로 생각된다. 문법 영역의 규범 교육이 규범의 맹목적인 준수에만 있지 않으므로 시적 일탈의 문제를 규범과 탈규범의 관점에서 다룰 수도 있을 것이다.[57] 국어사 지식이 고전문학 작품의 해석과 닿아 있는 지점도 문법과 문학의 통합적인 교육 내용이 될 만하다.

　문법과 문학의 통합이 '문법과 문학'이라는 병렬적인 과목이 될 것인지 '문학법'과 같은 융합에 이르는 과목이 될 것인지에 대해서는 지금 당장 우리의 관심사는 아니다. 과목의 통합이 어떠하든 우리는 교육과정 수준에서 통합의 모습을 간략하게 보여 주고자 할 뿐이다. 주지하듯이, 교육과정은 2012년 국어과 교육과정을 기준으로 보면 '1.추구하는 인간상, 2.학교급별 교육 목표, 3.과

....

56　구본관, 「문법 능력과 문법 평가 문항 개발의 방향」, 『국어교육학연구』 37, 국어교육학회, 2010, 185-218쪽에서는 황동규의 시에 나오는 신조어 '홀로움'에 대해 문법과 문학의 통합의 관점에서 논의한 바 있다.
57　최근의 규범 교육은 규범을 알되, 상황 맥락에 따라 탈규범적인 언어 사용의 효과를 인정하는 방향으로 나아가고 있다. 규범을 알고서 규범을 넘어 자유롭게 사용하는 주체적인 인간이 규범 교육을 통해 길러 내야 하는 인간상이다.

목별 목표, 4.내용의 영역과 기준(가. 내용 체계, 세부 내용)'의 구조를 지닌다. 이 중 '4. 내용의 영역과 기준(나. 세부 내용)'은 성취기준과 그에 대한 해설을 담고 있으므로 우리의 논의는 여기에 집중하여 한두 가지 성취기준과 해설을 간략하게 제시하기로 한다.[58]

◇ 문법에 문학을 통합한 성취기준과 해설 사례

[1] 음성, 음운의 세계를 탐구하고 올바르게 발음 생활을 한다.

음성과 음운의 개념을 이해하고, 국어 음운 체계에서 자음과 모음, 비분절 음운이 보이는 특성을 탐구한다. 우리나라 사람이 외국어를 배울 때 발음하기 어려워하는 말소리와 외국인이 국어를 배울 때 발음하기 어려워하는 말소리를 조사하여 그 이유를 생각해 보고 이를 음운 체계상의 차이와 관련지어 이해하도록 한다. 또한 시와 같은 문학 작품에서 음운 교체를 통한 의성어와 의태어의 표현 효과(예: 감감-캄캄-깜깜, 알록달록-얼룩덜룩)를 알아보고 이러한 표현 효과가 시의 이미지를 형성하는 데에 미치는 영향에 대해 알아본다. 아울러 문학 작품의 낭송, 낭독의 효과를 다루고 문학의 운율이나 리듬에 음성이나 음운이 미치는 효과를 탐구해 본다. (밑줄 - 인용자)

[2] 단어의 형성 과정을 이해하고 새말이 만들어지는 원리를 탐구

....

58 앞에서 언급했듯이, 우리는 2012개정 국어과 교육과정의 '독서와 문법' 과목의 문법 부분, 문학 부분의 성취기준을 참조하여 통합 내용을 언급하고자 한다.

한다.

파생어, 합성어를 통하여 단어의 형성 과정을 이해하고, 새말이 만들어지는 원리를 탐구할 수 있다. 새로운 단어를 만드는 데 자주 사용되는 방법이 무엇인지 살피고 부분보다는 전체 속에서 단어 형성 과정을 이해하도록 한다. 특히 상품, 가게, 동아리, 동호회 등의 이름, 축약어, <u>시어 등에서 새말을 만드는 방법을 창의적으로 탐구하도록 한다. 새롭게 만들어진 시어가 작품 전체의 주제나 분위기와 어떤 관련을 맺는지에 대해서도 살피도록 한다.</u> (밑줄 – 인용자)

위의 자료는 2012 국어과 교육과정 독서와 문법 중 문법 성취기준 중에서 '음운', '단어'에서 하나씩 선택하여 밑줄과 같이 문학과 통합이 가능한 내용을 추가해 본 것이다. 실제 교육과정 성취기준을 만드는 과정에서는 앞에서 언급한 것처럼 문학과 문법 독자적인 교육 내용을 따로 성취기준으로 만들고 공통되는 성취기준을 따로 만들 수 있겠지만 논의의 번잡을 줄이기 위해 논의를 줄이기로 한다.

3) 문법과 문학 통합의 미시 구조

(1) 교과서 단원 구성

문법과 문학의 통합을 담은 교과서를 만들기 위해서는 앞에서 언급한 것처럼 통합이 반영된 교육과정이 전제되어야 함은 물론 통합의 방향과 범위 등이 결정되어 있어야 한다. 이런 논의를 통해 통합 교과서 구성의 원리에 대한 충분한 논의가 이루어져야 한다. 이에 대해 구체적인 연구가 선행되어 있지 않은 지금으로서는 개략적인 모습을 보여 줄 수 있을 뿐이다.

국어 교과서는 교육과정의 성취기준을 반영한다. 현행 국어과 교육과정이 영역별로 존재하지만 실제 교과서를 만드는 과정에서는 상당 부분 통합적인 모습으로 나타나고 있다.[59] 앞에서 언급했듯이 교육과정의 성취기준이 영역 개별적인 것과 영역 통합적인 것으로 개편된다면 교과서에서의 통합은 좀 더 구체적이고 개선된 모습으로 나타날 수 있을 것으로 생각된다. 이제 우리가 앞에서 간략하게 논의한 통합적인 교육과정의 성취기준이 반영된 교과서의 모습을 간략하게 보이기로 한다.

교과서의 구조는 출판사에 따라 다르고 과목에 따라 다르지만 대체로 다음과 같은 구조를 가지고 있다.

◇ 교과서의 거시 구조
대단원의 길잡이: 대단원 학습 목표와 그림 및 설명

....

59 국어 교과서의 영역 통합 양상은 김정우, 「국어 교과서의 영역 통합 양상 분석」, 『독서연구』 22, 한국독서학회, 2009, 215-244쪽; 이경현, 「'독서와 문법' 교과서 단원 구성 방향」, 『한어문교육』 23, 한국언어문학교육학회, 2010, 353-381쪽 등 참조.

소단원(1): 학습 목표, 본문, 학습 활동

소단원(2): 학습 목표, 본문, 학습 활동

대단원 마무리: 학습 활동, 점검 혹은 평가

물론 교과서의 거시 구조는 약간의 차이가 있을 수 있어서 대단원과 소단원 사이에 중단원이 있을 수도 있으며 소단원의 개수나 각각의 구성 방식이나 내용이 차이가 나기도 한다.

문법과 문학의 통합을 보여 주는 교과서는 교육 목표에 있어 두 영역 모두에 유의미한 것이 제시되어야 하며, 본문도 가능하면 두 영역의 교육 내용이 고루 포함되거나 통합할 수 있는 내용이어야 한다. 학습 활동이 두 영역의 성취기준을 반영하여야 하며, 점검이나 평가 역시 그러해야 함은 당연하다.

이를 고려하여 앞에서 논의한바, 문법 성취기준 "음성, 음운의 세계를 탐구하고 올바르게 발음 생활을 한다."를 바탕으로 2012 국어과 교육과정의 고등학교 선택 과목 '문학'의 성취기준 "작품의 내용과 형식이 긴밀하게 연관되어 이루어짐을 이해하고 감상한다."를 통합한다면 대략적으로 다음과 같은 모습을 보일 수 있을 것으로 생각한다.

◇ 문법과 문학이 통합된 단원 구성 사례

• 대단원 명: 말소리와 시의 세계

- 대단원 학습 목표

  - 음성, 음운의 세계를 탐구하고 올바른 발음 생활을 할 수 있다.

  - 작품의 언어적 형식과 내용이 긴밀하게 이루어짐을 알고 이를 고려하여 감상할 수 있다.

- 소단원(1) 명: 우리말 소리의 특징

- 소단원 학습 목표

  - 음성과 음운 등의 개념을 이해하고 우리말 음운 체계와 음운 현상을 이해할 수 있다.

  - 음운에 대한 지식을 바탕으로 문학 작품을 비롯한 다양한 국어 자료를 정확하게 발음할 수 있다.

- 소단원 본문: 국어 음운의 특징에 대한 설명적인 글

- 소단원 활동: 음운의 특징에 관한 활동, 시를 비롯한 다양한 장르에서 우리말 소리의 특징에 관한 활동

- 소단원(2) 명: 아름다운 우리 시

- 소단원 학습 목표

  - 시의 리듬이나 운율 등의 형식에 대해 이해할 수 있다.

  - 시의 형식이 내용과 맺고 있는 관계를 이해할 수 있다.

- 소단원 본문: 의성어, 의태어 등 음운적인 특징이 시의 분위기나 주제와 관련되는 시

- 소단원 활동: 시의 형식에 대해 이해하는 활동, 시의 언어 형식과 주제나 분위기의 관련성을 이해하는 활동

- 대단원 마무리

- 대단원 학습 활동: 음운의 특징이 시의 이해에 영향을 미치는 것을 보이는 다양한 활동 점검 혹은 평가

(2) 교육 내용

우리는 지금까지의 논의를 통해 문법과 문학의 통합을 위해 교육과정이나 교과서 수준에서의 통합 방안에 대해 언급하였다. 사실 문법과 문학의 교육 내용의 통합에 대한 논의도 앞서 문학 작품의 예로 들어 설명한 바 있다. 그럼에도 불구하고 교육과정이나 교과서의 통합은 궁극적으로는 교육 내용의 통합으로 이어져야 한다는 점에서 교육 내용의 통합에 대해 언급을 추가하는 것으로 우리의 논의를 마무리하고자 한다.

먼저 초등학교 수준에서 문법과 문학의 통합이 가능한 제재를 제시하고 교육 내용 통합에 대해 논의해 보자.[60]

조록조록 조록조록 비가 내리네.
나가 놀까 말까 하늘만 보네.
쪼록쪼록 쪼록쪼록 비가 막 오네.
창수네 집 갈래도 갈 수가 없네.

....

60 〈비오는 날〉은 우리와 다소 다른 각도에서 남가영, 「문법 탐구 경험의 교육 내용 연구」 서울대학교 박사학위논문, 2008에서 언급된 바 있다.

주룩주룩 주룩주룩 비가 더 오네.

찾아오는 친구가 하나도 없네.

쭈룩쭈룩 쭈룩쭈룩 비가 오는데

누나 옆에 앉아서 공부나 하자.

– 임석재, 〈비오는 날〉

이 시는 '조록조록', '쪼록쪼록', '주룩주룩', '쭈룩쭈룩'이라는 의성어를 절묘하게 활용한 시로서, 모어 화자들만이 소통하고 느낄 수 있는 감성을 담고 있다. 주지하듯이 평음에서 경음이나 유기음으로의 자음 교체는 어감을 강하게 해 주며, 양성과 음성의 모음 교체는 밝음과 어두움, 가벼움과 무거움, 적음과 큼 등의 대비를 통해 미묘한 어감을 전달해 준다.[61] 이 시를 통해 문법교육에서는 우리말의 소리와 어휘의 특성을 교수-학습할 수 있음은 물론이거니와 이미 언급한 것처럼 문학교육에서는 언어의 형식이 작품의 내용에 미치는 효과를 교수-학습할 수 있다. 초등학교 수준에서는 교육 내용으로 삼기가 주저되지만, 이 시에 나오는 '-네'가 가진 양태적 의미에 주목해 볼 수도 있다. 주지하듯이 '-네'

....

61　최근 발표된 최승호의 동시집에는 의성어나 의태어의 효과를 살린 시편들이 많다. 의성어를 이용한 표현 효과를 문법 교육과 관련시킨 다른 논의로는 임지룡 외 4인, 『문법 교육론』, 역락, 2010, 261쪽에서 〈해에게서 소년에게〉를 다룬 것 등등이 더 있다.

는 '현재의 지각에 의해 새로 알게 된 사태'를 표시하여 '추론에 의해 새로운 사실을 알게 되는 과정'에 초점이 있는 '-구나'나 '화자가 이미 아는 사실을 부각하는' '-지' 등과 대비된다. 또한 문학 교육의 관점에서 '-네'의 반복을 비롯한 이 시가 가지는 운율적인 특성들도 지적될 수 있음은 물론이다.

고등학교 수준에서 문법과 문학의 통합이라면 다음과 같이 고산 윤선도의 〈오우가〉를 교육 내용으로 삼을 수도 있을 것이다.[62]

> 내버디 멋치나ᄒ니 水슈石셕과 松숑竹듁이라
> 東동山산의 ᄃᆞᆯ오르니 긔더옥 반갑고야
> 두어라 이 다ᄉᆞᆺ밧긔 ᄯᅩ더ᄒᆞ야 머엇하리
> 구룸빗치 조타ᄒᆞ나 검기를 ᄌᆞ로ᄒᆞ다
> ᄇᆞ람소ᄅᆡ ᄆᆞᆰ다ᄒᆞ나 그칠적이 하노매라
> 조코도 그츨뉘업기ᄂᆞᆫ 믈뿐인가 ᄒᆞ노라
>
> 고ᄌᆞᆫ 므스일로 픠며셔 쉬이디고
> 플은 어이ᄒᆞ야 프르ᄂᆞᆫ듯 누르ᄂᆞ니
> 아마도 변티 아닐ᄉᆞᆫ 바회뿐인가 ᄒᆞ노라

....

62 〈오우가〉에 대한 문법적인 해석은 고성환, 「〈오우가〉의 어학적 분석」, 김완진 외 38인, 『문학과 언어의 만남』, 신구문화사, 1996, 140-155쪽을 참조하여 필자가 보완한 것이다.

더우면 곳퓌고 치우면 닙디거늘
솔아 너는 얻디 눈서리를 모르는다
九구泉천의 불휘고든줄을 글로ᄒ야 아노라

나모도 아닌거시 플도 아닌거시
곳기는 뉘시기며 속은 어이 뷔연는다
뎌러코 四ᄉ時시예 프르니 그를됴하 ᄒ노라

쟈근거시 노피떠서 萬만物믈을 다비취니
밤듕의 光광明명이 너만ᄒ니 또잇ᄂ냐
보고도 말아니ᄒ니 내벋인가 ᄒ노라

                          – 윤선도, 〈오우가(五友歌)〉

고전문학 작품인 〈오우가〉를 활용한 문법과 문학의 통합은
물론 이 시의 해석에 문법 지식, 국어사적인 지식이 필요하다는
점에서 출발할 수 있다.[63] 그리하여 '東동山산의'의 '의'가 현대어
의 관형격 조사인지 아니면 부사격 조사인지에 관한 논의나 '반갑
고야'가 감탄형이라는 논의, 2연의 '자로ᄒ다'의 '-ㄴ다'는 평서형

....

63 고전 문학 교육과 국어사적 지식의 관계를 다룬 대표적인 논의로는 장윤희, 「국
어사 지식과 고전문학 교육의 상관성」, 『국어 교육』 108, 한국어교육학회, 2002, 373-
399쪽: 이지은, 「고전 이해 능력을 위한 문법 형태 교육 연구」 서울대학교 석사학위
논문, 2007 등이 있다.

이고 4연의 '모르는다'의 '-ㄴ다'는 의문형이라는 논의 등이 가능할 것이다. 하지만 이런 논의는 교수-학습 상황에서 이미 주석 등을 통해 주어지는 것이 보통이므로 별로 새로울 것이 없다. 더욱이 최근에는 대학수학능력시험 등에서도 이른바 학습자 문학처럼 부분적으로 현대어로 바꾼 텍스트를 제시하고 있으므로 실증적인 국어학적 주석이 문학교육의 내용으로 중요하게 다루어지지는 않는다.[64]

우리가 다루려는 내용은 흔히 〈오우가〉의 거시 구조가 1연과 2~6연으로 이루어진 구조를 보인다는 점에 관해 문법적인 관점에서 실증적으로 접근하는 것이 문학교육과 문법교육에서 의미를 가질 수 있는지를 점검하는 것이다. 흔히 〈오우가〉는 1연이 나머지 2~6연을 메타적으로 설명하는 구조로 이루어진 거시 구조를 가진다고 설명해 왔다. 이는 의미적으로 보면 자명하다. 그렇지만 〈오우가〉의 구조가 그리 단순하게 이루어진 것만은 아니다. 우리는 고성환의 연구를 참조하여 이러한 의미 구조가 어떻게 구성되어 있는지를 통사 구조의 점검에 의해 밝혀 보게 될 것이다.[65]

....

64 학습자 문학은 학습자 수준을 고려하여 언어교육의 국면에 맞게 문학 텍스트를 수정한 것이다. 외국어교육에서는 흔히 학습자에게 쉽게 수정한 텍스트가 주어지며 자국어교육에서도 어려운 텍스트를 학습자 수준에 맞게 수정하여 제시하는 예가 흔히 있다.
65 고성환, 앞의 책, 140-155쪽.

오우가는 문장의 종류라는 관점에서 보면 일단 1연의 종장은 의문문으로 끝나서 종장이 감탄문으로 끝나는 2~6연과 확연하게 구분된다. 이는 오우가를 '오우'가 누구인지 묻는 1연과 그에 대한 대답인 2연 이하를 구분하는 근거가 된다. 2~6연은 다시 2~3연과 4연, 그리고 5~6연으로 구분이 된다. 다시 말해 2~6연이 4연을 중심으로 방사형의 대칭 구조를 보이는 것이다. 이는 2~3연이 다른 대상과의 비교를 통해 해당 대상을 부각하는 구조를 가지는 것에 비해 5~6연은 비교 대상 없이 해당 대상의 특성만 설명하고 있다는 데에서 드러난다. 가운데에 있는 4연은 비교 대상이 존재하지만 표면적으로 드러내지 않는다는 점에서 2~3연과 5~6연의 중간적인 모습을 보인다. 물론 2~3연과 5~6연은 같으면서도 단조로움을 피하기 위해 조금씩의 변주를 보이기도 한다.

또 하나 주목해야 할 점은 1연과 2연의 구조적인 유사성이다. 2연의 초장과 중장은 평서문과 감탄문으로 구성되어 있어 1연과 일치한다. 이는 3연 이하에서 초장과 중장이 접속 구성으로 이어지는 것과 대비된다. 의미상 2연이 1연보다 3~6연에 가까운 것임은 분명하지만 이러한 통사 구조를 통해 2연을 매개로 1연과 나머지 연을 이어 주고 있는 것으로 볼 수 있다. 이러한 공통점을 기반으로 하되 조금씩의 변주되는 모습은 3연과 4연 4연과 5연 사이에서도 확연하게 드러난다. 예를 들어 4연과 5연은 중장과 종장이 각각 의문문과 감탄문으로 통사 구조가 동일하지만 4장의 초장은 접속 절을 이루고 있지만 5장의 초장은 구 구성을 이루고 있는 것이다.

문학에 대해 식견을 가지고 있지 못한 문법가의 이러한 해석이 문학교육의 내용으로서 어떤 의미를 가지는지를 알기는 어렵다. 하지만 〈오우가〉의 의미 구조와 통사 구조에 대한 이런 이해는 크든 적든 이 작품의 문학적인 해석이나 문학교육적인 의미를 가질 수 있다고 생각한다. 통사 구조에 대한 해석의 과정에서 자연스럽게 중세 국어의 문장 구조에 대한 형태적인 지식 및 통사적인 지식이 교수-학습됨은 굳이 언급할 필요가 없을 것이다.

5. 마무리-우리가 만든 것은 무엇인가?

大同江水何時盡(대동강 물은 언제 마르리)

別淚年年添綠波(이별 눈물 해마다 보태는 것을)

− 정지상, 〈송인(送人)〉 중에서

비 갠 봄날의 화려함, 이와 대조되는 이별의 아픔과 푸른 강물. 이 시는 그 자체로 이별이며, 절창이다. 이 시의 착상의 기발함은 분단으로 지금은 우리가 닿을 수 없는 대동강을 수많은 연인들의 이별의 명소로 만들기도 했다. 이인로의 글에서도 언급되었듯 정지상은 시 구절구절에 고민을 담아 정제된 시를 쓰고 싶어 한 시인이었다. 후세인들이 그 자체로 완벽한 시 〈송인〉의 마지막 구절에 대해 '添綠波'와 '添作波'로 논쟁을 벌인 것은 정지상의 시어의 조탁을 위한 고민을 고려하면 의미 없는 것이 아니었을 것이라 믿는다.

우리는 지금까지의 논의를 통해 문학어 내지 시어는 언어 자체의 아름다움의 극치이며, 일상어와의 차이가 결코 가벼운 것은 아니지만 일상어와 시어가 원리적으로 다르지 않으며 그 차이는 장르의 차이로 볼 수 있음을 논의했다. 또한 우리는 언어의 원리인 문법에 대한 연구를 통해 문학을 이해하려는 많은 논의에 대해서도 살펴보았다. 이런 논의는 이 융합의 시대에 문법과 문학, 더 나아가서 독서, 화법, 작문 등의 하위 영역을 통합하려는 국어교육 안에서의 노력으로 이어질 수 있음은 물론이다.

지금까지 우리가 만든 것이 결코 높지도 크지도 못하며, 조화로운 것이 아님을 알고 있다. 그럼에도 불구하고 우리는 문법과 문학뿐 아니라 국어과의 모든 영역들을 융합하여 '하나의 국어'로 가르쳐야 할 당위를 알고 있다. 다만, 그 모습은 괴물이 아니라 아름답고 조화로운 것이어야 한다. 아울러 정권이 바뀔 때마다 교육과정이 바뀌는 식이 아니라 국어과의 모든 구성원들인 학생, 교사, 연구자들의 고민이 합쳐진 결과물이어야 한다. 이 결과물은 조금 늦게 나와도 상관이 없을 것이다. 한 개인이 자기의 작품에 대한 고민이 정지상의 시와 같이 정치할진대, 수많은 학생들에게 영향을 주는 교육과정이나 교과서의 통합임에야.

6장

도시 공간 속의 한국문학
─경성의 공간분할과 정신분열

1. 식민지의 공간분할

공간은 어떤 사람이 자기 정체성을 확인하는 기표이다. 어디에 살며, 어느 곳에 자주 들르는지 하는 것은 다른 사람으로 하여금 그 사람이 어떤 사람인지를 알게 해 주는 기호로 작용하기도 하지만, 그보다도 우선 한 개인을 사회 속에서 위치시키는 정체성 형성의 작용을 한다. 그러나 공간은 개인적이기도 하면서도 사회적이기도 하다. 눈에 보이는 명확한 규정은 없지만, 현대사회에서도 계급에 따라, 성별에 따라, 나이에 따라 갈 수 있는 곳과 갈 수 없는 곳이 있다. 이러한 공간분할에는 개인의 기호만 작동하는 것이 아니라, 사회적 권력의지가 작동한다. 따라서 사회적 권력관계로 형성된 공간분할에 따르거나, 혹은 그것을 가로지르는 형태로 개인은 자기 정체성을, 혹은 집단 정체성을 무의식적으로 형성해 가는 것이다.

근대 이후 세계규모의 식민지화는 대량의 인구이동을 발생시켰고 그에 따라 인종/민족의 잡거를 탄생시켰다. 이것은 식민(植民, colony)이라는 말의 기원이기도 한데, 전 세계의 식민지화는 식민자(colonizer)의 식민지로의 이동만을 초래한 것은 아니고, 그 반대, 즉 식민지인(colonized)의 식민지 본국으로의 이동도 발생시켰다. 따라서 식민지에서만 식민지가 건설된 것이 아니라 식민지 본국에서도 작은 식민지가 만들어졌던 것이다. 근대의 도시 공간은, 식민지이건 식민지 본국이건 그 내부에 식민지 공간을 품고 있으면서, 그것을 토대로 해서만 성립될 수 있었다.[1] 이러한 점은 식민지 이후(post-colony)에도, 표면적으로는 억압되긴 했지만 어떠한 계기만 있으면 금방 튀어나오는 식민지적 무의식으로 잠재하고 있다. 지금 이 시점에서 식민지의 공간을 연구하는 것은 그렇기 때문에 여전히 유효한 작업이라 할 수 있다.[2]

....

1 식민지 시기의 인구이동에 관해서는 다음을 참고. Ania Loomba, *Colonialism-postcolonialism*, London: Routledge, 1998, pp.1-103(Chapter 1).
2 이 논의를 식민지 근대성과 연결시킬 수 있다. 근대화 자체가 식민화와 분리될 수 없다고 한다면 근대의 도시화 또한 식민지 건설과 분리시켜 생각할 수 없다. 이에 대해서는 다음을 참고. 윤해동 외 5인, 「머리말」, 『근대를 다시 읽는다(1)』, 역사비평사, 2006, 20-22쪽.

그러나 이러한 쌍방향적인 식민은 인종/민족의 잡거를 초래하면서도 철저한 공간분할을 가져왔다. 식민지 본국에서는 식민지인이 거주하는 게토가 생겨났고, 식민지에서는 식민자가 거주하는 특권적인 공간이 생겨났다. 이러한 잡거와 공간분할의 이중성은 식민자가 식민지인에 대해 가지는 양가감정, 즉 동일화와 차이화가 반영된 것이다. 식민자는 식민지인을 계몽하여 문명화한다는 동일화의 사명을 표방하지만, 그 속에서는 여전히 차이화(차별화)에 근거를 둔 지배의 욕망이 작동하기 때문이다. 반대로 식민지인은 이러한 분할 속에서 거꾸로 자신의 인종/민족의 동질성을 확인함으로써 근대적 민족으로 재탄생한다. 베네딕트 앤더슨의 말처럼 이러한 과정은 상상적인 것이기는 하면서도, 물질적인 근거(공간분할)도 가지고 있었다고 할 수 있다. 그것을 가장 잘 보여 주는 것이 소설의 공간이다. 소설의 공간은 실제사회의 공간을 반영하기도 하지만, 그것을 뛰어넘어 상상적 공간을 만들어 내기도 한다.

식민지 도시였던 경성에서도 식민자와 식민지인은 잡거하면서도 분리되어 살고 있었다. 소위 남촌과 북촌이 그것이다. 당시 담론 속에서 빈번하게 등장하는 이 용어를 각종 통계를 통해 세밀하게 검증한 것은 손정목이었다.[3] 그에 따르면 조선인이 2/3 이상

....

3   손정목, 『일제강점기 도시화과정연구』, 일지사, 1996, 355-398쪽.

거주하는 곳을 북촌이라 할 수 있고, 일본인이 1/3 이상 거주하는 곳을 남촌이라고 할 수 있다. 기준인 1/3은 1925년 현재 경성의 주민 336,354인 가운데 84,696인을 차지하는 일본인의 비율을 의미한다. 일본인이 1/3 이상 거주하는 지역을 열거하면, 본정(本町, 충무로), 명치정(明治町, 명동), 약초정(若草町, 초동), 남산정(南山町, 남산동), 욱정(旭町, 회현동) 등이다. 이러한 공간분할을, 언어와 문화가 비슷한 사람들끼리 모여 살고자 하는 본능으로 환원하는 것은 식민지의 현실을 가리게 된다. 오히려 이러한 철저한 공간분할에는 식민지의 권력이 개입되어 있다고 해야 할 것이다.

도시 기반시설이나 경제적인 면에서 일본인 거주지역이 조선인 거주지역에 비해 월등히 생활수준이 높았음은 말할 것도 없다. 1930년 현재 상업회사 수를 보면 일본인 거주지역인 본정 2정목(19개소), 본정 1정목(17개소), 고시정(古市町, 동자동, 17개소), 황금정 2정목(黃金町, 을지로, 16개소), 남대문통 5정목(16개소), 한강통(15개소), 황금정 3정목(15개소)에 대부분 위치하고 있어 조선인 거주지역인 종로 2정목(17개소)을 제외하면 경성의 상업회사는 일본인 거주지역에 밀집되어 있었다고 할 수 있다.[4] 자본금의 측면에서 보면 이러한 차이는 더욱 확대된다고 할 수 있는데, 이 때

....

4　박선희, 「경성 상업공간의 식민지 근대성: 상업회사를 중심으로」, 『대한지리학회지』 41(3), 대한지리학회, 2006, 308쪽.

문에 두 지역의 도시 경관자체가 달랐다. 도로와 하수 시설이 정비되어 깨끗하고 근대적인 남촌에 비해 북촌은 종로를 제외하고는 전근대적인 모습을 그대로 가지고 있었다. 이러한 남촌과 북촌의 공간분할과 불균등은 식민자가 식민자로서의 정체성을 유지하는 데 필수적인 것이었다.

 남촌과 북촌의 공간분할에 대해서는 이미 많은 연구가 나와 있기 때문에 자세한 것은 생략하기로 한다. 그러나 하나만 더 지적한다면, 이러한 경성의 공간분할은 마치 작은 일본이 경성에 들어선 것과 같은 효과를 낳았다는 것이다. 그러니까 식민지 본국이 식민지 속에 건설된 것이라고 할 수 있는데, 이것은 식민지 본국에 식민지가 건설된 것과 짝을 이룬다. 이것은 일본 식민지 통치가 식민지에 정착해서 본국과 비슷한 '정착자 사회(settler society)'를 만드는 식민지 유형(정착형)[5]이었기 때문이다. 서구의 식민지에도 민족 간의 거주지 분화가 나타나지만(인도의 화이트타운과 블랙타운), 서구가 지배한 식민지의 경우 식민자의 인구구성이 대개 관료나 군인 및 그 가족으로 단조로웠던 것에 비해 일본의 식민지에서는 일본의 도시가 그대로 이식된 듯한 주민 구성을 보이고 있다는 특징이 있다.[6]

....

5 복거일, 『죽은 자들을 위한 변호』, 들린아침, 2003, 15쪽.
6 하시야 히로시, 김제정 역, 『일본제국주의, 식민지 도시를 건설하다』, 모티브, 2005, 88쪽.

이러한 인구 구성 속에 성과 계급의 측면에서 가장 낮은 위치를 차지하는 것이 일본인 매춘부와 술집 여급의 존재이다. 뒤에서 다시 보겠지만, 신정(新町, 묵정동)으로 대표되는 공창지대에서 활동했던 일본인 매춘부, 명치정·본정을 중심으로 활동했던 일본인 여급의 존재는 식민지인 남성이 가장 손쉽게 점령/제압(?)할 수 있는 식민지 본국인이었던 것이다.

이 장은 위에서 말한 식민지 본국의 재현/대표인 남촌이 소설 속에서 어떠한 공간으로 그려지고 있는지를 살펴보는 것을 목적으로 한다. 그러나 단순히 소설 속에서 공간분할이 반영되고 있음을 지적하는 것을 넘어서, 그러한 공간분할이 소설 속의 공간 속에서 어떻게 분절화 되고 있으며, 그것을 통해 식민지인의 심상이 어떻게 형성되어 갔는가를 살펴보도록 하겠다(2절). 나아가 공간분할이 무너지는 1930년대 후반의 소설 공간이 어떻게 형성되는지도 살펴보도록 하겠다(3절).

2. 고현학의 불가능성
– 박태원의 〈소설가 구보씨의 일일〉

박태원의 소설 〈소설가 구보씨의 일일〉(『조선중앙일보』, 1934.8.1.~9.19)[7]은 소위 고현학(modernologio)을 표방한 소설이다.[8] 다옥정 7번지인 구보의 집에서 출발하여 종로, 장곡천정, 경성역, 종로를 거쳐 다시 집으로 돌아오는 하루의 여정에서 보고 듣고 생각한 것을 기록한 것으로 이 소설은 이루어져 있다. '고현학'이라는 이름에 걸맞게 이 소설이 제공하고 있는 1930년대 중반의 경성이라는 도시 공간에 대한 정보는 『구보씨와 더불어 경성을 가다』(조이담, 바람구두, 2005)라는 한 편의 책을 엮을 수 있을 정도로 풍부하다.

그러나 이 소설은 결코 식민지의 공간분할을 가로지르지는 못한다. 그러니까 식민자가 설정한, 그리고 식민지인이 암묵적으로 동의한 공간분할을 넘어서지 못한다. 고현학의 원조격이라 할 수 있는 곤 와지로의 고현학이 당대 도쿄에서 가장 번화한 거리인 긴자(銀座)를 대상으로 하고 있음에 반해, 구보는 당시 경성에서 가장 번화한 거리인 본정(本町)을 대상화하지 못한다. 구보씨가 산보하는 공간은 철저하게 북촌으로 제한되어 있는 것이다. 당시 일본인 공간의 대표격인 본정 입구인 조선은행 앞에 내려서도 구보씨는 결코 본정 쪽으로는 발길을 돌리지 않고, 장곡천정(長谷川町, 소공동)으로 향한다. 물론 장곡천정은 일본인 상업지역이지만, 그가 향하는 곳은 조선인이 경영하는 낙랑파라이다. 이 소설은 경

....

7 텍스트 인용은 다음을 참고. 박태원, 《소설가 구보씨의 일일》, 깊은샘, 1989.
8 박태원 소설과 곤 와지로의 고현학에 대한 최근의 논의는 다음을 참고. 김흥식, 「박태원의 소설과 고현학」, 『한국현대문학연구』, 한국현대문학회, 2005, 327-358쪽.

성 내부의 식민지 본국의 공간이 완전히 삭제되어 있는 반쪽짜리 고현학이라 할 수 있다.

구보는 왜 일본인 거주지역에 발을 들여놓지 못하는가? 조이담은 구보의 궤적을 상세하게 기록하는 가운데, 조심스럽게 이에 대한 해답을 제시하고 있다. 장곡천정에 위치한 낙랑파라에서 벗과 함께 나선 구보가, 종로로 가는 길을 '낙랑파라 → 경성부청 → 황금정 → 종로'(총 길이 900m)로 택하지 않고 '낙랑파라 → 조선은행 → 황금정 → 종로'(1300m)라는 우회로를 이용한 이유는 무엇일까 하는 의문을 그는 제기한다.[9] 조이담은 그러한 의문에 대해, 실상은 본정 쪽에서 1차를 하고, 종로로 향한 것이 아닐까 하는 추측을 보태고 있다. 실제로 박태원이나 이상 같은 조선인 작가들이 일본인 거주지역을 자주 들른 것은 사실이고 수필에도 그에 대한 묘사가 있다는 점에서 이것은 근거가 있는 추측이라고 할 수 있다. 그러나 구보의 산보가 목적지를 향한 직선적인 여행이 아니라는 점에서 이러한 추측은 별로 의미가 없는 것이기도 하다.

오히려 중요한 점은 박태원은 본정에 가지만, 구보는 왜 본정에 갈 수 없는가, 혹은 가지 않는가 하는 점이다. 경성에는 일본인 거리가 분명히 존재함에도 불구하고, 또한 1/3이 일본인임에

....

9 이에 대해서는 다음을 참고. 조이담, 「구보와 이상의 경성 산책」, 『구보씨와 더불어 경성을 가다』, 바람구두, 2005, 271-283쪽.

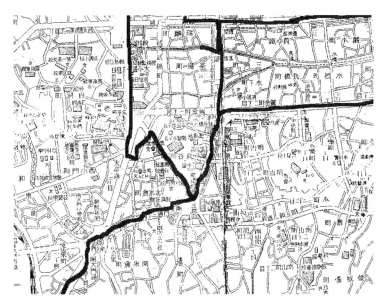

[그림 6-1] 구보의 산책길

도 불구하고 왜 소설 속에서는 일본인의 공간과 일본인이 묘사되지 않거나 추상화되어 있는가 하는 점이 해명되어야 한다.[10]

　조이담은 이에 대해서도 또 다른 추측을 내놓고 있다. 즉 본정과 황금정이 왜색 짙은 일본인들의 거리였으므로, 조선인들이 구독하는 신문인 조선중앙일보의 연재소설의 무대로는 그다지 적합하지 않다고 여겼음 직하다는 것이 그것이다.[11] 그렇다면 또

....

10　한국문학 속에 나타난 일본인상에 관해서는 다음을 참고. 윤대석, 「일본과 일본인을 바라보는 분열의 시선, 단일한 시선」, 『대산문화』, 대산문화재단, 2006.

11　조이담, 앞의 책, 160쪽.

의문이 생긴다. 간다나, 히비야 공원, 긴자 같은 동경 거리는 왜 이 소설 속에 등장하는가. 이 의문에 답하기 위해서는 고현학이란 무엇인가를 묻지 않으면 안 된다.

고현학이란 "우리 동지들이 현대세상(世相) 연구에 대해 취하고 있는 태도 및 방법으로서 그 작업 전체를"[12] 가리키는 것이라고 곤 와지로(今和次郎)가 말한 것은 1927년이었다. 그는 현재의 일본 풍속을 꼼꼼하게 기록함으로써 생활의 이상을 발견할 수 있다고 믿었다. 다음 그림처럼 그는 일본의 가장 번화가인 긴자 거리를 대상으로 현대일본의 풍속을 세밀하게 분석한다.

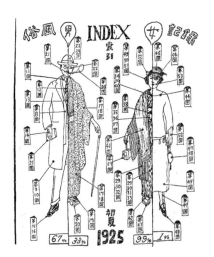

[그림 6-2] 곤 와지로의 긴자거리 관찰 1   [그림 6-3] 곤 와지로의 긴자거리 관찰 2

....

12 今和次郎, 『考現學入門』, 東京: 筑摩書房, 1987, p. 358.

[그림 6-2]는 1925년 현재 긴자 거리에서 남자와 여자의 복장을 분석한 것이다. 남자의 67퍼센트가 양복을 입었고 33퍼센트가 일본 옷을 입은 반면에 여자는 99퍼센트가 양복, 1퍼센트가 일본 옷이었다. 이러한 항목은 남자의 경우 지팡이, 모자 등 16항목에 이를 정도로 세밀하다. [그림 6-3]은 남녀 학생들의 복장을 기록한 것이다. 도대체 이러한 자세한 기록을 통해서 곤 와지로는 무엇을 할 생각이었을까. 그의 말을 더 들어보기로 하자.

고고학이 사학의 보조학문으로서 과거 인류의 물질적 유물을 연구하는 학이라면, 고현학은 방법은 같으면서도 사회학의 보조학문으로서 현재 물질생활을 연구하는 학문이라는 점에서 다르다고 그는 말한다. 그러면서 그는 고현학을 미개고현학과 문화고현학으로 나눈다. 전자가 민속(족)학이라면, 후자가 엄밀한 의미에서의 고현학이라 할 수 있다. 전자가 문명의 눈으로 미개사회의 물질적 상황을 관찰하는 것이라면, 후자는 문명의 눈으로 본 문명(화) 사회의 물질적 상황을 관찰한 것이라고 할 수 있겠지만, 상황은 그리 간단치 않다. 문화고현학이 미개고현학을 확장한 것에 불과하기 때문이다.

현대문화인의 생활형태, 그 집단의 표면에 나타나는 세상풍속, 현재의 그것을 분석·고사(考査)하는 것에는 그 주체와 객체 사이에, 즉 연구자와 피연구자 사이에 마치 미개인에 대한 문명인의 그것처럼, 환자에 대한 의사의 그것처럼, 혹은 범죄자에 대한 재판관의 그것처럼, 우리들(조사자)이 일반인이 가진 관습적인 생활을 떠나, 항상 객관적인 입장에서 생활하고 있다는 자각이 없다면 너무나 쓸쓸하다(그러니까 이러한 점에 대한 확실한 의식이 없으면 소위 공무원식의 조사가 된다). 그래서 우리들은 각자 습관에 관한 한 유토피아적인 어떤 관념을 각자의 정신 가운데 가지고, 그리고 스스로의 생활을 쌓아가면서, 한편으로 세상의 생활을 관찰하는 위치에 설 수 있는 것이라고 고백하고 싶다.[13] (밑줄 - 인용자)

문화고현학이든, 미개고현학이든 객관적인 입장, 유토피아적 관념이 없으면 관찰의 위치에 설 수 없다는 것으로 요약될 수 있다. 그런 점에서 문화고현학이나 미개고현학은 동일한 것이라 할 수 있다. 오히려 고현학이란 문명인의 눈으로 미개인을 바라보는 것이며, 문명인의 시각을 획득할 때 관찰이 가능해지는 것이라 할 수 있다.[14] 곤 와지로가 20년대 조선총독부 촉탁을 지내면서 조선 사회의 관찰을 통해 고현학을 구상했다는 점을 생각하면, 고현학이야말로 어느 측면에서는 가장 제국주의적 학문이자 식민주의적인 시각이라 할 수 있을 것이고 민속학의 현대판이라 할 수 있다.

....

13 今和次郎, 앞의 책, 363쪽.
14 그런 점에서 가라타니 고진이 말하는 '풍경의 발견'과 유사하다. 이에 대해서는 다음을 참고. 가라타니 고진, 박유하 역, 『일본근대문학의 기원』, 민음사, 1997.

그러나 똑같이 우월한 입장에서의 관찰이라고 하더라도 곤와지로가 설정하고 있는 문화고현학과 미개고현학의 차이를 간과해서는 안 된다. 그가 말하는 문화고현학이 현대 일본을 대상으로 한 것으로서 국민국가적 공통공간, 공통풍속을 만들어 내는 데 주안이 놓인 것에 반해, 미개고현학은 문명론적 시각으로서 동일자와의 차이를 만들어 내는 데 주안이 놓여 있다. 따라서 좁은 의미의 고현학, 즉 문화고현학은 민족주의적·국민국가적 상상력 내에서만 작동되는 것이라 할 수 있다.

고현학이란 자신의 우월한 정체성을 전제로 할 때 성립할 수 있는 것이라고 앞에서 말했다. 이러한 우월한 정체성을 바탕으로 타자를 관찰/배제하는 것, 그것이 고현학이었다면, 박태원의 〈소설가 구보씨의 일일〉에서도 이것과 반드시 일치하지는 않지만, 동일한 심성이 엿보인다. 그것은 소설가로서 생활인에 대해 가지는 근거 없는 우월감이다.

그들의 대화의 대부분을, 물론 계집들은 알아듣지 못하였다. 그러면서도 그들은 능히 모든 것을 이해할 수 있었던 듯이 가장하였다. 그러나, 그것은 결코 죄가 아니었고, 또 사람은 그들의 무지를 비웃어서는 안 된다.[15]

....

15 박태원, 앞의 책, 72쪽.

비웃어서는 안 되지만, 그들의 무지를 알아차릴 수 있는 위치에 서 있어야만 이러한 진술이 가능할 것이다. 이 소설에서 빈번하게 발견되는 자의식적인 진술들은 이러한 우월감과 자괴감 사이를 왕복한다. 그러나 끝내 생활인과 자기 사이의 간격은 메우지 못한다. 관찰과 기록(노트)이라는 고현학적 방법을 취하는 한 이러한 간격은 결코 메우지 못할 것이다.[16] 그러나 고현학은 관찰되는 대상과 관찰하는 자 사이의 간격만을 응시하는 것은 아니다. 오히려 관찰하는 대상을 제한함으로써 공통의 상상 공간, 즉 네이션을 만들어 낸다. 그것이 박태원의 고현학이 일본인의 공간 속으로 침투하지 못하는 이유라 할 수 있다.

그렇다면 일본인의 공간이나 일본인에 대한 관찰은 어떻게 가능할 것인가. 고현학적 방법이라면 이것은 애초부터 불가능한 일이다. 앞에서 보았듯이, 고현학이란 미개인을 바라보는 문명인의 시각이거나, 관찰대상을 제한함으로써 민족적·국민국가적 공통성을 만드는 것이기 때문이다. 일본인의 공간이 구보씨의 시야에 들어오지 않는 것은 그것을 관찰할 수 있는 눈이 없기 때문이

....

16 근대문학이란 입신출세주의에서 탈락한 자들이 만들어낸 것이라는 가라타니 고진의 말을 새겨들을 필요가 있다. 문학자들은 입신출세주의에 의해 결정되는 현실과는 다른 공간을 소설 속에 만들고 있는 것이다. 그러한 상상 공간 속에서 입신출세한 자들을 비웃는 것이 소설인 것이다. 이에 대해서는 다음을 참고. 柄谷行人, 『近代小説の終り』, 東京: INSCRIPT, 2005, pp.70-73.

다. 그들을 관찰/배제할 수 있는 시각을 얻을 수 없다면 그들 식민자를 바라볼 수 있는 것은 어떠한 방법으로 가능한가. 이에 대한 암시는 이상에게서 얻을 수 있다.

수일전 본정 좁고도 복작복작하는 거리를 관류하는 세 채의 인력거를 목도하였다. 말할 것도 없이 백인의 중년부부를 실은 인력거와 모호텔 전속의 안내인을 실은 인력거다.

그들은 우리 시민이 정히 못 알아들을 수밖에 없는 국어로 지껄이며 간혹 조소 비슷이 웃기도 하고 손에 쥐인 단장을 들어 어느 방향을 가리키기도 한다. 자못 호기에 그득찬 표정이었다.

과문에 의하면 저쪽 예의준칙으로는 이 손가락질 하는 버릇은 크낙한 실례라 한다. 하면 세계만유를 하옵시는 거룩한 신분의 인사니 필시 신사리라.(중략)

'이까짓 데서는 예를 갖추지 않아도 좋다'하는 애초부터의 괘씸한 배짱임에 틀림없다.(중략)

그러나 또 생각하여 보면 그들은 내가 채 알지 못하는 바 세계적 지리학자거나 고현학자인지도 모른다.(중략)

인력거 위에 앉아서 단장 끝으로 손가락질을 하는 그들의 태도는 확실히 동물원구경에 근사한 태도요 따라서 무례요 따라서 실례요 더없는 굴욕이다.[17] (밑줄 – 인용자)

....
17 이상, 〈추등잡필〉, 《이상전집3》, 문학사상사, 1993, 85–87쪽.

시선의 일방성이 고현학의 특징임을 이상은 명확하게 이해하고 있으며, 그러한 시선을 되돌려주는 방법도 그는 잘 알고 있다. "저쪽 예의준칙으로는"이라는 대목에서 볼 수 있듯이 그들의 시각에서 그들을 바라보는 것, 그럼으로써 식민자의 논리를 내파하는 것이 그 방법임을 이상은 말하고 있는 것이다.

3. 정신분열을 일으키는 공간의 혼란
－ 김사량의 〈천마〉

시선의 일방성이라는 측면에서 박태원의 고현학적 방법론은 식민자를 관찰하는 데 한계를 지니고, 그런 이유로 식민지의 공간 분할이 무의식적으로 그의 소설에서 관철되고 있다고 지적했다. 박태원은 관찰자로서의 자신의 정체성을 확립하기 위해서는 자신을 관찰하는 또 다른 시선(식민자의 그것)을 괄호 칠 필요가 있었다고 할 수 있다. 그렇다면 이 괄호를 풀고 스스로를 관찰자이자 관찰당하는 자로 위치 지을 때 어떠한 현상이 벌어지는가. 그것은 김사량의 〈천마〉에서 잘 볼 수 있다.

경성의 공간분할이라는 측면에서 볼 때 〈천마〉의 주인공 현룡이 그리는 궤적은 둘 사이를 요동친다. 신정 유곽에서 시작하여 '본정 메이지 제과 → 장곡천정 조선호텔 → 황금정 다방 리라 →

남대문통 한성은행 → 종로 사거리 → 종로 한청빌딩 앞 야점 → 종로 예수서관 뒷골목 → 우미관 뒷골목 선술집 → 황금정 하숙집 → 황금정 거리'를 거쳐 신정 유곽으로 끝이 난다. 이 여정은 구체적으로 일본인 작가 다나카를 발견하고 그와 헤어지는 여정이면서, 또한 주인공 현룡이 일본인이 되고자 노력하다 일본인으로부터 타자화되는 여정이기도 하다. 그 정점에 위치하는 것이 가장 조선적인 우미관 뒷골목 선술집이고, 거기서 그는 일본인을 발견함과 동시에 자신의 일본인화의 불가능성을 발견한다. 이러한 과정을 조금 자세히 보기로 하자.

현룡은 조선인으로서 받는 차별과 억압에 시달리다 그것을 한꺼번에 극복하는 길을 내선일체에서 찾는다. 당시 내선일체론은 크게 보아 두 가지가 있었는데, 그 하나가 평행제휴론이고 또 다른 하나는 동화일체론이었다[18] 전자가 개인주의에서 출발하여 조선인 개인의 차별을 완전한 일본인이 됨으로써 해결할 수 있다고 보았음에 반해 후자는 집단주의에서 출발하여 조선인 전체가 대동아공영권에서 주체가 될 수 있는 길을 모색했다. 또한 평행제휴론이 다소나마 조선민족문화의 보존을 주장했음에 반해 동화일체론은 조선적인 것의 완전한 폐절을 주장했다. 이 둘의 대립은

....

18 평행제휴론과 동화일체론에 대해서는 다음을 참고. 이승엽, 「조선인 내선일체론자의 전향과 동화의 논리」, 『근대를 다시 읽는다(1)』, 역사비평사, 2006, 209-236쪽.

〈천마〉에서 다음과 같이 나타난다.

> 역시 그들은 자신들 손으로 조선 문화를 수립하고 그 독자성을 신
> 장시켜야 하며, 그것이 또한 결국은 전일본문화에 대한 기여이기도
> 하고, 나아가 동양문화를 위해 세계문화를 위한 것이기도 하다고
> 말했다.[19]

> 실제로 현룡은 허울좋은 애국주의의 미명 아래 숨어서 조선어로
> 하는 저술은 물론 언어 자체의 존재조차도 정치적인 무언의 반역
> 이라고 참무하고 다니는 사람 가운데 하나였다.[20]

첫 번째 인용이 평행제휴론자, 그러니까 조선문화의 개별성
을 그대로 유지한 채 일본 제국의 일환이 되자는 집단의 주장이라
면, 두 번째의 인용은 조선문화를 없애고 개별적으로 일본문화에
동화되어 완전한 일본인이 되자는 동화일체론자의 주장이라 할
수 있는데, 주인공 현룡은 후자에 속한 인물이었다.

이러한 동화일체론자가 그리는 궤적은 일본인의 공간과 조
선인의 공간을 가로지른다. 위의 인용에서처럼 완전한 일본인화
를 목표로 하고 있는 현룡이 소설 첫 부분에서 위치하는 장소는

....
19 김사량, 〈천마天馬〉, 《文藝春秋》, 東京: 文藝春秋社, 1940, 360쪽.
20 위의 글, 361쪽.

신정 유곽이다. 당시 공창은 경성 지역에서 다섯 군데 분포하고 있었는데, 신정(묵정동), 병목정(竝木町, 쌍림동), 서사헌정(西四軒町, 충장로 2가), 미생정(彌生町, 도원동), 대도정(大島町, 용문동)이 그것이었다. 총독부는 이 가운데 신정의 공창업자를 묶어 신정대좌부업조합(新町貸座敷業組合)을, 서사헌정·병목정을 묶어 한성조합을, 미생·대도정을 묶어 미생정대좌부업조합을 결성케 했다. 크게 나누면 신정을 중심으로 한 공창(신정, 서사헌정, 병목정)과 용산을 중심으로 한 공창(미생, 대도정)으로 나눌 수 있다. 이러한 공창지역도 또한 공간분할의 원칙이 지켜졌는데, 신정·미생정이 일본인 공창 지역이었다면, 서사헌정·병목정·대도정이 조선인 공창 지역이었다.[21]

하시야 히로시는 일본 식민지의 상징으로 군대나 통치 기구를 들지 않고 신사와 유곽을 꼽았다. 그는 서구의 식민지에는 없는 두 가지 존재를 일본 식민주의의 상징이라고 보았던 것인데, 그에 덧붙여 가장 정신적인 통치와 가장 물질적인 통치로서 이 두 가지를 들 수도 있을 것이다. 그런데 재미있는 점은 이 두 가지가

....

21 참고로 1923년 각 유곽 창기의 민족구성은 다음과 같다.
    신정: 461명(일본인), 58명(조선인), 2명(외국인)
    서사헌정: 309명(조선인), 미생정: 190명(일본인), 대도정: 102명(조선인).
    이에 대해서는 다음을 참고. 손정목, 『일제강점기 도시사회상 연구』, 일지사, 1996, 456-458쪽.

모두 남산에 위치해 있었다는 점이다.

> 일본인은 조선신궁·경성신사·천만궁·노기신사 등 많은 신사를
> 모셨지만, 그중에서도 이세같은 오랜 도시가 일본에서 가장 음탕
> 한 장소였던 것처럼, 남산이라는 신성한 산을 중심으로, 이 산기슭
> 에도 신마치, 아사히초라는 경성 제일의 요정집과 기생집이 늘어서
> 있다.[22]

극과 극은 통한다는 말이 있듯이, 가장 물질적인 것과 가장 정신적인 것이 계층화되어 있는 곳이 남산이었던 것이다. 맨 윗부분에 신사가 있었고, 그 아래에 일본인 유곽이, 중간지대에 일본인·조선인·외국인 유곽이, 그리고 맨 아래에 조선인 유곽이 있었는데, 이러한 배치는 상당히 상징적이다. 식민지 통치의 가장 약한 고리에서 가장 강한 고리로 계층화되어 있기 때문이다.

현룡이 출발하는 지점은 신정 가운데서도 가장 아랫부분인 조선인 유곽이다. 아마 병목정 유곽이 아닌가 생각된다. '가로수가 나란히 서 있다는 착각', 그러니까 병목(竝木)의 환상을 현룡이 본다는 말에서도 알 수 있고, 여러 문헌에서 조선인 유곽이 가로 정비가 되지 않아 미로와 같았다고 말하고 있는 데서도 그것을 알

....
22 다나카 히데미쓰, 유은경 역, 《취한 배》, 소화, 1999, 348쪽.

수 있다. 이러한 미로로서의 조선인 유곽은 현룡이 빠져나가려 해도 빠져나갈 수 없는 조선적 정체성의 상징이라 할 수 있다. 그는 일본인 거리인 본정으로 나가려 하지만, 미로에 갇혀 한참을 헤매다 겨우 빠져나온다. 이 장면은 마지막 장면에서 이곳에서 미로에 갇히는 것과 마주보고 있다.

"경성에서 가장 번화한 내지인 거리로서" "오전 10시가 조금 지났는데도 거리에는 사람들이 많이 다니는"[23] 본정에서 현룡은 메이지 제과 경성지점을 찾아간다. 이곳은 지난밤에 조선인 문인들이 모여 언어 사용 문제로 격론을 벌이던 곳이었고, 일본인의 위치에 섰다고 생각하는 현룡이 그들을 관찰(감시)하고 비웃다가 평론가 이명식에서 얻어맞은 곳이기도 했다. 또한 이곳은 현룡이 일본인의 시선, 곧 오무라와 다나카의 시선을 발견하는 곳이기도 하다. 자신이 관찰하면서도 관찰당하는 존재라는 분열된 입장에서 그가 그 분열을 치유하기 위해 하는 행동은 일본인을 찾는 것이었다. 오무라라는 일본인이 현룡의 존재가 쓸모없게 되어 그를 내팽개치려 하자, 그보다 더 일본인에 가까운(식민지 본국에서 왔다는 점에서) 다나카의 힘을 빌어 그러한 위기를 모면하려는 것이었다. 우미관 뒷골목 선술집에 닿기까지의 여정은 바로 이러한 일본인 찾기였고, 스스로를 일본인에게 일치시키려는 여정이었다고

....

23   김사량, 앞의 글, 354쪽.

할 수 있다.

그러나 일본인을 발견하는 순간은, 곧 스스로의 일본인성을 잃어버리는 순간이기도 했다. 스스로의 일본인성을 발견하는 것은 조선적인 것과 자신을 차별화함으로써 가능했다고 한다면, 그렇기 때문에 가장 조선적인 종로 거리가 자신의 일본인성을 발견하기에 가장 적합한 곳이었다고 한다면, 거꾸로 그 공간은 일본인에 의해 스스로가 타자화되기에 가장 적합한 공간이었다. 현룡은 일본인이 없는 곳에서만 일본인일 수 있었던 것이다. 그러나 일본인의 등장과 그들의 시선의 등장은 주위의 조선적인 것과 자신을 일치시키는 효과를 가져온 것이다.

(1) 조선의 청년이란 것들은 모두 비겁하고 비뚤어진 근성이 있는데다가 음험하고 당파심이 강한 족속이라는 것이다. 마침 그 좋은 표본이 다나카도 동경에서부터 알고 있던 현룡이라고 말하고 있었다.[24]

(2) 내지인과 상대할 때는 일종의 비굴함에서 조선인의 험담을 마구잡이로 해대는, 그럼으로써 비로소 또한 자신도 내지인과 동등하게 말할 수 있다고 철썩같이 믿고 있는 그였다.[25]

....
24 김사량, 앞의 글, 374쪽.
25 위의 글, 375쪽.

(2)에서 현룡이 조선인과 자신을 차별화시켜 스스로를 일본인화하고자 하는 욕망, 그리고 그러한 욕망에서 나온 조선인에 대한 시선이, (1)에서는 일본인에 의해 그대로 자기 자신에게로 되돌아온다. 그리하여 그는 조선인이면서도 조선인이 아닌 존재, 일본인이면서도 일본인이 아닌 존재로 그를 분열시킨다. 그러한 분열은 이 소설 속에서는 일본인의 공간을 침범하는 것과 겹쳐진다. 마지막 장면에서 그는 황금정(지금의 을지로) 거리에서 신사참배를 하러 조선신궁으로 향하는 대열과 마주친다. 그러나 자신의 식민지적 타자성을 발견한 현룡은 그들을 따라갈 수 없었다. 그는 복숭아 가지를 타고 하늘에 오르려고 하면 할수록, 일본인의 신성 공간인 신사에 올라가려 하면 할수록, 더욱더 땅으로 곤두박질치며, 또한 신사로 가는 길 가운데 가장 아래의 공간인 조선인 유곽에서 길을 잃어버릴 수밖에 없는 것이다. 그에게 있어 일본인이란, 그리고 일본인의 공간이란 아무리 닿고자 노력해도 닿을 수 없는 카프카의 성과 같은 존재였던 것이다. 조선인의 공간을 잃고서도 일본인의 공간에 도달하지 못하는 현룡은 갈 곳 없이 결국 정신분열을 일으킬 수밖에 없었다.

> 그 때 갑자기 발밑에서 개구리들이
> "요보(조센징)!"
> "요보(조센징)!"

하고 아우성치는 것처럼 들렸다. 그는 겁에 질린 듯 갑자기 귀를 막고 달아나면서 외쳤다.

"요보(조센징) 아니야!"

"요보(조센징) 아니야!"

그는 조선인이기 때문에 생긴 오늘날의 비극으로부터 발버둥을 쳐서라도 도망가고 싶었을 것이다.

(중략)

그리고 또 다른 집으로 달려가 커다란 대문을 두드리며

"열어줘, 이 내지인을 들여보내줘"

다시 뛰기 시작한다. 대문을 두드린다.

"난 이제 요보(조센징)가 아니야! 겐노카미 류노스케야, 류노스케! 류노스케를 들여보내줘!"[26]

그러나 이러한 정신분열은 현룡만의 것이 아니라, 신사참배 행렬을 이루었던 조선인들에게도 해당하는 것은 아닐까. 그들은 실제로는 남산 위쪽에 있는 조선신궁에 도달할 수 있었지만, 여전히 무의식 속에서는 남산 신궁에 도달하지 못하고 그 아래에 있던 유곽에서 헤매고 있었던 것은 아닐까.[27] 김사량은 그러한 식민지

....

26 김사량, 앞의 글, 384쪽.
27 식민지인의 무의식 속에서의 차이화에 대해서는 다음을 참고. 윤대석, 『식민지 국민문학론』, 역락, 2006.

인의 무의식, 그리고 분열현상을 경성이라는 공간을 통해서 훌륭하게 그려낸 것이라 할 수 있다.

4. 공간분할과 정체성

〈소설가 구보씨의 일일〉의 구보가 일본인과 일본인의 공간을 괄호 안에 넣음으로써 관찰자로서의 자신의 위치와 정체성을 구축할 수 있었던 데 비해 〈천마〉의 현룡은 이 공간을 월경함으로써 정신 분열을 일으켰음을 보아 왔다.[28] 식민자나 식민지인은 모두 이러한 공간분할의 자기편에 안주하면서 정신분열을 일으키지 않으면서 스스로의 정체성을 지켜왔다. 또한 황호덕이 지적하듯이 이러한 이중 공간은 곧 이중 언어를 의미하기도 했다.[29] 그러나 실상은 이중의 정체성, 이중의 언어, 이중의 공간으로 이루어

....

28   마에다 아이는 문학텍스트에 그려진 등장인물의 월경이 그의 행위 속에 숨어 있는 양의성을 개시하여 또 다른 생의 가능성을 엿보게 하는 계기이며 교차하는 의미론적 장이라고 말한다. 그러나 이러한 월경이 식민지에 관계될 경우 식민자에게는 의미론적 장을 형성하는 오디세우스의 여행이 될 수 있겠지만, 식민지인에게는 '검은 피부, 하얀 가면'을 강요당하는 여행이 될 수도 있다는 점은 지적해 둘 필요가 있다. 이에 대해서는 다음을 참고. 前田愛, 『都市空間の中の文學』, 東京: 筑摩書房, 1982, p. 31.
29   황호덕, 「경성지리지, 이중 언어의 장소론」, 『대동문화연구』 51, 성균관대학교 대동문화연구원, 2005.

진 것이 식민지 조선이었고, 경성이었다고 할 수 있다.

> 나는 일주일쯤 전에 사정이 있어 일본인촌인 약초정에 이사를 왔
> 다.(중략)
>
> 이웃에 일본인 노파가 있어 우리 집에 수돗물을 얻으러 온다.
> 어떤 날 그 노파와 내 아내가 목욕하러 갔다.
>
> 번대(목욕값 받는 데)의 노파는 "조선인은 일이가 오부소샤"하
> 고 아내의 앞에 막아서서 목욕하는 걸 거절했다.
>
> 이 같은 망신을 당한 아내는, 울고 돌아와, 여보 나는 이젠 이 약
> 초정에 살기 싫으니, 다른 데로 빨리 이사를 가자 하고 엎어져 울었
> 다.[30]

그러나 위와 같이 식민자는 식민지인과의 관계 속에서 그것
을 배제함으로써 스스로의 정체성을 형성해 왔다. 마찬가지로 한
국 작가들은 문학의 공간을 분할함으로써 일본인과 일본인을 문
학의 공간에서 쫓아내고 스스로의 정체성을 지킬 수 있었던 것이
다. 혹은 위와 같은 억압자로서 추상화된 존재로 고정시킴으로써
흔들리는 자신의 존재를 고정할 수 있었던 것이다. 그것이 박태원
의 고현학이었고, 식민지 시기의 한국문학이었다.

....

30   최서해, 〈이중〉,《최서해전집(상)》, 문학과지성사, 1987, 368쪽.

타자를 고정시키는 것은 곧 자기를 고정시키는 것이기도 하다. 타자가 일종의 거울이기 때문에 그러하다. 거울이 흔들려서는 자신의 모습을 고정시켜서 볼 수 없다. 한국문학은 자신의 정체성을 만들어 내기 위해 타자를 고정시키거나 괄호 속에 묶어 두었다. 괄호 속에 묶어 두었다는 말은 일본인의 공간과 일본인이 등장하지 않는 문학이라도 억압자로서의 일본과 일본인이 전제되어 있다는 말이다. 이러한 타자인식은 일본문학도 마찬가지다. 일본문학은 한국인/조선인을 야만으로 표상함으로써 스스로를 문명으로 파악할 수 있었다. 일본문학 속에서 천편일률적인 조선인상이 등장하는 것은, 혹은 아예 등장하지 않는 것은 그 때문이라 할 수 있다. 그런 점에서 도덕성의 우열은 존재하지만, 한국문학은 일본문학과 타자배제라는 측면에서 공모하고 있다고 할 수 있다. 이러한 공모관계에서 벗어나기 위해서는 우리문학의 이중성, 양가성을 인정하는 것이 필요하지 않을까. 가리봉동 같은 서울 속의 작은 식민지 공간을 만들어가고 있는 현 시점에서는 그러한 관점이 더욱더 필요하지 않을까.

7장

문학과 영상의 창의적 융합을 통한 공감교육
– NT Live 〈리어왕〉을 중심으로

1. 머리말

누구나 나이를 먹고, 나이 들면 모습도 추해진다.《초당문답
가》연작 중에 들어 있는 〈백발가〉에서 묘사하듯이, 정강이는 날
카로운 검처럼 날이 서고, 팔다리는 수양나무 가지처럼 흔들거리
고, 이가 없어 아래턱은 코에 가서 붙고, 허리가 굽어 무르팍은 귀
를 넘고, 눈물·콧물이 쉴 없이 흘러내리고, 떡가루를 체 치듯이
체머리는 쉴 새 없이 흔들게 된다.[1] 그렇게 되고 싶어서 늙은 것도

....
1 현대사회의 노인문제를 언급하는 신문기사에 등장하는 '노인과 연어관계(col-
location)를 형성하는 수식어들'도 이와 크게 다르지 않다. "저승꽃이 뒷목에까지 핀,
백발, 구부정한 허리, 주려서 유난히 커 보이는 눈, 천지에 여윈 몸, 거친 손, 모과같이

아닌데 '나이 듦'의 대가는 너무나 가혹하다.

소설 〈은교〉에서 늙은 시인 이적요가 항변하듯이 "너희의 젊음이 너희의 노력에 의하여 얻어진 것이 아닌 것처럼, 노인의 주름도 노인의 과오에 의해 얻은 것이 아니다."[2] 그럼에도 불구하고 노인들은 연민의 대상이 되기는커녕 늙고 추하다는 이유로 손가락질 받기 일쑤이다.[3] 빅토르 위고가 쓴 위대한 연민의 소설 〈레미제라블〉에서도 노인에 대한 연민은 보이지 않는다. '무산계급 남성', '가난한 여성', '암흑에 빠진 어린이'에 대한 연민이 있다면 '늙고 추한 노인'에 대한 연민도 있어야 하는 것이 아닐까. 무슨 큰 잘못이 있기에 노인들은 연민보다는 조롱을 받는 것일까?

이유는 간단하다. 사람들이 늙음은 자신과 상관이 없는 듯이

....

빡빡한, 이 빠진, 아름답고 긴 수염을 가진, 금방 쓰러질 것처럼 보이던, 허름한 옷을 입은, 거동이 불편한, 꼽추 노인, 대머리, 부축을 받고 있는"과 같은 표현들을 보면 '아름답고 긴 수염을 가진'을 제외하고는 모두 외모와 신체의 추함을 묘사하는 수식어들이다(채영희, 「노인 어휘망에 나타난 '늙음'의 의미 분석에 따른 새로운 노년인식」, 『인문학자, 노년을 성찰하다』, 푸른사상, 2012, 107-108쪽).

2 박범신, 《은교》, 문학동네, 2010, 250-251쪽.

3 노인의 경험과 지혜가 존중되던 전통 사회에서도 노인의 늙고 추한 모습에 대한 젊은이들의 비웃음은 늘 있었던 것으로 보인다. "아흔아홉곱 머근 老丈 濁酒 걸러 醉케 먹고/ 납죽 됴라한 길로 이리로 뷧독 져리로 뷧척 뷔독뷔척 뷔거를 적의 웃지마라 져 靑春 少年 아히놈들아/ 우리도 少年적 모음이 어제론듯 ᄒ여라 〈진본청구영언〉 #534"와 같은 사설시조를 통해 자신도 노인이 된다는 사실을 미쳐 생각 못하고 노인을 비웃는 소년들의 모습을 볼 수 있다.

행동하고, 노인 자신마저도 늙어가는 자를 타자화하면서[4] 그와 동일시되기를 거부하기 때문이다. 타자와 연민(compassion)에 빠질 때 우리는 고통 받는 사람의 처지를 상상하면서 그와 감정적으로 동일시된다.[5] '무산계급 남성', '가난한 여성', '암흑에 빠진 어린이'는 삶의 고달픔이 아무리 훼방을 놓아도 훼손되지 않은 젊음과 아름다움, 사랑스러움이 스며들어 있기에 그들과 감정적으로 동일시되는 느낌은 그리 나쁘지 않고 오히려 감미로울 수 있다.[6] 그러나 노인은 어떠한가? 어디가 사랑스럽고 어디가 예쁜지 눈을 씻고 찾아보아도 찾을 수 없을 때가 많다. 하지만 사랑할 만하지 못한 사람까지도 사랑하는 것이 진정한 사랑이듯이, 사랑스럽지 않은 늙고 추한 모습마저도 연민을 가지고 바라볼 수 있을 때 성

....

4 장영란, 「늙음의 현상과 여성주의 윤리」, 『동서철학연구』 51, 한국동서철학회, 2009, 310쪽.

5 공감(sympathy), 연민(pity, compassion)이란 말은 '함께', 또는 '동시에'의 의미를 지닌 sym-, 또는 com-을 접두어로 가지고 있는데, 이것은 두 개념이 모두 타자의 감정이나 느낌을 함께 공유하는 것을 의미한다. 연민의 감정은 타자의 고통에 참여함으로써 생기는 감정이다. 특히 부당한 고통에 대한 동일감 또는 내게도 그런 고통이 닥칠 수 있다는 공포의 감정에서 연민의 감정은 생긴다(김용환, 「공감과 연민의 감정의 도덕적 함의」, 『철학』 76, 한국철학회, 2003, 161-178쪽).

6 영화철학자인 노엘 캐럴은 멜로드라마에서 불운과 고통을 겪는 주인공은 인격적인 덕을 가지고 있고, 이것이 주인공의 희생이나 헌신을 유발하며, 멜로드라마의 관람객들은 이러한 주인공에게 연민과 찬양을 보내게 되고 '달콤하면서도 애달픈(sweet bitterness)' 느낌을 즐길 수 있게 된다고 설명한다(김혜련, 「감정 소통매체로서의 영화와 도덕적 상상력」, 『철학논총』 61, 새한철학회, 2010, 266쪽).

숙한 인간이 될 수 있을 터이다.

필자는 2년 전에 영화 〈레미제라블〉과 소설 〈레미제라블〉을 비교하면서 영화가 소설에 비해 연민을 이끌어내는 힘이 부족하다는 결론을 내린 바 있다.[7] 그런데 작년에 NT Live[8] 〈리어왕〉 공연 영상을 보면서 생각을 달리 하게 되었다. 속옷만 걸치고 구부정한 몸으로 발을 질질 끌며 걷는 리어왕의 뒷모습을 보며 마음속에서 울컥 올라오는 연민을 느낀 것이다. 늙고 추한 노인에 관한 연민을 이끌어 내는 점에 있어서는, 영상이 소설을 압도하는 부분이 있는 듯했다.

이때의 경험을 바탕으로 문학과 영상을 창의적으로 융합할 수 있다면 '늙고 추한 노인'과 같이 공감하기 어려운 대상에 대해서도 공감이 가능할 것이라는 가설을 세우게 되었다. 이러한 가설을 점검하면서 '늙고 추한 노인'에 대해서 우리는 왜 그렇게도 연민을 느끼는 데 인색한 것인지, 그들에 대한 공감은 어떤 방식으로 이루어질 수 있는지에 대해 알아보는 것이 이 장의 목적이다.

....

7   고정희, 「연민을 이끌어내는 문학과 도덕적 상상력-영화 〈레미제라블〉과 소설 《레미제라블》의 비교를 중심으로」,『문학치료연구』 26, 한국문학치료학회, 2013.
8   NT Live는 영국 국립극장(National Theater)에서 상연되는 레퍼토리를 전 세계에 실황중계하기 위해 만든 영상물이다. 2014년 4월에 영국 국립극장에서 공연된 〈리어왕〉은 한국에서는 시차 때문에 실황중계 되지 않았고, 2014년 8월에 2회에 걸쳐 서울 남산의 국립극장에서 상영되었다.

2. 문학과 영상의 창의적 융합 가능성

일반적으로 원작이 있는 소설을 영화화했을 때 그 영화가 높은 평가를 받는 경우는 매우 드물다. 영화는 소설의 내용을 충실히 각색하지 못할 뿐 아니라 관객들의 상상력을 제한하는 것처럼 보이기 때문이다. 우리는 소설을 읽고 수많은 가능성의 등장인물을 상상할 수 있지만, 영화는 등장인물들의 세세한 동작까지 구체적으로 시각화하면서 '보여주기'의 특권을 구가하기 때문에 그러한 상상의 여지를 없앤다는 것이다.[9] 심지어 "시각 이미지의 지배력을 감안한다면, 영화와 문학이 만났을 때 활자언어를 상상력에 의해 형상화하는 것을 영화가 방해한다."는 주장도 있다.[10]

한편에서는 이와 같은 주장들이 영상이 불러일으키는 또 다른 상상력의 가능성을 간과하고 있다고 비판하고 있다. 영상을 옹호하는 사람들은 책이라는 하나의 매체만이 상상력과 이성을 보증하는 것처럼 생각하는 것은 시대착오적이라고 말한다. 새로운 매체는 새로운 상상력을 발동시키며 이전의 매체와는 다른 방식으로 주체를 구성한다는 것이다.[11] 이러한 관점에서는 "영화

....

9 진인혜, 「문자 매체에서 영상 매체로의 전환 – 플로베르의 〈부바르와 페퀴셰〉」, 『유럽의 영화와 문학』, 연세대학교 출판문화원, 2012.

10 전인한, 「두 유혹 사이에서: 영화와 문학」, 『안과밖』 13, 영미문학연구회, 2002, 143쪽.

가 문자라는 공간으로부터 문학의 영역을 확대시켜 주고, 문학이 그 미학적 구조를 통해 영화의 영역을 확장시켜 준다"고 말한다.[12] 그러나 영상이 발동시키는 상상력은 아직까지 "새로운 상상력"이라고만 명명될 뿐,[13] 그 새로움의 실체가 무엇인지는 밝혀지지 않았다. 실제로 문자 매체에 의해 발동되는 상상력과 영상 매체에 의해 발동되는 상상력이 어떻게 다르기에 영화와 문학이 서로의 상상력을 확대시키는지에 대해서는 알려진 바가 거의 없다.

요컨대, 문학의 영화화를 부정적으로 평가하든지 긍정적으로 평가하든지 문학과 영화가 창의적으로 융합할 수 있는 가능성을 매우 낮게 보는 것이 지금까지의 중론이다. 그런데 무엇이 '창의적 융합'인가를 판단하기 위해서는 '창의성'과 '융합'의 개념을 살펴볼 필요가 있다. 창의성이 무엇인지에 대해서는 다양한 관점이 있어 왔다. 욕구나 자아 개념과 관련하여 창의성을 논하기도

....

11 마크 포스터, 김승현 역, 『미네르바의 올빼미가 날기 전에 인터넷을 생각한다』, 이제이북스, 2001, 124-125쪽.

12 송희영, 「문학의 확장으로서의 영화 – 영화의 확장으로서의 문학: 폰타네의 에피 브리스트와 파스빈더의 〈폰타네의 에피 브리스트〉 비교」, 『독일문학』 84, 한국독어독문학회, 2002, 389쪽.

13 영상 매체를 옹호하는 사람들이 자주 사용하는 표현은 "문자 매체가 전달해 줄 수 없는 새로운 경험과 감동으로…"와 같은 표현들이다(진인혜, 앞의 글, 140쪽). 여기서 "문자 매체가 전달해 줄 수 없는 새로움"의 실체가 무엇인지는 언급되고 있지 않다.

하고, 인지적 관점에서 창의적 문제 해결 과정으로 창의성을 논하기도 한다. 또한 최근 국어교육계에서는 정서적 창의성과 문화적 창의성으로 창의성의 개념을 확장하기도 한다. 이처럼 다양한 관점의 창의성 개념에는 공통적으로 '새로움(novel)'과 '적절함(appropriate)'이 포함되어 있다.[14] 최근 논의들에 따르면 창의성은 단순히 새로운 것을 창조하는 것만은 아니며, 보편화된 관념이나 법칙 등 일반화된 생각에 대한 의문에서 출발하여 새롭고 적절한 해결책을 찾아가는 문제 해결의 과정을 의미한다.[15]

'융합'으로 번역되는 영어의 'convergence'는 '서로 합친다'는 뜻을 내포하면서도 '서로 다른 길이 한 곳에 모인다'는 집중의 의미를 강조하는 말이다.[16] 한자어의 '融合'도 '녹아서 하나로 합침'을 의미한다. 이렇듯 융합은 '무언가 서로 만나 같이 지내다가 합쳐짐'의 뜻을 갖는데, 이것은 두 요소의 단순한 합산이나 복합, 혹은 합하는 과정을 중시하는 통합 등의 개념에 비하여 하나로 합쳐진다는 수렴적인 의미를 가진 개념이라고 할 수 있다.[17]

....

14 이병민, 「창의성 및 언어의 창의성 개념과 외문학교육에서의 함의」, 『국어교육연구』 31, 서울대학교 국어교육연구소, 2013, 144-145쪽

15 구본관, 「경제학 학술 논문 텍스트의 창의성의 발현 양상」, 『텍스트언어학』 36, 한국텍스트언어학회, 2014, 255쪽.

16 김향원·남용현, 「'융합' 개념의 이해와 디자인 환경에서의 의미」, 『한국디자인포럼』 39, 한국디자인트렌드학회, 2013, 241-250쪽.

이러한 '창의성'과 '융합' 개념에 따르면 문학과 영상이 창의적으로 융합된다는 것은 문학과 영상의 만남이 어떤 일반화된 생각에 대해서 문제를 제기하고, 그에 대한 새롭고 적절한 해결책을 찾아가는 과정이어야 한다는 것을 알 수 있다. 또한 그러한 문제 해결의 과정을 통해 이질적인 매체들이 결국 하나의 의미로 수렴될 수 있을 때 문학과 영상의 창의적 융합은 가능할 것이다. 그런데 문학과 영상의 만남이 어떤 일반화된 생각에 대해 새로운 문제를 제기하고 그에 대한 적절한 해결책을 제시해 준다는 평을 받는 일은 매우 드물다. 오히려 소설 원작이 영화화될 때마다 관객이나 평론가들은 영화가 소설의 내용이나 문제의식을 반감시킨다고 생각한다.

소설 〈은교〉가 영화 〈은교〉(2012)로 영화화된 후, 소설의 원작자가 직접 나서서 참담한 심회를 토로하기도 하였다.[18] 작가의

....

17　황윤정·김종철, 「〈구운몽도〉와 융합 교육의 지향」, 『고전문학과 교육』 29, 한국고전문학교육학회, 2015, 376쪽.

18　황윤정, 「박범신, 트위터에 "차라리 '은교'를 버려주길"」, 『연합뉴스』, 2014.10.15. 이 인터뷰에서 박범신 작가는 영화 광고와 마케팅이 자극적이고 말초적이어서 자신의 소설이 저급한 스캔들처럼 회자되고 만 것에 대해 크게 개탄하였다. 그는 "〈은교〉는 젊은 여자에 대한 욕망을 다룬 소설이 아니라 늙어가는 슬픔에 대해, 그리고 불멸의 가치에 대한 욕망에 대해 쓴 것"이라면서, "작품을 읽어보지도 않고 〈은교〉를 저급한 노인의 욕망을 다룬 것처럼 일부 회자되는 것에 마음을 다쳤다"고 말하였다.

말대로 소설 〈은교〉는 노인의 상처받기 쉬운 마음과 치욕, 죄책감, 서글픔 등을 매우 섬세하게 기술하고 있는 작품이다. 그에 반해 영화 〈은교〉는 제한된 상영시간 안에 이러한 내면 심리를 모두 다 담을 수가 없기 때문에 원작자의 의도를 살리는 데 한계가 있다. 그런데 영화 〈은교〉에서 소설 〈은교〉를 압도하는 장면이 있다면, 그것은 은교가 아끼는 거울을 주워 주기 위해 주인공 노인이 절벽을 위태롭게 내려가는 장면을 묘사할 때이다. 소설에서 위태로움을 느끼는 주체는 목격자였다. "너무도 위험한 짓이었다."고 평가하는 주체도, "조마조마"해하는 주체도, "손에 땀을 쥐"는 주체도 모두 노인이 절벽을 내려가고 있는 것을 바라보는 사람들의 것이었다. 그러나 이 장면이 영화화되었을 때 노인의 어설프고 어눌한 행동을 움직이는 영상으로 보여 줌으로써 조마조마하고 위태로운 행위의 주체가 노인인 것이 또렷이 부각된다.

일찍이 채트먼은 "영화는 문학처럼 간단하게 '한 사내가 방으로 들어왔다'고 서술할 수 없다."고 말했다. 어떠한 옷차림의, 어떤 모습으로, 어떤 제스처를 하며 방에 들어오는지 구체적으로 시각화해야 하기 때문이다.[19] 마찬가지로 소설에서는 노인이 "시곗바늘처럼 암벽을 트래버스해 내려가기 시작했다."라고 기술했지만 영화에서는 다리에 힘이 없는 일흔 노인이 '어떤 제스처를

....

19   시모어 채트먼, 김경수 역, 『영화와 소설의 서사구조』, 민음사, 1997, 33쪽.

하며' 절벽을 타고 내려가는지를 재현해야 했기에, 관객들도 노인이 어설프게 절벽을 기어 내려가고 있다는 사실을 인지하게 된다.

필자는 영화 〈은교〉를 소설보다 먼저 보았는데, 이 장면에서 뒤통수를 얻어맞은 듯한 충격을 느꼈다. 향가 〈헌화가〉의 관련설화가 떠올랐기 때문이다.[20] 그동안 〈헌화가〉를 가르치면서 수십 번 넘게 관련 설화를 읽으면서도 노인이 절벽에 올라 꽃을 꺾는 행동이 어땠는지를 상상해 본 적이 없었다. 영화 〈은교〉를 보면서 비로소 노인이 절벽에 매달려 절절매면서 가까스로 꽃을 꺾어 왔겠구나 하고 생각하게 되었다. 이랬으니 꽃을 바치면서도 "나를 아니 부끄러워하시면"이라는 단서를 달 수밖에! 문자 텍스트로는 수십 번을 읽고도 상상하지 못했던 노인의 몸짓을, '움직이는 (moving) 영상'을 통해 비로소 상상할 수 있었던 것이다.

여기서 문학과 영상의 창의적 융합 가능성을 엿볼 수 있다. 〈헌화가〉의 배경설명을 읽을 때처럼 문자 텍스트만으로 상상해 내기가 매우 어려운 표상들을 영화가 지닌 새로운 상상력의 원천인 '움직이는 영상'[21]을 통해서 비로소 상상 가능하게 만들 수 있

....

20 소설 〈은교〉에서는 이 장면 뒤에 〈헌화가〉를 인용하였다. 젊은 제자가 노인의 행동에 대해 "웃기는 '늙은이'다. 뭐 〈헌화가〉의 주인공이라도 되고 싶은가."라고 비아냥거리는 장면이 나온다.

21 R. Carringer, "The Cinematic Imagination", *Literature Film Quarterly* 2(1), Salisbury State University, 1974, p. 69.

다는 것이다. 그러한 표상들 가운데 대표적인 것이 '노인'의 표상이 아닐까 생각한다. '노인'의 표상이야말로 우리가 가장 상상하고 싶지 않은 자신의 모습이며, 가장 소외시키고 싶은 주체의 일면이기 때문이다. '움직이는 영상'을 통해 이러한 노인의 표상을 마치 자신의 일인 양 가깝게 느끼게 만든다면 이때 영상은 문학적 상상의 빈곳을 보완하여 '노인'에 대한 문제를 새롭게 제기하고 그에 대한 적절한 해결책도 찾아갈 수 있다고 본다.

2004년에 개봉한 미야자키 하야오 감독의 영화 〈하울의 움직이는 성〉을 보면 십대 소녀였다가 하루아침에 구십 노파가 된 소피의 이야기가 나온다. 노파가 된 소피는 자신의 추한 모습과 갈라진 목소리에도 놀라지만 움직일 때마다 아픈 신음 소리를 내며 노인의 몸으로 산다는 것이 얼마나 힘든 일인지 절감한다. 이를 테면 집을 나서서 첫걸음을 뗀 소피는 "아파 아파 노인은 힘들군……." 하고 중얼거린다. 앉았다가 일어나면 관절에서 우두둑 소리가 나고 힘겹게 비탈길을 오르며 지팡이를 간절히 찾는다. 그러면서 "노인이 이렇게 움직이는 게 힘든 건지 생각도 못했군."이라고 말한다.

공기처럼 자연스러워서 의식하지 못했던 걷는 행위가 이제 걸음걸음마다 의식적으로 노력해야 하는 중노동이 된다는 사실을 소피처럼 젊은 사람들은 상상조차 하기 힘들다. 삼십대 초·중반일 때 필자는 이 장면을 보면서 심장이 살짝 내려앉는 느낌을 가졌었다. '지금 나도 노인이 되면 움직이는 게 얼마나 힘든지 모르는데… 언젠가는 소피처럼 그것을 알게 되는 날이 오겠구나….'라고 생각해서였다. 좀처럼 상상되지 않던 '늙은 나의 모습'이 그 순간만큼은 상상이 되고 있었다.

이처럼 '움직이는 영상'으로 우리 눈앞에 보이는 노인의 표상은 우리로 하여금 애써 외면하던 주체와 대면하는 경험을 강제적으로 선사한다. 그 표상은 추하기는 하되 끔찍하지는 않아서 아예 눈감아 버리는 회피가 일어나지도 않는다. 우리는 꼼짝없이 노인의 움직임을 지켜보면서 서서히 그 표상이 우리에게 의미하는 바를 생각하게 된다. 때문에 '노인의 추함'에 대한 공감을 불러일으키는 데 있어서는 '움직이는 영상'이 문학을 압도하는 바가 있다는 가설이 나온다.

그러나 현실에서는 대다수의 영상매체가 오히려 노인에 대한 부정적인 인식을 강화시키고 있다. 영상매체를 통해 만들어지는 현대인의 이미지는 성적 매력이 있는 젊고 경제적 능력이 있는 사람들에 대한 이미지이며, 상대적으로 성적인 매력이 적은 노인에 대해서는 부정적인 이미지로 지각하도록 만든다.[22] 또한 대중

....

22   황미구·권선희, 「청소년들의 노인과 동성애자에 대해 주관적으로 지각된 영상매체이미지가 노인과 동성애자의 사회적 거리감에 미치는 영향: 영상매체 인물 동일시 및 사회적 자아개념을 매개변인으로 하여」, 『청소년학연구』 15(7), 한국청소년학회, 2008, 38쪽.

매체의 부정적 노인이미지가 개인에게 여과 없이 그대로 받아들여지면서 노인은 사회적으로 무능하고 소외된 존재로 인식되며 노인에 대한 막연한 편견이 가중되고 있다.[23] 영상매체가 노인에 대한 부정적인 인식이나 편견을 더욱 가중시킬 수 있는 이유는 사람들이 '움직이는 영상'으로 표현된 것을 더욱 사실에 가깝다고 느끼기 때문이다.

영화의 이미지는 단순한 회화적 재현이 아니라 움직이는 회화적 재현들이기 때문에 더 사실적이라고 받아들여진다.[24] 무엇이 '사실적'인가를 판단하는 문제는 매우 복잡한 논의를 필요로 하지만, 여러 이론들에서 공통적으로 지적하는 것은 '사실성'이란 '텍스트 안'에 있는 것이 아니라 '독자의 지각'에 있다는 점이다. 즉, '사실적 재현(리얼리즘)'에서 중요한 것은 '재현에 앞서 실제로 존재하는 사실적 지시대상'이 아니라 '수용자가 어떤 것을 사실적으로 지각하는 행위'라는 것이다.[25] 노인의 표상이 '움직이는 영상'으로 보일 때, 수용자는 그것이 사실적인 표상임을 믿어 의심치 않기 때문에 영상매체의 제작자에게는 소설가보다도 더 깊

....

23 원영희, 「노인편견에 영향을 미치는 요인」, 『일립논총』 9, 한국성서대학교출판부, 2003, 315쪽.

24 한순미, 「매체적 상상력과 욕망하는 주체: 김영하의 단편을 중심으로」, 『한국문학이론과 비평』 9, 한국문학이론과 비평학회, 2000, 102쪽.

25 고정희, 「사설시조와 리얼리즘」, 『국문학연구』 28, 국문학회, 2013, 10-17쪽에서 이에 대해 자세히 살폈다.

은 성찰과 자의식이 요구된다.

문학과 영상의 창의적 융합이 필요한 이유는 '움직이는 영상'이 양날의 검이 될 수 있다는 데 있다. 그것은 '노인의 표상'과 같이 쉽게 상상하거나 공감하기 어려운 대상에 대해서 상상할 수 있도록 만들기도 하지만, '움직이는 영상'이 현실 그대로의 사실적 재현인 것처럼 믿도록 만들기도 한다. 그리하여 노인을 어떻게 움직이는 영상으로 재현할 것인가에 대해서 문학적 성찰이 융합되지 않으면 노인에 대한 부정적 인식과 편견을 강화하는 역효과를 불러일으키게 된다. 다음에서는 NT Live 〈리어왕〉을 통해 문학과 영상의 창의적 융합의 실례를 들고자 한다.

3. NT Live 〈리어왕〉의 사례

NT Live란 영국 국립극장(National Theatre)에서 상연된 연극실황을 전 세계 영화관에서 동시에 상영하는 프로그램을 말하는 것이다. 문학 작품을 곧장 영화화한 것이 아니기 때문에 NT Live를 과연 문학과 영상의 융합이라고 볼 수 있는가 라는 질문이 가능하다. 그러나 연극 공연의 장면을 전달하는 영상 또한 어떤 '시각'에 의해서 선택되고 조정되어 편집된 것으로서, 상당히 적극적인 개입을 통해 만들어진다. 넓은 무대에서 벌어지는 특정 장면에서 어느 부분에 초점을 맞추고 어떤 각도에서 바라볼 것인가를 선택하고 조정해서 방영하기 때문이다. 그러므로 NT Live는 단순한 기록과 재연을 넘어서서 문학·연극·영상이 만나 제3의 결과물을 창안하는 과정을 보여 준다고 할 수 있다.

문학을 영상화한 데 대한 비판과 마찬가지로, NT Live에 대한 비평가들의 평가는 그다지 호의적이지 못하다. 전문가들은 연극이 영상으로 상영됨으로써 생겨난 손실을 지적하는데, 예를 들면 거대한 무대가 만들어 내는 무한한 수의 다양한 공간이 필름에서는 손실된다는 것이다. 또한 연극을 보면서 느끼는 훌륭한 존재감 또는 이야기 전체를 주관하는 질서에 대한 감각도 영상으로 옮겨졌을 때는 사라진다는 것이다.[26] 전자는 영상이 무대의 일부만을 카메라에 담기 때문에 생겨난 것이라면, 후자는 예술작품을 원본으로 볼 때의 감동이 복제품을 볼 때는 사라지는 것을 지적한 것이다. 이러한 손실들에 비해 영상화로 인해 생겨난 이득이란 관객들이 뒷자리에서도 클로즈업 된 배우의 얼굴을 볼 수 있다는 것, 전혀 다른 시공간에서 영국 국립극장의 레퍼토리를 즐길 수 있다는 것 정도가 언급되고 있다.[27]

....

26 Arnab Chakladar, "National Theater Live's King Lear: A Review"(http://blogs.carleton.edu/englishdepartment/2014/06/23/581/).
27 James Karas, "King Lear – Review of National Theatre Live Telecast"(http://jameskarasreviews.blogspot.kr/2014/05/king-lear-review-of-national-theatre.

그러나 이러한 비평가들의 태도와는 달리 NT Live에 대한 관객들의 반응은 매우 호의적이다. 과학·기술·예술 분야에 대한 지원을 담당하는 영국 정부기관(Nesta)의 조사에 따르면 연극 〈페드라〉를 영화관에서 본 관객은 극장에서 연극을 직접 본 관객에 비해 정서적으로 더 큰 감동을 받았던 것으로 나타났다.[28] 이는 특정한 각도에서 무대의 일부를 카메라에 잡고, 배우들의 얼굴을 자주 클로즈업하는 NT Live 영상이 관객의 정서에 적극 호소하는 방식으로 제작되었다는 것을 반증한다.[29]

2014년 8월, 서울 남산의 국립극장에서 상영된 NT Live 〈리어왕〉에 대한 한국 관객들의 반응도 무척 고무적이었다. 특히 리어왕을 치매 환자로 해석한 공연 내용이 인상적이라는 감상편이 여러 편 있었다.[30] NT Live 〈리어왕〉이 상영되는 중간 휴식 시간에 감독의 제작 후기가 방영되었다. 여기서 감독 샘 멘데스(Sam Mendes)는 의대에 다니는 조카 덕분에 리어왕을 '루이체 치매'

....

html/2014/05/04/).

28 강일중, 「'스크린'으로 즐기는 공연예술 시대」, 『연합뉴스』, 2010.09.06.

29 영화 관람자가 문학이나 음악 감상을 보류하고 굳이 영화를 택하는 것은 스크린 이미지의 독특한 감성적 경험의 매력 때문이다. 이런 이유로 대중 영화는 관객의 감정 경험을 목표로 한다(김혜련, 「감정 소통매체로서의 영화와 도덕적 상상력」, 『철학논총』 61, 새한철학회, 2010, 265-266쪽).

30 http://blog.daum.net/yubchoo/7017611; http://blog.naver.com/lse92/220110222164; http://blog.naver.com/ken4136112/220109496059

환자로 해석한 논문을 알게 되었고, 이를 토대로 리어왕의 걸음걸이와 손을 떠는 모습 등을 연출했다고 밝혔다. 예를 들면 한쪽 발을 끌며 걷는 모습은 바로 루이체 치매를 앓고 있는 환자의 전형적인 행동 양식이다. 필자의 가까운 분 중에 치매를 앓고 계신 분이 바로 그렇게 걷기 때문에 그 장면을 보는 순간 리어왕과 그분이 오버랩 되는 것을 느꼈다.

공연을 보고 나서 논문을 찾아 보니 의학계에서는 리어왕이 치매 증상을 보인다고 해석한 논문이 여러 편 나와 있었다.[31] 그중 한 논문은 셰익스피어가 '나이 듦'의 신체적인 면과 정신적인 면을 모두 묘사하고 있다는 데 주목한다. 갈라진 음성, 흰머리와 주름들, 인체의 구멍마다 나오는 분비물들, 팔다리와 감각의 약함, 다양한 질병, 외모의 추함과 뒤틀림, 말이 많아짐, 특히 리어왕에서 보이는 정신력의 실패 등이 인간이 나이 들면서 어떻게 더 부정적으로 변해 가는지를 증언하고 있다는 것이다. 즉, 리

....

31 N. J. C. Andreasen, "The Artist as Scientist", *JAMA Neurology* 235(17), American Medical Association, 1976; N. C. Berchtold and C. W. Cotman, "Evolution in the Conceptualization of Dimentia and Alzheimer's Disease: Greco-Roman Period to the 1960s", *NEUROBIOLOGY OF AGING* 19(3), PERGAMON PRESS LTD, 1998; L. Fogan, "The neurology in Shakespeare", *JAMA Neurology* 46(8), American Medical Association, 1989; A. M. Truskinovsky, "Literary Psychiatric Observation and Diagnosis Through the Ages-King Lear Revisited", *Southern Medical Journal* 95(3), Southern Medical Association, 2002.

어왕은 "노망이 들어가는 늙은이로서 어떤 종류의 변화에도 대처하지 못한" 불쌍한 노인의 모습을 보여 주고 있다[32]고 지적한다. 이처럼 리어왕에게서 보이는 변화를 노인성 치매가 동반하는 인지적이고 정서적인 변화로 해석한 논문의 수는 생각보다 많은 편이다.

〈리어왕〉에 대한 문학평론가들의 다양하고 복잡한 논의들을 생각한다면 위와 같은 해석은 지나치게 단순하고 표피적인 것처럼 여겨질 수 있다. 예를 들어 옷을 벗어 던지는 리어의 행동은 의학적으로 보면 치매 증상의 하나일 뿐이지만, 종전의 문학비평에서 특별한 상징적 의미를 부여받곤 하였다. 즉, 옷을 입고 있는 상태에서는 현실을 직시하지 못하며 진실과 허위를 분별하지 못했던 리어가 미쳐 버리는 고통을 통해서 옷을 벗어 버림으로써 자기 발견을 하게 되며 진정한 인간이 된다는 식의 해석이 그것이다.[33] 여기서 '옷을 벗어 버림', '미침'이라는 상태는 새로운 존재로 탈바꿈하기 위한 시련으로 해석된다.

1960년대까지 문학계에서는 모진 시련과 고통을 통해서 마침내 리어왕이 구원에 이르게 되었다고 보는 기독교적 비평이 〈리

....

32 A. M. Truskinovsky, "Literary Psychiatric Observation and Diagnosis Through the Ages- King Lear Revisited", *Southern Medical Journal* 95(3), Southern Medical Association, 2002.

33 김복희, 「〈리어왕〉: 이미지 유형과 주제」, 『한영논총』 16, 한영신학대학교, 2012.

어왕〉 비평의 주류를 이루었다. 그러나 이후에는 이러한 해석에 대한 강한 회의가 제기되었으며, 〈리어왕〉이 종교적인 신앙을 거부하는 존재의 공포를 그리고 있다는 새로운 주장이 피력되기도 하였다. 1980년대 이후에는 〈리어왕〉이 드러내고 있는 가부장적 권력과 성, 그리고 중세 봉건시대의 절대 가치와 개인주의적 욕망의 대립에 대한 사회적 문맥을 읽어 내는 비평이 많아지고 있다.[34] 그러나 기독교적 비평에 대한 강한 반발에도 불구하고, "리어왕은 모든 것을 박탈당하고서야 비로소 자신의 진정한 모습을 볼 수 있게 된다."[35]는 해석은 여전히 확고한 지위를 차지하고 있다. 즉, 대다수의 비평가들은 〈리어왕〉이 모진 고통과 수난 끝에 자각에 이르는 리어의 정신적 성장을 재현하고 있다고 보고 있다.[36]

언뜻 보면 이러한 문학적 비평이 리어의 행동을 노인성 치매 증상으로 해석하는 것보다 훨씬 더 인간에 대한 심층적 이해에 도달하고 있는 것처럼 보인다. 그러나 과연 그러한가? 리어가 쏟아 낸 그토록 많은 고집스럽고 억지스러운 말들, 딸들에 대한 입에 담지 못할 저주의 말들, 그가 보여 준 광기, 변덕, 독재적인 모습이

....

34   윤희억, 「〈리어왕〉의 비평의 흐름: 1800년에서 현재까지」, 『셰익스피어비평』 44(2), 한국셰익스피어학회, 2008, 301-302쪽.

35   김숙재, 「윌리엄 셰익스피어의 〈리어왕〉 연구」, 『일립논총』 6, 한국성서대학교, 2000, 322쪽.

36   김종환, 「〈리어왕〉 비평의 쟁점: 낙관적 시각과 비관적 시각」, 『셰익스피어 비평』, 46(4), 한국셰익스피어학회, 2010, 734쪽.

과연 정신적 성장을 위한 것들이라고 볼 수 있을까. 〈리어왕〉의 비극적 결말은 이러한 것들의 의미를 회의하게 만든다. 결말만을 본다면 리어가 고통을 통해 배운 것이 없으며, 고통을 통해 새로운 인간으로 거듭나지도 않았다고 지적하는 비관적 시각에도 일리가 있는 것이다.[37] 리어의 고통은 성경의 욥의 곤경과 같은 패러다임으로 전개되지만 결말에 모든 것이 회복되는 욥의 경우와는 달리 리어의 고통은 끝까지 인내해야 하는 셰익스피어식 패턴으로 전개된다[38]는 사실을 음미할 필요가 있다.

　　셰익스피어의 〈리어왕〉은 원래 오래된 연극 〈리어왕〉을 바탕으로 개작한 작품이었다. 셰익스피어 시대에 이 연극을 보러 온 사람들은 과거의 〈리어왕〉 버전으로부터 비롯된 기대를 품고 연극을 보러 왔는데, 그것은 나이든 왕이 결국은 치료되고 코딜리아가 살아난다는 것이다. 그러므로 코딜리아와 리어가 모두 죽음으로 끝을 맺는 셰익스피어 연극의 마지막 장면을 본 당시의 청중들이 얼마나 놀랐을지는 상상하기조차 어려울 지경이다. 그만큼 셰익스피어는 옛날 작품을 리메이크하는 근본적인 규칙을 위반하면서까지 결말을 충격적으로 바꾸어 놓았던 것이다.[39]

....

37　김종환, 앞의 글, 749쪽에서는 "비관적 해석은 고통을 통한 리어의 깨달음을 과소평가한다는 점을 제외하면, 그런대로 설득력이 있는 견해이다."라고 평가한다.

38　김숙재, 앞의 글, 322쪽.

39　영국의 Royal Shakespeare Company에서는 2007년도에 〈리어왕〉을 상연하

결국 셰익스피어는 어떠한 구원도 기약하지 못하는 상황에서 '끝까지 견디는 것' 밖에는 할 수 없는 인간 조건의 한계상황을 보여 주고 있다. 에드거는 5막 2장에서 자살하려는 자신의 부친 글로스터에게 모든 걸 참고 때가 무르익도록 기다려야 한다고 말한다. "뭐라고요! 또 자살하실 생각인가요? 인간은 태어날 때처럼 세상을 떠나는 것도 참고 기다려야 합니다. 때가 무르익도록 기다려야 합니다."라고.[40] "한때는 잘 살았으나 이제는 사는 것도 아닌"[41] 노년의 의미 없는 삶일지라도, 죽음의 때가 무르익을 때까지는 "참고 기다"릴 수밖에 없는 곤경에 빠진 노인의 표상이야말로 셰익스피어가 말하고자 하는 '재난과 고통을 참아 견디는' 인간의 모습에 가깝다. 그 가운데서도 치매 노인의 표상은 인간이 참아 견뎌야 하는 재난과 고통의 극점을 보여 준다. 그 고통의 끝에는 어떠한 종류의 성장이나 회복을 기대하기 힘들고, 오직 인간이 가장 두려워하는 죽음으로만 그 고통을 끝낼 수 있기 때문이다. 따라서 다음과

....

였다. 이 연극 상연 당시 감독과 컬럼비아 대학교 영문학 교수가 대담한 내용을 보면 셰익스피어가 종전의 〈리어왕〉을 각색했을 때 당시 관객들이 받았던 충격에 대해 언급한 내용이 나온다. "A conversation between director Trevor Nunn and James Shapiro"(http://www.rsc.org.uk/explore/shakespeare/plays/king-lear/2007-director-interview.aspx).

40 김종환, 앞의 글, 734쪽.

41 강손근, 「늙음과 돈으로 보는 플라톤의 정의론」, 『철학논총』 27(3), 새한철학회, 2009, 9쪽.

같은 대사를 함께 음미하면서 리어를 치매 노인으로 해석하는 것은 〈리어왕〉에 대한 심도 있는 이해에 도움이 된다.

> 에드거   이 슬픈 시국의 무게를 감당해야 합니다.
> 해야 할 말은 두고 느끼는 걸 말하시오.
> 최고의 노인이 최고로 견디셨소. 젊은 우린 그만큼 보지도 살지도 절대 못할 것입니다. (죽음의 행군을 하며 모두 퇴장)[42]

글로스터의 적자인 에드거는 서자 에드몬드의 계략에 빠져 아버지의 집을 떠나 거짓으로 미친 체하며 '거지 톰'으로 살아간다. 그는 벌거벗은 몸으로 폭풍우가 몰아치는 밤에 리어와 함께 헤매는 인물이며, 장님이 된 아버지 글로스터의 곁에서 피눈물을 삼키며 동행하는 인물이다. 그리하여 에드거는 재난과 고통을 참아 견디는 힘을 형상화하고 있는 인물로 평가되고 있다.[43] 그런 에드거가 리어의 죽음 앞에서 리어의 삶을 위와 같이 평가한다. "최고의(가장 늙은) 노인이 최고로(가장 많이) 견디"[44]었다고. 오래 산

....

42   윌리엄 셰익스피어, 최종철 역, 《리어 왕》, 민음사, 2005, 177쪽.
43   김종환, 앞의 글, 734쪽.
44   괄호 안은 '윌리엄 셰익스피어, 최종철 역, 《리어 왕》, 민음사, 1997'의 번역인데 이 번역이 더 정서적인 호소력을 갖는다고 본다.

다는 것은 더 지혜로워지거나 더 성장하는 것이 아니라 그만큼 더 많이 견디는 것을 의미할 뿐이라고 셰익스피어는 말한다. 이 점에서 "직업도 없고 돈도 없고 더 이상의 삶도 없"[45]다고 느끼는 치매 노인이 그들의 삶을 어떻게 견디는지를 지켜보는 것은 셰익스피어 문학의 주제에 부합한다고 볼 수 있다.

희곡 작품을 문자로만 읽을 때는 리어와 치매 노인을 연결시키기 힘들지만 영상 속에서 불편한 몸으로 광기를 내뿜는 리어를 볼 때 우리는 '폭력적으로 변한 낯선 어머니', '집을 찾지 못하고 길을 헤매는 아버지'[46]의 모습을 떠올리게 된다. 이러한 영상 이미지를 통해 우리는 아직 늙지 않았고, 늙음을 상상할 수 없음에도 불구하고 소설가 박범신이 말한 "늙어가는 슬픔"에 대해 공감하고, 그 늙음에 의해 모든 것을 상실한 인간의 밑바닥을 들여다볼 수 있게 된다. 영상의 힘은 그와 같은 상실을 겪는 사람의 절박함을 전달해 준다는 데 있다.

이하에서는 몇 가지 구체적인 사례를 들어 특정한 각도에서 무대의 일부를 카메라에 잡고, 배우들의 얼굴을 자주 클로즈업하

....

45 버지니아 벨·데이비드 트록셀, 이애영 역, 『치매: 고귀함을 잃지 않는 삶』, 학지사, 2006, 32쪽. 해군 장군이자 외과의사로서 뛰어난 경력을 가졌었던 한 치매 환자의 이와 같은 고백은 왕이었으나 나라도, 땅도, 기사들도, 집도 잃고 정신마저 혼미해진 리어의 고백처럼 들린다.

46 위의 책, 25쪽.

는 NT Live 영상이 관객의 정서를 어떻게 고양시키는지를 알아보기로 한다.

안에서 뿔나팔 소리. 리어, 네댓 명의 시중드는 기사들과 함께 등장.

리어   한 순간도 지체 말고 저녁을 내오너라. 가서 준비하라. (기사 1 퇴장) (켄트에게) 여봐라, 넌 뭐냐?

켄트   사람입죠.

리어   자칭하는 업종은 무엇이냐? 짐에게 무슨 볼 일이라도 있느냐?

켄트   겉보기 이하는 아니라고 자칭합죠. 즉 저를 믿어주시는 분에게 참되게 봉사하고, 정직한 분을 사랑하며, 현명하여 말수가 적은 분과 어울리고 심판을 두려워하며, 피할 수 없을 땐 싸우는데-생선은 안 먹습니다.

리어   넌 뭐냐?

켄트   매우 정직한 마음을 가졌으며 국왕만큼이나 가난한 사람입죠.

리어   네가 백성으로서 왕이 가난한 만큼이나 가난하다면 넌 꽤 심한 거구나. 원하는 게 뭐냐?

켄트   봉사입니다.

리어   누구에게 봉사하려느냐?

켄트   당신에게요.

리어   나를 아느냐?

켄트   아뇨. 그러나 당신 거동에는 제가 기꺼이 주인님이라고 부르고 싶은 게 있습니다.

리어   그게 뭔데?

켄트   권위요.

리어   어떤 봉사를 할 수 있느냐?[47]

위의 장면은 리어가 셋째 딸 코딜리아를 내쫓고 큰딸 고너릴
집에 머물던 어느 날, 지나치게 많은 기사들의 문제로 갈등을 빚
고 큰딸과 결별하기 직전의 장면이다. 저녁 식사를 대령하라는 리
어의 말이 고너릴의 시종에게 무시당할 정도로 그의 권위는 땅에
떨어졌다. 그때 한 사람이 나타나 리어에게 시종을 들겠다고 자
청한다. 그는 코딜리아 추방을 만류하다가 쫓겨난 충직한 신하 켄
트인데, 변장을 했기 때문에 리어는 그를 알아보지 못한다. 왜 자
신에게 봉사하려 하느냐는 리어의 질문에 켄트는 "당신 거동에는
제가 기꺼이 주인님이라고 부르고 싶은 게 있다."며, 그것이 "권
위"라고 말한다. 희곡에서는 리어가 곧장 대사를 이어가는 것으
로 되어 있는데, NT Live 〈리어왕〉에서는 켄트가 "권위요."라고
말할 때 리어의 상반신을 클로즈업하여 리어가 기쁨의 웃음을 억
누르려고 얼굴 근육을 씰룩거리다가 이내 순진한 기쁨의 미소가
그의 얼굴에 번지는 모습을 관객이 볼 수 있도록 만든다.

....

47   윌리엄 셰익스피어, 앞의 책, 39-40쪽.

얼마 전까지만 해도 리어는 누구도 의심하지 못할 권위를 지니고 있었다. NT Live 〈리어왕〉에서는 무대 장치를 시대극에 맞게 꾸미지 않고, 현대의 전체주의국가로 세팅을 한다. 무장한 경비병으로 둘러싸여 있는 리어는 나이든 독재자의 독점적이고 독보적인 권위를 뽐낸다. 특히 리어가 딸들에게 그에 대한 사랑의 크기를 묻는 오프닝 신은 독재국가에서 행해지는 국가행사를 연상케 하고, 코딜리아가 의자 위에 올라가 벌을 받는 장면은 당의 정책을 따르는 것을 거부한 양심수에게 가해지는 형벌을 연상케 한다.[48]

오프닝 신에서 리어는 당당한 걸음걸이, 위엄 있는 말투로 독재적 권위를 뽐내고 있다. 위의 사진 가운데 오른쪽 그림은 리

[**그림 7-1**] 예고 화면 전체 59초 중 4초[49]　　　[**그림 7-2**] 예고 화면 전체 59초 중 41초

....

48　이러한 해석은 Charles Spencer, "King Lear, National Theatre, review" (http://www.telegraph.co.uk/culture/theatre/theatre-reviews/10593210/King-Lear-National-Theatre-review.html/2014/01/23/)에서 지적한 바를 필자가 다소 변형한 것이다.

49　https://www.youtube.com/watch?v=YXkt8c5I2uo에 게시(2014.02.28.)되어 있는 "National Theatre Live: King Lear trailer" 속의 장면이다. 이하의 장면들 또한 본 영상에서 가져온 것임을 밝혀 둔다.

어가 딸들에게 자신을 얼마나 사랑하는지를 말하라고 강요에 가까운 명령을 내리는 장면이다. 꼿꼿하게 앉아 정면을 바라보고 절도 있게 말하는 그의 목소리는 마이크를 통해 더욱 힘 있게 전달된다. 그러나 왕국을 두 딸들에게 나누어 준 그에게 이제 더 이상 그러한 권위는 존재하지 않는다. 비스듬히 앉아 측면으로 켄트를 바라보며, 한낱 '당신의 거동에 권위가 있다'는 말에 온 세상을 다 가진 듯한 순진한 미소를 짓고 있는 것이다. 이처럼 배우들의 얼굴을 클로즈업 하면서 희곡만으로는 또는 연극에서는 알 수 없었던 심리 묘사의 효과를 거두는 것은 이미 여러 평자들이 지적한 바 있다. 그런데 〈리어왕〉 연극을 직접 본 관객 중에 과연 몇 명이나 리어의 얼굴에 떠오른 이러한 순진한 기쁨의 미소를 포착할 수 있었을까를 생각해 보면 NT Live의 움직이는 영상이 관객에게 특별한 정서적 호소를 하고 있는 것을 알 수 있다.

리어의 순진한 미소는 미세한 근육의 움직임을 통해 표현되고 있어서 앞좌석에 앉은 주의 깊은 관객이 아니고서는 거의 포착하지 못하고 지나쳤을 가능성이 높다. 또한 주의 깊은 관객이라 하더라도 "권위요."라고 말을 하는 켄트에게서 재빨리 시선을 돌려 리어의 얼굴을 주시하지 않고 있었다면 리어의 얼굴에 떠오른 미세한 기쁨의 미소를 알아차릴 방법이 없다. NT Live는 켄트의 말이 끝나자마자 리어의 상반신을 클로즈업하여 리어가 얼마나 '권위'라는 말에 목말라하고 있는지를 느끼도록 관객을 유도하였다. 그 결과 관객은 속마음을 감추지 못하고 순진한 미소를 띠는 리어의 얼굴에서 호감과 연민을 느끼게 되고, 이후 리어의 광기어린 행동들을 어느 정도 연민을 가지고 바라보게 된다.

　리어만이 아니라 그 어떤 인물이라도 가까이에서 그의 입장을 목도하게 된다면 연민의 마음이 생겨날 수 있는데, 다음 장면이 움직이는 영상으로 상영될 때 고너릴이 어떻게 묘사되는지 살펴보자.

리어　　그럴지도 모르겠네.
　　　　자연은 들으소서, 여신은 들으소서.
　　　　이것에게 자식을 낳게 해줄 작정이면
　　　　그러한 계획을 멈추어주소서.
　　　　이 여자의 자궁에 불임증을 옮기고
　　　　생식 기관 다 말려 썩어빠진 그 몸에서
　　　　그녀를 존중해 줄 아이는 절대 아니
　　　　태어나게 하소서. 생산할 팔자라면
　　　　독 품은 자식 낳고 그것이 살아남아
　　　　비꼬이고 인정 없는 애물 되게 하소서.
　　　　그것으로 말미암아 젊은 이마 주름지고,
　　　　쏟아지는 눈물이 뺨 위에 골을 파며,
　　　　어미의 모든 고생, 보람을 비웃음과

경멸로 바꾸어, 은혜 잊은 자식을 두는 게

독사의 이빨보다 얼마나 더 날카로운지

느끼게 해주소서. 떠나자, 떠나! (퇴장)

올바니　　맙소사, 도대체 어찌된 일이오?

고너릴　　절대로 괴롭게 더 알려고 하지 말고

망령이 뻗는 대로 분풀이를 하도록

내버려두세요.[50]

　　위의 장면은 리어가 첫째 딸의 사랑의 말이 말뿐인 거짓이었음을 깨닫고 고너릴에게 저주를 퍼붓는 장면이다. 은혜 잊은 자식을 두는 게 독사의 이빨보다 더 날카롭다고 하지만, 정작 독사의 이빨보다 더 독한 말을 하는 쪽은 리어 자신이다. "이 여자의 자궁에 불임증을 옮기고 생식 기관 다 말려 썩어빠진 그 몸에서 그녀를 존중해 줄 아이는 절대 아니 태어나게 하소서."라는 말은 아버지로서 자식에게 차마 못할 말이다. 고너릴은 자신의 턱밑에서 아버지가 핏대를 세우고 침을 튀기면서 그렇게 말할 때 도저히 참지 못하고 아버지의 뺨을 치고, 그러한 자신의 행동에 놀라서 눈물을 내비치게 된다.

　　희곡에서는 리어가 이렇게 독설을 퍼부을 때 고너릴이 어떤

....

50　윌리엄 셰익스피어, 앞의 책, 51-52쪽.

행동을 한다는 지문이 없었는데, 샘 멘데스의 연극에서는 고너릴이 리어의 뺨을 치는 연출이 추가되었다. 이 장면뿐만이 아니라 샘 멘데스는 차마 보기 괴로운 장면들을 모두 연출하여 관객으로 하여금 그것을 목도하도록 만들었다.[51] 그러나 연극을 볼 때 관객의 시선은 넓은 무대 위로 분산되기 때문에 그러한 장면들이 주는 정서적인 압박감이 영상에 비해서는 덜하게 된다. 그에 비해 NT Live는 무대 위에 다른 등장인물이나 다른 배경들을 삭제한 채 오직 한 화면에만 집중하게 함으로써 관객들로 하여금 영상의 편집자가 바라보는 방식으로 인물과 장면을 바라보게 만든다.

고너릴이 리어의 뺨을 치고 나서 스스로 놀라 눈물을 머금게 되는 장면은 너무 찰나적으로 그려져 있어서 영상이 아니라면 거의 관객에게 전달될 수 없는 장면이다. 피도 눈물도 없는 악한 딸로 보이던 고너릴의 얼굴에 떠오른 눈물의 흔적은 관객으로 하여금 고너릴이 일방적으로 아버지에게 불효했던 것이 아니라고 느

....

51　샘 멘데스는 희곡에 없던 인물들의 행동을 추가하면서 관객들로 하여금 더 격렬한 정서를 느끼도록 유도하고 있다. 예를 들어 희곡에서는 광대가 "난 정오에 잠자러 갈 거고."라는 말을 남기며 사라지는 것으로 되어 있는데, 연극 〈리어왕〉에서는 광기에 사로잡힌 리어가 쇳덩어리로 광대를 사정없이 내려쳐서 죽이는 장면이 연출되어 있다. 결말에 다다라, 둘째 딸 리건은 첫째 딸 고너릴에 의해 독살되고 고너릴은 스스로 자살했다는 사실이 희곡에서는 다른 등장인물들의 전언으로 알려질 뿐인데, 연극 〈리어왕〉에서는 리건이 독을 마시고 몸을 뒤틀며 죽어가는 모습, 고너릴이 칼로 자신의 목을 긋는 모습이 모두 무대 위에서 연출된다.

끼게 만든다. 고너릴은 리어가 그렇게까지 말하는 것이 "망령이 뻗는 대로 분풀이"하기 때문이라고 생각한다. 우리는 치매에 걸린 부모가 병 때문에 그렇게 말하고 행동한다는 것을 알면서도 어쩔 수 없이 상처를 받게 된다. 그 점에서 고너릴도 연민의 대상이 될 수 있다. 그러나 리어는 자신이 독한 말로 딸에게 상처를 주었다고 생각하지 못하고, 오직 딸들의 불효가 자신을 이러한 지경으로 내몰았다고 생각하고 있다.

불쌍한 톰으로 변장한 에드거 등장.

에드거　저리 가! 더러운 악마가 날아와. 날카로운 가시나무 사이로
　　　　찬바람은 불고. 흠 넌 침대로 가서 몸을 데워.

리어　　너도 모든 걸 딸들에게 줘버렸어? 그래서 이 지경이 된 거야?

에드거　불쌍한 톰에게 누가 뭘 주나? 더러운 악마가 그를 불속으
　　　　로 화염 속으로, 여울과 소용돌이 속으로, 습지와 늪지대
　　　　위로 몰고 다녔어. 그의 베개 밑엔 칼을 넣고, 의자 위엔 목
　　　　매는 줄을, 죽 그릇 옆엔 쥐약을 놓았다고. 그의 마음을 오
　　　　만으로 부풀려 반 뼘 크기의 다리 위를 적갈색 조련마를
　　　　타고 건너게 했고, 자기 그림자를 역적이라고 뒤쫓게도 했
　　　　어. 넌 정신 차려, 톰은 추워. 오, 덜덜, 덜덜, 덜덜. 회오리바
　　　　람, 사악한 별 바람과 감염을 조심해. 불쌍한 톰, 더러운 악
　　　　마가 괴롭히는 톰에게 자선 좀 해줘. 지금 여기에서 놈을

잡을 수 있었는데, 그리고 여기, 또 여기, 여기에서.

(폭풍 계속)

리어　네 딸들이 널 이렇게 이 궁지로 몰았어?

　　　아무것도 안 남겼어? 다 주고 싶었다고?

바보　아냐, 담요 한 장은 남겼어. 안 그랬으면 우리 모두 창피할

　　　뻔 했어.

리어　(에드거에게) 인간의 죄악 위에 운명처럼 떠도는 전염병은

　　　이제 네 딸들에게 다 옮아라.

켄트　전하, 그에겐 딸들이 없습니다.

리어　사형이다. 이 역적 놈! 불효하는 딸들 말곤

　　　아무것도 기력을 이렇게 죽일 순 없는 법.

　　　버림받은 아비들의 몸뚱이가 이토록

　　　푸대접 받는 게 유행이란 말이냐?

　　　사려 깊은 벌이로다. 부모 피 빨아 먹는

　　　펠리컨 딸 낳은 건 이 몸이야.[52]

　　큰딸과 작은딸에게 차례로 쫓겨난 리어는 폭풍우 속을 헤매
며 점차 미쳐간다. 옷을 벗어 던진 리어는 자신처럼 벌거벗고 온
몸에 진흙투성이가 되어 폭풍우 속을 헤매는 에드거에게 동질감
을 느낀다. 에드거가 벌레보다 못한 모습이 된 것은 그 역시 딸들

....

52　윌리엄 셰익스피어, 앞의 책, 99-101쪽.

[그림 7-3] 예고 화면 전체 59초 중 34초

에게 모든 것을 주었기 때문이라고 확신한다. 위에 나오는 "불효하는 딸들 말곤 아무것도 기력을 이렇게 죽일 순 없는 법"이라는 대사의 원문은 "nothing could have subdued nature to such a lowness but his unkind daughters"이다. 다른 번역에서는 "불효한 딸들이 없다면 인간으로서 어찌 저렇게 비참한 몰골이 될 수가 있단 말이냐."[53]라고 번역하였다. NT Live 〈리어왕〉의 자막은 "딸들이 불효하지 않고서는 인간이 저 지경이 되지 않네."였다. 이 자막을 보면서 '역시 셰익스피어다!'라고 생각하지 않을 수 없었다.

부모가 우리에게 모진 말로 상처를 줄 때에는, 고너릴처럼 노망이 나서 그런 거라고 생각하며 애써 무시해 버릴 수 있다. 그런데 자녀가 우리의 뜻대로 살지 않고 배신할 때는, 그 비참함의 끝은 겪어 보지 않으면 알 수 없다. 몹시도 속 썩이는 자식이 아니라면 인간이 자기 안에 있는 짐승 같은 감정을 꺼내 볼 일이 거의

....
53 윌리엄 셰익스피어, 신정옥 역, 『셰익스피어 4대 비극집』, 전예원, 1991, 512쪽.

없다. 리어는 딸들의 불효로 인해 이러한 감정을 너무나 잘 알았기 때문에 누구든 인간 이하의 비참한 모습을 한 사람을 보면 그도 모든 것을 딸들에게 주었다고 생각하게 된다.

이처럼 자신이 과거에 어떤 권위를 가졌던 사람인지를 잊어버리고, 아버지로서 딸에게 해서는 안 될 말이 있다는 것조차 생각지 못한 채, 다른 사람의 불행을 오직 자신의 관점에서만 해석하는 리어의 모습은 어린애와도 같다. 그러나 그가 아무리 어린애 같다고 해도 그가 내뱉는 독한 말들이 다른 사람에게 상처를 주지 않는 것은 아니다. 고너릴의 눈물에 공감한다면 리어의 행위가 더욱 부당해 보인다. 그러나 누군가에게 진실로 부당한 행동을 하기에는 그의 신체적 능력이 턱없이 부족하다.

리어는 옷도 제대로 입지 못하고, 걸음걸이도 자유롭지 못하다. 그가 아무리 무시무시한 말을 내뱉는다고 해도 그중 하나라도 실행에 옮길 수 있는 힘이 그에게는 허락되어 있지 않다. 독설의 무시무시함과 그의 실제 능력의 괴리는 노인에 대한 이중적인 감정을 자아낸다. 그의 말에 집중하면 너무도 끔찍하게 밉살스럽지만, 그의 무능을 생각한다면 그러한 폭력적인 말도 안쓰럽게 여겨진다. 노인의 말이 너무도 끔찍하고 노인의 행동이 너무도 추하고 밉살스러워도 그의 불편하고 힘겨운 걸음걸이를 움직이는 영상으로 보는 순간, 연민의 감정이 올라온다. 노인은 숨쉬기도, 걷기도 힘든 절대적으로 연약한 존재임을 느끼기 때문이다.

희곡에서는 리어의 정신이 온전치 못하다는 것을 강조하긴 하였지만 손을 떤다든지 발을 질질 끈다든지 한다는 지문은 전혀 없었다. 그런데 샘 멘데스가 리어를 치매 환자로 해석하여 이러한 제스처를 연출하는 순간 연극 〈리어왕〉은 관객에게 완전히 다른 작품으로 다가오게 된다. 그 자신이 노인인 관객은 자신의 신체가 점점 더 노쇠해져 가는 모습을 리어 속에서 발견하고 리어에게 연민을 느끼게 된다. 연로한 부모를 두었거나 치매 환자를 가까이 모시는 자녀들은 리어를 통해 그들의 부모를 이해하게 된다. 사람은 젊었을 때는 자신의 몸의 주인 노릇을 할 수 있지만 나이가 들어 갈수록 몸이 허락하는 데까지만 무엇을 할 수 있다는 것을 점점 더 깨닫게 된다. 우리는 모두 젊었을 때는 자신의 몸에 대해서 독재적인 권력을 누렸지만 나이가 들면 그러한 권력이 사라지게 된다. 더구나 치매 환자는 자신의 몸은 물론 마음과 기억의 주인이 되지 못한다. 이 점에서 본다면 세상에 치매 환자처럼 많은 권력을 상실한 사람도 없을 것이다.

NT Live 〈리어왕〉은 리어를 치매 환자로 해석한 샘 멘데스의 연출 의도를 극대화시키는 편집 방식을 취하고 있다. 첫 장면에서 독재자처럼 당당하게 등장하던 리어는 다리가 다소 불편해 보이기는 하지만 손을 떨고 있지는 않았다. 그러나 폭풍우 속으로 내쫓긴 이후의 리어는 왼손을 끊임없이 자신의 엉덩이 쪽으로 가져가서 긁는 듯한 제스처를 취하는데, 이 제스처는 리어가 정신적으로 매우 불안한 상태라는 느낌을 주며 그를 더더욱 비참하게 보이게 만든다. 다른 무대 배경들은 삭제하고 리어의 전신을 계속해서 줌 인하고 있는 영상은 집요하게 리어의 이러한 불완전한 신체적 상태를 관객에게 전달함으로써 노인에 대한 연민을 불러일으키는 데 도움을 준다. 그러나 그러한 영상만으로는 관객에게 충분한 의미를 전달할 수 없다. 도대체 리어처럼 자신의 손과 발의 주인일 수도 없고, 자신의 의식의 주인일 수도 없다면 산다는 것이 무슨 의미가 있는가?

NT Live 〈리어왕〉은 다행히 셰익스피어를 원작으로 삼고 있기 때문에 방금 언급한 질문에 대해서 반복적으로 전하고 있는 메시지가 있다. 그것은 그 어떠한 상황에서도 끝까지 참고 견디는 수밖에는 없다는 것이다. 〈리어왕〉에서 리어에 못지않게 비참한 인물이 있다면 글로스터이다. 그는 서자 에드먼드의 계략과 콘월 공작의 잔인함에 의해 두 눈을 뽑히고 자살을 시도하였지만, 자신의 옆을 지키던 적자 에드거에 의해 자살에 이르지 못한다. 이렇게 되자 글로스터는 "지금부턴 견딜 거요, 고난이 '됐다 됐어.'라고 외치고 스스로 사라질 때까지."라고 다짐한다. 이에 대해 에드거 또한 "무구한 인내심을 가지세요."라고 위로한다.[54]

이처럼 희곡 〈리어왕〉에서는 반복적으로 "견딤"에 대해서 말

....

54 윌리엄 셰익스피어, 《리어 왕》, 139쪽.

하고 있지만 우리는 희곡을 읽으면서 그 절실한 의미를 깨닫지 못한다. 샘 멘데스의 현대적 해석과 연출이 더해진 연극 〈리어왕〉은 견뎌야 하는 노인의 추한 모습을 구체적 형상으로 구현한 점에서 희곡에 비해 관객을 보다 정서적으로 고양시킨다. 그리고 멀찍이 물러나서 연극의 전체 무대를 조망하는 카메라가 아니라 노인의 뒷모습을 집요하게 따라가는 카메라를 통해 만들어진 NT Live 〈리어왕〉 영상은, 관객으로 하여금 한 치매 노인을 통해서 '끝까지 참고 견디는' 셰익스피어의 문학적 패턴을 감정적으로 경험하게 만든다. 이 점에서 NT Live 〈리어왕〉은 문학과 영상의 창의적 융합의 한 사례로 꼽을 만하다.

4. '늙고 추한 노인'에 대한 공감교육

앞에서 셰익스피어의 문학이 영상을 만나 관객들의 정서를 고양시키고, 문자가 환기하지 못하던 정서를 불러일으키는 것을 볼 수 있었다. 영상 또한 셰익스피어 문학을 만나 저력 있는 이야기를 풀어낼 수 있으며 풍부한 해석과 연출을 시도할 수 있다는 것을 보았다. 즉 문학과 영상이라는 이질적인 영역이 서로 만나, 영상에서는 늘 부정적으로만 존재했던 '늙고 추한 노인'에 대한 다른 형상화의 가능성이 열렸으며, 문학에게 부족했던 '늙고 추한 노인'에 대한 연민의 정서를 영상이 극대화 할 수 있었다. 이러한 사례 분석을 바탕으로 노인의 추한 형상을 문학적 성찰이 뒷받침 된 영상으로 재현할 때 '늙고 추한 노인'에 대한 연민도 가능해진 다고 말할 수 있다. 그러나 현실에서의 노인을 바라보거나 대중매 체에서 비우호적으로 그려진 노인을 바라보면서 연민을 느끼기 는 솔직히 어렵다.

아리스토텔레스는『수사학의 기술』2권 8절에서 연민의 감 정에 대해 집중적으로 설명하고 있다. "연민은 일종의 고통스러 운 감정인데, 고통을 받을 만하지 않은 사람이 겪는 고통스러운 악을 볼 때 생기는 감정이다."[55]라는 것이다. 이에 기대어 보면 왜 젊은이들이 노인에 대한 연민에 그토록 인색한지를 알 수 있다. 젊은이들은 노인들의 추한 모습을 마치 그들이 잘못 살아왔기 때 문에 얻게 된 당연한 결과인 것처럼 생각한다. 젊은이들이 보기에 노인들은 쓸데없이 참견하고, 고집이 세고, 유효기간이 지난 담론 으로 억지를 부리고 우겨대는 것처럼 보인다. 이러한 노인들의 악 덕으로 보면 그들의 '추한 모습'은 '고통을 받을 만한 이유'가 있 는 사람에게 주어진 고통처럼 보인다. 설사 '고통 받을 만한 이유' 가 없다 하더라도 노인들은 이미 충분히 살았고, 누릴 만큼 누렸 으며, 독재자처럼 오랫동안 젊은이들 위에서 군림해 온 사람들이

....

55   김용환, 「공감과 연민의 감정의 도덕적 함의」,『철학』76, 한국철학회, 2003, 164쪽.

기 때문에 그만한 고통은 그들이 감내하는 것이 당연하다고 생각하기도 한다.

그러나 셰익스피어적인 견지에서 노인을 바라보면 오래 살았다는 것은 충분히 누렸다는 것을 의미하는 것이 아니라 그만큼 오래 견디었다는 것을 의미한다. 노인들이 처음부터 고집스러운 젊은이는 아니었을 것이다. 삶을 견디다 보니 고집만큼 거친 세상에서 자기를 지켜줄 무엇이 없다는 것을 깨닫게 된 것뿐이다. 더구나 저 혈기왕성한 젊은이들이 자신의 말을 무시하기 일쑤이니 그들과 말을 할 때마다 그러고 싶지 않아도 어쩔 수 없이 억지를 부리게 된다. 노인들은 자기 삶의 고통과, 부모 자식 간에 주고받은 상처와, 젊은이들의 무시를 오래 동안 견디어 온 결과 지금의 부정적인 모습에 이른 것이지, 그들의 적극적인 악덕의 대가로 추한 모습을 지니게 된 것은 아니다. 이처럼 노인들이 '고통 받을 만한' 일을 적극적으로 나서서 저지르지 않았다는 점에서 노인들도 다른 '고통 받을 만한 이유 없이 고통 받는 타자'들과 마찬가지로 연민의 대상이 되어야 한다.

아름답고 생기 있는 것을 사랑하는 인간의 본성상 '노인의 추함'에 대해 자발적으로 연민을 느끼는 것이 어렵다면, 노인에 대한 공감교육을 통해 연민의 감정을 느끼도록 만들 수 있다. 동정심과 연민의 감정은 타자의 고통이나 불행에 대해 같이 그 고통과 불행을 느낌으로써 갖게 되는 도덕적 감정이며, 공감은 그런 감정을 느낄 수 있도록 해 주는 하나의 심리적 작동 원리 또는 힘이다. 그런데 이러한 공감력은 훈련과 교육을 통해 배양될 수 있다.[56]

'늙고 추한 노인'에 대한 공감은 다른 어떤 대상에 대한 공감보다 더 큰 공감력을 필요로 한다. 타자의 고통이 곧 자신의 것은 아니라는 의식이 생기는 순간 타자와 동일한 입장이 되려는 노력은 약해지며, 공감 능력도 약화될 수 있기 때문이다.[57] 늙음에 대해서 사람들은 그것이 언젠가는 닥칠 미래임을 머리로서는 알지만 절대로 자신의 일로 느끼지 못한다. 늙음은 곧 쇠락을 의미하고 죽음에 가까워지는 것을 의미한다. 어느 누구도 오늘 자신이 죽을 거라고 생각하면서 하루를 살지 않듯이, 대다수의 사람들은 늙음 역시 자신과 상관이 없는 듯이 생각하고 행동하다가 노년에 이르러서도 자신이 늙었다는 사실을 인정하지 못한다.

'늙고 추한 노인'에 대한 공감교육은 타자에 대한 연민의 폭을 넓히는 의미도 있지만 더 중요하게는 내 안에서 '늙어 가는 나'를 연민을 가지고 수용할 수 있도록 해 준다는 의미를 지닌다. 나는 늙어 가고 있고 나의 담론도 유효기간이 지나가고 있다는 것을 인정할 때 나 역시 젊은이들의 고통에 공감할 수 있다. 그들이 지닌 육체의 건강과 활력 때문에 잘 드러나지는 않지만, 젊은이들도

....
56   김용환, 앞의 글, 161쪽.
57   위의 글, 168쪽.

이전 세대와는 다른 방식으로 삶을 견디고 있다. 그렇게 힘들게 견디는 그들이 나의 마음에 들지 않는다고 해서, 나에게 불효한다고 해서 그들에게 독설을 쏟아 내는 것은 어른스럽지 못한 태도이다. 〈리어왕〉은 '늙고 추한 노인'이 끝까지 어떻게 견디는가를 보여 주는 동시에 '어떤 늙고 추한 노인'이 될 것인가를 생각하게 한다는 점에서 '늙고 추한 노인'에 대한 공감교육의 좋은 자료가 된다.

현재 한국 사회에서 노인과 관련된 담론은 매우 부정적으로 형성되어 있다. 즉 질병, 성적(性的) 불능, 외관상 추함, 지적능력 감퇴, 노망(망령)과 관련된 내용들이 노인 담론을 지배하고 있다. 또한 노인들의 약간의 실수에도 "노망이 들었다", "치매에 걸렸다"고 표현하며 노인들에 대한 부정적 인식을 드러낸다.[58] 그러나 이러한 부정적 인식은 노인과의 접촉의 빈도수나 질(quality)에 따라서 달라질 수 있다고 한다.[59] 조(노)부모와의 친밀한 관계나 동거 경험은 노인 편견을 줄이는 데 긍정적인 영향을 미친다는 연구 결과도 제출되었다.[60]

주변에 치매에 걸린 노인의 자녀들에게 물어보면 부모들이

....

58   이지영, 「노년담론에 대한 노인의 인식과 대응에 관한 질적 연구: 자아상과 노인상의 차이를 중심으로」, 『노년학연구』 29(3), 한국노년학회, 2009, 1003쪽.

59   황미구·권선희, 앞의 글, 38쪽.

60   원영희, 「노인편견에 영향을 미치는 요인」, 『일립논총』 9, 한국성서대학교출판부, 2003, 306쪽.

이상행동을 할 때 밉다는 생각이 들기보다는 불쌍하다는 생각이 먼저 든다고 한다. 그러한 이상행동을 하는 이유를 알 것 같기 때문이라는 것이다. 예를 들어 한 할머니는 요양원에서 남편과 함께 지내고 있는데, 다른 할머니들과 남편의 관계를 의심하는 의부증을 보인다. 이 할머니의 자녀는 할머니가 젊었을 적에 시장에서 장사하면서 자식들을 건사하느라 한번 예쁘게 꾸며 보지도 못했는데, 남편의 주위에 잘 차려입은 여성들 때문에 가슴앓이를 했다고 말한다. 그래서 지금 까닭 없이 의부증을 보이는 자신의 어머니가 불쌍하게 느껴진다고 한다.

이처럼 친밀한 관계를 맺었던 자식의 입장에서 보면 '늙고 추한 노인'에 대해서도 공감하는 것이 그리 어렵지 않다는 것을 알 수 있다. 그렇지만 현실에서 모든 젊은이들이 노인들과 이러한 관계를 직접 맺을 수는 없기 때문에 노인과의 질적 교류가 이루어질 수 있는 프로그램의 개발 및 실천의 노력이 필요하다.[61] 이러한 프로그램의 개발을 위해 '나이 듦'의 문제, 그로 인한 상실과 변화의 문제를 집요하게 파고 들어간 셰익스피어라는 문학적 자산을 적극적으로 활용할 것을 제안하고 싶다.

〈리어왕〉에서 리어의 충직한 신하 켄트는 실성한 리어를 보고 "그분의 정신력이 견디다 못해 다 무너졌습니다."[62]라고 안타

....

61 원영희, 앞의 글, 306쪽.

까워한다. 셰익스피어는 '끝까지 견디는 삶'을 말하면서도 그렇게 하면 자아가 세계를 이길 수 있다고 장담하지 않는다. 오히려 세계의 횡포는 인간의 정신력을 무너뜨릴 정도로 가공할 만한 수준으로 닥쳐 올 수 있다고 말하고 있다. 〈리어왕〉에서 서자 에드먼드의 계략에 빠져서 마침내 눈이 먼 글로스터는 "신들은 인간을 짓궂은 소년들이 파리잡듯 다룬다네, 그들은 장난삼아 우릴 죽여."[63]라고 절망적으로 말한다. 그러나 이 대사를 '악의 힘은 너무나 강력하고 선의 힘은 너무나 무력하다.'[64]는 도덕적 비관론으로만 해석하는 것은 셰익스피어를 통해 위로를 받는 사람들을 간과하는 우를 범한다.

셰익스피어의 작품은 모진 시련을 딛고 스스로 무언가를 성취했다고 생각하는 사람이 아니라 비참함의 극단에 처하여 어찌할 바를 모르는 사람들에게 큰 반향을 불러일으키곤 한다. 감옥에서 셰익스피어를 만난 한 청소년 재소자는 셰익스피어의 주인공들이 '잃는다는 것이 무엇인지, 벼랑 끝에 매달려 있다는 것이 무엇인지, 길을 잃는다는 게 무엇인지 아는 사람들'이기 때문에 '이런 환경 속에서도 숨겨져 있던 힘을 찾아내어 여러분이 진정으로

....

62 윌리엄 셰익스피어, 《리어왕》, 108쪽.
63 김종환, 앞의 글, 734쪽.
64 위의 글, 734쪽.

바라는 삶을 꾸릴 수 있는 도구를 제공'한다고 하였다.[65]

리어 역시 모든 것을 잃었고, 벼랑 끝에 매달려 있으며, 길을 잃었다. 그럼에도 불구하고 리어는 노인의 미약한 신체적·정신적 능력으로 이 상황을 견디고 있다. 그것이 리어에게 숨겨져 있던 힘이었다. 리어의 한 평생을 "가장 늙은 노인이 가장 많이 견디셨소."라는 말로 요약한 셰익스피어는 "신들이 우릴 파리 잡듯 다루고 장난삼아 우리를 죽"이는 것 같은 비참한 세계에서도 죽음의 때가 무르익을 때까지, 가장 늙은 노인들처럼, 참고 견디는 것이 인생임을 시사하였다. 이러한 셰익스피어의 의도를 영상으로 훌륭히 구현한 NT Live 〈리어왕〉과 같은 학습 자료를 확보할 수만 있다면, 연민의 대상일 수 있지만 언제나 인색하게 대했던 '늙고 추한 노인'에 대한 공감교육도 가능할 것으로 본다.

5. 문학과 영상의 창의적 융합이 지닌 힘

이 장은 '늙고 추한 노인'에 대해서 우리는 왜 그렇게도 연민을 느끼는 데 인색한 것인지, 그들에 대한 공감은 어떤 방식으로

....
65 로라 베이츠, 박진재 역, 『감옥에서 만난 자유, 셰익스피어』, Denstory, 2014, 270쪽.

이루어질 수 있는지에 대해 알아보는 것을 목적으로 하였다. '늙고 추한 노인'은 우리가 애써 외면하고 싶은 타자로서 감정적으로 동일시되기 어려운 대상이다. 뿐만 아니라, 그들의 '늙고 추함'이 마치 그들이 살아온 삶의 결과인 것처럼 생각되기 때문에 '고통 받을 만하지 않은 사람이 고통을 당하는' 것을 목도할 때 느끼는 연민이 잘 일어나지 않는다. 그렇지만 NT Live 〈리어왕〉과 같이 문학과 영상이 창의적으로 융합된 작품들을 통해 '늙고 추한 노인'에 대한 연민을 불러일으킬 수 있다는 것이 이 장이 입증하고자 한 가설이었다.

아무리 노인의 신체적 고통이 잘 묘사된 문학 작품을 읽는다고 해도 하루아침에 노인의 몸을 입지 않는 한, 그 고통을 상상하기는 힘들다. 그러나 온 힘을 다해도 제대로 걸을 수 없는 노인의 걸음걸이를 움직이는 영상으로 볼 때 문자로는 상상하지 못했던 노인의 신체적 고통에 대면하게 된다. 영상매체는 노인의 추함을 구체적으로 그림으로써 노인과의 대면을 강제하고 관객으로 하여금 노인의 추함이나 신체적 고통에 대한 상상을 가능하게 만든다.

그러나 영상매체가 재현하는 '노인의 추함'은 '오랜 삶의 견딤'이라는 의미로 해석되어야 연민을 불러일으킬 수 있다. 그렇지 않다면 '노인=추함'이라는 공식에 따라 노인을 부정적으로 재현한 영상이 노인에 대한 편견을 가중시키는 역효과를 낳고 만다. '노인의 추함'에 담겨 있는 '삶을 견디는 힘'에 대한 발견은 셰익스피어와 같은 문학적 성찰을 통해 얻어진다. 영상이 노인의 신체적 고통을 상상하게 하는 힘을 지닌다면, 문학은 그 의미를 해석하는 힘을 지닌다.

문학과 영상이 창의적으로 융합될 때 이제 연민의 대상은 '삶을 견디고 있는 노인'이 된다. 이들에 대한 연민이 자발적으로 일어나기 어렵다면 공감교육을 통해 그러한 연민을 불러일으킬 수 있다. 공감교육은 노인-청소년 간의 질적 교류를 통해 일어나지만, 모두가 질적 교류에 참여할 수 없으니 셰익스피어라는 자산을 활용하는 것도 좋다.

이상의 주장을 뒷받침 할 만한 영상 이론이나 여타 철학적 논의들을 발견하지 못하여 논의가 다소 주관적으로 전개될 수밖에 없었다. 그러나 때로는 작품이 이론적 성취를 앞서 가기도 한다. NT Live 〈리어왕〉은 영상 이론을 앞서 가고, 셰익스피어는 노인 문제에 대한 수많은 대안적 담론들을 앞서 간다. 앞으로 셰익스피어를 영화화한 자료를 중심으로 영상의 장르적 속성이나 재현 기법에 대해서도 탐구한다면 문학과 영상의 창의적 융합과 공감교육에 대해 좀 더 깊이 있는 후속 논의가 가능해질 것으로 본다.

8장

국어교육에서
표현교육의 확장과 통합 방안

1. 논의의 배경

이 장은 국어교육의 내용 영역 가능태로서 표현교육의 개념과 위상을 고찰하고 그에 상응하는 이론적 구성체로서 표현교육론의 정립 방향을 전망해 보는 것을 목적으로 한다.

우선 왜 '표현교육'이 논의의 대상이 되어야 하는지 질문해 볼 필요가 있을 것이다. 국어과 교육에서 '표현교육론'에 대한 논의는 1990년대 후반부터 약 10년 정도 교과 영역론, 작문(교육)론, 화법(교육)론, 고전 표현(교육)론, 창작(교육)론, 매체(교육)론 등과 관련하여 지속적으로 이어진 바 있다. 그 결과는 표현의 본질에 대한 성찰, 관점의 다각화 및 기초 연구, 음성과 문자를 넘어선 복합매체 양식성에 대한 비판적 이해의 필요성 등을 확인한 것으로 요약할 수 있다.[1] 그리고 국어 교과에서 '말하기, 쓰기, 보여주기'와 같은 영역만을 따로 묶어 표현교육으로 다루지도 않기 때문에 왜 다시 '표현교육'인가 하는 의문이 생기는 것은 당연한 일이다.

여전히 문제가 될 만한 것으로는 2009년 개정 교육과정부터 '화법과 작문'이라는 고등학교 선택 과목이 신설되면서 두 영역의 결합 방식에 대한 비판적 논의[2]가 활발하게 이루어졌다는 점을 들 수 있겠다. 그리고 2014년 현재 2009년 개정 교육과정의 근간을 유지해 온 2011년 개정 교육과정을 다시 개정하기 위한 논의에서, 또 다른 선택과목인 '독서와 문법' 과목의 비합리성을 개선하기 위한 대안으로 '화법과 독서', '작문과 문법'이라는 조합의 가능성이 대두되고 있음도 고려할 수 있겠다. '화법과 작문'이든 '화법과 독서'든 그 이름에 걸맞은 내용을 담보하기

....

1 민병곤, 「표현교육론의 쟁점과 표현 영역의 중핵 성취기준」, 『한국어교육학회 제 269회 정기학술대회 자료집: 국어과 교육과정 설계와 학문적 쟁점』, 한국어교육학회, 2010, 195-207쪽.

2 김종철, 「고등학교 '심화 선택' 체제 개편 방향」, 『국어교육』 131, 한국어교육학회, 2010, 93-117쪽; 이도영, 「2009 개정 교육과정의 작문 교수 학습 방법 및 평가: 문제 제기를 중심으로」, 『작문연구』 13, 한국작문학회, 2011, 9-32쪽; 서영진, 「2011 개정 '화법과 작문' 교육과정에 대한 비판적 고찰: '설득' 범주 교육 내용의 재구성을 통한 대안 모색」, 『화법연구』 19, 한국화법학회, 2011, 325-358쪽; 민현식 외 22인, 『2011 국어과 교육과정 개정을 위한 시안 개발 연구』, 교육과학기술부, 2011; 민병곤, 「'화법과 작문' 과목의 정체성에 대한 비판적 고찰」, 『작문연구』 16, 한국작문학회, 259-289쪽.

위해서는 영역 확장과 통합의 논리를 확보할 필요가 있다는 점에서 그러하다. 이는 물론 국어교육 외적인 요구에 의하여 추동된 것이지만 이러한 외적 요구 자체가 국어교육의 존립 근거 중하나라는 점과 결국 그러한 요구를 국어교육 내적 논리로 통합하는 것은 국어교육 연구자의 몫이라는 점에서 외면할 수 없는 과제라 할 것이다.

한편 한국어교육의 경우에는 언어 사용의 통합성을 기본 전제로 하면서도 듣기, 말하기, 읽기, 쓰기 영역의 독자성이 이론적으로나 실천적으로 어느 정도 인정되고 있는 것으로 보인다. 그리고 한국어교육 관련 단행본 명칭이나 강좌명에서 말하기와 쓰기를 표현교육론으로, 듣기와 읽기를 이해 교육론으로 묶어서 접근하는 경향도 쉽게 볼 수 있기 때문에 '표현교육'이라는 화두는 외국어 또는 제2 언어로서 한국어교육에서 주변적인 것만은 아닐 것이다.

그런데 국어교육에서든 한국어교육에서든 '표현교육'이라는 범주명의 사용은 가령 말하기 교육과 쓰기 교육의 통합 원리로서 그 본질적 측면을 탐색하기 위한 것보다는 해당 영역이나 과목 구조를 간소화하려는 편의적인 접근에서 이루어지는 경우가 더 많은 것으로 보인다. 국어교육에서 '화법과 작문'의 화학적 결합 필요성을 제기한 경우도 있지만 '화법'에 이해의 국면이 포함되어 있다는 것만으로도 두 영역이 '표현'이라는 범주로 묶일 수 없음이 자명하다. 한국어교육의 경우에도 말하기와 쓰기 각각의 매체 및 담화 특성에 더 주의를 기울이지 둘을 묶는 공통 원리로서 표현의 본질에 천착하는 경우는 찾아보기 어렵다는 점에서 그러하다. 물론 현실적으로 교재나 교수·학습의 과정에서는 말하기와 쓰기의 분리와 결합도, 말하기와 듣기, 쓰기, 읽기 간의 분리와 결합도 모두 가능하고 현실성도 높다. 그러나 이 경우에도 언어 사용의 실제가 통합적이라는 경험적 차원이 강조될 뿐 '표현'이나 '이해'라는 범주가 실효성을 갖고 있는 것이라고 하기는 어려울 것이다. '표현교육'이라는 용어가 더 실용적으로 사용되는 지점은 '언어적·비언어적 표현'에 대해서 언급할 때이다. 여기서 '표현'이란 주로 문장 이하의 언어 단위와 비언어적 요소 등 기호의 체계와 구조를 가리킨다. 말하기나 쓰기 교육 및 평가 요소 중 하나로 '내용', '조직'과 구별하여 사용되는 '표현'이 그것이다. 그러나 여기에서 표현교육이라고 할 때의 '표현'은 이러한 미시적인 차원의 표현이 아니라 주로 말과 글을 통하여 의미를 구성하고자 하는 행위로서의 표현이다.

　표현교육의 확장과 통합에 대한 논의가 필요한 까닭은 무엇인가? 이 장의 제목이 전제하고 있는 바와 같이 표현교육의 현 상태가 확장과 통합을 통하여 학문적 정체성을 재구성할 필요가 있기 때문일 것이다. 이는 표현교육의 현 상태가 어떠한지, 그러한 현 상태의 변화를 요구하는 동인이 무엇인지, 그리고 변화의 내용과 방법은 어떠한지, 예상되는 결과는 무엇인지 등에 대한 논의를 필요로 한다. 표현교육의 현 상태라고 하면 이론과 실천의 제반 국면을 고려해야 하겠지만 여기서는 대체로 국가 수준의 국어과 교육과정 수준을 전제하고 논의하고자 한다.[3] 그 개략적인 내용은 표현의 본질에 대한 이해, 표현교육의 내용 구성, 영역 내 영역 간 결합 논리, 복합양식매체의 의미 작용, 사회적 변화의 반영 등과 관련되어 있다.

이러한 표현교육의 현 상태에 대한 변화를 강제하는 힘은 기본적으로 정보 통신 기술의 발달과 그에 따른 사회적 변화라고 할 수 있다. 정보 통신 기술의 발달은 웹 2.0 시대를 구현했고, 이러한 변화는 기술과 정보의 통합과 소통을 가능하게 함으로써 사회 변화를 가속화하였다. 매체의 발달로 인한 의사소통 방식의 변화는 교육의 내용과 방법에도 근본적인 변화를 요구하고 있다. 국어교육에서 이러한 사회적 요구는 국가 수준의 교육과정 개정과 직접 연계되어 왔지만, 학문적으로도 매체언어 교육을 국어교육의

....

3 표현교육의 자기 정체성을 위협하는 더 중요한 문제는 학교에서 실질적으로 표현교육이 이루어지지 않고 있다는 점일 것이다. 이에 대해서는 객관식 지필 평가 위주의 입시 풍토, 교육 환경의 열악함, 교사의 전문성 부족 등의 원인을 지적할 수 있다. 표현교육의 확장과 통합에 대한 논의가 이러한 현 상태를 개선하는 데 직접적으로 기여한다고 보기는 어려울 것이다. 그러나 교육에서 대안에 대한 설계는 현 상태를 개선하기 위한 여건이 마련되었을 때 언제든 투입할 수 있는 준비로서 그 의미를 찾을 수 있다.

체계 내에 포함하여 구어와 문어뿐만 아니라 복합양식매체로 이루어지는 의사소통에 대한 논의가 활발하게 이루어져 왔다. 정보와 기술의 집약으로 인한 산업의 고도화, 국가 경제를 넘어선 국제적인 노동력의 이동과 전 지구적 무한 경쟁은 교육의 경쟁력 강화를 요구하게 됨으로써 소위 미래 사회에 대비한 핵심 역량에 대한 요구로 나타나기도 한다. 올해 교육부에서 문·이과 통합형 교육과정 개정 작업을 진행하고 있는 것도 이러한 맥락과 무관하지 않을 것이다. 이러한 사회적 요구가 학습자의 요구와 얼마나 조화를 이룰 수 있고 또한 교육적으로 얼마나 정당한 것인가의 문제와는 별개로, 교과나 영역의 통합 또는 융복합의 필요성은 이미 우리가 직면한 현실이 되어 있다고 해도 과언이 아니다.

2. 표현 개념의 중층성

표현교육론의 변화 방향과 내용으로서 확장과 통합을 논의하기 전에 '표현' 개념의 확장과 통합 국면들을 살펴볼 필요가 있다. 표현교육론의 목표와 내용은 표현 개념의 내포와 외연을 어떻게 설정할 수 있느냐에 달려 있기 때문이다. 표준국어대사전에서는 '표현'의 의미를 다음과 같이 정의하고 있다.

표현(表現)

「명사」

「1」생각이나 느낌 따위를 언어나 몸짓 따위의 형상으로 드러내어 나타냄.

「2」눈앞에 나타나 보이는 사물의 이러저러한 모양과 상태.

　　정대현 외에서는 이러한 사전적 의미를 "그 내용으로서 심리적 상태를 지칭하지만, 그 심리를 나타내는 행위를 표시하기도 하고, 그 행위에 사용된 도구로서의 수단을 나타내기도 한다."고 분석하였다.[4] 표현 개념을 '내용, 수단, 행위'의 세 요소로 나누고 그중 행위적 요소가 일차적이라고 보았다. 이들의 논리를 좀 더 따라가 보자. 행위적 요소가 일차적이라는 것은 행위에 내재한 인격성이 중요하다는 것이고 그것은 일정한 가치로서 자리매김 된다. 표현 가치의 전통적 기준은 새로움, 창의성, 균형, 조화, 통일성, 수월성 등이었는데, 이는 수월성의 가치로 요약된다. 그런데 이러한 가치는 엘리트적이고 위계적인 것으로서 표현을 통하여 적극적인 자유를 추구하는 오늘날에는 적합하지 않다. 표현의 시대에 우선적으로 고려할 만한 가치로는 인간성, 일상성, 진실성, 성실성, 수행성의 가치이다. 이를 한마디로 요약하

....

4　정대현 외 7인, 『표현 인문학』, 생각의 나무, 2000, 292쪽.

면 '사람다움'이라 할 수 있는데, 이는 '중용'에 나타나는 '성기성물(成己成物, 자신을 이루는 것과 만물을 이루는 것은 서로 맞물려 있다)'의 개념과 상응한다는 것이다. 고전 인문학이 이해의 인문학이었다면 오늘날의 인문학은 표현을 통하여 적극적인 자유를 추구하게 하는 표현 인문학이라는 것이다. 행위로서 표현의 의미를 인문학적 관점에서 표현을 통한 사람다움의 추구로 규정하고 있는 셈이다.

표현에 대한 이러한 접근은 최현섭 외에서 상생화용(相生話用)의 필요성을 제안하면서 그 중요 개념으로 '진실한 언어 사용, 상대 존중 및 배려, 의미의 생성'을 상정한 것과도 궤를 같이 한다.[5] 표현의 개념을 수사학적 표현술이나 낭만주의적 표출의 관점이 아니라 인격적 관계 속에서 이루어지는 소통 행위로 보아야 함을 시사한다. 표현을 의사소통 행위의 관점에서 접근할 때 표현은 이해와 관계 맺음을 필요로 하고, 인지적인 측면뿐만 아니라 정의적·사회적·문화적 측면에 대한 고려를 필요로 함을 알 수 있다. 위 책에서도 의사소통의 중층적 기제를 인지적 층위, 정의적 층위, 사회적 층위, 역사적 층위, 존재론적 층위, 윤리적 층위로 나누어 살펴보고 있다.[6]

....

5   최현섭 외 8인, 『상생화용, 새로운 의사소통 탐구』, 커뮤니케이션북스, 2007, 17-27쪽.

6   위의 책, 132-158쪽.

소통 행위로서의 표현은 인격적이고 직접적인 상호작용을 전제하고 이때 일차적인 소통의 매체는 구어일 것이다. 옹(Ong) 이 설명한 바와 같이 매체 변화에 따른 말의 현존 방식은 문자 발명 이전의 '구술성', 문자 사용에 의한 '문자성' 그리고 전자매체에 매개된 '제2의 구술성'과 같이 변화해 왔다.[7] 그리고 복합양식매체에 의한 네트워킹이 가능해진 '뉴 뉴미디어' 시대에 말의 현존 방식은 소위 제3의 구술성으로 설명된다.[8] 이동후에 따르면 제3의 구술성이 갖는 특징은 다음과 같다. "첫째, 언어의 표현 양식은 제1의 구술성, 문자성, 제2의 구술성 등이 각각 기반을 두었던 소리, 문자, 소리-영상 등을 다양한 방식으로 결합하여 활용한다. 둘째, 제3의 구술 텍스트는 하이퍼텍스트성과 네트워크 연결성을 통해 인쇄 매체가 가졌던 선형성 및 고정성에서 벗어나고 구술 전통의 유동성과 역동성을 부활시키고 있다. 셋째, 제3의 구술 텍스트를 통해 구술 담화나 제2의 구술 담화와 유사한 커뮤니케이션의 동시성을 경험할 수 있을 뿐만 아니라, 커뮤니케이션의 상황적 경험을 맥락에서 떨어진 읽기의 경험도 할 수 있다. 넷째, 제3의 구술 텍스트의 제작자와 이용자는 상호 연결된 네트워크를 매개로 함께 현존한다. 다섯째, 제3의 구술

....

7 월터 옹, 이기우·임명진 역, 『구술문화와 문자문화』, 문예출판사, 1996.

8 이동후, 「제3의 구술성: '뉴 뉴미디어' 시대 말의 현존 및 이용 양식」, 『언론정보연구』 47(1), 서울대학교 언론정보연구소, 2010, 63쪽.

텍스트의 저자는 구술 담화의 구연자처럼 반응에 민감하여 상황과 밀접한 메시지를 전달할 수 있다."[9] 이러한 제3의 구술성 시대에 이용자들은 소위 "신호 보내기(signaling)와 구술성에서부터 필기, 인쇄, TV, 영화, 그리고 디지털 소셜 네트워크에 이르기까지, 플랫폼, 도구, 미디어 등을 넘나들며 읽고, 쓰고, 상호작용하는 능력"인 "트랜스 리터러시(transliteracy)"라는 미디어 이용 능력을 갖게 된다.[10]

이러한 제3의 구술성 시대에 표현은 더 이상 단순한 음성, 문자, 영상으로 의미를 전달하는 것이 아니라 이러한 매체들을 복합적으로 사용하면서 의사소통의 동시성이나 현존성을 어느 정도 회복한 언어 행위라고 볼 수 있다. 표현이 적극적 자유를 추구하기 위한 행위라면 제3의 구술성 시대에 매체는 단순한 의사 전달의 수단이 아니라 타자들과의 관계에서 인간다움을 추구하기 위한 표현 주체의 참여 대상이자 행위 공간이다. 이러한 관계성 속에서 표현의 개념은 인지론적, 존재론적, 사회적, 윤리적, 문화적 층위들로 확장되어 간다.

....

9   이동후, 앞의 글, 63-66쪽.

10   이에 대해서는 다음을 참고. S. Thomas et al., "Transliteracy: Crossing divides", *First Monday* 12(2), 2007.

3. 표현교육의 원심력과 확장성

1) 표현교육 대상의 확장

표현교육의 확장에 대한 논의는 무엇보다 먼저 교육의 대상 또는 수요자 측면을 고려할 필요가 있다. 자국어로 이루어지는 표현은 국어교육에서 표현교육을 어떻게 해 왔든 그 실천적 영역이 존재한다. 그동안 국어교육에서 관심을 가져 온 표현교육의 수요자는 주로 아동·청소년이었다. 이들은 모어가 한국어라는 점에서 균질한 집단이었다. 그런데 최근에는 모어 또는 제1언어가 한국어가 아닌 다문화 배경 학습자가 국어교육의 관심 대상으로 부각되고 있다. 표현이 적극적 자유의 추구 행위이고 사람다움을 실현하는 사회적인 실천이라는 점에서 볼 때 이들을 위한 표현교육은 매우 중요한 의미를 지닌다. 이들에게 표현교육은 적극적인 자유의 추구 이전에 생존이나 인권과도 직결된 문제일 수 있을 것이다.

표현교육의 대상은 아동 청소년뿐만 아니라 대학생과 성인에게까지 확장될 필요가 있다. 김종철 외에 따르면 국민의 국어 능력 가운데 수준이 가장 낮게 평가된 영역은 '말하기'와 '쓰기' 영역이다. 말하기 영역을 예로 들어 보면, 그 수준이 '우수 2.8%, 보통 33.2%, 기초 49.5%, 기초 미달 14.5%'로 평가되어 전반적으로 저조한 것으로 확인되었다.[11] 대학 재학 이상의 피험자들도 기초 수준 이하가 62.4%에 이른다는 점에 주목할 필요가 있다. 이러한 결과를 어떻게 해석할 것인지는 심층 연구가 필요하겠으나 대체로 말하기를 중시하지 않는 사회적 분위기, 입시 위주의 교육 관행에 따른 말하기 교육의 파행, 성인 교육의 부재 등을 그 원인으로 지적할 수 있을 것이다. 이는 표현교육의 대상을 아동과 청소년뿐만 아니라 대학생을 포함한 성인 전체에게로 확장하고 이를 평생 교육의 차원에서 접근할 필요가 있음을 시사한다.

국민의 국어 능력 평가에서는 20대에서 50대까지의 일반 국민을 대상으로 하였고, 그것도 아주 제한적인 국어 능력만을 측정하였다. 표현교육의 확장 측면에서 살펴보면 일반 국민뿐만 아니라 직무와 관련한 국어 능력 실태에 대한 점검도 필요할 것이다. 표현교육의 대상 역시 일반인뿐만 아니라 전문 분야에 종사하는 전문가 집단에까지 확장할 필요가 있다. 고도 전문화 사회에서는 직능에 따라 요구되는 표현 능력이 다를 것이기 때문에 이들에 대한 전문화된 표현교육이 요구된다. 특히 전문가와 일반인의 의사소통을 매개해 줄 담화 전문가를 양성하는 것도 중요한 문제이다.[12]

....

11 김종철 외 6인, 『2013년 국민의 국어 능력 평가』, 국립국어연구원, 2013.
12 민병곤, 「고도 전문화 시대의 언어 인식과 교육적 대응」, 『국어교육학연구』 46, 국어교육학회, 2013, 77-109쪽.

2) 표현교육 목표와 내용의 확장

필자는 화법교육의 지향성을 '소통, 성찰, 학습, 생활'의 네 차원에서 논의한 바 있다.[13] 기존의 화법교육에서 성찰 지향성과 학습 지향성을 좀 더 강화할 필요성을 제기하였다. 이는 화법교육이 인지적 차원에서 기능적 측면만을 강조하는 경향을 극복하고 자기 성찰을 통한 인격적 성장을 도모하고, 일상생활에서 의사소통의 도구로서뿐만 아니라 학습자가 많은 시간을 보내는 학교에서 학습의 도구로서 그 역할을 수행할 수 있도록 화법교육에서 학습 지향성을 강화할 필요가 있음을 지적한 것이다. 이러한 지적은 화법 영역뿐만 아니라 작문 영역에서 유사하게 적용될 수 있을 것으로 보인다.

의사소통 행위로서 표현 개념의 중층적 기제를 고려한다면 표현교육의 목표는 소통에서 성찰로, 일상생활에서 학습과 전문 분야로, 인지적 층위에서 정의적 층위로, 기능적 층위에서 사회·문화·역사적 층위로, 언어 그 자체에서 행동과 품성으로, 직무 중심에서 여가와 즐김과 놀이 중심으로 그 지향성을 확장해 갈 필요가 있을 것이다. 이러한 확장은 표현 개념의 본질에 대한 성찰과

....

13 민병곤, 「학습을 위한 화법의 위상과 과제」, 『선청어문』 40, 서울대학교 국어교육과, 2013, 415쪽.

시대 상황적 요구를 고려할 때 자연스러운 귀결이라 할 수 있다. 고도 산업화 사회에서 삶의 기본적 조건을 박탈당하면서 무한경쟁에 내몰리고 있는 표현 주체들이 적극적으로 자유를 추구하면서 사람다움을 실현하기 위하여 표현교육에서 무엇을 해야 할 것인가를 보여 주는 것이기도 하다. 담화 공동체의 표현 문화를 전승하는 것도 중요하지만, 그러한 문화에 대한 비판적 성찰을 통하여 미래 지향적이고 바람직한 표현 문화를 만들어 내는 것이 더욱 중요할 것이다. 매체로 매개된 의사소통 상황에서는 특히 매체의 효율적 사용 못지않게 매체의 의미작용에 대한 성찰과 윤리 의식을 강조할 수밖에 없다. 직무를 위한 표현교육도 체계적으로 실행한 바가 없지만 여가와 즐김과 놀이를 위한 표현교육도 강조될 필요가 있다.

이러한 표현교육의 지향성을 교육 내용으로 담보하기 위해서는 다양한 표현 상황에 대한 심층적 연구와 기술을 전제로, 교육적으로 유의미한 의사소통 상황의 목록들을 선정하고 각각의 상황에 표현 주체들이 참여하는 데 요구되는 자원들을 조직해 줄 필요가 있다. 이러한 유의미한 의사소통 상황들을—그것을 장르라고 하든 텍스트 유형이라고 하든—선정하여 체계적으로 배열하는 것이 매우 중요할 것이다. 어떤 경우는 선택과 집중이 필요할 수도 있다. 국민 공통 기본 교육과정 기간에는 공통적으로 학습하되, 고등학교 수준에서는 자신의 진로와 관련하여 예컨대 '발표와 토론'이든 '문학 창작'이든 '실용 국어'든 과목을 선택하여 학습하는 것이 바람직할 것이다.

그렇지만 표현교육의 내용을 어디까지 확장할 수 있는가의 문제는 이론적으로나 현실적으로 간단한 문제는 아니다. 표현의 매체가 음성과 문자를 넘어서서 복합양식화하고 있다는 점을 고려하면 매체의 융합과 확장을 국어교육에서 어디까지 감당할 수 있느냐 하는 것이다. 여기에는 여타 교과목과의 관계에서 국어교육의 경계 설정과 관련된 부분도 있고, 소위 스마트 교육 환경 구축 등 교육 여건과 관련된 문제도 있다. 미래 사회의 학교가 지금의 학교와 달리 교실 안과 밖, 학교 안과 밖을 자유롭게 넘나들고 연결할 수 있게 되리라는 점을 고려하면, 국어교육에서 표현교육의 경계를 어떻게 고민하든 표현교육은 교과 차원에서든 매체 차원에서든 그 목표와 내용을 확장해 갈 것임은 분명하다.

3) 표현교육 방법의 확장

표현교육의 방법은 소위 스마트 교육 환경에서 가장 피부에 와 닿게 확장될 수 있는 부분이다. 학교 교육에서 말하기나 쓰기 활동이 거의 이루어지지 않는 이유 가운데에는 입시 중심의 교육이나 교사의 전문성이나 직무 부담 같은 문제 외에도 표현 활동의 시공간성이나 매체 의존성 문제도 적지 않았을 것이다. 학습자의 경험을 보장하지 않는 표현교육은 엄밀하게 보면 이해 교육에 가까운 것이다. 표현의 원리를 지식으로 전수한다든지 표현의 실제를 분석적으로 평가해 본다든지 하는 것도 표현교육의 일부가 될 수 있음은 분명하다. 특히 표현교육을 통한 자기 성찰이나 문화비판 등의 차원이 가능하다면 그런 측면이 분명히 있을 것이다. 그러나 자기 성찰이나 문화 비판적 차원이라 할지라도 표현 주체의 경험과 참여가 전제되지 않는다면 그것은 온전한 의미에서 표현교육이라 하기 어렵다.

그런데 스마트 기기의 보급 확대와 교육적 활용은 이러한 제약의 상당 부분을 극복할 수 있도록 해 준다. 스마트 교육 환경의 구축을 통하여 교사는 학습자들이 자유롭게 표현할 수 있는 기회를 제공할 수 있게 된다. 매체의 활용 측면에서 음성, 문자, 복합매체를 인터넷 기반으로 자유롭게 사용할 수 있다는 것은 시공간적 제약을 상당 부분 극복할 수 있는 가능성을 제공한다. 표현을 위한 준비 과정, 수행 과정, 수행 후 과정에서 학습자들이 주도적인 역할을 수행할 수 있고 교실 안과 밖의 동료와 전문가들도 참여할 수 있을 것이다.

이러한 스마트 교육 환경의 변화가 표현교육의 방법을 혁신적으로 변화시킬 가능성은 인정되지만 그러한 매체 기반의 표현이 의사소통의 원형에서 기대되는 '지금-여기의 현존성'을 온전히 담보하기는 어려울 것이다. 다만 교실에 갇혀 있는 표현교육의 공간을 사이버 공간과 교실 밖으로 실질적으로 확장할 수 있고, 현재에 갇혀 있는 표현교육의 시간을 표현 주체와 담론 공동체의 과거와 미래로 이어 줄 수 있다는 점, 그리고 이를 통하여 표현 행위를 개인 차원뿐만 아니라 사회적 차원으로 확장할 수 있다는 점이 중요하다. 그리고 이러한 방법 차원의 확장성은 표현교육의 대상을 확장하고 표현교육의 지향성과 내용을 확장하는 데에도 의미 있는 역할을 할 것으로 판단된다.

4. 표현교육의 구심력과 수렴성

표현교육의 확장성은 표현교육이 어떤 하나의 실체로서 존재하는 것처럼 생각하면서 그 가능성을 살펴본 것이지만 수렴성의 경우에는 동일한 논의를 하기가 쉽지 않을 것으로 보인다. 확장된 표현교육 안에 너무나 많은 것들이 포함되어 있기 때문이다. 이는 마치 빅뱅으로 팽창한 작은 우주와도 같은 느낌이다. 표현교육을 통합하는 기제는 하나일 수 없고, 하나의 행성이나 태양계나 은하계 같은 행성의 집합으로 그려 볼 수밖에 없을 것이다.

표현매체 차원에서 음성 언어 중심, 문자 언어 중심, 시각 언어 중심 또는 이들의 복합으로 이루어지는 표현교육 구상이 가능할 것이다. 말하기 교육을 듣기, 쓰기, 읽기, 보기, 보여주기와 연계하여 접근하는 것이 가능하다. 이 경우 말하기가 교육의 내용이라면 다른 영역의 활동은 교육의 방법이 될 수 있고, 이들 간의 경계가 무의미해질 수도 있다. 예컨대 그림책이나 동영상 제작하기, 매체를 활용한 발표와 같은 활동은 음성, 문자, 그림 등이 복합적으로 작용하는 표현 행위라는 점에서 이러한 활동의 교육은 그 자체로 통합적인 성격을 띨 수밖에 없다. 그리고 교수 학습 상황에서 이러한 활동은 교사나 동료 학습자 또는 타인과의 소통을 전제한 것이라는 점에서 듣기, 읽기, 보기와 같은 이해 활동과 연계될 수밖에 없을 것이다.

교육 대상의 차원에서 통합이라고 하면 표현의 발달적 측면이나 사회적 차원을 중시한 체계화가 무엇보다 중요할 것이다. 한 개인의 성장과 생애의 관점에서 표현교육에 접근하는 것이다. 그동안 국가 교육과정 수준의 국어교육에서 제공해 온 표현교육은 학문적 요구나 사회적 요구를 우선시함으로써 학습자의 발달적 측면을 소홀히 해 온 측면이 있다. 유치원 교육과정과 초등학교 교육과정 간의 괴리나 학문적·경험적으로 검증되지 않은 학년군제의 도입은 이러한 현실을 단적으로 보여 준다. 그리고 앞서 지적한 바와 같이, 성인 학습자를 위한 표현교육도 체계적으로 계획되거나 시행된 바가 없다. 발달적 측면을 고려해 보면, 유아·아동기의 표현교육 과업이 있고, 청소년기의 과업이 있으며, 장년과 노년기의 과업이 각각 존재할 것이다. 이것들을 통합하는 표현교육의 체계화가 어느 정도 가능할지, 그리고 사회적 변화의 속도 등을 고려할 때 교육적 설계를 어느 수준에서 해야 하는지는 명확하지 않지만 그 당위성은 분명히 존재한다.

일상생활을 위한 표현교육과 학습 및 직무를 위한 표현교육, 오락과 즐거움을 위한 표현교육 등 표현의 목적도 통합적 사고의 대상이 될 수 있을 것이다. 이 경우 다양한 의사소통의 목적과 상황을 고려하여 교육적 장르들을 체계화하는 것이 통합의 일차적인 목표가 된다. 목적과 상황에 따른 교육 내용의 분절은 표현의 실제에 더 부합한 것이기 때문에 이를 굳이 하나의 통합 기제로 묶어야 할 이유는 없을 것이다. 그러나 다양한 표현의 목적을 어떠한 수준으로 수렴할 것인지, 그리고 학년 수준에 따라 어떤 목적에 어느 정도의 비중을 두어 교육적으로 재구성할 것인지에 대한 수렴적 사고가 필요하다.

교육 내용의 범주로서 인지적·행동적·정의적 영역이 있다고 한다면 이를 행동적 목표와 내용으로 통합하는 논리는 표현교육의 경우에도 여전히 유효하다고 생각된다. 표현교육의 내용을 지식, 기능, 태도로 분절하는 것이 적절한지 아니면 행동 중심으로 통합하여 제시하는 것이 더 적절한지는 단언하기 어려울 것이다. 그러나 교육 내용을 분절하는 경우에도 그것은 어디까지나 통합을 전제로 한 방편적인 것이지 그 자체가 교육의 목표는 아니라는 점에서 두 가지 관점의 접점은 존재한다. 분절적 목표를 제시할 경우 그러한 목표들의 통합적 성취를 보장하는 교육의 과정을 상세화하여야 할 것이고, 행동 통합적 목표를 제시할 경우 수행할 행동에 반영된 구성 요소들을 확인할 수 있는 내용 기술이 필요할 것이다.

표현교육 방법 차원에서의 통합은 표현교육의 내용과 밀접하게 관련된다. 표현교육의 내용을 영역 통합적으로 접근한다면, 초점이 되는 중심 영역은 교육의 내용이 되고 주변 영역은 교육의 방법으로 기능할 수 있다. 가령, 쓰기 중심의 통합에서는 쓰기 그 자체가 교육의 내용이 되고 듣기·말하기, 읽기 등은 교육의 방법으로 활용되는 체제를 생각해 볼 수 있다. 자기 소개서를 작성하는 표현교육에서 듣기·말하기나 읽기 활동도 통합적으로 활용될 수 있는데, 이는 방법적 차원이고 초점화된 교육 내용은 쓰기라는 것이다. 이와 같이 내용은 목표를 뒷받침하고 방법은 내용에 부수하는 것이기 때문에 표현교육의 내용과 방법은 표현교육의 지향성과 목표를 추구하기 위해 전략적으로 선택되고 조율되지 않으면 안 될 것이다. 이러한 확장과 수렴을 바탕으로 통합적 표현교육론의 모습이 그려질 수 있을 것이다.

5. 통합적 표현교육론의 전망

통합적 표현교육론을 구성하기 위해서는 표현교육의 내용이 되는 '표현' 행위에 대한 통합적 탐구가 선행되어야 한다. 특히 표현 행위에 대한 생물학적·인지과학적 기반에 대한 연구 성과를 바탕으로 하여 표현의 원리를 교육적으로 재구성할 필요가 있다.

수잔 랭어(Susan K. Langer)는 "경험을 상징으로 바꾸려는 인간 고유의 능력에 의해 두 가지 서로 다른 재현 형식이 등장했다고 말하는데, 그 하나가 언어와 같은 '추론적 상징(discursive symbols)'이고, 다른 하나는 '표상적 상징(presentational symbols)'이다. 표상적 상징은 회화, 사진, 음악, 무용, 조각, 건축, 문화, 드라마, 영화 등 예술을 표현하는 재현 형식이라고 할 수 있다. 랭어는 상징 경험의 대부분이 이러한 표상적 재현 형식으로 이루어지고 있고, 이것은 추론적 상징과 다른 방식으로 경험을 표현한다고 말한다."[14] 국어교육의 주된 관심 대상인 추론적 상징 외에도 인간의 상징 경험 대부분이 표상적 재현 방식으로 이루어진다는 점을 고려할 때 다양한 표현 활동에 공통적인 원리와 차별적인 원리를 체계적으로 탐구하는 것이 중요할 것이다.

또한 추론적 상징인 언어 표현 행위의 경우에도 발음, 어휘,

....

14 이동후, 앞의 글, 77-78쪽.

문장을 넘어선 언어 단위에서 맥락이 포함된 표현 행위에 대한 포괄적 접근이 필요할 것이다. 문장 단위 이하의 언어 산출에 대한 연구는 인지 심리학의 성과를 참조할 수 있거니와, 의사소통의 인지적·사회적 맥락에 관심을 기울이고 있는 화용론과 기능주의 언어학 연구나, 텍스트 언어학에서 점차 텍스트에 대한 학제적 접근으로 범위를 확장해 나가고 있는 담화 텍스트 과학의 성과들도 참조할 만하다.

표현교육론의 정립을 위해서는 연구 프로그램이 갖추어야 할 철학적·이론적·분석적·경험적·실용적 요소에 대한 탐구가 균형 있게 이루어질 필요가 있다.[15] 철학적 요소는 바람직한 표현 (교육)이란 어떠해야 하는가 하는 물음과 관련되어 있다. 우리 문화에서 바람직한 표현이 무엇인지에 대한 전통적인 관점은 문헌을 통해 어느 정도 확인되지만 급격한 사회 변화의 과정에 있는 오늘날 이 질문에 대한 공동체적 합의가 존재한다고 단언하기는 어렵다. 그러한 합의가 존재한다 하더라도 그것이 통용되는 범위나 맥락은 다를 것이다. 따라서 표현교육의 전제가 되는 이러한 철학적 측면에 대한 탐구가 매우 중요하다.

이론적 요소는 표현 (교육) 행위를 어떻게 이론화 또는 모형

....

15 민병곤, 「논증 교육의 내용 연구: 6, 8, 10학년 학습자의 작문 및 토론 분석을 바탕으로」, 서울대학교 박사학위논문, 2004, 25쪽.

화할 것이냐에 대한 물음과 관련되어 있다. 이론을 현상에 대한 일종의 모사 또는 투사라고 한다면 표현 행위를 어떠한 모형으로 설명할 수 있을지에 대한 논의도 필요하다. 기존의 화법교육에서는 대인 의사소통 이론을 주로 참조해 왔고, 작문교육에서는 인지주의 작문 이론과 장르 중심 작문 이론을 주된 이론적 모형으로 삼아 왔다. 표현교육론의 정립을 위해서는 다양한 이론들에 대한 메타이론적인 접근을 취할 필요가 있을 것이다.

분석적 요소는 다양한 표현 (교육) 담화를 어떻게 재구성할 것인가 하는 물음과 관련된다. 표현 (교육) 현상을 이해하기 위해서는 이론뿐만 아니라 그 실제를 표상하는 담화에 대한 분석과 재구성이 필요할 것이다. 대화 분석의 연구 성과를 비롯한 다양한 담화 분석 연구 결과를 바탕으로 표현교육의 담화들을 분석하고 이를 표현교육의 실천과 이론을 매개하는 자원들로 활용할 필요가 있다.

경험적 요소는 표현 (교육) 실천의 양상이 어떠한가 하는 물음과 관련된다. 표현의 실천은 의사소통 참여자 간의 상호작용으로 표현되는데, 그 과정에는 정보의 소통뿐만 아니라 심리적 갈등과 조정, 사회적 관계의 형성, 발전, 소멸, 자아 정체성의 구성 등 다양한 실천 양상이 개재하게 된다. 그리고 이러한 실천의 양상이 표현교육의 장에서는 학생과 교사, 학생과 학생 간의 상호작용으로, 그리고 나아가 교실과 교실 밖의 상호작용으로 복잡한 양상을 띠게 될 것이다. 이러한 양상들을 기술하는 것이 표현교육론의 정립에 필수 요소 중 하나이다.

마지막으로 실용적 요소는 표현교육의 목표 설정에서 내용 구성, 교수 학습과 평가 등 표현교육과 관련된 제반 과정과 요소를 어떻게 개선할 것인가에 대한 물음과 관련된다. 철학적·이론적·분석적·경험적 요소의 탐구를 전제로 이러한 실용적 요소의 연구가 가능할 것이고, 반대로 표현교육 실천의 성과가 다른 층위에 영향을 미치기도 할 것이다. 통합적 표현교육론은 유아로부터 노인에 이르기까지 표현교육의 대상이 되는 전 연령층을 포괄하면서 다양한 표현교육의 목적과 층위를 고려하지 않으면 안 될 것이다.

3부

창의 · 융합 교과를 위한
국어교육의 제안

9장

문학교육과 경제교육의 소통
– 언어적 창의성을 중심으로

1. 머리말

문학교육과정에서 작품의 '창작'이 작품의 '생산'으로 확대
된 것은 2007 개정 교육과정부터이다. 교육과정에서 쓰인 '생산'
의 실제 내용이 '창작'의 확장을 크게 벗어나지 못했지만 예술
의 영역에서 쓰이는 '창작' 대신에 경제 영역에서 쓰이는 '생산'
이란 용어를 문학교육과정에 도입한 것은 문학교육이 경제교육
과 관련을 맺기 시작한 것이라 할 수 있다. 그런가 하면 현행 경
제교육과정에서는, 내용 부분이 아닌 교수·학습 부분이긴 하지
만, 경제 현상을 문학 작품과 영화 등의 사회 현상과 관련지어
이해하도록 하는 방법을 권장하고 있다. 문학교육 자체를 지향

하지는 않으나 경제 현상의 하나로 문학 작품을 인식하게 한다는 점에서 경제교육이 문학교육과 관계를 맺기 시작했다고 할 수 있다.

그런데 문학 작품의 '생산'과 경제 현상으로서의 '문학 작품'을 화두로 한 문학교육과 경제교육의 만남은 탐색 단계에 머물러 있을 뿐 본격적인 소통으로 나아가지 않고 있다.[1] 문학과 경제의 실질적인 관계는 현재 문학교육과 경제교육에서 주목하고 있는 사항을 크게 넘어서는 거대한 것이라 할 수 있음에도 불구하고 두 교과교육 사이의 교섭 내지는 소통은 초보적인 상태를 벗어나지 못하고 있다. 또한 두 교과교육에서 공동으로 주목하는 문학 작품을 특정한 문학 장르 및 예술 장르 차원에서 완성된 작품으로만 한정하고 있는 것도 문제이다. 실제 경제 현상에서는 상품의 명칭, 광고, 기업의 상징 등에서 언어적 창의성이 경제적 가치의 증대와 관련하여 중요한 역할을 한다. 이와 함께 문학 작품이 대표적인 언어적 창의성의 산물이라는 점을 고려하면 두 교과교육에서 공동으로 주목해야 할 것은 언어적 창의성과 그 산물이다.

....

1 경제교육 쪽에서 문학교육 내지 국어교육과의 소통을 시도한 연구로는 다음을 들 수 있다. 김상규, 「속담을 통해 본 돈의 속성 분석 및 금융경제연구」, 『경제교육연구』 12(1), 한국경제교육학회, 2005; 김상규, 「계절 관련 속담을 통한 경제교육 활용방안」, 『경제교육연구』 20(3), 한국경제교육학회, 2013; 손정식, 「초등학교 국어교과서의 경제시각 분석」, 『경제교육연구』 7, 한국경제교육학회, 2001; 심상전·이재민, 「어린이 경제교육에서 우리 전래동화의 활용가능성 연구」, 『경제교육연구』 12, 한국경제교육학회, 2002.

언어적 창의성의 개념과 실체를 분명하게 규정하는 일은 쉽지 않지만 예술 창조를 목적으로 한 언어 활동과, 예술 창조 자체를 지향하지는 않지만 특정한 목적을 달성하기 위해 벌이는, 이에 준하는 언어 활동이 언어적 창의성을 기반으로 하고 있음은 분명하다. 언어적 창의성에 기반을 둔 언어 활동이 모두 문학 활동이라고 하는 것은 논란의 여지가 있지만 예술과 기술이 불가분의 상태로 결합되어 있는 산업 디자인의 경우와 같이 예술 지향의 언어 활동과 실용 지향의 언어 활동이 불가분의 상태로 결합된 현상들이 있고, 이 현상들은 광의의 문학의 범주에 포함될 수 있다.[2] 다시 말해, 문학을 특정한 장르 원리를 구현한 실체로서의 작품으로만 볼 것이 아니라 문학 활동의 고유한 속성이라 할 수 있는 언어의 창조적 활용으로 확대하여 볼 필요가 있는 것이다. 이 점에서 앞에서 언급한 상품 명칭, 광고, 기업의 상징 등이 포함될 수 있다. 나아가 이러한 관점에서 비허구적(非虛構的) 서사도 언어의 창의적 활용의 범주에 포함될 수 있다. 전통적으로 전(傳)과 같은 비허구적 서사가 문학의 범주에 포함되어 왔는데, 서사, 즉 내러티브를 갖춘 것을 문학으로 보는 관점을 확대 적용하면 역사 서술과 같은 설명적 서사, 또는 교술적 서사도 언어의 창의적 활용이라는 점에서 광의의 문학에 포

....

2 국어교육에서 언어적 창의성을 논의하면서 언어예술 지향의 창의와 그 외연에 대한 논의를 충분히 포함하지 않는 것은 이 점에서 반성될 필요가 있다. 언어적 창의성의 산물을 주목할 때 특히 그러하다.

함될 수 있다. 이런 관점에서 일정한 서사를 갖춘 경제 기획도 문학 활동에 준하는 언어의 창의적 활용으로 볼 수 있는 것이다. 요컨대, 언어적 창의성을 중심으로 보면 문학과 경제 사이에는 공동으로 주목해야 할 실체적 현상들이 존재하는 것이다.

언어적 창의성을 중심으로 한 문학교육과 경제교육의 소통은 분과(分科) 체제의 여러 교과교육 사이의 소통을 추구하는 것을 넘어서서 여러 교과교육이 공유하는 공동의 교육 영역의 설정이 가능한지를 모색하는 작업의 일환이 될 수 있다. 언어적 창의성의 산물을 문학교육과 경제교육의 관점에서 동시에 이해하고, 이를 바탕으로 두 교과 차원의 이해를 통합하는 인식의 형성이 가능하다면 교과교육 사이의 소통은 중요한 의미를 가질 수 있게 된다. 이것은 무엇보다도 세계에서 일어나는 대부분의 현상들은 하나의 교과교육 또는 분과학문으로 다 설명이 되지 않고 여러 교과교육 또는 학문이 함께 해야 되는 것들이라는 점에서 그러하다. 문학 작품의 창작, 출판, 판매 및 독자의 구매 등 일련의 연결된 현상과 같이 사회 현상 중에는 문학교육과 경제교육이 함께 다룰 필요가 있고, 그럴 경우 학습자의 인식 능력이 입체적으로 발달할 수 있는 것들도 있기 때문이다. 이와 관련하여 인간의 조건은 자연과학의 가장 중요한 미답지이고 자연과학에 의해 드러난 물질세계는 인문·사회과학의 가장 중요한 미답지이며, 제학문의 통섭의 관점에서는 두 미답지는 동일하다[3]는 견해를 경청할 필요가 있다. 어떤 현상이나 문제에 대한 설명이나 답이 반드시 여러 학문을 아울러 통일적이어야 할 필요는 없지만 학문 간의 소통을 통해 통찰과 지혜에 도달한다면 분과 학문 체제에서 빚어진 많은 문제들이 극복되고, 지적 존재로서의 인간의 정체성 또한 바람직하게 수립될 것이기 때문이다. 이것은 여러 교과교육을 배우는 학습자는 한 사람이고, 여러 교과교육이 추구하는 능력들은 학습자 한 사람의 실질적인 능력으로 유기적으로 통합되어야 한다는 점에서도 그러하다.

이 글에서는 이러한 관점에서 문학교육과 경제교육의 소통을 언어적 창의성을 중심으로 검토하고, 나아가 언어적 창의성이 구현하는 가치의 영역이 문학교육과 경제교육의 공동의 영역이 될 수 있는지를 검토하기로 한다.

2. 문학교육과 경제교육의 상호 소통의 현재적 양상

1) 문학교육에서의 양상

현재 문학교육 쪽에서 경제교육과 소통하는 양상은 크게 두 가지로 나눌 수 있다. 하나는 작품의 '창작'을 '생산'으로, 작품의

....

3 에드워드 윌슨, 최재천·장대익 역, 『통섭』, 사이언스북스, 2005, 461쪽.

'소통'을 '생산·유통·소비'의 관점에서 보는 것이고, 다른 하나는 문학 작품에 반영된 경제 현상과 관련된 것이다.

문학교육에서 문학 작품의 생산이 교육 내용으로 설정된 것은 2007 개정 교육과정부터이다. 제7차 교육과정에서는 문학 작품의 '창작'을 교육 내용으로 설정하고, 구체적으로는 기존 작품의 내용과 형식 표현의 요소를 바꾸어 재창조하는 창조적 재구성과 기본 갈래에 해당하는 작품 창작을 제시하였었는데,[4] 2007 개정 국어과 교육과정에서는 "문학 작품의 수용과 생산 활동을 통하여 언어에 대한 통찰력을 기르고, 창의적으로 사고하고 소통하는 능력을 함양한다."[5]라는 문학교육의 목표를 설정하면서 '문학 작품의 창작'을 '문학 작품의 생산 활동'으로 바꾸었다. 그러면서 이 목표를 구체적으로 실현하기 위해 다음과 같은 세부 내용들을 제시하였다.

〈문학의 생산〉

- 내용과 형식, 맥락, 매체를 바꾸어 작품을 비판적·창조적으로 재구성한다.
- 다양한 시각과 방법으로 작품을 생산한다.[6]

....

4 교육부, 『국어과 교육과정』, 교육부, 1997, 152-153쪽.
5 한국교육과정평가원, 『고등학교 국어과 교육과정 해설 연구 개발』, 한국교육과정평가원, 2008, 410쪽.

그런데 〈문학의 생산〉에 해당하는 구체적인 내용은 7차 교육 과정의 '창작'의 구체적인 내용과 별 차이가 없다. '비판적·창조적 재구성'은 7차의 '창조적 재구성'을 발전시켜 작품의 비판적 수용에서 창조적 재구성으로 나아가게 하는 단계적 활동을 강조한 것이며, '다양한 매체를 통한 작품의 생산'은 기본 갈래와 변형 갈래에 해당하는 작품들이 다양한 매체에 존재하는 양상들을 실제 내용으로 제시하여 사실상 '생산'을 '창작'의 의미로 사용하고 있다. 이 점에서 2007 개정 문학교육과정에서 도입한 문학 작품의 '생산'은 실질적으로는 '창작'의 범주에서 크게 벗어나지 못하고 있다. 이것은 '창작'을 '생산'이란 용어로 바꾸었음에도 불구하고 그 '생산'의 실체는 언어예술의 창작 활동 자체를 떠나서는 안 된다는 인식의 결과이다. 오히려 '생산'의 의미는 〈문학의 소통〉 부분에서 조금 뚜렷이 드러난다.

〈문학의 소통〉
- 작가·작품·독자 및 생산·유통·수용의 역할과 틀을 이해한다.
- 다양한 매체를 통한 문학 작품의 수용과 생산에 참여한다.[7]

....
6 한국교육과정평가원, 앞의 책, 419-420쪽.
7 위의 책, 420-422쪽.

'작가·작품·독자 및 생산·유통·수용의 역할과 틀'을 이해의 대상으로 설정하여 작품의 소통을 사회적 생산과 소비의 관점에서 보도록 하고 있는 것이다. 특히 생산과 유통 및 소비 주체의 다양한 변인이 작품의 소통에 개입할 수 있음을 제시하고,[8] 이와 함께 다양한 매체를 통한 문학 작품의 수용과 생산 활동에서는 인쇄매체와 전자·영상매체를 주목하게 함으로써 매체 산업과 문학 소통의 불가분의 관계를 인식하게 하는 기반을 마련하고 있다.

그렇지만 문학 작품을 중심으로 한 작가와 독자의 소통 과정에 동반되는 '생산·유통·수용'은 경제적 측면을 암묵적으로 제시하고 있는 선에서 그치고 있다. 다시 말해 작품이 작가에서 독자에게 소통되는 과정을 '생산·유통·소비'라고 하지 않고 '생산·유통·수용'이라 하여, 경제의 관점에서 문학의 소통을 인식하는 틀을 적극적으로 제시하지 않고 있는 것이다. '생산'에 대응하는 활동을 '소비'가 아닌 '수용'으로 고집하는 것은 문학 작품의 향유는 물건의 소비와는 다르다는 인식의 결과이다.

이상과 같은 교육과정의 내용에 따라 개발된 문학 교과서에서도 문학 작품의 '생산'과 문학 작품의 '생산·유통·수용'은 경제 활동과 관련하여 다루어지지 않는다. 여러 매체의 속성에 따른 작품의 존재 방식과 독자의 수용 방식에 주된 관심을 갖도록 제재

....

8   한국교육과정평가원, 앞의 책, 421쪽.

선정과 학습 활동이 구성되어 있으며, 경제적 가치의 생산이나 소비의 관점에서 작품의 생산이나 소통을 인식하는 학습 활동으로 나아가지 않고 있다.

문학 작품에 반영된 경제 현상은 문학교육이 경제교육과 소통하는 전통적인 통로라 할 수 있다. 주지하듯이 문학 작품 중에는 〈허생전〉, 〈농가월령가〉, 〈치산가(治産歌)〉의 경우처럼 경제 활동을 주 내용으로 삼은 작품이 있는가 하면 〈흥부전〉, 최서해의 〈홍염〉, 현진건의 〈고향〉, 염상섭의 〈삼대〉, 채만식의 〈탁류〉, 신경림의 〈농무〉 등등의 작품처럼 다양한 층위의 경제 문제가 작품의 중심 갈등을 형성하는 작품들이 있다. 이 외에도 배경에 경제가 관여하는 작품들이 무수히 많음도 주지의 사실이다. 이러한 작품의 수용에서 작품에서 문제시되는 경제 문제나 배경으로 작용하는 경제 현상에 대한 이해는 경제교육에서 추구하는 경제 현상에 대한 이해와 상통할 수 있다. 작품을 '통한' 경제의 이해에 해당되는 것이다. 이러한 가능성은 작품이 그 배경이 되는 시대와 사회의 경제적 구조를 정확히 반영할 수 있다는 리얼리즘의 이론에 의해 뒷받침되고 있다.

그러나 작품에 반영된 경제 현상을 매개로 한 문학교육 쪽에서의 경제교육과의 소통은 제한적일 수밖에 없다. 그 이유로는 교육과정의 차원에서 보면, 우선 주제의 차원이든, 반영의 차원이든 작품의 이해에서 경제 현상의 이해에 특별한 비중을 두기 어려운 현실적 여건을 들 수 있다. 경제 외에도 작품에 관여하는 사회 현상들이 많이 있고, 이들에 대한 이해에도 경제 현상에 대한 이해에 상응하는 배려가 있어야 하기 때문이다. 다음으로는 작품을 '통한' 경제 현상의 이해가 작품 '자체'에 대한 수용의 본령이 아니라는 인식 때문이다. 작품을 제대로 수용하기 위해서는 필요하다면 경제 현상에 대한 이해 활동을 동반해야 하겠지만 작품을 경제 현상의 이해를 위한 수단으로 활용하는 것은 문학 수용의 본령이 아니라는 것이다. 이러한 인식은 문학교육의 관점에서는 어느 정도 정당성을 가지므로 작품을 '통한' 경제 현상의 이해로 나아가는 경제교육과의 소통은 제한될 수밖에 없다.

한편, 환경 또는 생태 문제를 다룬 작품도 환경과 생태의 문제가 상당 부분 경제 문제와 결부되어 있다는 점에서 문학교육 쪽에서 경제교육과 소통할 수 있는 기반이 된다. 2007 개정 문학교육과정에 문학을 통하여 생태 문제에 대한 문제의식을 공유하고 소통한다는 내용을 설정[9]하고 있으므로 생태 문제의 주요 원인으로서 산업화 이래의 경제 발전과 에너지 사용 문제 등을 작품을 기반으로 다룰 수 있다. 물론 이 주제 역시 문학이 다루고 있는바 양성 평등, 사회적 소수자 문제와 같은 다른 사회적 쟁점들과의 형평성 차원에서 특별한 비중을 두기 어렵다.

....

9   한국교육과정평가원, 앞의 책, 429-430쪽.

이상에서 현행 문학교육과정의 차원에서 볼 때 문학교육 쪽에서의 경제교육과의 소통은 단초만 마련된 상태라고 할 수 있고, 문학교육의 과제를 경제교육의 과제로 적극적으로 인식하는 단계에는 나아가지 않고 있는 것이다.[10]

2) 경제교육에서의 양상

2007 개정 경제 과목의 교육과정에 따르면 경제교육은 경제 현상을 파악하고 경제 문제를 해결하는 능력을 기르기 위해 관련 지식을 습득하고 실천적 탐구 방법을 익히는 것을 목표로 한다. 그리고 경제교육의 내용은 크게 경제생활, 경제 주체의 역할과 의사 결정, 시장과 경제 활동, 국민 경제, 그리고 세계 경제 등으로 구성되어 있다. 거시 경제는 물론 미시 경제의 차원에서 볼 때 문학의 생산과 유통 및 소비는 주요한 경제 현상이라 할 수 없으므로 경제 과목의 교육과정에서도 내용의 차원에서 문학은 물론 예술 일반이 언급되지 않는다. 다만 교수·학습 방법 중에 다음과 같은 방법이 제시되어 있다.

....

10 교육과정이 2007 개정 이후 거듭 재개정되면서 국어교육을 포함한 각 교과교육과정의 내용이 전반적으로 축소되었고, 이로 인해 개별 교과교육 사이의 소통은 더욱 힘들어졌다.

경제 현상을 다른 사회 현상과 관련지어 전체적·종합적으로 이해할 수 있도록 문학 작품, 신문기사, 방송물, 영화, 역사 기록물 등 다양한 유형의 소재를 활용하도록 한다.[11]

경제 현상이 다른 사회 현상과 밀접한 관련을 갖는다는 점을 이해하고, 다른 사회 현상과 함께 경제 문제를 이해할 수 있게 하기 위해 문학 작품, 영화, 신문기사 등등을 제재로 활용해야 한다는 것이다. 2009 개정 교육과정에 따라 편찬된 경제 교과서를 보면 영화와 드라마를 자료로 활용한 사례를 자주 볼 수 있다. 예컨대 '부가 가치'를 설명하는 부분에서 드라마 〈대장금〉 관련 사진을 제시하고, 한류 문화 콘텐츠가 2009년도에 유발한 부가 가치의 액수를 구체적으로 제시한 것, 경제생활과 과학기술의 관계 및 경제생활과 문화의 관계 부분에서 소설 〈반지의 제왕〉이 세 편의 시리즈 영화로 만들어져 거둔 수입의 액수를 사례로 제시한 것, 산업화 시대의 분업에 대한 설명에서 찰리 채플린의 영화 〈모던 타임스〉를 사례로 제시한 것, 경제 분야의 공공 정책 결정에 대한 국민의 참여 사례로 영화 〈로제타〉의 영향을 받아 벨기에에서 수립된 로제타 플랜을 제시한 것과 우리나라에도 이와 유사한 내용의 입법 발의가 있었음을 제시한 것 등을 들 수 있다.[12]

....

11 한국교육과정평가원 전자사이트 게재 2007 개정 사회과 교육과정에서 인용.

이상의 사례에서 경제교육 쪽에서 문학교육과 소통할 수 있는 단초가 마련되고 있음을 알 수 있다. 아울러 문학 작품과 영화가 경제교육의 자료로 활용되는 방식의 특징을 볼 수 있는데, 문학 작품이나 영화 작품의 경제적 가치, 작품 속의 경제 현상, 경제에 미치는 작품의 영향력 등이 주로 활용되고, 문학 작품이나 영화 자체의 예술성에는 관심을 두지 않는다. 즉 경제의 관점에서 문학과 영화 작품을 다루며, 그것도 교과서의 본문 속에서 다루지 않고 별도의 공간을 마련하여 다루고 있다. 이처럼 경제의 관점을 유지하는 것은 문학교육에서 경제 현상을 대할 때 문학의 관점을 유지하는 것과 같다.

한편, 경제 교과서에서는 경제생활의 이해를 위해 경제생활과 사회생활의 관계 속에 경제생활과 환경의 관계를 다루면서 지속 가능한 발전과 녹색 성장을 설명하고 있는 사례를 볼 수 있다.[13] 물론 환경을 경제의 관점에서 보고 있으나 문학에서도 환경을 다룬다는 점에서 환경을 매개로 문학교육과 경제교육의 소통 가능성을 다시 확인할 수 있다. 그런가 하면 기업의 활동을 설명하는 부분에서 창업 활동을 과제로 제시하면서 설립한 회사에서 개발할 히트 상품의 이름 만들기, 히트 상품 광고 제작하기, 기업

....

12 이상 김진영·오영수, 『고등학교 경제』, 교학사, 2011, 15쪽, 18쪽, 41쪽, 99쪽 참조.
13 위의 책, 19쪽 참조.

이미지 광고 제작하기 등을 탐구 활동으로 제시하고 있는 것[14]이 주목된다. 이러한 활동은 언어적 창의성을 핵심으로 하는 것인데, 문학 작품이나 영화 작품 외의 언어적 창의성의 실천이 경제 활동에 중요한 역할을 함을 체험케 하는 것이다. 이것은 현행 문학교육과정과 교과서에서 문학 장르 차원의 작품 창작만을 생산의 관점에서 보는 것에 비해 경제교육 쪽에서 오히려 폭넓게 언어적 창의성을 경제적 관점에서 접근하고 있음을 보여 주는 것이라 할 수 있다.

이상에서 볼 때 언어적 창의성을 중심으로 문학교육과 경제교육의 소통 가능성은 마련되어 있으나 두 교과를 넘나드는 교육으로 나아가지는 않고 있음을 확인할 수 있다. 그렇지만 문학교육쪽에서는 문학 작품의 창작을 '생산'으로 규정하고, 아울러 작품의 소통을 생산·유통·수용의 틀로 구조화하는 인식을 보여 주는 것과 경제교육 쪽에서는 문학 작품에서 경제교육의 내용을 마련하고, 나아가 문학 작품 이외에 광고와 같은 언어적 창의성의 산물이 경제 활동에서 주요한 역할을 함을 주목하는 것은 두 교과의 소통이 언어적 창의성을 중심으로 진일보할 수 있음을 잘 보여 준다고 하겠다. 이와 관련하여 두 교과의 소통이 진일보할 필요가 있음은 교과 사이의 소통이라는 당위적인 요청 때문만이 아니라 실제 문

....

14   김진영·오영수, 앞의 책, 82쪽 참조.

학 현상과 경제 현상이 표리일체의 관계를 보이는 것들이 적지 않기 때문이다. 교육이 다양한 세계의 현상에 대한 정확한 이해 능력의 신장을 지향한다고 할 때 문학 현상과 경제 현상이 밀접하게 연관되어 있는 경우 문학교육과 경제교육의 소통을 통해 그 현상을 제대로 인식하는 것은 현실적 요청 사항이다. 이러한 관점에서 다음 장에서는 문학 현상과 경제 현상이 표리의 관계를 형성하고 있는 경우들을 살펴보고, 이를 바탕으로 문학교육과 경제교육의 공동 영역을 구축할 수 있는 가능성을 탐색하기로 한다.

3. 언어적 창의성 기반의 문학교육과
   경제교육의 공동 영역

1) 경제 활동으로서의 문학 활동
   – 언어적 창의성의 산물로서의 문학 작품과 문화산업

문학 활동이자 동시에 경제 활동인 현상으로는 우선 작품의 창작에서 독자에 의한 수용의 과정을 그 대표적 사례로 들 수 있다. 이 과정은 모두 문학 활동과 경제 활동이 동시에 일어나는 공동의 영역이다.

문학 쪽에서는 작품의 창작과 독자의 수용, 또는 비평가의 비평 등을 정신 영역의 활동으로 간주하는 경향이 강하다. 작품을 물질적 실체로 보지 않고 언어로 이루어진 정신적 존재로 보는 것이다. 예컨대 비평가는 소설책의 물질적 실체, 즉 글꼴, 활자 크기, 색깔, 지질, 디자인, 책의 형태, 가격 등을 중시하지 않는다. 이 소설책이 다른 출판사에서 출판되면 그 물질적 실제는 달라질 수 있다. 이 경우에도 비평가는 그 달라진 것을 문제 삼지 않고 언어체로서의 작품 자체만을 주목할 뿐이다.[15] 문학교육도 마찬가지이다. 소설을 교과서에 수록할 때 편집의 차원에서는 적절한 삽화를 넣는 등의 배려를 하지만, 실제 교수·학습 활동은 물질적 실체가 아닌 언어체로서의 작품만을 대상으로 한다.

그러나 경제의 관점에서 보면 작가, 창작, 작품, 독자, 수용, 출판, 판매 등등은 모두 경제 활동과 관련되거나 경제 활동 자체이다. 작가가 전업 작가라면 창작 활동은 직업 활동이다. 작가는 작품을 만들어 내는 생산자이거나 노동자이다. 작품은 전업 작가라는 사회적으로 인정된 직업인이 만들어 낸 유일무이한 창조물이고, 이 창조물을 이용하여 생겨날 수 있는 모든 이익에 대한 권리가 저작권이란 이름으로 작가에게 일정한 기간 동안 보장된다. 신문사나 잡지사, 또는 출판사는 이 작품에 대해 원고료 또는 인

....

15 물론 작품의 출판 양상, 판매 부수, 독자의 성향 등을 다루는 문학사회학이 있으나 문학연구의 주류에 속하지 않는다.

세를 지불하고 게재하거나 출판하여 경제적 이익을 취한다. 여기서 작품은 상품이 된다. 상품으로서의 작품은 서점을 통해 독자에게 판매되며, 이 과정에서 역시 경제적 이익을 발생시킨다. 독자는 시장 가격으로 형성된 책값에 해당하는 돈을 지불하고 책의 형태로 된 작품을 구매하여 읽는다. 독자는 소비 행위를 하는 것이다. 이렇게 보면 작품의 창작에서 독자의 수용에 이르기까지의 과정은 바로 생산에서 소비에 이르기까지의 과정이다. 그리고 작가와 생산자, 창작과 생산, 작품과 상품, 독자와 소비자, 소통과 출판 및 판매 등등은 상호 대응 관계에 있는 것이 아니라 각각의 현상이 갖고 있는 두 개의 이름이다.

작가가 생산자(또는 노동자), 작품이 상품, 독자가 소비자라는 것, 즉 그렇게 볼 수 있다는 것이 아니라 그것 자체라는 사실은 문학이 경제 영역의 하나에 속한다는 뜻이다. 즉, 문학은 "경제적 토대의 일부—많은 것들 가운데 한 종류의 경제적 실천, 한 가지 유형의 상품생산"[16]인 것이다. 소설의 경우에서 이를 분명히 확인할 수 있다. 조선의 경우 소설은 18세기에 민간 출판업자의 출판 품목이 되었다. 소설을 목판에 새겨 출판하는 출판사들이 서울, 전주, 안성에 등장하였는데, 출판된 소설들은 시장에서 판매되었다. 유교 교육의 기초 교재를 주로 출판하여 판매하던 출판사로서는

....
16 테리 이글튼, 이경덕 역, 『문학비평: 반영이론과 생산이론』, 까치, 1986, 84쪽.

소설을 새로운 상품으로 발굴함으로써 사업 영역을 확대할 수 있었다. 근대 전환기에는 출판업과 서점이 본격적으로 발전하기 시작했으며, 이때에도 소설은 주요한 상품이 되었다. 근대에 들어 기술과 교통과 통신의 발달에 따라 신문과 잡지 중심의 매체 산업이 대두하였고, 이러한 매체 산업에서도 소설은 여전히 주요한 상품이었다. 같은 시기에 영상매체에 기반을 둔 영화[영화 서사]가 근대인의 문화 상품으로 등장하여 점차 인쇄매체에 기반을 둔 문학 작품과의 경쟁력에서 우위를 점하기 시작했고, 텔레비전의 등장으로 드라마가 또 하나의 문화 상품으로 각광을 받기 시작했다.

이상의 문학·예술 상품의 등장 과정에서 주목할 것은 인쇄물과 영상물을 대량 제작할 수 있는 기술, 상품을 판매할 수 있는 교통·통신의 발달, 영상매체의 송출과 수신을 가능하게 하는 기술 등의 발달이 동반된 사실이다. 문학·예술의 상품화에는 과학·기술의 발달이 배경이 되고 있으며, 과학·기술이 발달함에 따라 문학·예술의 상품화는 출판산업, 매스컴산업, 영화산업 등 산업의 규모로 전개되었다.

문학 활동이 곧 경제 활동임은 특히 20세기 후반기에는 창조적 작품의 세계와 복제 및 확산 기술의 세계가 합쳐진 문화산업[17]

....

17 유네스코, 도정일 역,『문화산업론』, 나남, 1987, 47-51쪽 참조. 유네스코에서 범주화한 문화산업에는 도서, 신문·잡지, 음반, 라디오, 텔레비전, 영화, 새로운 시청각 제품과 서비스, 사진, 미술품 복제, 광고 등이 포함된다. 같은 책, 52-53쪽 참조.

이란 범주가 설정되고 그것의 문화적·경제적 의미에 대한 논의가 활발하게 전개되는 데서 확인할 수 있다. 문화산업은 포드주의(Fordism)로 표상되는 대량생산 위주의 산업 경제의 한계를 넘어서기 위한 모색 과정에서 각별한 주목을 받기 시작하여 창조산업, 또는 창조경제의 개념 정립과 함께 그 중심을 형성하는 것으로 인식되고 있다.

창조산업과 창조경제의 개념은 단일하지 않은데,[18] 유엔무역개발회의(UNCTAD)의 정의를 따르면, "창조성과 지적 자본을 주요 투입원으로 사용하는 재화와 서비스의 창조, 생산, 분배의 과정"[19]이며, "일련의 지식기반 활동으로 이루어져 있으며 예술에 중점을 두나 이에 국한되지 않고 무역 및 지적재산권으로부터 잠재적인 수익을 창출한다."[20] 이 창조산업은 유산, 예술, 미디어, 기능적 창조물의 네 부류로 나눌 수 있는데, 유산에는 전통문화 표현과 문화현장이, 예술에는 행위예술과 시각예술이, 미디어에는 시청각과 출판 및 인쇄매체가, 기능적 창조물에는 뉴미디어, 창조 서비스, 디자인이 속한다.[21] 창조경제(creative economy)는 이 용

....

18 창조경제와 창조산업의 개념에 대해서는 이양호, 「창조경제와 창조경영의 개념 정립에 관한 연구」, 『경영컨설팅연구』 13(2), 한국경영컨설팅학회, 2013 참조.
19 UN(국제연합), 이정규 외 역, 『창조경제 보고서』, 21세기북스, 2013, 50쪽.
20 위의 책, 같은 쪽.
21 위의 책, 50–52쪽.

어를 대중화한 호킨스에 따르면 창조상품(창의성에서 비롯된 경제적 재화와 서비스, 경험 등)의 생산과 교환, 사용이 이루어지는 체제[22]이며, 창조경제의 핵심 부문은 예술과 문화, 디자인, 미디어, 그리고 혁신이다. 예술과 문화 부문에는 미술, 책, 공예, 영화, 음악, 공연, 비디오게임이 포함되고, 디자인 부문에는 건축, 디자인, 패션, 장난감과 각종 게임이, 미디어 부문에는 광고, 신문과 잡지, TV와 라디오가 혁신 부문에는 연구, 소프트웨어, 그리고 닷컴기업이 포함된다.[23] 이에 비해 유엔무역개발회의(UNCTAD)는 창조경제의 핵심을 앞에서 자신들이 정의한 창조산업에 두고 있다.[24] 이러한 창조산업 내지 창조경제의 부각과 함께 그 주역이라 할 수 있는 창조계급(creative class)이라는 새로운 계급이 등장하고 있다는 견해도 제기되었다. 이를 주창한 플로리다에 따르면, 이 계급의 핵심은 과학자와 엔지니어, 대학교수, 시인, 소설가, 예술가, 연예인, 배우, 디자이너, 건축가, 작가(논픽션), 편집자, 문화계 종사자, 두뇌집단인 연구원들, 분석가, 논평가 등으로 구성된다.[25] 창조산업, 창조경제, 그리고 창조계급이 후기산업시대 이후의 주도

....
22 존 호킨스, 김혜진 역, 『창조경제』, FKI미디어, 2013, 31쪽.
23 위의 책, 제8장 참조.
24 UN(국제연합), 앞의 책, 54쪽.
25 리처드 플로리다, 이길태 역, 『신창조계급』, 북콘서트, 2011, 137-138쪽 참조.

적인 산업 또는 계급이 될 것인지는 단언할 수 없으나[26] 문화를
중핵으로 한 산업이 세계 경제에서 차지하는 비중이 커지고 있다
는 것은 이러한 주장에서 분명히 확인할 수 있다.

　　요컨대 언어를 하나의 자원으로 하여 만들어진 산물들이 상
품이 되고, 이러한 상품의 생산과 소비가 기존의 산업의 한계를
돌파하는 새로운 산업으로 인식되게 된 것이 이른바 문화산업과
이것의 연장선상에서 등장한 창조산업 및 창조경제라 할 수 있으
며, 이 점에서 문학과 예술은 경제의 한 영역임이 더욱 분명해진
다. 그렇다면 문학과 경제가 일체의 형태로 존재하는 현상이 미시
적인 차원에서의 창작과 수용 또는 생산과 소비에서만 있는 것이
아니고 거시적인 차원에서의 문화산업 또는 창조산업, 또는 창조
경제에도 존재함을 확인할 수 있다고 하겠다.

　2) 문학 활동으로서의 경제 활동
　　－경제 현상에서의 언어적 창의성의 양상들

　　창의성이 일반적으로 새로움(Originality)과 유용함(Useful-
ness)을 속성으로 한다[27]고 할 때, 경제 현상은 기본적으로 창의성

....

26　이 점에 대해서는 최병두, 「창조경제, 창조성, 창조산업 － 개념적 논제들과 비
판」, 『공간과 사회』 23(3), 한국공간환경학회, 2013 참조.
27　R. E. Mayer, "Fifty Years of Creativity Research", R. J. Sternberg ed., *Hand-*

의 구현 또는 창의성의 경쟁 현상을 내포하고 있다. 새로운 제품의 생산과 판매, 새로운 시장의 개척, 새로운 소비 욕구의 개발, 시장에서의 상품 경쟁 등등이 이를 잘 보여 준다. 예컨대 새로운 제품이 시장에 나와 이를 구매한 소비자들에게 만족감을 주고 생산자와 판매자에게 이익이 남게 한다면 이 제품은 창의성의 산물이라 할 수 있다. 새로움과 유용함을 다 갖추었기 때문이다. 이러한 창의적 경제 현상에는 언어적 창의성이 적극적으로 관여하고 있다. 그리고 경제 현상에서의 언어적 창의성은 생산과 판매의 측면에서만 구현되는 것은 아니다. 소비, 빈부 격차, 환경, 분배, 공정거래, 기업 윤리, 경제의 새로운 판짜기 등 경제 내외적 과제들의 해결에도 언어적 창의성은 관련된다. 이를 편의상 생산, 비판, 대안의 범주로 나누어 살펴보기로 한다.

(1) 생산 지향의 언어적 창의성

생산 지향의 언어적 창의성은 두 층위로 나누어 볼 수 있다. 하나는 언어적 창의성이 일반적인 상품 생산과 유통의 과정 및 기업 운영에서 구현되는 것이고, 다른 하나는 창의적 언어 산물 자체가 하나의 상품이 되는 것이다. 후자의 경우는 앞에서 문학 작품과 문화산업의 경우를 중심으로 살폈으므로 여기서는 전자에

....

book of Creativity, Cambridge, 2006, pp.449-459.

대해 언급하기로 한다.

생산과 유통의 과정에서 구현되는 언어적 창의성은 상품 생산 단계와 시장과 소비자를 대상으로 한 상품 광고의 단계로 나누어서 볼 수 있다. 생산 단계에서 이루어지는 언어적 창의성은 상품의 개발에서 생산 단계에 이르기까지의 각 과정에서의 언어적 관여를 통해 구현된다. 아이디어의 생성에서 완성된 제품의 명칭 고안에 이르기까지 모든 과정[28]에 창의성이 요구된다. 특히 제품의 명칭은 제품의 인지도를 높이고 호소력을 강화하는 데 중요한 역할을 하므로 언어적 창의성이 요청된다. 시장과 소비자를 대상으로 한 상품의 광고는 제품의 품질 못지않게 판매에 큰 영향을 미치는데, 경쟁 제품과의 질적 차이가 거의 없을 경우에는 광고가 결정적인 역할을 할 수밖에 없다. 광고에서 언어적 창의성은 제품에 대한 정보 전달의 역할을 넘어서 그 제품의 구매가 가져다줄 긍정적 효과를 환기한다. 이 광고에서 언어의 탈일상적 활용이라는 언어의 예술적 활용 방식이 원용되고 있음은 말할 필요가 없다.

언어적 창의성이 포함된 상품 광고는 상품미학을 구축하는

....
28 여기에 자유롭고 원활한 의사소통 환경이 조성되어야 창의성의 발현이 잘됨은 말할 것도 없다. 그러나 벤처기업에서도 이러한 의사소통은 제대로 이루어지지 않는 것으로 보고되고 있다. 문우종, 「열린 공간 막힌 소통 - IT 벤처기업의 내부 커뮤니케이션과 기업문화」, 서울대학교 석사학위논문, 2006 참조.

데, 상품미학의 기본적인 범주는 사용가치의 약속이며, 상품미학의 기본적인 법칙은 사용가치가 아닌 사용가치의 약속이 교환 행위 또는 구매 행위(즉, 상품을 위한 돈의 교환)의 계기가 되는 조건이다.[29] 즉, 소비자가 사용가치의 약속을 받아들이면 구매가 이루어지는 것이다. 소비자가 사용가치의 약속을 받아들이는 까닭은 광고가 소비자가 상품의 소비를 통해 자신의 욕구를 충족시켰을 때의 소비자 자신에 대한 어떤 환상을 표상하기 때문이다. 이러한 양상은 기업의 브랜드 광고에서 잘 나타난다. 제품의 광고보다 기업의 브랜드 광고가 제품 판매에 더 효과적인데, 이 경우 브랜드 광고는 제품의 효능에 기초한 소비자의 욕구 충족을 겨냥하기보다는 브랜드가 상징하는 문화적 가치의 전달에 초점을 둔다. 즉 기업의 브랜드 광고를 통해 브랜드 비전을 제시하는 것인데, 그것은 기업이 제품을 파는 것이 아니라 생활방식, 태도, 가치관, 관점 등을 전파한다는 것이다. 예컨대 IBM은 컴퓨터가 아니라 비즈니스 '솔루션'을 판매하며, 스와치(Swatch)는 시계가 아니라 시간 개념을 판매하며, 디젤 진스(Diesel Jeans)는 옷을 파는 것이 아니라 생활방식을 판매하며, 바디숍은 여성과 환경 등에 대한 정치 철학을 전달한다는 식이다.[30] 따라서 이러한 브랜드를 가진 회사

....

29 볼프강 프리츠 하우크, 「이데올로기적 가치와 상품미학」, 미술비평연구회 대중시각매체연구분과 편, 『상품미학과 문화이론』, 눈빛, 1999, 55쪽.
30 나오미 클라인, 정현경·김효명 역, 『NO LOGO』, 중앙M&B, 2002, 44-45쪽 참조.

의 상품을 구매하여 소비하는 행위는 그 브랜드가 상징하는 비전을 실현하는 서사 구조를 형성하게 된다. 다시 말해 소비자는 구매 행위와 소비 행위를 통해 비전을 실천하는 서사적 주인공이 되는 것이다. 이 점에서 광고라는 경제 활동은 문학 활동을 함축하고 있는 것이다.

(2) 비판 지향의 언어적 창의성

경제 활동은 불가피하게 다양한 문제나 모순 상황을 초래한다. 빈부 격차나 부의 편중 문제, 노동 착취의 문제, 환경 파괴의 문제 등등 많은 문제들이 경제 분야에서 야기되고, 정치, 지리, 문화 등등의 문제와 연계되어 그 심각성이 심화되기도 한다. 이러한 문제들을 문제로 제기하여 경제 주체들에게 각인하고, 문제의 본질이나 문제가 일어나게 된 기제가 무엇인지를 드러내어 그 해결을 모색하는 것도 경제적 창의성의 과제라 할 수 있고, 여기에도 언어적 창의성이 관여한다. 다시 말해, 경제적 모순 극복에 언어적 창의성이 기여하는 것이다.

전통적으로 문학은 경제적 문제가 인간다운 삶을 파괴하거나 황폐화하는 현상을 그려 내고 그 해결 방향을 모색하는 데 독자들이 참여하도록 하는 역할을 해 왔다. 빈부 문제, 환경 파괴 문제, 경제 논리로 인한 인간성의 파괴 문제 등등을 정면으로 다루고, 때로는 이러한 문제를 자각하고 그 극복을 위한 실천적 행동을 전개하는 인물들을 형상화하는 방식으로 경제 문제의 해결에 적극 관여하기도 하였다. 우리 근대문학사에서 볼 수 있는 바, 신경향파와 카프 계통의 문학, 또는 1970, 80년대의 노동 현실을 다룬 문학 등이 그 사례이다.

이러한 본격적인 작품을 통한 경제 문제에 대한 비판 활동 외에 풍자와 패러디와 같은, 문학 활동의 방법을 원용한 창의적 언어 활동을 통해 경제 문제를 비판하고 그 극복을 지향하는 활동을 주목할 필요가 있다.

기업의 이윤 추구는 빈번하게 소득의 불평등을 야기한다. 임금이 저렴한 저개발국가에 생산기지를 둔 거대 기업이 거두는 수익과 노동자의 임금 사이의 불평등은 여전히 지속되고 있는 자본주의의 모순 중의 하나이다. 이러한 거대 기업 중에는 창의적 로고로 성공한 기업도 있으며, 가치 있는 삶과 바람직한 세계를 지향하는 의미를 함축한 브랜드를 가진 기업도 있다. 말하자면 언어적 창의성 덕분에 크게 성공한 기업들도 있는 것이다. 예컨대 신발을 파는 것이 아니라 '스포츠와 건강을 통해 사람들의 삶을 발전시키는 것'이 목표이며, '스포츠 정신은 우리를 계속 태어날 수 있게 해 준다.'[31]는 내러티브를 표방한 나이키는 흑인 농구선수 마이클 조던을 광고 인물로 내세우면서 미국의 빈곤한 가정의 흑인

....

31 나오미 클라인, 앞의 책, 45쪽.

청소년들까지 구매자로 확보할 정도로 브랜드화에 성공하였지만, 저개발국가에서 어린이 노동자에게 저임금을 지불하고 생산한 신발을 빈곤한 흑인 청소년에게 고가로 팔면서 흑인 가정의 경제적 고통을 가중시켰다. 그런가 하면 '편안한 제3의 장소'를 표방하며, 커피 마시는 공간이 공동체, 우정, 관계 등을 체험케 한다는 내러티브를 내세운 스타벅스는 특정 지역을 자사의 지점으로 가득 채워진 집단으로 만들어 커피를 판매하는 타사의 점포가 발붙이지 못하게 하거나 기존의 인기 있는 커피숍을 자기 점포로 대체하기 위해 건물 소유주에게 고액의 임대료를 제안하여 기존의 점포를 축출하는 등 '잔인한 부동산' 정책을 썼다.[32] 이처럼 바람직한 가치 추구의 이미지로 포장된 브랜드들의 이면에는 냉혹하고 비윤리적인 이익 추구 행위가 은폐되어 있었던 것이다.

이렇게 볼 때 언어적 창의성은 기업의 브랜드화의 성공을 가능케 하지만 다른 한편으로는 경제적 불평등을 심화시키고 그것을 은폐하는데 일조를 한다. 그렇다면 경제적 불평등이라는 문제 상황을 해결하는 언어적 창의성도 생각해 볼 수 있다. 나이키의 노동 착취에 분개한 반(反)나이키 운동의 핵심은 바로 나이키가 공들여 쌓아올린 브랜드를 공격하는 것이었다. 나이키의 로고에 'Child Labor'라는 문구를 넣거나, 나이키 로고를 채찍을 휘두

....
32　나오미 클라인, 앞의 책, 172-175쪽.

르는 것으로 변형하고는 나이키의 광고 카피 'Just do it'를 'Just do it or else'로 패러디하여 공격하였다.[33] 즉 나이키의 로고와 슬로건이 주창하는 가치와 실제 나이키 신발이 생산되는 비참한 현장을 대조하는, 다시 말해 브랜드화 된 삶과 생산 현장의 현실을 충돌시키는[34] 패러디 방식으로 나이키 브랜드의 긍정적 이미지를 벗겨내는 것이었다. 이러한 반 나이키 운동의 결과 나이키의 호소력 있는 브랜드는 오히려 나이키 회사에 부담스런 부메랑이 되었고, 결국은 나이키 운동화가 '노예 임금, 강제 초과 근무, 부정행위의 동의어로 사용된다는 것에 회사가 동의'하게 되고, 나아가서는 '우리는 신발만 만든다.'고 회사 스스로 자신의 브랜드를 부정하는 데까지 이르렀던 것이다.[35] 즉 나이키를 사람들의 삶을 발전시키는 고상한 가치를 추구하는 기업에서 단순히 신발을 만드는 회사로 전락시킨 것은 '나이키 운동화'를 '노예 임금, 강제 초과 근무, 부정행위'의 동의어로 만든 창의적 언어 전략이었던 것이다. 요컨대 긍정적 이미지의 브랜드의 창출과 브랜드의 가면에 감추어져 있는 비리의 폭로와 해체는 상호 반대의 지향을 보이지만 브랜드라는 창의적 상징을 중심으로 경제적 이윤의 추구와 보편적 복지의 추구, 또는 경제 윤리의 실현이라는 경제의 본질적 지

....

33 박지희·김유진, 『윤리적 소비』, 메디치, 2010, 87쪽.

34 나오미 클라인, 앞의 책, 401쪽.

35 위의 책, 413-429쪽.

향들이 서로 갈등하면서 전진하는 양상을 볼 수 있다. 이 점에서 경제 활동에서 문학의 표현 방법을 활용한 언어적 창의성은 경제 발달이 수반하는 제 모순을 해결하는 데에서도 중요한 역할을 하는 것이다.

(3) 대안 지향의 언어적 창의성

경제 발전에 따른 제반 문제, 즉 불공정 거래 문제, 생태 환경 파괴 문제, 자원 고갈 문제, 삶의 질 문제 등등 수많은 문제를 해결하는 대안을 마련하는 데에도 언어적 창의성은 중요한 역할을 한다. 일반적으로 대안은 두 가지 방법으로 제시되고, 흔히 이 두 가지 방법은 연계된다. 그 하나는 새로운 개념어를 만들어 대안을 제시하는 방법이고, 다른 하나는 기획의 형태로 대안을 제시하는 방법이다. 이러한 대안 제시의 두 방법에 언어적 창의성이 깊이 관여하는 경우가 많으며, 문학의 언어 활용 방법을 원용하는 경우도 적지 않다.

먼저 언어적 창의성의 산물로서 개념어의 경우를 보기로 한다.

예컨대 '윤리적 소비'라는 용어는 일견 경제 논리와는 맞지 않는 언어의 조합으로 보인다. 그러나 이 용어가 지칭하는 경제 활동은 기존의 지배적인 소비 관념인 '합리적 소비'에 기초한 소비 패턴을 뒤집는 새로운 소비 패턴[36]으로 자리 잡고 있다. 이 용어가 널리 쓰이고, 또 소비자들에게 호소력을 가질 수 있게 된 것은 '윤리'와 '소비'라는, 일견 서로 맞지 않는 단어들의 결합[37]이 소비자의 윤리 의식을 일깨우고, 인류 공동체의 구성원으로서의 책임 의식을 일깨웠기 때문이다. 윤리적으로 생산된 제품이나 서비스를 구매한다는 윤리적 소비는 소비라는 경제 행위를 통해 윤리적 가치의 실천도 가능하다는 새로운 인식의 지평을 제시함으로써 경제적 이익 추구 중심의 '합리적 소비'로는 해결할 수 없는 경제·사회적 문제점들을 해결할 수 있는 대안으로 자리 잡게 된 것이다. 여기서 우리는 각각 독자적인 의미를 갖고 있는 '윤리'와 '소비'라는 두 단어가 결합하여 제3의 새로운 의미와 가치를 창출하는 언어적 창의성의 발현을 확인할 수 있다. 그리고 이 두 단어의 결합은 각 단어의 일상적 용법을 넘어서는 탈일상적 용법이라 할 수 있고, 이것은 언어의 예술적 활용의 범주에 속하는 것이다.

기존 용어들의 창의적 조합은 새로운 개념과 가치를 창출할 뿐만 아니라 인간의 삶과 세계를 새로운 시각으로 인식하게 하는 경우들은 상당히 많다. 윤리적 소비와 관련된 신조어들만 본다면, '탄소 발자국(Carbon Footprint)', '푸드 마일리지(Food Mileage)', '이퀄 익스체인지(Equal Exchange)', '공정 무역(Fair Trade)', '슬로푸드(Slow Food)' 등을 들 수 있다. 이 중에 '공정

....

36 박지희·김유진, 앞의 책, 24쪽.
37 창의성의 발현은 일견 서로 연결되지 않는 것으로 보이는 것들의 연결에 있다고 많은 학자들은 주장한다.

무역'과 '슬로푸드'는 각각, '공정 여행(Fair Travel)', '슬로시티(Slow City)', '슬로라이프(Slow Life)', '슬로리빙(Slow Living)' 등을 파생시켰으니 그 창의성의 파급력을 짐작할 수 있다.[38] 이 신조어들은 모두 탄소 배출량 축소, 저개발국 생산자들의 권익 옹호, 저개발국의 경제 발전, 속도 위주의 현대 생활의 문제 개선 등 경제·사회·환경 차원의 구체적이고 심각한 문제점들을 극복하는 대안적 실천과 가치 구현을 함축하고 있다.

그런데 이 신조어들은 비유적 표현과 연상 작용을 통해 그 지향하는 가치와 개념을 드러내고 있다. '탄소 발자국'과 '푸드 마일리지'는 의인화라는 수사법을 통해 에너지 소비, 온실 가스, 농약 등의 문제점들을 인식케 한다. 그런가 하면 '공정 무역'은 '불공정 무역'을, '슬로푸드'는 '패스트푸드'를 연상케 하면서 각각 그것들과 대립적 관계를 형성한다. 즉 '공정 무역'은 '불공정 무역'을, '슬로푸드'는 '패스트푸드'를 호출하여 대립 관계를 형성하고, 이 대립 관계를 가치 갈등 관계로 발전시킨다. 그리고 경제 주체의 일원인 소비자로 하여금 이 갈등 관계 속에서 가치 지향의 경제 행위를 하는 서사의 주인공이 되도록 호소한다. 따라서 이 신조어들은 일정한 내러티브를 동반한다고 할 수 있고, 이 점에서 이러한 신조어들의 창안은 문학 활동으로서의 경제 활동에 해당

....

38 이상의 용어는 박지희·김유진, 앞의 책에서 임의로 뽑았다.

한다고 할 수 있다.

이상의 대안 지향적 언어적 창의성이 현재의 경제 체제 내부의 문제점들을 극복하기 위한 것이라면 세계 경제 차원에서 경제 체제를 새로이 구성하려는 거시적 기획에서도 언어적 창의성이 긴요한 역할을 하는 것을 볼 수 있다. 예컨대 '3차 산업혁명' 등의 신조어들은 현 단계 경제 체제의 한계를 돌파하기 위한 거시적 기획을 표상하는 것들이다. 이 신조어들은 규모의 차이는 있지만 모두 내러티브를 갖추고 있는 것이 공통점이다.

누스바움은 창조성을 구성하는 5가지 능력 중 두 번째 능력으로 '틀 짜기'를 제시하고, 이 '틀 짜기'의 하위 능력으로 '내러티브의 틀 짜기', '참여의 틀 짜기', '가정의 틀 짜기'를 제시했는데,[39] 사실 '틀 짜기' 자체가 하나의 내러티브라 할 수 있다. 틀 짜기는 세계를 보는 눈을 바꾸고, 기존의 틀 속에 들어오지 않은 존재들과 관계를 맺어 기존의 틀을 바꾸고, 기존의 틀이 갖춘 스토리와는 다른 스토리를 기존의 화자와는 다른 화자가 말하는 것이기 때문이다. 예컨대 소니가 일반 소비자가 쉽사리 사용하기 힘든, 사용법이 복잡한 비디오 재생기를 소비자의 관점에서 간편하게 사용할 수 있도록 하여 성공한 것은 비디오 재생기를 화제로 한 내

....

39   브루스 누스바움, 김규태 역, 『창조적 지성』, 21세기북스, 2013, 157-199쪽 참조. 누스바움이 제시한 창조성을 구성하는 능력 다섯 가지는 지식 발굴, 틀 짜기, 즐기기, 만들기, 중심 잡기 등이다.

러티브의 틀을 새로이 짠 덕분이다.[40] 즉, 비디오 재생기 사용법의 화자를 비디오 재생기를 만든 기술자에서 사용자로 바꾸어 얻은 성공인 것이다.

이러한 내러티브의 새로운 구성은 세계 경제의 틀을 다시 짜는 거대 기획에서도 중심적인 역할을 한다. 예컨대 리프킨의 '3차 산업혁명'의 경우를 보기로 한다. 리프킨은 화석연료를 에너지로 사용하고 있는 '2차 산업혁명'의 시대가 곧 한계에 도달할 것이라며 '3차 산업혁명'이라는 신조어를 내세우고는 미래 경제에 대한 기획을 제시했는데, 그는 스스로 이 '3차 산업혁명'을 '새로운 내러티브'라고 부르고 있다.[41] 이 새로운 경제 체제의 내러티브는 다음의 5가지 요소로 구성되고 있다.

- 재생 가능 에너지로 전환한다.
- 모든 대륙의 건물을 현장에서 재생 가능 에너지를 생산할 수 있는 미니 발전소로 변형한다.
- 모든 건물과 인프라 전체에 수소 저장 기술 및 여타의 저장 기술을 보급하여 불규칙적으로 생성되는 에너지를 보존한다.
- 인터넷 기술을 활용하여 모든 대륙의 동력 그리드를 인터넷과 동일한 원리로 작동하는 에너지 공유 인터그리드로 전환한다.

....

40 브루스 누스바움, 앞의 책, 171쪽.
41 제러미 리프킨, 안진환 역, 『3차 산업혁명』, 민음사, 2012, 15쪽.

- 교통수단을 전원 연결 및 연료전지 차량으로 교체하고 대륙별 양 방향 스마트 동력 그리드 상에서 전기를 사고팔 수 있게 한다.[42]

 이 5가지 요소들은 어떻게 보면 초·중등학생들이 고안한 아이디어들 같기도 한데, 이들로 구성된 '3차 산업혁명'의 틀도 본래는 인터넷 커뮤니케이션 기술과 재생 가능 에너지의 결합이라는 단순한 줄거리가 발전한 것[43]이다. 즉, 인터넷 커뮤니케이션 기술과 재생 가능 에너지라는 두 개의 존재가 결합했을 때 일어날 수 있는 사건들을 자유롭게 발전시킨 결과 5가지 요소로 이루어진 내러티브를 만들게 된 것이다. 그리고 최초의 핵심 이야기인 인터넷 커뮤니케이션 기술과 재생 가능 에너지의 결합은 리프킨이 경제 혁명의 역사를 통찰한 결과이다. 즉, 그는 거대한 경제 혁명은 새로운 커뮤니케이션 기술이 새로운 에너지 체계와 결합할 때 발생한다[44]고 보고, 전기 커뮤니케이션(전화, 라디오, 텔레비전)과 화석 연료의 결합으로 이루어진 2차 산업혁명 시대를 대체할 새로운 커뮤니케이션과 에너지의 결합 방식을 제안한 것이다. 리프킨이 제시한 5가지 요소는 과학기술 분야에 편향된 것으로 보이나, 그는 이 구조를 바탕으로 거대담론에 해당하는 본격적인 내

....

42   제러미 리프킨, 앞의 책, 59쪽.

43   위의 책, 61쪽.

44   위의 책, 10쪽.

러티브를 전개한다. 예컨대 특정한 장소에서만 생산되고, 거대한 중앙집권적 관리 체제가 동반되는 화석 에너지에서 지구 곳곳에서 다양하게 생산되는 분산형 재생 가능 에너지로 전환하면 분산(分散) 자본주의 체제가 수립되고, 정치적으로는 중앙집권적이고 수직적 권력 구조에서 분산적이고 협업적인 수평적 권력 구조로 전환할 것이라고 한다.

다섯 가지 요소로 구성된 내러티브는 경제구조만이 아니라, 사회구조와 정치구조까지 새롭게 구성하는 거대 서사이다. 이 서사에서 다섯 가지 요소들은 각각 하나의 사건이 되고, 나아가 상호 인과적 관계를 형성하는 사건들의 연쇄를 형성한다. 그리고 에너지와 기술과 소통을 요소로 한 이 경제 서사가 사회 분야와 정치 분야와 인과적 연쇄 관계를 형성함으로써 세계 전체의 구조를 재편하는 거대 서사가 구성된다. 물론 개인, 가계, 기업, 정부 등 여러 층위의 경제 주체들이 이 개별 사건들의 주체로 참여함으로써 이 거대 서사는 실현된다. 물론 이 완성된 서사가 그려내는 세계가 어떤 의미를 갖는지를 각 경제주체들이 이해하고 동의하여야 이 서사의 각 사건들에 참여하게 된다고 할 수 있으므로, 리프킨이 제시한 이 서사는 교술적 서사라 할 수 있다.

리프킨의 이 '새로운 내러티브'는 교술적 서사이면서 동시에 미래 세계를 그려 보인다는 점에서 형상적 기능을 갖추고 있다. 중앙집권에서 분산으로, 수직에서 수평으로 세계 구조가 바뀐다는 것은 세계를 형상의 차원에서 드러내는 것이다. 아울러 이 '새로운 내러티브'는 인간만이 이 지구상에 존재할 수 있는 특권을 가진 것이 아니라 인간과 다른 생물들이 이 지구상에서 함께 생물권을 형성하고 있다는 새로운 인식을 제공하고 있다. 이 점에서 이 내러티브는 문학의 기본 속성인 형상과 인식을 갖추었다고 할 수 있다.

리프킨의 이러한 거대 기획이 타당한지, 완전한 실현이 가능한지 등은 현재로서는 알 수 없다. 다만 언어적 창의성의 관점에서 볼 때, 현재의 석탄과 석유 중심의 화석에너지를 기반으로 한 경제 체제의 한계를 예견하고, 이를 넘어서는 경제 체제에 대한 설득력 있는 내러티브를 만든 것은 틀림없고, 그 실현 가능성도 상당하다는 점이 중요하다. 특히 재생 가능 에너지 사용을 기반으로 한 경제 체제의 구상이 인간이 지구상의 다른 생명들과 같은 생물권을 구성하고 있으며 상호 의존하고 있음을 인식하는 방향으로 삶을 재조직하게 할 수 있으며, 아울러 기계화한 노동에서 해방된 인간이 삶의 의미를 성찰하면서 살아갈 수 있게 한다고 주장하는 것은 그의 '3차 산업혁명'이라는 창의적 경제 내러티브가 바람직한 삶을 추구하는 가치 추구 활동이기도 함을 잘 보여 준다.

이상에서 경제적 현상의 전개에서 살펴본 언어적 창의성의 실현 양상들은 그 자체가 경제 현상의 일부분이자 언어의 예술적 운용이다. 이 점에서 경제 현상에서의 언어적 창의성은 문학교육과 경제교육의 공동의 영역에 속한다고 할 수 있다.

4. 문학교육과 경제교육의 공동 과제

앞의 장에서 언어적 창의성의 두 산물, 즉, 문학 작품과 창의적 언어 표현이 경제의 한 부문으로 자리 잡고 있는 것과 경제 활동에 참여하고 있는 것을 확인하였다. 다시 말해 문학 활동과 경제 활동이 표리의 관계를 형성하고 있는 현상들을 살펴보았다. 이러한 사실들은 경제 문제를 전면적으로 다룬 문학 작품이나 경제 문제를 주요한 배경으로 삼은 문학 작품보다 차원이 다른 문학과 경제의 결합 관계가 있음을 보여 준다. 〈허생전〉처럼 경제 문제를 주제로 다룬 경우와 〈흥부전〉처럼 경제문제가 서사적 갈등의 근본 요인이 되고 있는 경우 모두 문학과 경제는 각각 별개의 존재로서 서로 교섭하는 양상인 것이다. 이에 비해 문학의 창작과 수용이라는 문학 활동 자체가 상품의 생산과 소비라는 경제 활동이며, 문학을 포함한 문화산업, 또는 창조산업이 산업의 한 부문으로 자리 잡고 있으며, 창의적 언어 표현 활동이 제품의 개발과 광고, 다양한 경제 문제의 해결 등 경제 활동의 여러 국면에서 주요한 역할을 하고 있는 사실은 문학 활동과 경제 활동이 동일한 활동의 두 가지 현상임을 보여 준다. 이 점에서 이 사실들은 문학교육과 경제교육의 공유 영역이라 할 수 있다.

그렇다면 이 공유 영역은 어떤 의미를 갖는다고 할 수 있는가? 만약 이 공유 영역이 문학교육과 경제교육의 주요 내용 중 일부를 함께 다룰 수 있는 것이라면 나아가 두 교과교육이 추구하는 능력의 유기적 통합에 이를 수 있다면 공유 영역의 설정과 활용은 문학교육과 경제교육의 소통에서 진일보한 성과를 거둘 수 있을 것이다. 이러한 점을 염두에 두면서 이하에서 '가치 창조와 전이'를 중심으로 이 과제를 간략하게 검토하기로 한다. 문학과 경제, 그리고 문학교육과 경제교육 모두 가치의 창조와 전이 및 파생을 주요 과제로 삼고 있기 때문이다.

가령, 어떤 작가가 소설을 창작하여 출판사에서 이를 출판하고 독자가 서점에서 그것을 샀다고 할 때 이 과정에서 어떤 가치가 창조되고 또 전이되었는가? 그리고 이 가치의 창조와 전이 및 파생은 문학교육과 경제교육의 공동의 교육 과제로서 성립될 수 있는가?

기존의 문학교육에서 보면 작가는 창작 활동을 하였고, 출판사와 서점은 유통 활동을 하였으며, 독자는 수용 활동을 한 것이다. 독자가 자발적으로 수용 활동을 하였다면 문학의 생활화를 실천한 것이다. 경제교육에서는 보면 작가와 출판사는 생산 활동, 서점은 유통 활동을, 독자는 소비 활동을 하였다. 특히 독자의 경우 경제생활과 문화생활이 통합된 행위를 한 것으로 이해될 수 있다. 그러나 가치의 창조와 전이를 중심으로 이 과정을 인식한다면 정밀하지는 않지만 대략 다음과 같은 질문을 할 수 있다.

> (가) 작가가 창작한 소설은 어떤 가치를 지니는가?
>
> (나) 출판을 통해 소설의 가치는 어떻게 전이되며, 또 어떤 새로운 가치를 파생시키는가?
>
> (다) 서점은 소설의 유통을 통해 소설의 가치를 전이시키며, 또 어떤 새로운 가치를 파생시키는가?
>
> (라) 독자는 구매를 통해 소설을 소유하게 되었다. 이 소유는 가치 전이의 차원에서 어떤 의미를 갖는가?
>
> (마) 독자는 소설을 구매하면서 어떤 가치를 기대하였으며, 소설의 수용을 통해 일어나는 가치의 전이와 파생의 실체는 무엇인가?

이상의 질문에서 '가치'는 모두 문학적 가치와 경제적 가치를 통칭하는 것이며, 이 두 가지 가치는 분리될 수 없는 상태로 결합되어 있다. 예컨대 (가)의 질문에서 '가치'는 문학적 가치만을 대상으로 하는 것처럼 보일 수 있으나 경제적 가치를 함축하고 있기 때문에 출판으로 이어지는 것이며, (마)의 경우도 소설 책값이라는 경제적 가치에 대비된 문학적 가치의 구현이 실제 모습의 가치인 것이다. 그런데 가치를 문학적 가치와 경제적 가치로 범주화하면 작품이자 상품인 하나의 현상과 관련된 가치 인식이 이원적으로 이루어지게 된다. 즉 문학적 가치와 경제적 가치는 실제로 겹치는 부분이 있는데, 별개의 것으로 인식되게 되는 것이다. 따라서 문학적 가치와 경제적 가치를 사용가치와 교환가치로 전환하여 인식할 필요가 있다.

이렇게 보면 작가는 사용가치를 창조하고, 출판사는 사용가치를 지닌 작품을 교환가치로 표시되는 상품으로 전환시키며, 서점은 교환가치를 기준으로 하여 독자에게 상품으로서의 소설을 유통시키는 것이다. 다시 말해 사용가치의 창조와 구현은 작가의 창작 행위와 독자의 수용 행위로 이루어지고, 사용가치의 전이와 파생은 교환가치로 표시되는 출판 행위와 유통 행위로 이루어지는 것이다. 이때 사용가치와 교환가치는 별개의 것이 아니고, 서로 겹치되 사용가치는 교환가치의 형태로 잠정적으로 표현되는 것이다. 즉, 작품의 문학적 가치는 사용가치로 전환되면서 동시에 교환가치의 형태로 소설가와 출판사와 서점에 경제적 가치를 실현시켜 주는 것이다. 독자는 교환가치의 지불을 통해 사용가치로서의 문학적 가치를 향유하는 것이다.

이러한 개괄적 양상을 문학교육과 경제교육의 실제에 적용시켜보자. 편의상 (라)와 (마)의 경우를 중심으로 보기로 한다.

(라)의 질문은 소설이란 상품의 성격과 관련이 있다. 소설을

소유하면 물질적 부를 축적한 것인가? 이 물음에 대한 답은 부정적이다. 원본 미술품은 소장 가치가 있지만 인쇄된 소설은 대량생산된 상품이어서 대량생산된 음반이나 영화, 또는 복제 그림처럼 소장 가치가 별로 없다. 그러므로 소설을 소장하는 것은 물질적 부의 축적도 아니고 투자도 아니다. 그렇다면 소설을 구매하는 행위는 사회적으로 의도된 행위의 일종인가? 예컨대 유한계급의 과시 소비[45]와 같은 것인가? 인쇄된 소설의 가격은 그다지 높지 않으므로 이에 해당되지 않는다. 물론 18세기 영국에서 소설은 중류층의 경제적 능력에 적합한 가격이 매겨진, 상대적으로 하층의 노동자들에게는 구매하기 쉽지 않았던 상품이었다.[46] 그렇지만 상류층에게는 이 가격이 전혀 문제가 되지 않았고, 이 점은 오늘날에도 마찬가지이다. 이와 같이 보면 일반적으로 소설의 구매는 저축이나 투자의 한 형태가 아니며, 문화적 과시와 같은 특별한 사회적 행위도 아니며, 일상의 소비 생활의 범주에 속하는 것임을 확인할 수 있다. 이상에서 소설의 구매는 소유를 위한 것이 아니라 일상의 소비를 위한 것이며, 이는 문학교육 쪽에서 중요하게 다루는 작품의 수용 활동의 경제적 표현인 것이다. 이 소비 활동은 가치의 전이란 점에서 볼 때 여느 상품의 소비와는 성격이 다르다.

....

45 톨스타인 베블렌, 정수용 역, 『유한계급론』, 광민사, 1978, 제4장 참조.
46 이언 와트, 전철민 역, 『소설의 발생』, 열린책들, 1988, 57쪽.

소설은 사용하면 소진되거나 낡아지는 상품이 아니며, 귀금속처럼 소유 자체가 가치를 유지하는 것도 아니기 때문이다. 소비자의 일정한 소비 능력이 동반되어야 가치의 전이가 제대로 이루어지는 특성을 지닌 상품인 것이다.

(마)의 질문은 문학교육 쪽에서 보면 소설의 효용적 가치에 대한 질문이다. 달리 말하면 문학을 무엇을 할 수 있는가를 묻는 것에 해당한다. 이 질문에 대해서는 흔히 즐거움과 깨달음을 그 답으로 제시한다. 한편 경제교육 쪽에서 이 질문에는 편익과 기회비용 및 합리적 선택의 문제가 포함되어 있다. 가령, 학습자가 용돈으로 소설을 샀기 때문에 포기한 다른 선택이나 기회들이 있었다면 기회비용이 제기된다. 이것은 소설을 선택한 것이 음식이나 음반을 선택한 것과 어떤 차이가 있느냐의 문제이다. 또한 소설을 수용하기 위해서는 책값만이 아니라 일정한 시간을 들여야 한다. 소설을 선택하는 데에는 상당한 비용 투입이 발생하는 것이다. 문화사적으로 보면 일반적으로 여가 시간의 증대와 소설의 수용이 맞물려 있다. 여가 시간에 다른 활동을 하지 않고 소설을 읽기로 한 것은 사실 매우 중요한 의미를 갖는다. 문화산업이 발달되지 않았을 때 소설은 여가 시간을 독점할 수 있었지만 문화산업이 발달한 오늘날은 여가 시간의 점유를 둘러싼 경쟁이 심하여 소설의 소비는 옛날과 같지 않다. 달리 말하면 소설 선택에서의 기회비용이 시대에 따라 달라진다는 말이다. 그렇다면 과연 독자는 다른

선택을 하지 않고 소설을 선택하였을 때 어떤 편익, 또는 사용가치를 기대했을까?

조성기의 소설 〈우리 시대의 소설가〉(1991)은 이 점과 관련하여 흥미로운 소재를 제공한다. 이 작품에서 자동차 영업 사원인 민준규라는 독자는 소설가 강만우의 소설을 사서 읽은 뒤 소설가에게 직접 책값의 환불을 요구한다. 이 독자는 불량 상품에 대해 제조 회사가 책임을 지듯이 수준 낮은 소설을 읽느라 괜히 시간만 낭비하게 만든 소설가는 독자에게 책임을 지고 환불을 해야 한다고 주장한다. 이 독자는 "책도 엄연히 하나의 상품으로 경제 구조 속에서 유통되고 있는 점을 감안할 때, 소비자의 권리가 강화되어야 한다고 보는 것"[47]이다. 이에 대해 소설가는 서점에서 판매하는 소설책 가격만큼 환불을 요구하는 독자에게 소설가가 책 한 권당 받는 인세는 그만큼 되지 않는다고 하고, 소설 작품을 고른 독자의 책임 부분도 있으며, 소설 작품이 불량 상품인지 아닌지는 주관적인 사항이 아니냐고 반박한다. 그러나 이 독자는 소설 작품의 불량 여부에 대한 판정 기준이 주관적임을 인정하면서도 그렇기 때문에 소설가와 직접 담판을 하여 불량 상품임을 인정하게 한다음 환불을 요구할 수밖에 없다고 하면서 소설가를 직접 만나 작

....

47 조성기, 〈우리 시대의 소설가〉, 조성기·강석경, 『우리 시대의 소설가·숲속의 방 외』, 동아출판사, 1995, 256쪽.

품의 수준에 대해 소설가와 시비를 벌인다. 이 독자가 작가에게 환불을 요구하는 핵심 근거는 책값을 지불하고 상당한 시간을 들여 작품을 읽었는데, 기대한 만큼의 수준의 작품이 아니어서 책값과 시간을 낭비하는 손해를 입었다는 것이다. 소설가가 상업적 이익 추구에 견인되어 소설에서 그리고자 한 것을 제대로 그려 내지 못했다고 비판하는 이 독자는 소설의 본령을 통속성보다는 진지성에 중점을 두고 있다. 요컨대 〈우리 시대의 소설가〉는 소설의 상품으로서의 성격과 그 상품을 생산한 생산자로서의 책임을 져야 하는 소설가의 위상과 소설의 교환가치와 사용가치의 관계를 잘 보여 준다.

〈우리 시대의 소설가〉에서 독자는 작가에게 '정신적인 손해에 대한 배상'[48]을 요구하면서 구체적으로 작품의 교환가치에 해당하는 금액의 보상을 요구하면서 그 금액이 '상징적'[49]인 것이라 한다. 독자의 관점에서 실제 보상액은 얼마여야 하며, 그 산출 근거는 무엇인가라든가, 독자의 주장이 법률적으로 정당한지 여부 등도 흥미로운 논의의 대상이 될 수 있지만, 여기서는 무엇보다 작품의 사용가치를 계량하여 수치로 드러내기가 쉽지 않아 상징적으로 교환가치만큼의 보상을 받으려는 독자의 시도를 주목하

··········

48   조성기·강석경, 앞의 책, 218쪽.
49   위의 책, 같은 쪽.

고자 한다. 다시 말해, 이 소설에서 독자는 교환가치보다 큰 사용가치를 기대하고 소설을 사서 읽었다고 할 수 있다. 그가 손해 보상으로 책값만 '상징적'으로 받겠다는 것은 사용가치가 교환가치보다 크리라고 기대했음을 보여 준다. 이 점에서 일반적으로 독자는 교환가치보다 큰 사용가치를 소설에서 기대하며, 그 사용가치는 정신적이며 동시에 주관적이라는 것을 (마)의 물음에 대한 답으로 제시할 수 있다. 사실 소설 작품 자체의 예술적 수준이나 독자의 소설 수용 능력과 수용 목적에 따라 그 사용가치는 달라질 수 있고, 무엇보다 즐거움이나 깨달음과 같은 심리적 만족도는 독자 개인에 따라 달라질 수 있다. 미적 가치란 우정이나 정의 또는 성스러움의 가치처럼 수적(數的)인 척도에서 보면 불투명한 채로 남아 있는 것[50]이라 할 수 있다.

그런데 소설 작품의 사용가치를 수치화할 수 없다고 하여 미지수의 상태로 남겨 놓고, 이것이야말로 문학적 가치의 본래적 속성이며, 다른 재화의 사용가치와는 질적으로 다른 것이라고 하면 그만인가? 음악 감상, 미술 작품 관람, 연극과 영화 감상 등등 예술과 문화 일반의 향유에서도 이러한 수치화할 수 없는 사용가치의 구현 사례를 볼 수 있고, 나아가 소비자의 취향이나 기

....

50 멜빈 레이더·버트럼 제섭, 김광명 역, 『예술과 인간 가치(개역판)』, 까치, 2004, 475쪽.

호에 따라 일반 소비재의 소비에서도 기능적 사용가치를 넘어선 심리적 만족도가 생성될 수 있다. 즉 수치화되거나 계량화되기 어렵다는 속성을 갖고 있을 뿐 신비한 무엇으로 범주화할 필요는 없는 것이다.

관점을 바꾸어 사용가치의 창조의 측면에서 이 점을 살펴볼 때에도 사용가치는 수치화할 수 없음을 발견하게 된다. 작가의 창작, 즉 생산은 어떤 생산 수단, 즉 작가의 특수화된 예술기법을 사용하여 언어 및 경험이라는 자료들을 변형시키는 것인데,[51] 이 생산에 투입한 비용도 사실 수치화하기 어렵다. 이 경우 생산 수단인 예술기법, 변형에 투입된 노동 시간과 노동 강도, 자료인 경험의 획득 비용[52] 등이 생산 비용을 계산하는 데 고려할 항목들이지만 이것도 사실 정확히 되기 어렵다. 이 때문에 작가가 완성한 작품의 사용가치를 정확히 산정하기 어렵고, 작품을 잡지사나 출판사에 넘길 때의 원고료와 인세는 문학을 중심으로 형성된 사회 제도와 관습에 따른다. 이렇게 보면 문학의 생산으로 창출되는 사용가치는 교환가치라는 형태로 잠정적으로 표현될 수밖에 없다.

그렇다면 계량화할 수 있는 교환가치와 수치화하기 어려운 사용가치의 통합으로서 문학의 생산이 창출한 가치의 총체에 대

....

51 테리 이글튼, 앞의 책, 96쪽.
52 언어는 자유재이므로 생산 비용 계산에서 제외할 수 있다.

한 인식을 어떻게 할 것인가? 달리 말하면 상품으로서 한 편의 작품이 내재하고 있는 가치는 어떻게 측정할 것인가? 이 과제는 문학교육과 경제교육 모두에게 주어질 수 있는 것이다. 다만 지금까지의 문학교육은 작품의 교환가치에 대해 관심을 두지 않고 사용가치에 주 관심을 둔 반면, 경제교육은 작품의 사용가치에 대해 관심을 두지 않고 교환가치에 주 관심을 두어, 교환가치와 사용가치의 통합적 실체에 대해서는 두 교과교육 모두 관심을 갖지 않았다. 그런데 화폐로 구매할 수 있는 모든 재화는 수치화될 수 있는 교환가치와 수치화될 수 없는(일부는 수치화될 수 있는) 사용가치를 갖고 있고, 소비자는 교환가치를 지불하고 얻게 되는 심리적 만족과 같은 사용가치의 정도에 따라 유사한 구매를 지속되거나 다른 상품의 구매로 옮겨가거나 하는 선택적 행위를 하게 된다. 즉 교환가치의 지불을 통한 사용가치의 구현에는 평가 행위가 동반되고, 이 평가 결과에 따라 후속 행위가 결정되는 것이다. 이것은 문학 작품은 물론 일반 상품을 구매하고 사용하는 행위에 두루 적용되는 것이다. 따라서 교환가치를 지불하고 사용가치를 최대한 구현하며, 그 구현 여부를 평가하는 능력을 기르는 것은 문학교육과 경제교육의 공동의 교육 목표라 할 수 있다. 물론 전자제품을 구매하여 사용하는 것과는 성격이 다른 문학 작품의 사용[수용] 능력과 평가[비평] 능력이 요구된다는 특수성이 있다. 그러나 이러한 성격의 사용[수용] 능력과 평가[비평] 능력은 음악, 미술 등등 예술 상품 일반은 물론 스포츠, 게임 등에도 정도의 차이는 있을지라도 두루 요구되는 것이므로 문학교육과 경제교육이 공동으로 추구하는 가치 구현 능력의 신장은 예외적인 것이라 할 수 없다.

이상에서 문학 작품의 사례만 대상으로 하여 살폈지만 제3장에서 살핀 바와 같이 창의적 언어 활동이 경제 활동의 제 영역에서 창조하고 전이하고 파생하는 가치도 문학교육과 경제교육의 공동의 교육 과제로 설정하여 구체적인 논의를 할 수 있을 것이다.

5. 맺음말

언어적 창의성을 중심으로 한 문학교육과 경제교육의 소통을 종래의 반영론의 차원을 넘어서 두 교과교육의 공동 영역의 구축을 모색하고, 이를 바탕으로 두 교과의 공동의 논의 과제를 설정하는 방식으로 추구하고자 한 것이 이 글의 목적이었다. 언어적 창의성의 산물인 문학이 문화산업의 형태로 경제 영역의 한 부문으로 자리 잡고 있는 사실과 창의적 언어 활동이 경제 활동의 제 분야에서 중요한 역할을 한다는 사실, 그리고 문학의 창작과 수용이라는 활동이 상품의 생산과 소비라는 경제 활동의 다른 이름이라는 사실에서 문학교육과 경제교육의 공동의 영역을 설정할 수 있다고 보았다. 아울러 이 공동 영역에서 문학 활동과 경제 활동이 모두 가치의 창조와 전이 및 파생에 해당하는 활동을 한다는 점에 주목하여 이 현상이 두 교과교육의 공동의 학습 과제가 될 수 있음을 검토하였다.

문학 작품의 실체를 순수한 형태의 언어체로만 볼 경우, 문학교육과 경제교육의 소통은 쉽지 않다. 반면에 경제 현상을 물질의 형태로 된 재화 또는 계량화될 수 있는 서비스 중심으로만 볼 경우에도 두 교과교육의 소통은 쉽지 않다. 문학교육 쪽에서 경제교육과의 소통을 통해 문학교육의 영역을 확충하고, 문학 활동의 실체에 보다 깊이 접근하기 위해서는 물질의 형태로 생산·유통·소비되는 문학 현상을 주목하고, 교환가치의 실현 위에 구축되는 사용가치, 또는 잠재화된 가치를 측정하는 탐구 활동을 할 필요가 있다. 상품으로서의 문학이 물질의 형태로 생산·유통·소비되고, 재생산되는 과정에서 창출하는 가치는 출판, 유통, 판매 및 다양한 형태로의 재생산 과정에서 발생되는 경제적 가치에 더하여 계량화할 수 없는 무형의 문화적 가치로 구성되며, 그 규모 역시 교환가치로 파악되는 규모를 훨씬 넘어선다. 문학 작품만이 아니라 제3장에서 자세히 살폈듯이 문학의 언어 활용 방식에 준하는 창의적 언어 활동이 경제 현상에서 창조하는 가치 또한 같은 관점에서 이해될 필요가 있다.

문학교육은 문학이 일종의 자본으로서 경제적 가치와 문화적 가치를 창출하는 데 관심을 기울여야 하며, 그것은 문학이란 무엇인가라는 질문에 답하는 방식으로 문학교육을 할 것이 아니라 문학은 무엇을 할 수 있는가라는 질문에 답하는 방식으로 문학교육을 할 때 보다 분명한 문학교육의 과제로 정립될 수 있다. 마찬가지로 경제교육은 언어와 문학이 경제적 가치를 창출할 수 있는 일종의 자본이며, 생산과 분배, 또는 재생산 과정을 통해 문학의 사용가치를 창조·전이·파생하여 경제적 풍요와 문화적 풍요를 동시에 성취할 수 있음을 주목할 필요가 있다. 그런 점에서 문학교육과 경제교육이 공동의 영역을 구축하고, 공동의 탐구 과제를 설정하여 학습자가 유기적이고 통합적인 인식과 실천 능력을 기르도록 할 필요가 있다.

10장

고전에 대한 소양이 창의적 경영에 미치는 영향
– 스타벅스와 야후의 사례를 중심으로

1. 머리말

이 장의 목적은 '스타벅스'와 '야후'의 사례를 통해 고전에 대한 소양이 창의적 경영에 미치는 영향을 고찰하는 데 있다. '스타벅스'와 '야후'는 브랜드 네이밍에 성공한 대표적인 기업들이다. 브랜드란 "사업자가 자기 상품에 대하여, 경쟁 업체의 것과 구별하기 위하여 사용하는 기호·문자·도형 따위의 일정한 표지"로 정의된다. 브랜드는 단순히 제품 간 구분을 위하여 붙여지는 이름이 아니라 제품의 속성과 특징을 담아 개성을 구현하고 소비자와 기업을 연결해 주는 마케팅 활동의 핵심에 위치한다.[1] 또한 브랜드에 이름을 붙이고 이미지를 부여하는 일련의 과정을 가리키는

'브랜드 네이밍'은 기업 전반의 이미지 및 아이덴티티를 반영하는 마케팅의 가장 근본적이며 핵심적인 과정이라고 할 수 있다.[2]

이문규는 브랜드 네이밍과 창의적 경영의 상관관계에 주목하면서 좋은 브랜드가 창의적인 경영을 낳는 것이 아니라, 창의적인 아이디어와 매니지먼트가 훌륭한 브랜드를 낳는다고 주장한다.[3] 그에 따르면 창조경영(Creative Leadership)의 결과로 소비자들에게 인지도와 선호도가 높은 브랜드가 탄생할 수 있기 때문에 브랜드 이미지야말로 창조경영의 성적표라고 볼 수 있다고 한다.

이 장은 '스타벅스'와 '야후'의 사례를 들어 이른바 성공적인 브랜드 네임의 탄생 이면에 놓인 고전 작품의 영향을 구체적으로 확인하고자 한다. '스타벅스(Starbucks)'와 '야후(Yahoo)'라는 브랜드 네임은 대부분의 사람들이 자세히는 읽지 않는 유명한 고전에서 유래하였다. '스타벅스'는 〈모비딕〉에서 주인공이라고 볼 수 없는 '스타벅'이라는 일등항해사의 이름을 가져왔는데, 이 인물의 가치는 700여 페이지에 달하는 〈모비딕〉 전체를 읽지 않고서는 제

....

1   신석규, 「브랜드 계층구조(Brand Hierarchy)의 체계성과 운용방안에 대한 연구」, 『한국디자인문화학회지』 17(2), 한국디자인문화학회, 2011.
2   권자연, 「언어조건에 따른 브랜드 명이 브랜드 회상에 미치는 영향: 인명과 제품 범주의 조합을 중심으로」, 한국외국어대학교 석사학위논문, 2009.
3   이문규, 「창조경영을 위한 브랜드 매니지먼트」, 연세대학교 창조경영센터 편, 『Creative Leadership-창조경영을 논하다』, 연세대학교출판부, 2008.

대로 파악할 수가 없다. '야후'는 〈걸리버 여행기〉에서 야만적인 종족으로 혐오스럽게 묘사된 '야후'를 브랜드 네임으로 내세웠다는 점에서 더욱 문제적이다. '야후'를 새롭게 해석하는 것 또한 400여 페이지에 달하는 〈걸리버 여행기〉 전체를 읽고 작가 스위프트의 풍자 의도를 간파하지 않으면 불가능한 일이다. 이러한 사실들은 스타벅스와 야후의 창업자들이 고전에서 다만 이름만을 취한 것이 아님을 반증한다. 이들 사례를 검토하다 보면 고전에 대한 소양이 창의적 경영에 기여하는 바가 드러날 것이며, 나아가 경제교육에 대한 의미 있는 시사점을 얻을 수 있으리라 본다.

4절에서 자세히 살피겠지만, 스타벅스와 야후의 사례는 경제교육이 추구하는 인간상인 '창의성을 발휘하는 사람', '문화적 소양을 바탕으로 품격 있는 삶을 영위하는 사람'을 기르는 데 있어서 왜 고전에 대한 소양이 필요한지를 말해 줄 것이라고 기대한다. 또한 스타벅스와 야후의 사례를 경제교육의 교수·학습 자료로 활용한다면 김진영과 박형준이 학교 경제교육의 문제점으로 지적한 여러 가지 문제점들[4] 가운데 '학습자의 동기 부족', '교과서의 추상성과 비현실성', '기업에 대한 부정적인 인식' 등의 문제를 개선하는 효과가 있으리라 본다.

....

4   김진영·박형준, 「학교 경제 교육의 문제점과 개선 방안」, 『시민교육연구』 36(1), 한국사회과교육학회, 2004.

2. 고전 작품을 활용한 브랜드 네이밍
– 스타벅스와 야후의 사례

1) 상품과 직접적인 관련이 없는 브랜드 네임

스타벅스(Starbucks)가 〈모비딕〉(1851)에 나오는 일등 항해사의 이름인 '스타벅'에서 나왔다는 사실은 널리 알려져 있다. 그러나 "스타벅스라는 이름은 허먼 멜빌의 소설 〈모비딕〉에 나오는 커피를 마시는 1등 항해사의 이름을 따서 지어졌다."[5]거나, "허먼 멜빌의 19세기 명작 소설 〈모비딕〉에 나오는 피커드 호의 일등 항해사이자 카페인 중독자인 스타벅스라는 인물에 경의를 표하여 만들어졌다."[6]는 설명들은 사실과는 다르다. 〈모비딕〉이란 작품에서 스타벅을 비롯한 누구도 커피를 마시지는 않는다. 고래잡이 배의 일등 항해사와 커피가 도대체 무슨 관련이 있는가를 이해하기 위해서는 〈모비딕〉이라는 작품을 읽고 이 작품 속에서 스타벅이 무엇을 상징하는 인물인지를 파악하지 않으면 안된다.

야후!(Yahoo!)는 〈걸리버 여행기〉(1726)에 나오는 야만적인

....

5 토리 차르토프스키, 박희라 역, 『세계 500대 브랜드 사전』, 더난출판, 2006.
6 스티브 리브킨·프레이저 서더랜드, 토탈브랜딩코리아 역, 『최고의 브랜드 네임은 어떻게 만들어지는가』, 김앤김북스, 2006.

인류의 이름 '야후'에서 유래하였음에도 불구하고 많은 사람들이 야후라는 브랜드 네임과 〈걸리버 여행기〉와의 관련에 대해서 소극적으로 인정하거나 아예 부인하고 있다.

문학적 심성을 가진 이들은 웹사이트 Yahoo!가 조나단 스위프트의 〈걸리버 여행기〉에 나오는 난폭한 사람 모습의 짐승들을 지칭하거나 또는 그것의 부차적인 의미인 "무례하고 시끄럽고 난폭한 사람"을 뜻하는 것으로 생각할 수도 있을 것이다. 혹은 1970년대에 최초로 기록된 기쁨과 흥분의 탄성 "Yahoo!"를 나타낸다고 생각할 수도 있을 것이다. 그러나 그들은 모두 틀렸다. 제리 양과 데이비드 필로는 1994년 스탠포드 대학교 논문 프로젝트로 그 포털 사이트를 만들었는데, 처음에는 그것을 David and Jerry's Guide to the World Wide Web이라고 불렀다. 그러나 이 보기 흉한 타이틀이 불만족스러웠던 그들은 "또 하나가 더 있는(yet another)"을 뜻하는 보편적 컴퓨터 두음자어인 "ya"로 시작되는 단어들을 사전에서 뒤적였다. 필로는 어렸을 때 그의 아버지가 그를 "Little Yahoo"라고 부르곤 했기 때문에 야후라는 단어에서 멈추고는 움직이지 못했다.[7] (밑줄-인용자)

위의 책의 저자는 '야후'가 〈걸리버 여행기〉와는 관련 없는

....
7 스티브 리브킨·프레이저 서더랜드, 앞의 책.

이름이라고 단언하고 있지만, 이는 사실이 아니다. 'yahoo'는 〈걸리버 여행기〉라는 작품 이전에는 존재하지도 않던 단어였다. 작중 주인공 걸리버는 이성적인 존재들인 말(馬人)들의 나라 '후이늠'국에서 말들에게 종속된 야후를 만나게 되는데, 야후들은 털이 무척 많고 옷을 입지 않은 것을 제외하곤 인간의 모습과 흡사하다. 그들은 지저분하고 난폭하고 야비한 존재들로 그려진다. 이러한 야후에 대한 묘사로부터 오늘날 '무례한, 상스러운, 보기 흉한 (rude, unsophisticated, uncouth) 사람'을 가리키는 '야후'라는 단어가 사전에 등재되게 되었다.

그런데 이 '야후'라는 단어와 야후를 개발한 스탠포드 대학의 박사과정 학생이었던 제리 양과 데이빗 필로가 도대체 어떤 관련이 있는지 쉽게 드러나지 않는다. 어떤 이들은 데이빗 필로의 아버지가 그를 어렸을 때 "꼬마 야후"라고 부른 것과 관련이 있다고 추정하기도 하며, 어떤 이들은 필로의 여자 친구가 필로를 그렇게 불렀기 때문이라고 설명하기도 한다.[8] 또 어떤 이들은 필로와 제리 양이 그들 자신의 어수룩하고 시골뜨기 같은 외모 때문에 스스로를 그렇게 불렀다고 설명하고 있다. 그러나 *Jerry Yang* 이라는 책에 의하면 그들이 '야후'라는 이름을 선택한 데는 그 이상의 의미가 담겨 있었던 것을 알 수 있는데, 그 의미는 〈걸리버

....

8   위키피디아(http://www.wikipedia.org).

여행기〉라는 작품의 본질을 꿰뚫지 않고는 쉽게 파악하기 어려운 의미이다.[9]

2) 고전에 대한 깊이 있는 해석

'스타벅스'와 '야후'라는 이름을 둘러싼 오해들은 〈모비딕〉과 〈걸리버 여행기〉가 고전 작품이라는 것과 무관하지 않다. 대부분의 고전이 그렇듯이 두 작품은 미국인들에게 친숙한, 대단히 유명한 작품이지만 두 작품을 처음부터 끝까지 다 읽는 사람은 많지 않아 보인다. 미국의 고등학교에서 가장 많이 채택하는 문학교과서 중 하나인 홀트사의 *Elements of Literature*(2009)는 11학년에서 〈모비딕〉을, 12학년에서 〈걸리버 여행기〉를 수록하고 있다. 그런데 〈모비딕〉과 〈걸리버 여행기〉는 각각 700여, 400여 페이지에 달하는, 방대한 분량을 자랑하는 작품이기 때문에 교과서에서도 한두 장면만을 발췌하여 실을 수밖에 없다. 이처럼 방대한 분량의 고전 작품들의 경우, 대부분의 학생들이 *Cliff's Notes*와 같은 요약주석본에만 의지하여 실제로 텍스트를 읽지 않는다는 것이 영어교사들 사이에서 심각한 문제로 대두되기도 하였다.[10]

....

9　P. Kupperbeg, *Jerry Yang,* Chelsea House Publications, 2009.

이러한 일반적인 경향과는 달리 '스타벅스'와 '야후'의 창립자들은 두 작품에 대해서 보기 드문 소양을 갖추었다고 여겨진다. 〈모비딕〉은 미국의 대중적 상상력 속에서는 단연 아합이 주인공인 책이다.[11] 대중들은 자신의 다리를 앗아간 흰 고래에게 복수하고자 하는 일념으로 흰 고래를 편집광적으로 추적하는 선장 아합의 영웅적 면모에 열광하고 있다. 그에 비해 상식에 입각하여 아합의 광기어린 추적에 반대하는 '스타벅'이라는 일등 항해사는 주목의 대상이 되지 못하고 있다. 그럼에도 불구하고 자신들의 브랜드 네임을 '스타벅스'라고 붙인 스타벅스의 창업자들은 이 작품에 나온 '스타벅'이라는 인물에게서 특별한 가치를 발견하였음을 알 수 있다.

〈걸리버 여행기〉를 읽어 보면 이 작품에 나오는 야만적이고 냄새나고 추잡하고 전혀 문명화되지 않은 '야후'에 대해 긍정적인 이미지를 가지기가 매우 힘들다. 인간의 모습을 이렇게 혐오스럽게 그린 데 대해서 이 소설이 나온 18세기 당시에는 거센 반발과 비판이 있었다. 그런데 20세기에 들어서 전문적인 비평가들 사이에서 작중 화자 걸리버가 보이는 인간 혐오적인 태도가 새롭게 해석되기 시작하였다. 그들이 내세우는 중요한 이유는 작

....

10　E. Karsten, "Challenging the 'Cliff's Notes' Syndrome", *The English Journal* 78(7), 1989; S. Harvey, "Cliff-Take Note!", *The English Journal* 76(3), 1987 참조.
11　신문수, 『모비딕 읽기의 즐거움 - 진실을 말하는 위대한 기예』, 살림, 2005.

중 화자인 걸리버가 항상 풍자의 주체로서 스위프트의 목소리를 대변하는 것이 아니라, 풍자의 대상으로 전락하여 스위프트의 조롱거리가 되기도 한다는 점이다.[12] 스위프트는 걸리버를 풍자하고 조롱하면서 걸리버가 보이는 인간 혐오에 대해 다른 시각을 제공한다. 제리 양과 데이빗 필로가 '야후'라는 이름을 자청한 것은 걸리버와는 다른 스위프트의 의도를 간파하고 있었기 때문이라고 볼 수 있다.

(1) 스타벅스 창업자들의 〈모비딕〉 해석

스타벅스 홈페이지를 보면 '스타벅스'라는 이름은 〈모비딕〉에서 영감(inspire)을 얻은 이름이라고 한다. 스타벅스의 창업자들은 〈모비딕〉에서 어떤 영감을 받았기에 하필 '스타벅'이라는 이름을 취한 것일까? 이를 추정하기 위해서 우선 창업자들에 대한 이해가 필요한데, 이는 하워드 슐츠 스타벅스 회장의 책에 잘 소개되어 있다.

스타벅스의 창업자들은 전형적인 사업가와는 거리가 먼 사람들이었다. 문학이 전공인 제리는 영어교사였고 고든은 작가였다. 그리고

....

12 김진걸, 「〈걸리버 여행기〉에 나타난 스위프트의 인간관 연구」, 서울시립대학교 석사학위논문, 2009.

또 한사람의 파트너인 <u>제브 시글은 역사교사였다.</u> 시애틀 심포니의 콘서트 마스터(수석 악사, 지휘자의 차석)의 아들이었던 제브는 1980년에 회사지분을 팔아 버렸다. <u>그들은 영화를 만들고, 글을 쓰고, 방송을 하고, 고전 음악을 감상하고, 고급 와인과 요리를 커피와 함께 즐겼다.</u> 그들 중 누구도 비즈니스 제국을 건설하겠다는 열망은 없었다. 그저 커피와 티를 사랑했고, 사랑하는 도시인 시애틀의 시민들에게 최고의 커피를 선보이겠다는 단 하나의 이유 때문에 스타벅스를 만들었다. <u>고든은 시애틀 출신이고 제리는 졸업 후 모험심으로 시애틀에 왔다.</u> 제리는 본래 베이 에어리어(Bay Area, 샌프란시스코) 출신인데 그가 <u>커피의 로맨스</u>를 발견한 것은 1966년 '피츠 커피 앤드 티(Peet's Coffee and Tea)'라는 커피 스토어에서였다. 그 후 그것은 그가 평생 사랑하는 직업이 되었다.[13] (밑줄 – 인용자)

위에서 보듯이 1971년에 미국 시애틀에서 신선하고 고급스러운 아라비카 커피 원두를 파는 '스타벅스'라는 커피 매장을 열었던 사람들은 모두 문학을 사랑하는 사람들이었고, 그중 둘은 문학과 직접적으로 관련된 직종에 종사하는 사람들이었다. 동시에 그들은 모험심을 지니고 있었다. 처음에 그들은 거친 바다를 항해하는 〈모비딕〉의 '피쿼드(Peqoud)'호를 브랜드 네임으로 삼고

....

13 하워드 슐츠·도리 존스 양, 홍순명 역, 『스타벅스, 커피 한 잔에 담긴 성공신화』, 김영사, 1999.

자 하였다. 공교롭게도 인디언 부족의 이름인 이 단어가 영어로는 '오줌-감옥(pee-quod)'을 연상케 한다는 반대에 부딪쳐 난항을 겪었다. 그들은 시애틀이 위치하고 있는 북서 지역과 연관된 독창적인 이름을 짓기로 하고 인근 레이니어 광산의 '스타보(Starbo)'라는 이름을 떠올렸다. 이 이름을 듣자 문학을 사랑하는 제리가 다시 〈모비딕〉과 연결시켜 스타벅스라는 이름을 얻게 되었다.[14] 그렇다면 스타벅은 어떤 인물인가?

'피쿼드' 호의 일등 항해사는 스타벅이었다. 낸터킷 토박이에 대대로 퀘이커교도 집안이었다. 큰 키에 성실한 사람이었고, 얼어붙을 듯이 추운 지방의 해안에서 태어났지만, 근육이 두 번이나 구운 비스킷처럼 단단해서 열대지방에서도 견딜 수 있는 체격으로 보였다. 그의 싱싱한 피는 서인도 제도에 가져가도 병에 든 맥주처럼 상하지 않을 것이다. (중략) 그는 결코 못생기지 않았다. 오히려 그 반대였다. 깨끗하고 팽팽한 피부는 놀랄 만큼 건강한 상태였다. 그 피부에 빈틈없이 감싸인 몸은 내면의 건강과 힘으로 방부 처리되어, 마치 이집트의 미라가 되살아난 것 같았다. 이 스타벅은 앞으로도 오랫동안 지금과 다름없이 견뎌낼 각오가 되어 있는 듯했다.
　하지만 그 진지하고 강인한 불굴의 정신에도 불구하고, 때로는

....

14　하워드 슐츠·도리 존스 양, 앞의 책.

나머지 자질에 모두 영향을 미치고 어떤 경우에는 나머지 자질들을 뒤엎을 만큼 중요해 보이는 자질들을 그는 갖추고 있었다. 뱃사람치고는 이상하게 양심적이고 자연계에 대한 깊은 경외감을 가지고 있어서, 거친 바다에서의 쓸쓸한 생활은 그의 마음을 미신으로 기울게 했다. 하지만 그가 믿는 미신은 어떤 사회에서는 무지가 아니라 오히려 지성에서 나오는 것처럼 여겨지는 미신이었다. 이런 전조와 예감이 이따금 용접으로 접합된 강철 같은 그의 영혼을 굴복시킬 때도 있었지만, 원래 무뚝뚝한 천성에서 그를 훨씬 멀리 벗어나게 하는 것은 멀리 코드 곶에 두고 온 젊은 아내와 어린 자식에 얽힌 아련한 가정적 추억이었다.[15] (밑줄-인용자)

위의 글은 〈모비딕〉에서 스타벅을 소개하는 장면이다. 그는 누구보다도 거친 바다의 항해를 견뎌 낼 수 있는 신체와 의지를 지닌 뱃사람이다. 그러나 뱃사람들에게서 쉽게 볼 수 없는 양심과 자연계에 대한 깊은 경외감을 가지고 있었다. 그래서 아합이 편집광적으로 고래를 추적할 때, 스타벅은 말 못하는 짐승에게 복수하는 것은 이성적이지 못하다면서 선장에 맞섰다. 그가 아합의 편집광적이고 무모한 추격을 멈추고 싶어 했던 가장 중요한 이유는 아내와 자식들에 대한 그리움 때문이었다. 맹목적으로 파멸을 향해

....

15 허먼 멜빌, 김석희 역,《모비딕》, 작가정신, 2011.

달려가는 아합에게 스타벅은 다음과 같이 간청한다.

> "오오, 선장님! 나의 선장님! 고귀한 영혼이여! 위대한 정신이여!
> 그 가증스러운 고래를 무엇 때문에 추적해야 합니까! 저와 함께 갑
> 시다! 이 치명적인 바다에서 도망칩시다! 집으로 돌아갑시다! 스타
> <u>벅에게도 처자식이 있습니다. 형제자매처럼 정답고 어린 시절의 놀</u>
> <u>이친구 같은 처자식입니다.</u> 선장님은 늘그막에 얻은 처자식을 자애
> 로운 아버지처럼 깊이 사랑하고 간절히 보고 싶어 하시죠! 갑시다!
> 함께 돌아갑시다! 지금 당장 진로를 바꾸게 해주십시오. 오오, 선장
> 님. 그리운 낸터컷을 다시 보려고 우리는 얼마나 기운차고 즐겁게
> 바다를 헤치고 나아갈까요! 선장님, 낸터컷에도 아마 이렇게 온화
> 하고 푸른 날들이 있을 겁니다."[16] (밑줄 – 인용자)

　　모든 선원들이 흰 고래를 쫓다가 죽고 피쿼드 호가 산산조각
나는 그 순간까지도 흰 고래에 대한 추격을 멈추지 않았던 아합의
영웅적인 면모에 비해, 이 치명적인 바다에서 도망쳐서 따뜻한 가
정으로 돌아가자고 호소하는 스타벅은 확실히 덜 매력적인 인물
이다. 그러나 오늘날 비평가들은 남성적인 영웅인 아합과는 달리
스타벅이 추구하는 '따뜻한 가정', '여성적 가치' 또한 멜빌이 놓

....

16　허먼 멜빌, 앞의 책.

치고 싶지 않았던 가치 중의 하나였다고 주장한다.[17] 어쨌거나 스타벅의 이러한 면모는 집과 직장을 벗어난 제3의 장소이면서 고객들로 하여금 따뜻한 유대감을 느끼게끔 하고자 하는 스타벅스의 경영 철학과 잘 어울린다.

'스타벅'이라는 인물에서 주목할 점은 그가 아합을 제거할 기회가 적어도 두 번 있었음에도 불구하고 그렇게 하지 않았다는 것이다. 이를 두고 한편으로는 청교도적 예정설이나 메시아주의적 소명의식과 관련하여 해석하는 견해도 있지만, 다른 한편으로는 인간이 자신이 속한 공동체의 가치체계를 결코 벗어날 수 없다는 것을 표상한다고 해석하기도 한다.[18] 이처럼 다양한 해석이 가능한 인물에 주목했다는 점에서 '스타벅스'라는 이름을 떠올린 창업자들의 고전 이해의 수준을 짐작할 수 있다.

스타벅스의 하워드 슐츠 회장은 처음에 스타벅스 창업자들과 합류했다가 이탈리아에서 커피를 경험하고 돌아와서 커피를 추출해서 파는 가게를 열고자 하지만 창업자들의 반대에 부딪힌다. 이에 '일 지오날레(신문)'라는 커피하우스를 열어 성공한 뒤에 원래의 스타벅스를 인수해서 지금과 같은 대기업으로 키워 냈다. 그가 스타벅스를 인수한 뒤에 왜 '일 지오날레'가 아닌 '스타벅스'

....

17 신문수, 앞의 책.
18 위의 책.

라는 이름을 택했는지는 다음 글에 나타나 있다.

> 내가 직접 지은 일 지오날레라는 이름에 남다른 애착이 있긴 했지
> 만, 이를 포기해야 한다는 걸 잘 알고 있었다. 스타벅스는 고품질의
> 독특한 커피로 명성이 자자했으므로, 이 이미지를 유지하는 게 훨
> 씬 이로운 일이었다. 또한 이 상호는 허먼 멜빌의 소설 〈모비딕〉에
> 나오는 고래잡이 배 피쿼드 호의 일등 항해사인 스타벅에서 따온
> 것으로, 친근하면서도 신비로운 느낌을 풍겼다. 이는 우리의 서비
> 스의 본질 뿐 아니라 고객에게 제공하려는 약속과도 잘 어울리는
> 이름이었다. 우리는 직감을 따르기로 했다.[19] (밑줄 – 인용자)

위 글에서 하워드 슐츠는 '스타벅'이 "친근하면서도 신비로
운 느낌"을 풍겼다고 증언하는데, 이는 복잡한 지층을 가지고 있
는 고전의 본질을 꿰뚫는 언술이다. 고전 속의 인물은 워낙 많
이 들어서 친숙하게 느껴지지만, 그 인물이 주는 메시지를 남김
없이 알기는 어렵다. 스타벅도 마찬가지이다. 그는 마치 미이라
처럼 단단한 몸과 불굴의 정신을 지녔기 때문에 거친 바다의 항
해를 두려워할 리가 없는 사람이다. 그런 그가 흰 고래를 추적하
는 것을 두려움으로 만류하는 것은 어떤 이유에서일까? 또 뱃사

....

19 하워드 슐츠·조앤 고든, 안진환·장세현 역, 『온워드』, 8.0., 2011.

람과는 어울리지 않게 가정으로 돌아가자고 간청하는 것은 어떤 이유에서일까? 멜빌은 고귀한 인간의 영혼이란 절대로 획일적이지 않다는 것을 보여주기 위해 스타벅을 신비스런 인물로 묘사해 놓은 것이다.

그런데 고전에 나오는 이 인물이 하워드 슐츠가 제공하고자 하는 서비스의 본질, 고객에게 제공하려는 약속과 잘 어울린다고 하는 이유가 뭘까? 하워드 슐츠가 제공하고자 하는 서비스의 본질은 다음과 같은 글에 잘 나타나 있다.

스타벅스에 와서 커피를 마시고 잠시 눈을 감으면 다른 세상을 만나게 된다는 게 하워드 슐츠가 말하는 스타벅스의 경험인 셈이다. 결국 스타벅스는 커피를 하나의 문화의 경지로 올려 놓았다.[20] (밑줄 - 인용자)

하워드 슐츠는 기회가 있을 때마다 자신의 기업이 커피를 파는 것이 아니라 '커피의 경험'을 판다는 사실을 강조해 왔다. '커피의 경험'은 '커피의 로맨스'라고도 부르는 것으로서, 날마다 커피를 마시는 친근한 경험 속에 마치 다른 세상을 만나는 것과 같은 신비스러운 경험을 하게 한다는 것이다. 이를 통해 인간 정신

....
20 정덕환, 『스타벅스 CEO 하워드 슐츠의 경영 철학』, 일송포켓북, 2010.

에 영감을 주고 인간 정신을 풍성하게 만들 수 있다는 것이 하워드 슐츠의 경영 철학이었다. 이러한 경영 철학을 지닌 그가 그 옛날 공해상에서 신비로운 미지의 흰 고래를 쫓아 항해하던 한 항해사의 이름을 그대로 쓰기로 한 것은 당연한 결정이었다.

(2) 야후 창업자들의 〈걸리버 여행기〉 해석

1994년 2월 스탠포드 대학교에 다니던 데이빗 필로와 제리 양은 인터넷 사용자들이 미리 주제별로 분류된 웹사이트를 빠르고 쉽게 찾아볼 수 있는 인터넷사이트 관리 소프트웨어를 개발하였다. 이것은 알타비스타나 구글 같은 검색기가 아니었다. 검색기는 인터넷에 있는 수백만 개의 웹사이트를 자동으로 검색해서 해당 사이트에서 질문과 관련된 해답을 제공할 수 있지만, 그들이 만든 것은 전 세계의 웹사이트 중 아주 작은 부분만을 사람의 힘을 빌려 범주화한 목록이었던 것이다. 처음에는 이 웹카탈로그에 '월드와이드웹에 대한 제리와 데이비드의 가이드'라는 이름을 붙였지만 결국 '야후'라는 이름을 붙이게 되었다.[21]

문학을 전공한 사람들이 〈모비딕〉에서 영감을 얻은 정도와, 스탠포드 대학의 전자공학 박사과정 대학원생이 〈걸리버 여행기〉에서 영감을 얻은 정도가 동일하다면 믿기가 어려울 것이다. 그러

....

21　토리 차르토프스키, 앞의 책.

나 *Jerry Yang*이라는 책에 따르면 제리 양과 데이빗 필로가 〈걸리버 여행기〉를 어떻게 이해하고 있었는지가 분명히 드러난다.

어느 날 밤 우리는 방에 있었고 이렇게 말했다. "우리는 기억하기 쉬운 어떤 이름을 떠올릴 필요가 있어." 우리는 그것을 "yet another something"이라고 부르기를 원했고, y-a로 시작하는 모든 단어들을 살피기 시작하였다. Yahoo가 눈에 띄었다. [조나단 스위프트의 1726년 풍자 소설인] 걸리버 여행기 속에서, 야후는 무례하고 문명화되지 않은 인간 이하의 종족인 존재들을 의미했다. 그것이 우리였다.[22] (밑줄 – 인용자)

위의 진술에 따르면 제리 양과 데이빗 필로는 〈걸리버 여행기〉의 속에서 야후가 어떻게 묘사되고 있는지를 잘 알고 있었던 것으로 보인다. 〈걸리버 여행기〉에서 야후는 다음과 같이 묘사되어 있다.

마침내 나는 들판에서 동물 몇 마리를 보게 되었다. (중략) 모습이 하도 이상하고 기형적이어서 다소 혐오감이 들었기 때문에, 그들을 좀 더 자세히 관찰하기 위하여 잡목 숲 뒤로 몸을 숨겼다. (중략) 그

....

22   P. Kupperbeg, 앞의 책.

들의 머리와 가슴은 곱슬거리는 부드러운 털로 빽빽이 뒤덮여 있었다. (중략) 그들은 다람쥐처럼 민첩하게 높은 나무 위로 올라갔다. 앞뒤 발에 끝이 뾰족한 갈고리 모양의 튼튼한 발톱들이 뻗어 나와 있었기 때문이다. 그들은 종종 엄청난 민첩성을 지니면서 뛰어오르고, 뛰고, 도약을 하기도 했다. (중략) <u>요컨대 나는 내 모든 여행들을 통해서 이 동물들보다 더 불쾌하고 혐오감이 심하게 드는 동물을 본 적이 없었다.</u> (중략) 이 빌어먹을 짐승 녀석들 중 몇 마리는 뒤의 가지들을 잡고 나무 위로 올라가 내 머리 위에 똥을 갈기기 시작했다. 그러나 나는 나무줄기에 딱 붙어 서서 가까스로 그걸 피했다. 하지만 내 주변 곳곳에 떨어진 녀석들의 똥 냄새로 거의 숨이 막힐 지경이었다.[23] (밑줄 – 인용자)

걸리버는 "이 동물들보다 더 불쾌하고 혐오감이 심하게 드는 동물을 본 적이 없었다."고 말할 만큼 야후에 대해 부정적인 묘사를 한다. 그러나 후이늠국에 체류하면서 야후를 더 많이 관찰하면 할수록 걸리버 자신이 육체적으로 야후와 흡사하다는 사실을 발견하게 된다. 제리 양은 인터뷰에서 "여러분이 만약 우리를 알게 된다면 야후가 우리와 같다는 것이 분명한 사실임을 알 수 있다."고 말하기도 하였다.[24] 실제로 그들이 일하는 방식을 묘사한

....

23 조나단 스위프트, 류경희 역,《걸리버 여행기》, 미래사, 2003.
24 제리 양 인터뷰(http://www.fool.com/Specials/1999/sp990303YangInter-

다음 글을 보면 예의를 차리지 않고 문명화되지 않은 야후의 모습을 떠올리게 한다.

당신은 우리가 벽에 대고 왔다 갔다 하며 고함을 치고, 칸막이 사이를 뛰어다니며, 서로를 휘어잡고 작은 회의실로 들어가는 것을 볼 수 있다.[25]

위의 묘사는 "엄청난 민첩성을 지니면서 뛰어 오르고, 뛰고, 도약을 하기도" 하는 야후들의 행동을 연상시킨다. 그러나 야후는 단지 악동 같은 그들의 성격이나 행동거지를 나타내는 이상의 의미를 지닌 이름이었다. 그들은 회사의 CEO를 찾기 위해 면접을 볼 때 기업 이름을 바꾸겠다고 말한 후보자를 탈락시킬 정도로 '야후'라는 이름을 심각하게 생각했다.[26] '야후' 속에 들어 있는 심각한 의미란 것이 도대체 무엇일까? *Jerry Yang*이라는 책을 통해 이에 대한 단서를 얻을 수 있다.

그들은 Yahoo를 "Yet Another Hierarchical Officious Oracle"의 두문자어로 결정했다. 이 말은 다소 유머러스하고 자기 비하적

....

view.htm).

25 안토니 브바미스·밥 스미스, 오민길·최명호 역, 『야후! 성공 방식』, 물푸레, 2001.
26 위의 책.

인 표현인데, 그것은 그들이 그들 자신들이나 그들의 목록을 너무 심각하게 받아들이지 않는다는 것을 보여주었다. 그것은 그들에게 지루해지기 시작한 공부로부터의 기분전환이었다. 그들의 논문을 완성하는 일에 본격적으로 착수하기 전에 그들의 취미를 가지고 조금 재미를 보는 것이 왜 안 될까?[27] (밑줄-인용자)

위의 글을 보면 제리 양과 데이빗 필로는 자신들이 수집하여 제공하는 웹사이트의 목록에 심각한 의미를 부여하는 것을 거부한다는 것을 알 수 있다. 자신들 스스로 학업으로부터의 기분전환을 위해 인터넷 검색을 즐기듯이, 사용자들도 단지 즐거움을 위해서 자신들의 인터넷 목록을 사용하여 주기를 희망한 것이다. "Yet Another Hierarchical Officious Oracle"의 뜻을 "계층적으로 잇따라 나오는 친절한 계시"라고 문자적으로 이해하는 사람들은 그들이 싫어한 "너무 진지한" 태도로 야후의 의미를 해석하는 우를 범하고 만다.

　'Yet Another'는 잘 알려진 대로 제리 양과 데이빗 필로가 웹사이트를 개발할 당시 이미 많은 웹사이트들이 있었기 때문에 붙인 이름이므로 '또 다른'이라고 번역하면 된다. 'Hierarchical' 이란 제리 양 등이 웹사이트들을 상위 범주 아래 또 다른 하위 범

....

27　P. Kupperbeg, 앞의 책.

주로 분류하는 계층적인 분류방식을 취했기 때문에 '계층적인'이라고 번역하면 된다. 문제는 'officious'라는 말이다.

'officious'는 문자적으로는 '거들먹거리는, 지나치게 친절한' 등의 의미를 지닌 단어이다. 그러나 이 단어를 '친절한'이라고 번역하는 것은 제리 양과 데이빗 필로의 본의에서 벗어난다. 제리 양은『모틀리 폴』이라는 투자전문 잡지와의 인터뷰에서 이 단어의 뜻에 대해서 전혀 다르게 풀이한 바 있다. 야후라는 검색 엔진을 만들게 된 배경은 우선 자신들이 박사과정을 시작하면서 논문을 쓰는 것에서 벗어나 머리를 식히는 모든 가능한 방법을 찾는 데서 출발했다는 것이다. 그들은 연구를 위해서 인터넷을 이용하다가 인터넷 검색을 용이하게 하는 정보검색 장치를 개발한 것이다.

마찬가지로 제리 양 등은 인터넷을 이용하는 수많은 'office worker'들이 그들의 일로부터 잠깐씩 한눈을 팔면서 작은 즐거움을 느끼는 데 자신들의 목록이 기여하길 바랐다. 그래서 'office worker들이 잠시 한눈팔 수 있는'이라는 의미로 'officious'라는 말을 사용한 것이다. 이 말은 뒤에 나오는 'oracle'과 모순 형용이 된다. 'oracle'은 '신탁을 받는 곳'이라는 뜻인데, 신탁을 받는 곳에서 한눈이나 팔고 오락을 즐긴다는 것이 이치에 닿지 않기 때문이다. "Yet Another Hierarchical Officious Oracle"이라는 말은 자신들의 목록이, 비록 절대로 진지한 일을 하는 것은 아니지만,

인간의 삶에서 간과할 수 없는 즐거움과 정보의 제시처가 되기를 바라는 창업자들의 경영 철학을 나타낸 것이다. 이런 자기비하적인 말의 조합 속에서 'officious'라는 말이 주는 권위적인 이미지와 'oracle'이라는 말이 주는 초월적인 이미지가 모두 풍자되고 있는 것을 볼 수 있다.

〈걸리버 여행기〉에서 야후는 이성이 전혀 없는 존재들이고 본능에 충실한 추악한 존재로 그려져 있다. 그에 비해 말들(후이늠)은 이성적이고 합리적이다. 그러나 이것은 어디까지나 걸리버의 시각일 뿐, 많은 비평가들이 스위프트가 야후를 전적으로 부정하고 후이늠을 전적으로 긍정한 것은 아니라고 말한다. 후이늠들은 지나치게 이성적인 나머지 감정이 없는 존재들이다. 그들은 배우자가 죽어도 슬퍼하지 않으며 자기 자식이 다른 후이늠의 자식보다 더 행복하기를 바라는 마음도 없다. 결혼도 우생학적인 이유로 이루어진다.[28]

후이늠에 감화된 걸리버는 귀국 후에 자신의 아내와 아이들을 거부하고 마구간으로 거처를 옮겨서 말들과 지내는 비정상적인 행동을 한다. 이러한 걸리버의 우스꽝스러운 행동을 풍자하면서 스위프트는 초월적이고 합리적인 존재로서의 인간이 지닌 부정적인 측면을 드러낸다. 그러한 인간들은 감정을 경시하고 가정

....
28 김진걸, 앞의 글.

적인 가치를 거부한다. 〈걸리버 여행기〉의 세 번째 여행기에는 터무니없이 비실용적이기만 한 이론들에 열중해 있던 스위프트와 동시대 사람들을 풍자하는 내용이 나온다. 하늘을 나는 섬 라퓨타의 사람들에 대한 묘사는 아래와 같다.

> 나는 그때까지 외모나 복장, 얼굴 생김새가 그렇게 이상한 사람들은 결코 본 적이 없었다. 그들의 머리는 모두 오른쪽 아니면 왼쪽으로 기울어져 있었으며, 한쪽 눈은 안쪽으로 다른 쪽 눈은 하늘 위쪽으로 쏠려 있었다. 그들의 바깥쪽 의복은 태양, 달, 별들의 모습으로 장식되어 있었으며, 바이올린, 플루트, 하프, 트럼펫, 하프시코드, 기타 유럽에 알려져 있지 않은 많은 악기들로 뒤섞여 있었다.[29]

라퓨타의 사람들은 과학 이론, 수학 이론, 음악 이론 등에만 매달려 있는 인물로 그려지는데, 그중에서도 압권은 라퓨타의 식민지인 바니발비의 수도에 있었던 학술원의 학자들이다. 이 학자들은 예컨대 공기에서 질산나트륨을 추출하고 수성(액체) 입자들을 걸러 내는 방법을 통해 공기를 마른 고체로 농축시키는 연구나 대리석을 부드럽게 만들어 베개와 바늘꽂이로 만드는 연구를 했으며, 다른 일부는 말들의 낙상을 막기 위하여 살아 있는 말발굽

....

29 조나단 스위프트, 앞의 책.

을 화석화시키는 연구를 하고 있었는데, 이런 연구를 50명의 연구원들이 30년째 하고 있는 것이다. 그러는 동안 바니발비의 수도라가도 사람들의 삶은 말할 수 없이 피폐해져 있는 것을 걸리버는 목격하게 된다. 이처럼 초월적인 가치를 추구하며 허황된 이론과 실험에 매달려 있는 사람들은 자신이 하는 일을 너무나 중요하게 여기며 자신들이 어떤 폐단을 낳고 있는지를 깨닫지도 못한다.

제리 양과 데이빗 필로가 "무례하고 문명화되지 않은 인간 이하의 종족"이라는 뜻을 가진 '야후'라는 단어를 만났을 때 "우리를 진정으로 나타낼 수 있는 단어"라고 한 이유는 그들이 스위프트의 풍자 정신에 공감했기 때문이다. 인간은 이성과 합리성으로 점철된 심각한 일만 하는 존재가 아니다. 때로는 박사학위논문과 같은 중차대한 과업 앞에서도 한눈을 팔고 즐기고 싶어 하는 것이 인간의 본능이다. 이런 존재를 표현하는 데 있어서 인간과 모습은 흡사하나 본능만을 지닌 '야후'라는 이름만큼 적절한 것이 없다는 생각을 제리 양 등은 하였을 법하다. 만약 그들이 〈걸리버 여행기〉를 읽고 조나단 스위프트의 풍자 의도를 깊이 있게 이해하지 못했다면, 그들이 아무리 대담하다고 해도 자신이 야후와 똑같다고 주장하지는 못했을 것이다.

또한 야후가 초기에는 인간의 손으로 웹사이트를 분류하였다는 점에 주목할 필요가 있다. 그들은 야후의 사이트를 분류하고 검색하는 인간적인 손길과 접근이 반드시 승리를 거둘 것이라고 믿었다.[30] 인간이 일일이 웹사이트를 분류한다는 것은 정말로 미개한 방식이란 점에서 그런 일을 하는 사람을 '야후'로 부르는 것이 더할 나위 없이 적절했던 것이다. 그러나 이러한 미개한 방식이야말로 사람을 먼저 생각하고 기술은 그 다음이라는 인간에 대한 신념의 결과였다. 그리하여 기업 역사상 가장 부정적인 사전적 의미를 지닌, 가장 인간적인 이름인 '야후'라는 브랜드 네임이 탄생한 것이다.

3. 고전에 대한 소양과 창의적 경영의 관계

1) 더 나은 세상을 위한 항해의 로맨스

스타벅스 홈페이지에는 '스타벅스'라는 이름이 '거친 바다의 로맨스'와 '초기 커피 무역상들의 항해 전통'을 연상시킨다고 설명하고 있다. 스타벅스와 관련 자료에는 '거친 바다의 로맨스'나 '커피의 로맨스'처럼 '로맨스'라는 말이 자주 나온다. 하워드 슐츠는 '커피의 로맨스'를 다음과 같이 설명한다.

....

30   안토니 브라미스·밥 스미스, 앞의 책.

사람들은 우리가 상징하는 것이 좋아서 스타벅스와 관계를 맺는다. 그것은 멋진 커피 이상의 것으로, 스타벅스 스토어 안에서 느낄 수 있는 따뜻한 분위기와 일체감, 그리고 멋진 커피를 마시는 로맨스이다.[31]

하워드 슐츠는 스타벅스는 커피만이 아니라 "따뜻한 분위기와 일체감"으로 상징되는 커피의 로맨스를 파는 것이라고 강조해 왔다. '로맨스'는 본래 문학의 한 장르로서, "현실을 꼼꼼하게 그리고 포괄적이고 자세하게 표현하는" 소설과 대비되는 양식이다. 로맨스는 "소설보다 현실의 직접적인 표현에 덜 구애받기 때문에 훨씬 자유롭게 신화적·알레고리적·상징적 형식들에 심하게 기울어져 있는" 문학 장르를 가리킨다.[32]

상상과 비현실적인 꿈, 신화를 환기하는 것이 로맨스라면 커피도 무수한 로맨스를 담고 있다. "한 잔의 커피는 경이롭고 놀라운, 관계의 집합체이다."라는 말로 시작하는 『커피의 역사』를 보면 커피 자체가 많은 이야기와 진기한 경험을 하는 항해의 주인공인 것을 알 수 있다. 커피는 '예멘-아라비아-이슬람 세계-투르크 왕국-비엔나-베니스-독일 함부르크 항-프랑스 마르세유-파리-

....

31   하워드 슐츠·도리 존스 양, 앞의 책.
32   한기욱, 「〈모비딕〉의 혼합적 형식과 그 예술적 효과」, 호손과미국소설학회 편, 『모비딕 다시 읽기』, 동인, 2005.

런던' 등을 거치면서 가는 곳마다 수많은 이야기를 낳았다.[33]

'스타벅스'라는 이름이 '거친 바다의 로맨스'와 '초기 커피 무역상들의 항해 전통'을 환기시킨다고 한 것은 양자가 '항해의 신비한 경험을 다루는 로맨스'라는 공통점이 있기 때문이다. 광활한 바다가 표상하는 삶의 무한한 가능성들[34] 중에서 의미 있는 경험을 발굴하여 커피 경험의 로맨스로 만들고, 그러한 로맨스를 통해 세상을 더 좋게 만들고자 한 것이 스타벅스의 경영 철학이다. 하워드 슐츠는 사람들로 하여금 직장과 집 사이의 제3의 장소에서 편안하게 사색하거나 따뜻한 분위기를 경험하게 함으로써 인간 정신에 영감을 주고 인간 정신을 풍요롭게 할 수 있다고 믿었다.

스타벅스만큼 분명하지는 않지만 야후도 더 나은 세상을 위한 항해의 로맨스를 꿈꾸고 있다. 야후의 홈페이지를 보면 야후가 유저들에게 항상 길을 인도해 주는 역할을 자처하는 것을 볼수 있다. 인터넷만 연결되어 있다면 고객이 원하는 것을 찾을 수 있도록 도와주는 회사이기 때문에 사원들은 호기심의 대가로 보수를 받고 탐험가를 찬양한다. 새로운 탐험을 위해 이전에 있었던 세상을 파괴하고 앞으로 나아가는 것을 강조한다.[35]

....

33   하인리히 E. 야콥, 박은영 역, 『커피의 역사』, 우물이 있는 집, 2005.

34   신문수, 앞의 글.

35   야후 홈페이지(https://www.yahoo.com).

스타벅스가 잠시 동안의 현실 도피와 달콤한 휴식이라는 새로운 커피 경험의 로맨스를 판다면 야후도 '야후 경험(Yahoo experience)'을 판다. 전 세계적인 일상 속에서 영감, 기쁨, 즐거움을 주어 사용자들로 하여금 그들의 매일이 덜 일상적으로 느껴지도록 만드는 것이 야후의 목표라고 하였다.[36] 이처럼 일상을 벗어난 새로운 경험을 탐구하여 제공하고자 하는 야후 또한 더 나은 세상을 향한 로맨스를 꿈꾸는 기업임을 알 수 있다. 조나단 스위프트의 〈걸리버 여행기〉에서 걸리버가 항해와 불시착을 반복하면서 새롭고 기이한 세상을 만나고 야후라는 인간의 극단적인 측면을 발견하게 된 것처럼, 야후라는 기업도 끊임없는 도전 정신으로 인터넷 세상에서 새로운 항해의 로맨스를 쓰고자 했다. 야후의 창업자들은 인터넷을 항해하는 사람들이 실제 원하는 것을 찾아내서 그들에게 그 원하는 바를 제공해야 한다는 것을 확신했다.[37]

스타벅스와 야후의 예에서 보듯이, 항해의 로맨스를 다룬 고전에 대한 소양은 인간에 대한 이해에 영향을 미친다. 그것은 새로운 세계를 향해 뒤를 돌아보지 않고 나아가는 인간 존재의 한 측면에 주목하게 하는 것이다. 부르스 누스바움은 창조적 지성

....

36 야후 홈페이지(https://www.yahoo.com).
37 안토니 브라미스·밥 스미스, 앞의 책.

(Creative Intelligence)의 가장 큰 특징으로 고객의 니즈를 만족시키는 데 집중하기보다는 사람들에게 진정으로 의미 있는 것이 무엇인지 마음속 깊이 헤아리는 데 집중하는 것을 꼽는다.[38] 위대한 고전 작품들만큼 사람들에게 진정으로 의미 있는 것이 무엇인지를 골똘히 다각적으로 추구한 예들도 많지 않다. 고전에서 브랜드 네임을 차용한 '스타벅스'와 '야후'가 창의적 경영을 할 수 있었던 것은 '의미 있는 삶'을 찾기 위해 거친 바다를 항해하는 인간에 대한 이해의 정도가 깊었던 데도 그 원인이 있을 것이다.

2) 고객의 요구에 앞선 새로운 가치 창조

어떤 기업가가 기업의 경영을 항해 로맨스로 이해한다고 해서, 그것이 곧 창의적인 경영을 보장하는 것은 아니다. 그러나 항해 로맨스가 상징하는 모험심과 개척정신이 창의적 경영의 요건에 부합하는 것은 분명하다. 창의적 경영이란 "빠르게 변화하는 기술 환경과 고객의 상호작용에 능동적으로 대응하여 기술의 발전과 고객의 변화에 기반하여 끊임없이 새로운 가치를 만들어 가는 경영 패러다임"이라고 알려져 있다.[39] 스타벅스와 야후는 모두

....

38　브루스 누스바움, 김규태 역, 『창조적 지성(Creative Intelligence)-새로운 네트워킹과 창조경제의 핵심 코드』, 21세기북스, 2013.
39　김진우, 「창조경영이란 무엇인가」, 연세대학교 창조경영센터 편, 앞의 책.

고객의 니즈를 만족시키는 데 중점을 두지 않았다. 그들은 고객들에게 자신들이 창조한 새로운 가치를 전달하는 데 더 중점을 두고 있었다.

스타벅스가 미국 시애틀에서 처음 문을 열었을 때, 창업자들의 정신적인 대부는 미국에 강배전 커피를 도입한 네덜란드인 알프레드 피트였다. 당시 대부분의 미국인들이 마시는 커피는 '로부스타'였는데, 그것은 강인한 종자로 쓴 맛이 강하고, 향기가 '아라비카'종에 비해 떨어졌다. 향기가 뛰어난 고급 종인 아라비카 커피는 북미 쪽으로는 거의 공급되지 않았고, 주로 미각과 풍미가 보다 뛰어난 유럽 쪽으로 공급되었다. 때문에 알프레드 피트는 스타벅스에서 강배전한 아라비카 커피 원두를 팔면서 고객들에게 집에서 갈고 추출하는 방법과 함께 그 커피에 대한 세련되고 고급스러운 정보들을 가르쳐 주기 시작하였다.[40] 스타벅스는 처음부터 고객들이 요구하지도 않은 고급 커피를 제공하기로 했는데, 이는 시장조사에 의존하지 않기 때문에 가능했다.

> 시장 조사를 했더라면 아마 그 당시는 커피 사업을 하기에 매우 나쁜 시기라고 나타났을 것이다. 1961년 하루 평균 3.1잔으로 최대량을 기록한 이래 미국의 커피 소비는 1980년대 후반까지 지속적으

....

40　하워드 슐츠·도리 존스 양, 앞의 책.

로 감소했다. 그러나 스타벅스의 창업자들은 시장 동향을 염두에 두지 않았다. 그들은 자신의 욕구, 특히 고급 커피에 대한 욕구를 채우고 있었을 뿐이었다.[41] (밑줄 – 인용자)

위의 증언을 통해 공급자가 자신의 욕구를 채우는 것이 곧 고객에게 새로운 가치를 제공하는 길이었음을 알 수 있다. 이러한 창업자들의 행동은 브루스 누스바움이 설명한 창조적인 지성의 특징을 그대로 실천한 것으로 보인다.

창조적인 사람들은 특정 세대 또는 연령대별로 관심사가 현저히 다르다는 것을 안다. 이들은 새로운 아이디어를 떠올리는 순간에 '충족되지 않은 니즈(unmet needs)'에 초점을 두지 않는다. 자신이 직접 겪은 경험과 영감을 출발점으로 정한 다음 새로운 형태의 회사나 테크놀로지를 실현하기 위한 아이디어를 구상한다. 자신의 경험이 불충분하다고 해서 전통적인 시장조사로 되돌아가지 않는다. 바로 경험의 원천이 되는 곳을 찾아가고 관심 분야의 문화에 대해 잘 아는 사람들과 협력하는 쪽을 택한다.[42]

위에서 말한 창조적인 사람들처럼 스타벅스의 창업자들은

....
41 하워드 슐츠·도리 존스 양, 앞의 책.
42 브루스 누스바움, 앞의 책.

전통적인 시장조사에 의존하지 않고 자신의 경험과 영감을 출발점으로 삼아 끝까지 밀고 나갔다. 스타벅스에 뒤늦게 합류한 하워드 슐츠가 이탈리아에서 커피의 로맨스를 경험하고, 당시 미국인들이 요구하지 않았던 에스프레소 커피를 판매하겠다고 결심했을 때도 이러한 원칙은 지켜지고 있었다.

제리 양의 인터뷰에서 야후는 '브랜드 중심'의 그리고 '고객 경험 중심의 전략'을 가지고 있다고 소개한다. 그런데 고객 경험 중심이라고 해서 고객의 요구를 만족시키려 노력한다는 것을 의미하지는 않는다. 그들은 항상 고객들이 원하는 것보다 앞서서 고객들에게 서비스를 제공하고자 하였다.[43]

스타벅스와 야후의 창업가들이 고객의 니즈에 대한 전통적인 시장 조사에 의존하지 않고 고객에게 필요한 가치를 새롭게 만들어 낼 수 있었던 것은, 그들 자신이 인간에 대한 깊은 이해와 확신을 가지고 있었기 때문이다. 누스바움의 말처럼 "인간은 니즈를 나열한 목록만으로 모든 것에 만족할 수 없는 좀 더 고차원적인 존재다."[44] 그러므로 고객의 니즈를 뛰어넘기 위해서는 이 고차원적인 존재로서의 인간 이해가 선행되어야 한다. 이 점에서 인간을 때로는 필요이상으로 복잡한 존재로 묘사했던 〈모비딕〉과

....

43 제리 양의 인터뷰(http://www.fool.com/Specials/1999/sp990303YangInterview.htm).
44 브루스 누스바움, 앞의 책.

〈걸리버 여행기〉의 영향이 창의적 경영에도 작용하고 있음을 알 수 있다. 고전에 대한 소양은 "기업이 고객을 이끌어 갈 수 있는 능력(customer leading)"[45]의 밑바탕이 될 수 있다.

3) 신인류로서의 고객 창출

좋은 브랜드 네임은 소비자들이 그 상품에 얽힌 여러 가지 흥미롭고 감성적인 이야기를 인구에 회자시킴으로써 성공적인 마케팅과 커뮤니케이션을 이끌기도 한다.[46] '스타벅스'와 '야후'는 고전에서 차용한 이름이기 때문에 그 이름만으로도 많은 풍부한 이야기를 떠올릴 수 있게 한다.

그러나 고전이기 때문에 가지는 한계도 있다. 그 작품 세계를 아는 사람은 헤아릴 수 없는 풍부한 이야기를 길어 올릴 수 있는 데 반해, 작품을 모르는 사람은 아무것도 연상하지 못하는 것이다. 스타벅스와 야후가 이러한 고전의 양면성에도 불구하고 자신 있게 자신의 브랜드로 내세울 수 있었던 이유는 그들이 고객에게 세련된 지식과 정보를 제공함으로써 이전에 존재하지 않았던 새로운 고객층을 만들어 낼 수 있다는 자신감이 있었기 때문이다.

....

45 김진우, 「창조경영의 기원: 비즈니스 모델과 고객가치」, 연세대학교 창조경영센터 편, 앞의 책.

46 이문규, 앞의 글.

다음의 사례는 스타벅스가 새로운 고객층을 창출한다는 것이 이전에 존재하지 않았던 신인류를 만드는 것에 버금가는 창조적인 작업임을 암시한다.

"아내가 내게 매일 스타벅스에 가는 걸 그만둘 수 없겠느냐고 묻더군요." 사무실에서 선 채로 그는 자신의 대답이 어땠는지 자세히 들려주었다. "그래서 저는 이렇게 말했죠."

"<u>왜 그만둘 수 없는지 이야기해 줄게. 나는 단지 커피 한 잔 때문에 그곳에 가는 게 아니야. 내가 하는 일은 거친 일이야. 날마다 다른 사람들은 겪지 않는 일들을 경험하지. 하지만 그 와중에도 매일 의지가 되는 한 가지는 그 매장에 있는 사람들로부터 느낄 수 있는 따뜻한 기분이야.</u>"

그는 아내에게 결국 이렇게 말했다고 한다.

"<u>내게 이건 잠시 동안의 현실도피이자 달콤한 휴식이야. 당신이 이해해줘야 할 일이라고.</u>"[47] (밑줄-인용자)

승승장구하던 스타벅스도 2000년대 들어 전 세계적인 금융위기 앞에서 큰 어려움을 겪고 있었다. 경제적으로 어려워진 소비자들은 커피와 같은 기호 품목을 줄이고자 하였고, 언론에서는 커

....

47 하워드 슐츠·조앤 고든, 앞의 책.

피 한 잔에 4달러나 하는 스타벅스가 과소비를 부추기는 장본인이라고 연일 난타하기 시작하였다. 이러한 위기를 맞아 경영 일선에서 물러나 있던 하워드 슐츠가 다시 복귀하였다. 위의 내용은 케빈 커피라는 한 경관이 하워드 슐츠에게 왜 그가 아내의 요청에도 불구하고 스타벅스에 가는 것을 그만둘 수 없었는지를 말해 준 내용이다. 이 이야기를 듣고 하워드 슐츠는 스타벅스가 건재하리라는 것을 감격적으로 직감하였다.

스타벅스가 만든 신인류란 예컨대 경제적인 가치보다 감성적인 가치를 중시하는 인간이다. 스타벅스는 흔히 밥값보다 비싼 커피값을 받는 곳으로 질타를 받고 있지만, 그것은 스타벅스가 밥값보다 비싼 커피를 마셔야만 살 수 있는 인류를 새로 창조했다는 사실을 모른 채 하는 말이다. 스타벅스는 자신의 매장이 바로 이 거친 항해에서 유일하게 꿈꿀 수 있는 공간이라며, 커피를 마시면서 그러한 위로를 받으라며 고객들을 유혹하고 있다. 〈모비딕〉에는 항해와 인생이 어떻게 닮아 있는지를 다음과 같이 그리고 있다.

세상에서 가장 위험하고 긴 항해가 끝나면, 두 번째 항해가 시작된다. 두 번째가 끝나면 세 번째가 시작되고, 그렇게 영원히 계속된다. 그렇게 끝없이 이어지는 것, 그것이 바로 견딜 수 없는 세상의 노고인 것이다.[48]

위에서 말한 "견딜 수 없는 세상의 노고" 속에서 끝내 돌아
갈 수 없었던 따뜻한 가정을 간절히 염원했던 스타벅의 모습은 매
일 같이 거친 일을 경험하면서 의지가 되는 따뜻한 기분을 간절히
필요로 하는 케빈 커피 경관의 모습과 중첩된다. 그들은 모두 거
친 항해를 해 나가는 '스타벅들'인 것이다. 초경쟁 사회에서 현대
인들은 누구나 "내가 하는 일은 거친 일이야."라고 생각하기 때문
에 스타벅스가 창조한 신인류의 수는 기하급수적으로 늘 수 있다.
더구나 경쟁사회의 논리가 그대로 침윤된 가정에서는 더 이상 고
단한 삶에 대한 위로를 받기 힘든 시대가 되었다. 직장과 집 사이
에서 거친 파도에 맞서서 표류하는 배에 탄 현대인들은 "의지가
되는", "따뜻한 기분"을 느끼게 해 주는 제3의 장소인 스타벅스에
가는 것을 결코 그만두지 못하는 신인류가 되는 것을 기꺼이 자처
하고 있는 것이다.

'야후'는 이미 그 이전에는 한 번도 존재하지 않았던 신인류
의 이름이었다. 매우 합리적이고 초월적인 존재인 후이늠의 기준
으로 보면 부정적이기 짝이 없는 인간이지만, 후이늠을 어떻게 보
느냐에 따라 전혀 다른 메시지를 주는 인간이다. 경멸적이고 비인
간적인 냉담한 측면을 가지고 있는 후이늠은 "인간이 감정 없이
이성만 가지고 산다는 것이 불가능함을 시사한다."[49] 이렇게 볼

....

48 허먼 멜빌, 앞의 책.

때 인간이 지닌 '야후'적인 속성은 부정적이지만 동시에 인간에게 결여되어서도 안 되는 속성이다.

데이빗 필로와 제리 양은 취미로 시작한 웹사이트 목록 사업이 커지면서 둘 다 모두 스탠포드 대학에서 박사학위를 받는 것을 포기하게 된다. 그들은 자신을 신인류 '야후'라고 부름으로써, 기분전환이나 오락으로 시작한 일 때문에 고차원적인 학문을 그만두는 바보 같은 짓을 기꺼이 하고자 하는 신인류의 조상이 되었다. 그리고 야후라는 새로운 세상 안의 사람들의 삶을 풍족하게 함으로써 인류를 더 바람직한 세계로 이끌어 가고자 하였다.[50]

틀에 박힌 사고방식을 깨고 진정으로 즐길 수 있는 사람이 바로 창조적 지성을 가진 사람이다.[51] 야후의 창시자들은 '야후'라는 브랜드 네이밍을 통해 자신들의 정체성을 표방했을 뿐 아니라 야후가 열어 준 세상의 새로운 인류들이 누리게 될 새로운 문화의 성격을 제안하였다. 이 새로운 인류들은 단지 '놀이하고' 있는 데 그치는 것이 아니라 그들 자신이 또 다른 창조적 가치를 찾고 퍼뜨릴 수 있는 사람들이다. '야후'는 친숙한 인물들은 아니지만 오늘날 수많은 기업에서 필요로 하는 인재들은 바로 데이빗 필로와

....

49 이경숙, 「스위프트의 주요 작품에 나타난 바흐찐의 대화적 상상력」, 성균관대학교 박사학위논문, 2004.

50 야후 홈페이지(https://www.yahoo.com).

51 브루스 누스바움, 앞의 책.

제리 양 같은 '야후'들이다. 업무라고 여겨지는 진지한 일들을 할 때보다 오히려 하찮게 여겼던 것들, 황당하게 여겼던 것들, 의미가 없다고 생각했던 것들과 놀면서 즐길 때 놀라운 창의력을 발휘하게 된다는 사실을 많은 경영자들이 증언하고 있다.[52]

4. 스타벅스와 야후 사례가 경제교육에 주는 시사점

1) 경제교육과정에서 추구하는 인간상의 구체적인 예시

2000년대 후반 들어 인간에 대한 학문인 인문학 지식에 관심을 갖는 경영인들이 늘어나면서 CEO들을 대상으로 한 인문학 강좌가 우후죽순처럼 생겨나고 있다. 그런데 CEO들 가운데는 "인간에 대해 좀 더 알고" 싶다는 이유로 인문학 강의를 듣는 이들도 있지만 "고갈된 상상력을 키우기 위해서"라는 개인적 만족을 위해서나, "경영이 아닌 다른 이야기를 할 소재를 배우기 위해서"라는 실용적인 이유로 강의를 수강한다는 이들도 적지 않다.[53] 경영인들을 대상으로 인문학 강의를 하는 강사들도 실용성

....

52 진형준, 『상상력 혁명』, 살림, 2010.

53 동아닷컴뉴스(http://news.donga.com/3/all/20090427/8724933/1).

을 강조하기는 마찬가지이다. 한 강사는 특별히 400년 이상 된 고전을 많이 읽으라고 권유하는데, 그 이유는 다음과 같다. 최근 나오는 책들과 자료는 경쟁자도 읽기 때문에 남들과 다른 생각을 가지려면 남들의 시선이 닿지 않은 곳의 것들을 끄집어내야 한다는 것이다.[54]

최근 불고 있는 인문학 열풍이 잘못된 것은 아니지만 지나친 실용주의적 관심으로 인문학을 단장취의 하는 문제도 없지 않다. 인문학과 고전을 마치 화제 거리를 풍부하게 하거나 남들과 경쟁에서 우위에 서는 데 도움을 주는 자기계발서처럼 소비하고 있는 것이다. 또한 자기 나름대로의 가치관이 이미 형성되어 있는 성인들이 단기간의 강의에서 소개받은 인문학과 고전을 통해 인간에 대한 이해를 깊게 할 수 있는 수준에는 일정한 한계가 있다.

어떤 지식이든지 어릴 때 배울수록 지식의 내면화가 잘 일어난다[55]는 점에서 인문학과 고전에 대한 관심을 미래의 경영인으로 성장할 학습자들을 교육하는 학교 경제교육의 장으로 옮겨 놓을 필요가 있다. 학교 경제교육의 방향과 지침을 주는 경제교육과정의 내용을 보면 고전에 대한 소양을 요구하는 기술들이 이미 들어와 있는 것을 알 수 있다. 2009 개정 교육과정은 경제교육이 추

....

54 정진홍, 『인문의 숲에서 경영을 만나다』, 21세기북스, 2007.
55 김진영·박형준, 앞의 글.

구하는 인간상을 다음 네 가지로 규정하고 있다. 첫째, 전인적 성장의 기반 위에 개성의 발달과 진로를 개척하는 사람. 둘째, 기초 능력의 바탕 위에 새로운 발상과 도전으로 창의성을 발휘하는 사람. 셋째, 문화적 소양과 다원적 가치에 대한 이해를 바탕으로 품격 있는 삶을 영위하는 사람. 넷째, 세계와 소통하는 시민으로서 배려와 나눔의 정신으로 공동체 발전에 참여하는 사람이다.

앞 절에서 살핀 스타벅스와 야후의 사례는 경제교육과정이 추구하는 이러한 인간상의 구체적인 예시라고 볼 수 있다. 스타벅스의 창업자들은 고전에 대한 깊이 있는 해석을 바탕으로 '인생이라는 거친 항해에서 인간이 갈망하는 짧고 아늑한 휴식'을 주는 브랜드로 자신들의 "개성을 발달시키고 진로를 개척"하였다. 야후의 개발자들은 진지한 학업보다 즐거움을 주는 일에 몰두한 결과 "새로운 발상과 도전으로 창의성을 발휘"할 수 있었다. 이들을 통해 "문화적 소양과 다원적 가치에 대한 이해를 바탕으로 품격 있는 삶을 영위하는 사람"의 특징을 알 수 있다.

경제교육과정에서 말하는 문화적 소양은 자기계발서처럼 편집된 고전을 통해 하루아침에 얻을 수 있는 것이 아니다. 대부분의 사람들이 읽지 않는 두꺼운 고전 전체를 읽으면서 그 안에 들어 있는 인간들의 욕구와 행동 양식에 대한 자연스러운 내면화가 일어나야 한다. 그 점에서 각각 700페이지, 400페이지가 넘는 〈모비딕〉과 〈걸리버 여행기〉에 나오는 다양한 인간상에 대한 깊이 있는 이해를 보여 준 스타벅스와 야후의 창업자들이 지닌 고전에 대한 소양은 주목할 만하다. 미국 학생들은 〈모비딕〉과 〈걸리버 여행기〉를 각각 11학년, 12학년에서 배우지만 대부분 *Cliff's Notes*와 같은 요약주석본에만 의지하여 실제로 전체 텍스트를 읽는 학생은 많지 않다. 그에 비해 스타벅스와 야후의 창업자들은 학창시절을 지내면서 고전 전체를 읽고 그에 대한 소양을 자연스럽게 내면화했을 가능성이 크다.

2) 교수·학습 자료로서의 유용성

김진영과 박형준이 지적한 학교 경제교육의 문제점들[56] 가운데 스타벅스와 야후 사례의 시사점과 관련해서 다음과 같은 문제들이 주목된다. 7차 교육과정까지 경제교육의 문제점을 들라면 무엇보다도 교육 대상이 교육받을 동기 유발이 되어 있지 않다는 점이다. 경제 교과서는 경제 원론의 축소판으로 볼 수 있을 정도로 내용이 너무 많고 어렵다는 지적이 있었다. 교과서의 "추상성과 비현실성"도 문제지만, 시장 경제에서 기업의 역할이나 대기업에 대한 부정적인 시각이 드러나는 것도 문제로 지적되고 있다.

....

56 김진영·박형준, 앞의 글.

2009 개정 교육과정을 보면 위에서 지적한 경제교육의 문제점을 해결하기 위해 노력하고 있는 것을 볼 수 있는데, 특히 교수·학습 방법에서 기술된 다음과 같은 제안들이 눈에 띈다. 하나는 "학습자의 생활 경험과 밀접한 소재를 활용하여 경제 현상 및 경제 문제에 접근함으로써 학습자가 경제 현상에 대한 흥미와 관심을 넓히고, 경제 현상의 원리를 발견하며, 이를 경제생활에 적용할 수 있도록 한다."는 것이다. 이는 경제교과서가 지나치게 추상적인 내용을 다루고 있어서 학습자의 흥미를 유발하지 못하는 문제점을 개선하기 위한 방책이라고 할 수 있다.

스타벅스와 야후의 사례는 학습자의 생활 속에서 쉽게 접할 수 있는 커피전문점과 인터넷 포털사이트라는 점에서 "학습자의 생활 경험과 밀접한 소재"라고 할 수 있다. 이들 사례를 통해 학습자들로 하여금 창의적 경영의 한 측면인 브랜드 네이밍을 이해하고, 생활 속에서 만나는 각종 브랜드 네이밍에 관심을 기울이면서 경제 현상에 대한 흥미도를 높일 수 있다.

2009 개정 교육과정은 "경제 현상을 다른 사회 현상과 관련지어 전체적·종합적으로 이해할 수 있도록 문학 작품, 신문기사, 방송물, 영화, 역사 기록물 등 다양한 유형의 소재를 활용하도록 한다."는 제안도 담고 있다. 이러한 교육과정상의 제안이 있기 전부터도 이미 경제교육 분야에서는 우리나라 민요나 속담, 동화를 활용한 경제교육 방안에 대한 지속적이고 심도 깊은 논의가 있어

왔으며[57], 나아가 학제 간 융합을 통한 경제교육이 창의성 신장에 기여한다는 사실이 보고된 바 있다.[58]

스타벅스와 야후의 사례는 외국의 사례라는 점에서 위의 논의에서 주목한 민요, 속담, 동화에 비해 그 경제교육적 활용도가 낮을 수 있다. 그러나 고전에 대한 깊이 있는 소양이 창의적인 경영으로 이어졌다는 점에서 학제 간 융합의 모범적인 사례로 제시할 수 있다. 인문학과 경영·경제학의 융합을 강조하는 이들은 이윤의 극대화가 "삶의 새로운 가치를 발견하고, 풍요로운 삶 자체를 누리는" 문화를 창발하는 활동에 뒤따라오는 열매라는 사실을 강조한다.[59] 스타벅스와 야후의 사례는 고전과 경영학의 융합을 통해 문화를 창조하고, 그 결과로서 막대한 이윤까지 얻게 된 대표적인 사례로 제시될 수 있다.

스타벅스와 야후는 자신만의 고유한 정신과 스토리텔링 기법으로 '차별화'에 성공했다는 점에서 세계화·지식기반 사회에

....

57 이에 대해서는 다음을 참고. 김상규, 「우리나라 민요를 이용한 경제교육방안」, 『나라 경제』 9, 한국개발연구원, 2000; 김상규, 「속담을 이용한 경제학 개념 교육」, 『나라 경제』 10, 한국개발연구원, 2001; 김상규, 「창의성 증진을 위한 동화 활용의 경제교육」, 『대구교육대학교 초등교육연구논총』 20(2), 대구교육대학교 초등교육연구소, 2004.

58 김상규, 「패러다임의 변화와 퓨전형 경제교육방법의 모색」, 『경제교육연구』 14(2), 한국경제교육학회, 2007.

59 김동윤, 「창조적 문화와 문화콘텐츠의 창발을 위한 인문학적 연구: '융합 학제적' 접근의 한 방향」, 『인문콘텐츠』 25, 인문콘텐츠학회, 2012.

서 요구하는 문화적인 영역의 차별성을 획득하였다. 최병모 외에 의하면 세계화·지식기반 사회에서 진정한 부는 원자재 그 자체가 아니라 이것에 본질적이고 심미적인 가치를 더하기 위해 사용되는 지식과 기술에 달려 있는데, 여기에는 지식과 상상력을 사용하는 능력이 중요해진다.[60]

스타벅스와 야후의 사례는 감성적인 스토리텔링을 통해 제품에 심미적인 가치를 더하는 능력의 실제적인 예시가 된다. 스타벅스와 야후의 창업자들이 이러한 스토리텔링 능력과 상상력을 갖추게 된 것은 오랫동안 문학에서 발전시켜 온 로맨스 양식에 익숙했기 때문이다. 로맨스는 현실을 벗어난 상상력을 한껏 허용하는 장르로서 사람들이 이러한 로맨스 장르를 향유하는 동안 그들은 상상력을 자유자재로 활용하며 이야기를 만드는 능력을 기르게 된다. 이처럼 스타벅스와 야후의 사례는 진정한 부를 창출하는 능력이 고전에 대한 소양에서 비롯되었다는 것을 보여 줌으로써 학습자가 이러한 능력을 신장시키기 위해서 무엇을 해야 하는지를 구체적으로 알려 준다.

스타벅스와 야후의 사례는 시장 경제에서 이윤 창출을 목표로 하는 기업의 역할에 대한 긍정적인 인식을 심어 주는 데도 기

....

60 최병모·김진영·조병철, 「세계화·지식기반사회에 있어서의 새로운 경제원리의 탐색과 경제교육」, 『경제교육연구』 10, 한국경제교육학회, 2003.

여할 수 있다. 2009 개정 교육과정에도 명시되어 있듯이, "기업은 소비자들이 원하는 상품의 생산, 생산 비용의 절감, 새로운 기술 개발을 통해 이윤을 극대화한다는 점을 이해한다."는 것은 경제교육의 주요 내용 가운데 하나이다. 김진영과 박형준은 학생들에게 기업의 역할과 활동에 대한 정확한 인식을 심어 주기 위해 중고생이나 경제 교사를 위한 기업 체험 프로그램 운영을 제안하기도 하였다.[61] 스타벅스와 야후의 사례를 소개한다면 기업 체험 프로그램과 유사한 효과를 거둘 수 있지 않을까 한다. 두 기업이 보여 준 고전에 대한 소양, 창의적인 브랜드 네이밍, 창의적 경영의 선순환과 그로부터 나온 막대한 이윤의 창출은 학습자들로 하여금 기업에 대한 부정적인 이미지를 불식할 수 있는 좋은 기회를 제공해 줄 것이다.

5. 고전에 대한 소양과 경제교육

이상에서 스타벅스와 야후의 사례를 통해 고전에 대한 소양이 창의적 경영에 어떻게 기여하며, 그것이 경제교육에 주는 시사점이 무엇인지를 고찰하였다. 유명하지만 실제로는 거의 읽히지

....
61 　김진영·박형준, 앞의 글.

않은 고전을 통해서 "친숙하지만 신비로운" 경험을 발굴하고, 그 것을 제시하는 것을 경영 철학으로 삼고 있다는 점이 스타벅스와 야후의 공통점이었다. 또한 고전에 대한 소양은 다만 성공적인 네 이밍에 그치는 것이 아니라 창의적 경영으로까지 이어지는 것을 알 수 있었다. 고전에 대한 소양이 창의적 경영에 기여할 수 있는 이유는 다음과 같다.

첫째, 고전은 인간의 삶에서 의미 있는 것이 무엇인가를 깊 이 숙고한다는 점이다. 고전을 통해 창의적 경영인은 일상 현실을 벗어난 '항해의 로맨스'를 꿈꾸는 복잡한 존재로서의 고객에 대 한 이해가 깊어진다. 둘째, 창의적 경영인은 인간에 대한 깊이 있 는 이해를 바탕으로 독창적인 경험과 가치를 발견하고 그것을 독 자나 소비자가 요구하기에 앞서 먼저 제공한다. 이를 위해 때로는 고객들에게 세련된 지식과 정보를 제공하기도 한다. 셋째, 독창적 인 경험과 가치를 토대로 이 세상에 존재하지 않았던 신인류를 창 조하고 존재하게 한다는 것이다. 이전에 존재하지 않았던 새로운 상품을 제공한다는 것은 곧 이전에 존재하지 않았던 신인류를 고 객으로서 창조하는 작업을 한다는 것을 의미한다.

이상에서 고찰한 스타벅스와 야후의 사례는 경제교육에도 적지 않은 시사점을 준다. 그 하나는 경제교육과정에서 추구하 는 인간상의 구체적인 예시를 스타벅스와 야후의 창업자들에게 서 발견할 수 있다는 점이다. 두 기업의 사례는 '창의적 인간상'과

'문화적 소양을 바탕으로 품격 있는 삶을 영위하는 인간상'에 부합하는 자료로서도 의미가 있지만, 그러한 인간상을 기를 수 있는 구체적인 교수·학습의 자료로서도 활용될 수 있다. 두 사례를 활용하여 그동안 경제교육에서 지적되어 왔던 '학습자의 동기 부족', '교과서의 추상성과 비현실성', '기업에 대한 부정적인 인식' 등의 문제를 개선할 수 있을 것으로 전망한다.

본 장에서는 외국 기업의 사례에 국한하여 살핀 한계가 있다. 우리나라 기업에는 이와 유사한 사례가 없는 것인지, 없다면 그 이유가 무엇인지를 규명할 때 이 글의 논의가 더 설득력을 얻을 수 있으리라 본다. 앞서도 언급했듯이 현재 우리 기업에서 일어나고 있는 인문학 열풍은 고전의 본질적 가치를 내면화하는 데 주안점이 있기보다는 또 하나의 자기계발서 정도로 소비하려는 경향이 있다. 이러한 경향을 극복하고 고전을 통해 인간에 대한 이해와 문화를 새롭게 하는 능력을 신장하고자 한다면 어릴 때부터 고전을 활용한 경제교육을 받을 필요가 있다. 여기에서는 그 필요성과 가능성만 타진하고 문학적 소양을 경제교육의 성취기준들과 어떻게 접목시킬 수 있는지에 대한 논의는 구체적으로 전개하지 못했다. 경제교육 분야의 전문가들의 조언을 바탕으로 본고의 미진함을 보완하는 후속 논의가 이루어지길 기대한다.

11장

경제학 학술 논문 텍스트의
특성과 창의성

1. 창의성과 학술 논문

창의성의 다른 말로는 '창의력', '창조성', '창조력', '창발성' 등이 있다.[1] 창의성이란 무엇인가? 답하기 쉽지 않은 이 물음이 최근 몇 년 동안 한국 사회의 화두가 되어 왔다. 정치권에서나 경제계에서는 '창조 경제'를 외치고 있고, 교육계에서는 '창의·인성'

----

1 '창의성', '창의력', '창조성', '창조력', '창발성' 등은 대체로는 'creativity'의 번역어인데, 경제나 경영 분야에서는 '창조성'을 많이 사용하고 교육 분야에서는 '창의성'을 상대적으로 많이 사용하는 듯하다. 김은성, 「국어과의 창의성 교육의 관점」, 『국어교육학연구』 18, 국어교육학회, 2003, 65-95쪽에서 언급한 바와 같이 '창의'는 '인간의 정신 능력'에 초점을 둔 용어로 보이고, '창조'는 '작품의 생산'에 초점을 둔 용어로 보인다. 이 장에서는 '작품(구체물)'보다는 '정신'에 초점을 두고 있다는 점에서 '창의성' 용어를 선택하기로 한다.

을 말하고 있으며, '창조적 지성'을 포함하는 교양서나 학술서가 나오고 있기도 하다. 우리가 짐작할 수 있는 것처럼 다양한 영역과 다양한 과제, 다양한 화자가 말하는 창의성은 동일하지는 않다.

쉽게 규정짓기 어려운 '창의성'이라는 말이 '새로움'과 '적절함'을 포함하고 있다면 기존의 논의를 넘어서는 새로움을 추구하면서 객관적으로 적절함을 갖추어 논의하고자 하는 학술 논문은 본질적으로 창의성을 가질 수밖에 없을 것이다.[2] 따라서 이 장에서처럼 학술 논문 장르의 텍스트적 특성을 논의하면서 창의성의 관점에서 주목하는 것이 의미 있는 작업이 될 것이다.

이 연구는 '창의적 인재 육성을 위한 융합 교과 개발'이라는 프로젝트의 일환으로 경제학 분야, 특히 경제학 학술 텍스트에 나타나는 창의성을 밝혀 보려는 것을 목적으로 한다. 창의성을 밝히는 과정에서 학문 영역의 특성과 텍스트의 특성이 밝혀질 것을 기대하고 있기도 하다. 논문 텍스트의 창의성이 논문의 필자가 새롭게 밝힌 내용에 있음은 물론이다. 하지만 이 장에서는 내용에 대해 언급하더라도 내용 자체가 아니라 내용을 언어적으로 표현하

....

2 주지하듯이, 창의성에 대한 다양한 논의들이 공통적으로 지적하는 창의성의 핵심은 '새로움'과 '적절함'이다. 뒤에서 자세하게 논의하겠지만 이 장에서는 학술 논문에서 새롭게 주장하는 바는 '새로움'에, 자기의 주장하는 바를 객관적으로 논증하는 것은 '적절함'에 해당하는 것으로 보아 학술 논문이 이 두 가지 측면에서 창의성을 갖춘 것으로 파악하고자 한다.

는 방식에 관심을 가질 것이다.[3]

이 장에서 분석 대상으로 삼는 경제학 학술 논문 텍스트[4]는 『경제학연구』61집 제4호[5]에 실린 전체 논문으로 총 편수는 5편이다.[6]

◇ 분석 대상 논문

A. 지표를 활용한 한국의 경제사회발전 연구: OECD 회원국과의 비교분석

B. 반복의사소통게임에서 신뢰성에 대한 분석

....

3　여기서 다루는 경제학 학술 논문이 학술적으로 얼마나 가치 있는지는 이 연구의 논의 범위를 넘어서며, 경제학 분야 전문가가 아닌 필자의 능력으로 가능하지도 않다. 논의가 진행됨에 따라 밝혀지겠지만, 여기서는 논문의 구조나 언어적 표현 등에 주목하면서 학술 논문에서 필자가 자기주장을 드러내는 방식에 대해 논의할 것이다.

4　경제학 학술 논문 텍스트의 창의성을 논의하기 위해서는 해당 분야의 전문가들의 판단을 통해 형식과 내용 측면에서 창의적이라고 판단되는 논문을 분석 대상으로 삼아야 한다. 이 장에서는 내용보다는 내용을 언어적으로 표현하는 방식에 관심이 있으며, 특별히 창의적인 논문보다는 평균적인 경제학 학술 논문 텍스트의 특성에 관심이 있으므로 일반적으로 잘 알려진 학술 논문집에서 임의로 분석 대상을 선택하였다.

5　『경제학연구』는 1953년에 창간되어 오랜 역사를 자랑하는 경제학 분야의 대표적 학술지의 하나로 KCI에서 키워드 '경제'로 검색한 등재지 40편 중 영향력지수(IF)가 1.19로 가장 높은 학술지이다.

6　경제학의 하위 분야는 매우 다양하여 한국경제학회를 비롯한 학회들에서 통용되는 전공 분야 분류만도 '미시·수리 분야', '거시 분야' 등 12가지로 나누어지고, 이들 각각은 다시 세부 분야로 나누어진다. 따라서 본 연구에서 분석 대상으로 삼은 5편의 논문이 경제학 분야 학술 논문의 특성을 모두 보여 주는 것은 아니다. 그렇지만 더 많은 논문으로 확대해서 살펴보아도 우리가 주목하고자 하는 논문의 형식이나 언어적인 특성은 크게 다르지 않았다.

C. 주주가치경영과 금융화는 고용 및 임금결정에 어떠한 영향을 미치는가?: 한국기업자료를 이용한 분석

D. 한국 주택 가격 변동은 펀더멘탈에 의해 주도되고 있는가?

E. 인센티브 지급 방식이 성과와 부정행위에 미치는 효과 연구

2절에서는 먼저 경제학 학술 텍스트의 특성을 살펴보기로 한다. 이를 위해 학술 텍스트의 특성, 특히 경제학 학술 텍스트의 거시 구조 및 미시 구조의 특성을 살피기로 한다. 그런 다음 경제학 학술 논문과 창의성의 관계를 살펴볼 것이다. 3절에서는 경제학 학술 논문 텍스트의 거시 구조와 미시 구조를 분석하여 창의성이 어떻게 발현되고 있는지를 실제적으로 검토할 것이며, 4절에서는 논의의 결과와 앞으로의 과제를 기술하게 될 것이다.

2. 경제학 학술 논문 텍스트의 특성

1) 학술 논문 텍스트의 일반적 특성

(1) 학술 논문 텍스트의 성격

최근에는 다양한 장르의 텍스트를 대상으로 장르 차이에 따른 텍스트의 성격에 대한 논의가 활발하게 이루어지고 있다. 특히

신선경, 박성철, 신지연의 연구[7]처럼 영역별 학술 텍스트의 성격을 자세하게 언급한 논의들이 있어 경제학 학술 논문 텍스트의 성격을 밝히려는 우리의 논의에 많은 도움이 된다.

신지연의 연구[8]에 따르면 학술 텍스트는 "생산자가 자신의 학문적인 견해를 근거와 함께 논리적으로 보이고 주장하는 텍스트"이다. 학술 논문 텍스트는 '정보 전달'을 주된 기능으로 하며 부차적으로는 '설득'의 기능을 가진다. 또한 Heinemannand Viehwrger의 논의를 인용하면서 학술 논문 특히 학위 논문 텍스트가 기능 유형으로는 '정보 전달과 정보 조사'의 특성을 보이고, 상황 유형으로는 제도적 글말 유형의 특성을 보이며, 방법 유형으로는 '뒷받침 요소가 많고 특히 근거 제시가 들어 있는 부분 텍스트로 나뉜다고 한다. 아울러 텍스트 구조의 원형은 '조건-결과'로 이루어진 논증 텍스트이고 종결부에 간단한 요약과 결과 정보가 있으며, 전형적인 표현 방식은 용건 중심성, 정확성 등을 가진다고 한다.

학술 텍스트에는 '강의, 발표, 토론' 등의 구어 학술 텍스트와

....

7 신선경, 「과학탐구와 과학글쓰기에 대한 텍스트언어학적 접근」, 『텍스트언어학』 24, 한국텍스트언어학회, 2008, 77-99쪽; 박성철, 「학술언어의 이상적 문체에 대한 비판적 일고찰」, 『텍스트언어학』 31, 한국텍스트언어학회, 2011, 67-102쪽; 신지연, 「인문학 학술텍스트의 담화 특성」, 『텍스트언어학』 35, 한국텍스트언어학회, 2013, 123-144쪽.

8 신지연, 위의 글, 123-144쪽.

'논문, 학위논문, 전문서적, 보고서' 등의 문어 학술 텍스트가 있다. 이 장에서 다루고자 하는 학술 논문 텍스트는 일반적으로 소논문으로 지칭되는 것으로서 문어 학술 텍스트에 속하며 학술 텍스트의 전형적인 모습을 보여 주는 텍스트이다. 따라서 위에서 언급한 학술 텍스트의 일반적인 특성을 잘 보여 준다.

학문 영역의 생산자는 결속력이 강한 집단을 이루고 있으므로 생산물로서의 학술 논문은 생산자들 사이에서 공유되게 된다. 생산물인 논문이 공유되기 위해서는 가능한 한 객관적이고 과학적이어야 함은 물론이다. 객관성에 대한 믿음은 근대 서양의 학문적 전통의 수립과 함께 더욱 공고해졌으며, 이는 매우 엄격한 형식성을 갖추는 것으로 나타났다. 그리하여 학술 논문 텍스트는 학문 영역별로 조금씩 차이는 있지만 매우 강한 형식적 상호 텍스트성을 가지게 되었다.

박성철의 연구[9]에서는 학술 논문 텍스트가 '인용 가능', '상호주관적 가해성(可解性)', '논증적', '일관성', '경제적'의 특성을 가진다고 한다. 이는 구조적인 특성과 문체적인 특성에 의해 잘 드러나게 된다. 이제 이런 점들을 고려하면서 학술 논문 텍스트의 구조적 성격과 문체적 특성에 대해 간략하게 살펴보기로 하자.

....

9 박성철, 앞의 글, 67-102쪽.

(2) 학술 논문 텍스트의 구조

학술 논문 텍스트는 객관성과 과학성을 갖추기 위해 매우 엄격한 형식성을 요구한다. 그리하여 대체로 서론, 본론, 결론의 본문 텍스트와 초록, 참고문헌, 주석, 필자 및 논문 정보 등의 기생 텍스트를 가진 매우 전형적인 구조를 갖추게 된다.[10] 학술 논문 텍스트의 구조를 지면의 순서에 따라 제시하면 대체로 다음과 같다.

[표 11-1] 학술 논문 텍스트의 구조

텍스트 명칭	텍스트 유형	텍스트의 주요 기능
제목(부제)*	본문 텍스트	연구 내용 제시
필자/(논문 정보)	기생 텍스트	연구자 연구 관련 정보 제시
(목차)	기생 텍스트	연구 구조 제시
서론	본문 텍스트	연구 내용 도입(연구 필요성, 선행 연구, 연구 목적, 연구 구조)
본론	본문 텍스트	연구 내용 기술
결론	본문 텍스트	연구 내용 마무리(요약, 남은 문제, 제언)
주석	기생 텍스트	연구 내용 보완
참고문헌	기생 텍스트	연구 관련 정보 제시
초록: 제목, 필자, 주제어	기생 텍스트	연구 내용 요약

*'( )'로 표시된 것은 자주 생략되는 텍스트이다.

본문 텍스트에는 제목, 서론, 본론, 결론 등이 있다. 제목은 부제를 포함하기도 하는데, 연구 내용을 짧은 문장이나 구절로 제시

....

10 다음에 제시한 학술 논문 텍스트의 구조는 신지연, 앞의 글, 123-144쪽의 표를 참조하여 이 연구의 취지에 맞게 수정한 것이다.

하면서 때로는 연구의 주제를 알려 줄 뿐만 아니라 연구 내용 전체를 압축적으로 보여 주기도 한다. 서론은 연구의 필요성, 선행 연구, 연구 목적, 연구의 구조 등에 대한 기술을 통해 본격적인 논의로 나아가는 도입 텍스트이다. 이 중에서 선행 연구는 따로 절을 만들어 자세하게 기술하기도 하며, 연구의 구조는 목차가 따로 제시되는 경우 생략하는 것이 보통이다. 본론은 양적으로 논문의 대부분을 차지하며 본격적인 연구 내용을 자세하게 기술하는 텍스트이다. 결론은 연구 내용을 마무리하는 텍스트로 연구 결과를 요약하고 남은 문제, 제언 등을 추가하기도 한다.

기생 텍스트에는 필자/논문 정보, 목차, 주석, 참고문헌, 초록 등이 포함된다. 기생 텍스트는 생략되기 쉬운데, 특히 논문 정보, 목차 등이 생략되는 경우가 흔하다. 필자 정보는 생산자와 수용자 사이의 소통을 가능하게 하면서 논문의 객관성을 담보해 주기도 한다. 논문 정보는 논문이 생산된 동기를 설명해 주거나 사사(謝辭)를 표현하는 자리이다. 목차는 논문 전체의 구조를 보여 주며, 주석은 본문으로 포함하기 어려운 다양한 관련 정보를 보완해 주는 역할을 한다. 참고문헌은 이 논문 생산의 출처에 대한 정보와 해당 학문 영역에서의 논문의 위치를 알려 준다. 초록은 흔히 본문과 다른 언어로 쓰이기도 한다는 점에서 특별한 상호 텍스트성을 이루며, 제목, 필자, 주제어 등을 포함하여 논문 전체를 요약한 텍스트로 내용상으로도 본문 텍스트가 축소된 쌍둥이 텍스트를

이루고 있기도 하다.[11]

(3) 문체적 특성: 언어 표현적 특성

학술 논문 텍스트는 구조에 있어서 전형적인 구조를 갖추고 있을 뿐 아니라 문체적인 특성에 있어서도 다른 장르와 구별된다. 학술 논문 텍스트의 문체적 특성을 직접적으로 다룬 논의로는 박성철의 연구[12]가 있으며, 신지연의 연구[13]에서는 인문과학 학술 텍스트, 신선경의 연구[14]에서는 자연과학 글쓰기의 문체적 특성이 직·간접적으로 다루어진 바 있다. 그뿐 아니라 안소진의 연구[15]처럼 국어국문학이라는 특정 영역의 학술 논문을 대상으로 문체적 특성을 다룬 논문도 있다. 이밖에도 학술 논문에 대한 논의는 아니지만 남가영, 이관희, 제민경의 연구처럼 신문기사나 방송 등 다양한 장르의 텍스트에 나타나는 문체적 특성을 다룬 논문들도

....

11　모든 텍스트들은 어느 정도까지는 서로 상호 텍스트성을 갖는다. 우리가 논의하려는 경제학 학술 논문 텍스트의 생산자는 동시에 영어로 논문을 쓰기도 한다는 점, 경제학의 특성상 영어권 국가의 영향을 많이 받는다는 점에서 영어로 된 경제학 학술 논문 텍스트와 강한 상호 텍스트성을 가진다. 아울러 초록(영문, 국문)과 서론, 본론, 결론이 각각 하나의 텍스트로서 서로 강한 상호 텍스트성을 가진다는 점도 특징적이다.

12　박성철, 앞의 글, 67-102쪽.

13　신지연, 앞의 글, 123-144쪽.

14　신선경, 앞의 글, 77-99쪽.

15　안소진, 「학술논문 문형의 문법적 특징과 담화 기능에 대하여」, 『어문연구』 73, 어문연구학회, 2012, 87-107쪽.

눈에 띈다.[16]

이들 논문에서는 공통적으로 학술 논문 텍스트가 폐쇄적인 전문 술어를 많이 사용하며, 정보가 집약되어 있고, 복잡한 문장 구조를 가지는 경우가 많아 일반인이나 다른 분야의 학자가 접근하기 어려운 점이 있다고 지적한다. 박성철의 연구[17]에서는 학술 논문에서 요구되는 문체의 원칙으로 정확성과 명확성, 중립성, 객관성, 투명성을 들고 있다. 하지만 서론에서 언급한 바와 같이 학술 논문 텍스트가 단순히 객관성을 통한 적절함의 추구에 머무르는 것이 아니라 새로운 주장을 전달하는 새로움의 측면을 가지고 있으므로 다음에 언급할 통사적 특성과 어휘 및 표현상의 특성은 이 두 가지 측면을 모두 드러내는 데에 적합한 특성을 보인다.[18]

....

16 남가영, 「문법교육용 텍스트의 개념 및 범주」, 『국어교육』 136, 한국어교육학회, 2011, 139-173쪽; 이관희, 「문법으로 텍스트 읽기의 가능성 탐색: 신문 텍스트에 쓰인 '-도록 하-'와 '-게 하-'를 중심으로」, 『국어교육연구』 25, 서울대학교 국어교육연구소, 2010, 119-161쪽; 제민경, 「텍스트 중심 문법교육의 방향 탐색: 신문 텍스트의 '전망이다' 구문을 중심으로」, 『국어교육』 134, 한국어교육학회, 2011, 155-181쪽; 제민경, 「텍스트의 장르성과 시간 표현 교육: 신문 텍스트에서 '-었었-'과 '-ㄴ 바 있-'의 선택을 중심으로」, 『텍스트언어학』 34, 한국텍스트언어학회, 2013, 179-206쪽.

17 박성철, 앞의 글, 67-102쪽.

18 학술 논문 텍스트는 기존의 논의와 차이 나는 필자 자신의 새로운 견해를 피력하는 텍스트이다. 따라서 학술 논문은 새로운 견해의 피력이라는 목표를 위해 관습화된 논문의 구조나 언어적 표현을 수단으로 사용한다. 창의성과 관련하여 말하면 목표로서의 새로운 주장은 창의성의 요소 중 새로움에 해당하고, 수단으로서의 논문의 구조나 언어적 표현은 적절함에 해당한다. 아래에 논의할 학술 논문 텍스트의 통사적

학술 논문에서는 이런 특성을 드러내기 위해 몇 가지 통사적인 장치가 사용된다. 우선 서술자로서 1인칭 주어인 '나'가 잘 드러나지 않으며, 동작주역(agent)이 주어가 되는 능동문보다는 피동작주역(patient)이나 대상역(object)이 주어가 되는 피동문이 선호된다. 또한 반드시 그런 것은 아니지만 설명의 정확성과 명확성을 위해 보충 설명을 하게 되므로 문장의 길이가 긴 복잡한 문장 구조가 흔히 나타나기도 한다. 신지연의 연구[19]에서는 학술 논문이 객관성을 나타내기 위해 명사구나 명사절의 사용을 통해 대상화를 추구하고 있음을 지적하기도 한다. 자기 논의를 논증하거나 타인의 논의를 비판하기 위해 인용 구문을 많이 사용하는 것도 학술 논문의 통사적인 특성임은 물론이다. 그밖에도 담화 맥락과의 거리를 유지하여 객관성을 담보하기 위해 상대 높임의 등분상 '해라체'나 '하라체'를 사용한다는 점을 지적할 수 있다.[20]

....

특성과 어휘 및 표현상의 특성은 대부분 객관성을 담보하기 위한 것이지만, 이 객관성은 결국 새로움을 드러내기 위한 객관성이다. 논문의 필자는 길이가 긴 복잡한 문장의 사용, 타인의 논의를 비판하기 위한 인용 구문의 사용, 일부 창조적이고 비유적인 표현 등을 통해 궁극적으로는 자기주장의 새로움을 강조하고자 한다. 따라서 논문을 통해 드러나는 창의성을 새로움과 적절함으로 양분하기가 쉽지 않다.

19 신지연, 앞의 글, 123-144쪽.
20 특정 청자를 상정하지 않은 단독적 장면의 문어에서 흔히 '해라체'가 쓰인다. 이는 상대 높임 등급과는 무관하게 쓰이는 것이므로 이른바 하라체 명령문과 유사한 것으로 보아 하라체 평서문으로 설명하기도 한다.

학술 논문의 문체적 특성은 단어나 구 등의 어휘 사용이나 표현을 통해서도 특징적으로 드러난다. 우선, 객관성을 나타내기 위해 학술 논문의 생산자는 엄밀하게 정의된 전문 술어를 많이 사용한다는 점을 지적할 수 있다. 또한 구어에 흔히 사용되는 '아주', '너무', '꽤'와 같은 정도 부사나 '-니까', '-길래' 등과 같은 연결 어미들의 사용은 제한된다. '~임을 알 수 있다', '본고는 ~를 목적으로 한다', '~는 것으로 보인다'와 같은 상투적이고 관습적인 번역투가 많이 사용되기도 한다.[21] 한편 정확성과 명확성을 추구하는 학술 논문 텍스트에서 '~할 수 있다', '~하는 듯하다'와 같은 완화된 표현을 사용하기도 하는데, 이와 같은 가능성의 양태 표현은 기존의 논문의 견해를 비판할 때이든, 자기의 견해를 옹호할 때이든 가능성을 열어 두어 비판을 피해 가기 위한 장치로 흔히 사용된다.[22] 의미의 객관적인 전달을 위해 창조적이고 비유적인 표현은 최대한 억제한다는 점도 학술 논문 문체의 특징의 하나이다. 이는 제민경·구본관의 연구[23]에서 언급한 경제를 다루는 신문기사와

....

21　신지연, 앞의 글, 123-144쪽.

22　신지연에서도 언급했듯이 이런 표현들은 '죄송하지만', '실례지만'과 같은 일종의 헤지(hedge) 표현인데, 논문에서는 이런 표현이 자기주장이 반박을 받을 때 입을 타격을 흡수하기 위한 수단으로 쓰인다.

23　제민경·구본관, 「경제 현상의 언어화에 드러난 은유의 담화 구성력」, 『한국어 의미학』 43, 한국어의미학회, 2014, 1-31쪽.

비교해 보면 잘 드러난다.[24]

2) 경제학 학술 논문 텍스트의 특성

(1) 경제학 학술 논문 텍스트의 성격

인문과학, 사회과학, 자연과학, 공학, 예술학 등 학문 분야마다 특성이 있는 것처럼 각각의 학술 논문은 전개 방식이나 문체적 특성에서 공통점 못지않게 차이점을 가지기도 한다.

신선경의 연구[25]에 따르면 자연과학의 논증 방식은 '관찰-가설 세우기-실험-검증'의 과정을 거치는 것이 일반적이며, 이를 통해 관찰 내용, 결과, 방식을 기술하고 반복 가능성을 통해 증명한다. 이에 따라 자연과학 학술 텍스트는 전통적으로 '서론(Introduction)-재료 및 방법(Materials and Method)-결과(Result)-논의(Discussion)-참고문헌'의 순서, 이른바 IMRAD 방식으로 굳어졌다. 그러다가 최근에는 신지연의 연구[26]에서도 언급한 것처럼 '요약(5%)-서론(25%)-본론(65%)-결론(5%)'의 구조

....

24 제민경·구본관, 앞의 글, 1-31쪽에서는 경제 분야를 다룬 신문기사의 은유적 표현에 대해 다룬 바 있다. 경제가 주제라는 점에서 같지만, 학술 논문은 은유적 표현의 빈도나 양상에서 신문기사와 매우 다른 특성을 보인다.

25 신선경, 앞의 글, 77-99쪽.

26 신지연, 앞의 글, 123-144쪽.

를 가지면서 앞부분의 요약에서 결론을 먼저 제시하는 글쓰기가 우세하다. 자연과학뿐 아니라 인문학에서도 서론에 결론을 제시해 두는 두괄식 글쓰기가 점차 선호되고 있다. 신문기사의 전통적 글쓰기 방식인 역피라미드형 구조를 떠올리게 하는 이런 방식이 선호되는 이유는 쏟아져 나오는 정보의 홍수 속에서 자기가 원하는 것만을 골라 읽으려는 현대의 정보화 사회의 특성을 반영한 것으로 보인다.[27]

사회과학 분야의 학술 텍스트는 일회성을 갖는 사회 현상을 대상으로 한다는 점에서 자연과학에서처럼 반복 가능성을 통해 논증하는 것이 가능하지 않다. 그리하여 유사한 사회 현상과의 비교나 대조 등을 통해 간접적으로 증명하고자 한다. 뒤에서 구체적인 텍스트를 분석하는 자리에서 언급할 것인 바, 사회과학 내지 경제학의 논증 방식 역시 사회 현상의 관찰을 통해 가설이 되는 모형을 제시하고 이를 증명해 나간다는 점에서 자연과학 학술 논문의 구조와 크게 다르지 않다.

이에 비해 인문과학 학술 텍스트는 추상적이고 정신적인 인간의 문제에 집중한다는 점에서 차이를 가진다. 그리하여 인문과학 학술 텍스트는 현상을 통한 가설 세우기가 아닌 직관에 의존한

....
27 신문기사의 역피라미드형 구조는 주지하듯이 통신시설의 미비나 전쟁 등으로 인해 기사의 송신이 중단되기 쉬운 환경과 관련이 있다. 하지만 지금은 대량 유통되는 정보의 선별이라는 목적을 위해 이런 구조가 널리 통용되는 것으로 보인다.

연역적 방법을 활용하기도 한다. 최근에는 언어학 등에서 통계를 활용한 정량적 방법의 연구가 늘어나 자연과학이나 사회과학과의 거리가 좁혀지고 있기도 하다.

이제 이러한 논의를 바탕으로 우리가 논의하려는 경제학 학술 논문 텍스트의 특성을 살펴보기로 하자. 경제학 학술 텍스트의 특징을 논의한 주세형·김형석의 연구[28]에서는 학술진흥재단의 학문 분류표에서는 경제학이 사회과학에 속하지만 '사회과학'뿐 아니라 '자연과학'과 '인문과학'을 아우르는 인식론과 사고 체계, 연구 방법을 요구한다고 한다.

사실 경제학은 인간의 경제 활동을 다루는 학문으로 인간을 다룬다는 점에서 인문과학과 다르지 않다. 예를 들면, 우리가 분석 대상으로 삼은 논문 B의 주제는 '반복의사소통게임에서의 신뢰성의 분석'이다. 일견 인간의 심리를 다루고 있어 인문과학적인 주제 같지만 개별적이고 특수한 인간을 다루는 것이 아닌 보편적 인간을 다룬다는 점에서 사회과학적인 주제이기도 하며, 특히 이를 투자자의 판단 등에 활용할 수 있다는 점에서 경제학의 주제가 되기도 하는 것이다. 개개의 인간이 아닌 이른바 보편적 인간은 어느 정도 예측이 가능하므로 이런 인간의 경제 활동은 어느 정도

....

28 주세형·김형석, 「경제학 분야 학술 텍스트의 특성 연구」, 『제29회 한국작문학회 학술대회 자료집』, 한국작문학회, 2013.

까지 대상의 객관화가 가능하며, 객관화를 위해 수리적 언어로 표상하는 방법을 취한다.

경제학 학술 논문 텍스트에서 수리적인 방법을 취하는 이유는 현실 세계의 경제 활동이 너무나 복잡다단하여 일상 언어로 표상하고 분석하고 해석하고 처방하기 어렵기 때문이다.[29] 그리하여 자연과학에서처럼 수리적 모형화를 추구하는 것이다. 하지만 자유롭게 판단하고 행동하는 인간을 다룬다는 점에서 자연과학과는 달리 통제 가능한 실험을 반복적으로 할 수는 없다. 그리하여 유사한 현상을 통해 검증하거나 역사적 경험에서 비롯된 데이터를 자신의 모형과 비교함으로써 타당한 추론에 도달하려 하는 것이다.

(2) 경제학 학술 논문 텍스트의 구조

경제학 학술 논문 텍스트 역시 학술 논문의 하나라는 점에서 앞에서 제시한 학술 논문 텍스트의 구조와 구조적인 동일성을 가진다. 주세형·김형석의 연구[30]에서는 영어로 작성된 경제학 논문 1편을 대상으로 하여 경제학 학술 논문의 구조를 '서론-본문 1(The Model)-본문 2(Calibration)-본문 3(Results)-본문 4(Relative

....

29 주세형·김형석, 앞의 글.
30 위의 글.

Model Performance)-결론'의 구조로 분석한 바 있다. 우리가 분석 대상으로 삼은 5편의 경제학 학술 논문 텍스트의 구조는 이와 유사하지만 약간의 차이를 보이기도 한다.[31]

다음은 우리가 분석 대상으로 삼은 5편의 경제학 학술 논문 텍스트의 대략적인 구조이다.

◇ 경제학 학술 논문 텍스트의 구조
제목(부제)-필자/(논문 정보)-국문 초록-서론-본론 1(모형)-본론 2(결과)-(본론 3(적용))-결론-각주-참고문헌-(부록)-영문 초록

앞에서 제시한 일반적인 학술 논문 텍스트의 구조와 비교할 때 '목차'가 없다는 점, '초록'이 국문 초록과 영문 초록으로 나뉘어 제시된다는 점 등을 제시하면 큰 차이가 없다. 목차가 제시되지 않는 학술 논문이 흔하다는 점, 초록 역시 두 가지 모두 제시되는 경우도 있다는 점을 고려하면 이 역시 특별한 차이라고 할 것이 못 된다.

일반적인 학술 텍스트의 서론은 앞에서 언급한 바와 같이 연

....
31 주세형·김형석의 연구에서 주로 본문 텍스트를 중심으로 언급하고 있는 것과 달리 이 연구에서는 기생 텍스트를 포함하고 있어 차이를 보인다. 아울러 주세형·김형석의 연구에서 언급한 '본문 2(Calibration)'는 우리가 분석 대상으로 삼은 논문에서는 '본론 1(모형)'이나 '본론 2(결과)'에 포함되어 있는 경우가 많았다.

구의 필요성, 선행 연구, 연구 목적, 연구의 구조 등을 통해 전체 논의를 도입하는 텍스트이다. 하지만 분석 대상 경제학 학술 텍스트의 경우 뒤에서 자세하게 언급될 것인 바, 서론에 이미 결론에 해당하는 연구 결과가 나오고 연구의 한계까지 제시되는 경우가 많았다. 그리하여 서론만으로도 논문의 내용을 모두 알 수 있게 되어 결과적으로 초록이나 결론과 기능 면에서 별 다른 차이를 보이지 않는 경우도 있다. 사실 이럴 경우 초록이나 결론 및 서론은 전체 논문과 상세화의 정도에서 차이를 가질 뿐 기능상 별 차이가 없는 것으로 볼 수도 있다. 이처럼 결과와 연구의 한계 등이 포함된 서론은 초록이나 결론이 그러하듯 본문과 내용상 동일한 또 하나의 축소된 쌍둥이 텍스트를 이루고 있는 것이다.

5편의 논문 중 대부분은 서론에서 선행 연구를 다루고 있다. 서론에서 선행 연구를 다루는 중요한 이유는 기존의 연구와 다른 자기 논문의 특성과 장점을 보여 주기 위한 것이다. 선행 연구에 대한 언급이 길어질 경우 별도의 장을 만들어 서론과 분리하기도 한다.

초록이나 서론과 관련하여 추가로 언급할 것은 이들 텍스트가 흔히 두괄식으로 이루어진다는 것이다. 이는 앞에서 언급한 바 정보의 홍수 속에서 자기가 원하는 것만을 골라 읽으려는 현대의 정보화 사회의 특성을 반영하여 논문 전체를 역피라미드 방식으로 구성한 것과 마찬가지 이유로 초록이나 서론 텍스트 자체도 두괄식으로 구성한 것으로 보인다.[32]

본론에서 경제학 학술 논문 텍스트의 특별한 점은 모형을 제시하고 그 모형에 대해 설명하는 것으로 전체를 구성하고 있다는 점이다. 물론 이는 자연과학에서 가설을 세우고 검증하는 것과 유사하다. 하지만 이미 언급했듯이 경제학은 자연과학과 달리 반복적인 실험에 의한 검증이 가능하지 않다. 그리하여 모형에 대한 설명과 결과의 서술 뒤에 다른 모형과 비교하거나 다른 경제 현상을 설명하는 데에 유용한지를 검증하는 부분을 덧붙이기도 한다.

학술 논문에서 결론은 지금까지의 논의 결과를 요약하고 연구의 의의를 강조하며 필요한 경우 분야의 전망과 연구의 제한점을 제시하기도 하는 부분이다. 분석 대상 경제학 학술 논문 텍스트의 경우도 이런 점에서 일반적인 학술 논문과 크게 다르지 않았다.

우리가 분석 대상으로 삼은 경제학 학술 논문 텍스트의 '필자/논문 정보', '초록', '각주', '참고문헌', '부록' 등의 기생 텍스트들도 일반적인 학술 논문 텍스트와 크게 다르지 않다. 뒤에서 자세하게 논의되겠지만 '초록'이 '국문 초록'과 '영문 초록' 둘 다 제시되고 있다는 점, 각주에서 기존 논의와의 비교를 적극적으로 제

....
32 흥미로운 것은 역피라미드식 내지 두괄식 구조를 언어의 특성과도 관련시킬 수 있다는 점이다. 흔히 언어의 구조를 발상과 관련시키기도 하는데, 'SOV' 언어로서 문법적으로 중요한 정보가 뒤쪽에 오는 한국어보다는 'SVO' 언어로서 앞쪽에 중요한 정보가 오는 영어가 발상 면에서 두괄식과 유사하다. 논증하기 어렵지만 경제학 분야를 비롯한 학술 논문 텍스트가 두괄식 구조를 보이는 것은 이런 의미에서도 넓은 의미에서 영어식 글쓰기의 영향으로 볼 여지가 있다.

시하는 경우가 흔하다는 점 등 약간의 차이를 보이기도 한다.

(3) 경제학 학술 논문 텍스트의 문체적 특성

경제학 학술 논문 텍스트의 문체적 특성은 앞에서 설명한 일반적인 학술 논문 텍스트의 문체적 특성과 크게 다르지 않다. 그리하여 서술자로서의 1인칭 주어인 '나'가 잘 드러나지 않는 점, 피동문이 선호되는 점, 보충 설명을 위한 복잡한 문장 구조가 흔히 나타나는 점, 명사구나 명사적의 사용이 많은 점, 해라체 내지 하라체가 쓰이는 점 등의 통사적 특성이 나타난다. 전문 술어를 많이 사용한다는 점, 구어에 흔히 쓰이는 부사나 연결 어미 대신 문어적인 표현이 선호되는 점, 상투적이고 관습적인 번역투가 쓰이는 점, 완화된 표현이 많이 쓰이는 점, 비유적인 표현이 거의 쓰이지 않는 점 등의 어휘 사용이나 표현의 특성을 보이는 것도 마찬가지이다.

다만 경제학 학술 논문은 앞에서 설명한 것처럼 객관성을 담보하기 위해 본론에서 모형의 제시나 결과 설명 등이 기호나 숫자 등 수식을 주로 사용한다는 점, 특히 자료가 많이 활용되므로 이에 따라 도표나 그래프 등이 자주 나타나는 점 등은 인문학 등 다른 분야 학술 논문에서는 잘 나타나지 않는 특성이다. 경제학 학술 논문 텍스트의 특성에 대해서는 다음 절에서 구체적인 논문 자료의 분석을 통해 더 자세하게 논의할 것이다.

3. 경제학 학술 논문 텍스트의 창의성의 발현 양상

1) 경제학 학술 논문 텍스트와 창의성

(1) 창의성의 정의

창의성이 무엇인지에 대해서는 다양한 관점이 있어 왔다. 욕구나 자아 개념과 관련하여 창의성을 논하기도 하고, 인지적 관점에서 창의적 문제 해결 과정으로 창의성을 논하기도 한다. 또한 최근 국어교육계에서는 정서적 창의성과 문화적 창의성으로 창의성의 개념을 확장하기도 한다. 이처럼 다양한 관점의 창의성 개념에서 공통적으로 발견되는 창의성의 정의에는 '새로움'과 '적절함'이 포함되어 있다.[33, 34]

창의성을 구성하는 요소로는 흔히 개인(person), 과정(proc-

33　이병민, 「창의성 및 언어적 창의성 개념과 외국어 교육에서의 함의」, 『국어교육연구』 31, 서울대학교 국어교육연구소, 2013, 139-165쪽에서 언급한 것처럼 '새로움'에 해당하는 영어 용어에는 'novel', 'original', 'unexpected', 'novelty', 'something new' 등이 있고, '적절함'을 나타내는 영어 용어에는 'appropriate', 'value', 'valuable', 'significant', 'fitting', 'approved', 'acceptable' 등이 있다.

34　'새로움'과 '적절함'은 일견 상치되는 개념이어서 양립이 어려운 것으로 보이기도 한다. 하지만 창의성이란 엉뚱한 것이 아니라 새로우면서도 합리적이어야 한다는 점에서 양자는 긴장 관계 내지 보완 관계에 있는 것으로 보인다. 창의성을 이루는 요소가 더 있을 수 있지만, 여기서는 이 둘을 중요한 요소로 보고 논의를 진행하기로 한다.

ess), 산출물(product), 환경(place) 등 로즈(M. Rhodes)가 언급한 창의적 4P를 언급한다. 이를 고려하면 창의성은 새로운 것을 창조하는 것만은 아니며 보편화된 관념이나 법칙 등 일반화된 생각에 대한 의문에서 출발하여 새롭고 적절한 해결책을 찾아가는 문제 해결의 과정이기도 한 것이다.

이런 문제 해결에 적극적으로 참여하는 창의적 인간은 어떤 속성을 지녔을까? 누스바움(B. Nussbaum)에 따르면, 창조적인 지성은 '지식 발굴(knowledge)', '틀 짜기(framing)', '즐기기(play)', '만들기(making)', '중심 잡기(pivoting)' 능력들을 갖추어야 한다.[35] 즉 창의적인 인재는 다양한 출처에서 정보를 얻고, 이를 체계적으로 구성하며, 실패를 두려워하지 않고 즐기며, 새로운 것을 만들어 내려고 노력하며, 사람들과 협력하는 인간형인 것이다.

이제 이런 논의들을 고려하면서 우리가 생각하는 창의성의 특성에 대해 좀 더 구체적으로 언급해 보기로 하자.

첫째, 창의성이 영역 특수적인지 영역 보편적인지에 대해 생각해 볼 필요가 있다. 사실 창의성은 다양한 영역에서 문제가 되며 창의성의 종류도 '도형 창의성', '동작 창의성', '소리 창의성', '조작 창의성', '언어 창의성' 등으로 다양하다.[36] 또한 창의성이

....

35 브루스 누스바움, 김규태 역, 『창조적 지성』, 21세기 북스, 2013.

영역 특수적인지 아니면 영역 통합적인지에 대해서도 논의해 볼 필요가 있다. 창의성은 각각의 영역에 다양한 양상으로 적용된다는 점에서 영역 특수적이기도 하며, 더 나아가 과제 특수적이기도 하다.[37] 하지만 최근에는 이론적·실천적인 관점에서 영역 통합적인 관점이 설득력을 얻고 있기도 하다.[38] 영역이나 과제에 따라 창의성의 발현이 다양하게 이루어지지만 '새로움'이나 '적절함'이라는 공통적인 요소를 가지고 있는 것도 사실이다. 우리가 경제학 학술 논문의 창의성이라는 영역 특수적인 관점에서 논의를 진행하고 있지만, 이미 언급했듯이 궁극적으로는 창의적 인재 육성을 위한 융합 교과 연구라는 더 큰 틀에서의 영역 통합적 창의성을 밝히는 것을 목표로 삼고 있으므로, 경제학 학술 논문 텍스트를 논의하면서 다른 영역과의 비교를 통해 영역 통합적인 창의성의 특성이 드러날 수 있도록 논의할 것이다.

둘째, 창의성을 갖춘 인재를 육성하기 위해서는 창의성이 길러질 수 있는 요소인지에 대한 관심과 더불어 측정 가능할 것인지에 대해서도 논의가 필요하다. 사실 모든 학습자는 창의적이며,

....

36 전경원, 『창의학』, 법문사, 2000.
37 김은성, 앞의 글, 65-95쪽.
38 이영만, 「교과교육을 통한 창의성 교육의 접근 방안 탐색」, 『초등교육연구』 14(2), 한국초등교육학회, 2001, 5-26쪽; 신명선, 「국어적 창의성 개념 정립에 대한 연구」, 『국어교육학연구』 35, 국어교육학회, 2009, 301-329쪽.

더 나아가 모든 인간은 창의적이다. 누구나 창의적이라는 점에서 창의성은 정도성의 문제로 환원될 수 있을 듯하다. 창의성의 측정이 어렵지만 어떠한 기준에 의해 덜 창의적인 것과 더 창의적인 것을 구분하는 것은 가능하다. 따라서 창의적인 인재를 육성한다는 것은 덜 창의적인 인간을 교육을 통해 더 창의적인 인간으로 바꾼다는 것을 의미한다. 더 창의적인 인간을 육성하기 위해서는 앞에서 보편화된 관념이나 법칙 등 일반화된 생각에 대해 끊임없는 의문을 가지며 새롭고도 적절한 해결책을 찾기 위한 노력을 하도록 격려하는 일이 필요할 것이다.

셋째, 창의성이 절대적인지 상대적인지 혹은 항상성을 갖는 것인지 변화하는 것인지에 대해서도 생각해 보아야 한다. 창의성은 정도성을 가질 뿐 아니라 어떤 점에서는 변화하는 것이기도 하다. 새롭다는 것은 사물에 있어서든 현상에 있어서든 인식에 있어서든 상대적이다. 오늘 새로운 것이 내일에는 진부한 것이 될 수 있는 것이다. 진부한 것은 다시 새로워져야 하고, 이 새로운 것은 다시 진부한 것이 된다. 마치 헤겔의 변증법의 정반합과 같은 이런 순환은 과학적인 패러다임에 적용되면 토마스 쿤의 패러다임의 변화를 떠올리게 한다. 새로운 패러다임은 어느 정도 안정되면 진부한 것이 되고, 다시 새로움의 요구가 누적되어 또 다른 패러다임을 낳는 것이다.

예를 들어, 사이버 공간에서의 글쓰기 맞춤법 파괴 현상을 떠올려 보자. 주지하듯이 통신 언어는 맞춤법의 파괴를 보이는 경우가 많다. 맞춤법을 몰라서 잘못 표기하는 경우도 많겠지만, 의도적으로 맞춤법을 위반하는 경우가 있으므로 이를 맞춤법 교육의 부재로만 판단할 수 없음은 물론이다. 처음 맞춤법에서의 일탈된 표현은 새롭다는 점에서 분명 창의적인 언어 사용이다. 하지만 시간이 지나면 동일한 맞춤법 파괴는 진부한 것이 되고 만다. 이 경우 창의성을 발휘하기 위해서는 또 다른 창의적인 사용이 필요하게 된다.

넷째, 창의성이 드러나는 양상에 대해서도 생각해 볼 필요가 있다. 창의성은 어떻게 드러나는가? 어떤 사물이나 현상 혹은 인간이 창의성을 내재하고 있음은 물론이지만 이를 표현할 수도 있고 그렇지 않을 수도 있다. 이때 창의성의 내용과 창의성의 형식이 문제될 수도 있다. 형식은 내용으로서의 창의성을 표현하는 수단에만 그치는 것이 아니라 형식 자체가 새로움을 가지는 창의성의 본질적 구성 요소가 되기도 한다. 내용으로서의 창의성을 특정 형식을 수단으로 하여 표현한다고 할 때, 그 수단에는 언어를 비롯해 다양한 방법이 있을 것이다. 언어적 창의성과 비언어적 창의성이 본질적으로 구별되기는 어렵지만 언어적 창의성을 논하는 우리의 관점에서는 일단 양자를 구분해 볼 필요가 있다. 창의성의 표현 방식의 하나로 언어적 창의성은 어떤 속성을 가지는가?

언어적 창의성의 특성을 잘 보여 주는 논의가 우한용 외 연구[39]이다. 이 논의에서는 국어과의 창의·인성 핵심 역량을 구성하는 요소로 '주체적 언어 인식(language consciousness)', '유연한 사고(flexible cognition)', '공감적 소통(sympathetic communication)', '창의적 언어 표현(creative language expression)', '국어 문화 창조(creation of Korean culture)' 등 이른바 5C를 들고 있다. 사실 이 논의는 창의성뿐 아니라 인성을 포함하고 있으며 언어적 창의성보다는 국어교육에서의 창의성을 논의하고 있다. 하지만 '유연한 사고', '주체적 언어 인식' 등 언어 문제를 포함하고 있어서 우리 논의에 중요하게 참조된다. 이에 따르면 적절성과 새로움을 주요 요소로 하는 창의성의 개념에 '언어'를 포함하면 '언어를 통한 소통에서의 유연한 사고', '언어 자체에 대한 주체적인 인식' 등이 언어적 창의성을 위한 중요한 기반이 됨을 알 수 있다. 국어교육에서의 창의성을 다룬 김은성, 신명선, 제민경·구본관의 연구 등에서도 의사소통 상황에서의 유연한 사고를 다루고 있다는 점에서 이와 크게 다르지 않다.[40]

언어적 창의성은 언어에 내재한 창의성과 언어를 통해 표현된 창의성으로 나누어 볼 수 있다. 구본관의 연구[41]에 따르면 사르

....

39 우한용 외 10인, 『핵심역량 중심의 창의·인성교육 국어영역 수업 모델 개발 연구』, 교육과학기술부 한국과학창의재단, 2012.

40 김은성, 앞의 글, 65-95쪽; 신명선, 앞의 글, 301-329쪽; 제민경·구본관, 「언어 창의성 발현을 위한 교육적 체계의 구성 방향」, 『국어교육』 143, 한국어교육학회, 2013, 311-348쪽.

트르는 언어를 '도구로서의 언어'와 '대상으로서의 언어'를 구분한다고 한다. 그는 언어의 본질은 의사소통이지만 의사소통은 '수단'으로서의 언어이며, 그 수단이 희미해지는 시(詩)와 같은 상황에서 언어는 '대상'으로서의 육체성을 회복한다고 보았다. 즉, 언어는 의사소통의 수단이기도 하지만 그 자체가 목적이기도 하다. 이를 창의성과 관련하여 논의하면 도구로서의 언어와 관련된 언어적 창의성은 언어를 통해 표현된 창의성이며, 대상으로서의 언어와 관련된 언어적 창의성은 언어 자체에 내재한 창의성이다. 뒤에 자세하게 논의하겠지만 언어적 창의성은 언어를 통해 창의성을 독자나 청자에게 설명하여 드러내는, 언어를 통한 창의성과 언어를 시적으로 사용하거나 다양한 수사나 언어유희 등을 통해 새로움을 추구하는, 언어 자체에 내재한 창의성으로 나눌 수 있는 것이다. 언어를 통한 창의성은 내용적인 창의성에 가깝고, 언어 자체의 창의성은 형식적인 창의성에 가깝다.

우리가 언어적인 창의성을 논의함에 있어 주목해야 할 것은 창의성의 정도에 관한 것이다. 언어는 사용하는 순간 완전히 동일한 문장을 반복하지 않는다는 점에서 본질적으로 창의성을 갖는다. 따라서 모든 일상적인 말이나 글은 창의적인 것이다. 그렇게

....

41 구본관, 「한국어에 나타나는 언어적 상상력」, 『국어국문학』 146, 국어국문학회, 2007, 55-91쪽.

보면 우리가 문제 삼는 학술 논문이 언어로 되어 있다는 점에서 창의적이지 않은 내용이나 표현은 거의 없다고 볼 수 있다. 하지만 여기서는 학술 논문의 창의성을 내용에 있어서는 필자의 새로운 주장과 관련되는 것에 한정하고, 형식에 있어서는 필자의 주장을 나타내기 위한 다양한 수사적인 표현에 한정하고자 한다.

지금까지 논의한 창의성의 개념은 다음과 같이 정리될 수 있다. 우선, 창의성은 영역 특수적이기도 하며 영역 보편적이기도 하다. 창의성이 '새로움'과 '적절함'을 주요 인자로 한다고 할 때, 영역 안에서 발현될 수도 있지만 영역 융합을 통해 새로움을 추구할 수 있으므로 영역 통합적이기도 하다. 다음으로, 창의성은 정도성의 개념이어서 상대적이며, 일종의 '낯설게 하기'를 활용한 교육을 통해 길러질 수 있다. 또한 창의성은 어떤 존재가 내재하고 있는 속성이기도 하지만, 다양한 수단에 의해 표현될 수 있는 것이기도 하다. 따라서 창의성은 내재된 내용으로서의 창의성과 표현을 위한 형식의 창의성으로 나눌 수도 있다. 특별히 우리가 관심을 가지는 언어적 창의성은 언어를 통한 소통이라는 관점을 주요한 특성으로 하며, 언어를 통한 창의성과 언어 자체에 내재한 창의성을 포괄하는 개념이다.

우리는 이러한 창의성에 대한 논의를 바탕으로 하되, '새로움'과 '적절함'이라는 창의성의 두 가지 속성에 주목하여 경제학 학술 논문 텍스트에 나타나는 창의성에 대해 살펴보게 될 것이다.

특히 경제학 학술 논문 텍스트가 주로 언어로 이루어졌다는 점에 주목하여 언어를 통한 창의성과 언어 자체에 나타나는 창의성에 주목하면서 논의를 전개할 것이다.

(2) 경제학 학술 논문 텍스트의 창의성

경제학 학술 논문이 드러내는 창의성은 실재하지 않는 신념으로서의 '구성적인 창의성(compositional creativity)'에 가깝다는 점이 지적될 수 있다.[42] 자연과학 논문이 전적으로 그러하지는 않지만 대부분 실제 세계를 다루는 것과 달리 경제학 학술 논문은 실제 실현이 가능하거나 반복적인 재현이 가능하지 않는 이상적인 상태를 가정하고 이론을 구성한다. 따라서 경제학 학술 논문에서 드러나는 창의성은 본질적으로 구성적인 창의성의 특성을 가지는 것이다. 하지만 여기서는 이에 대해 자세하게 논의하지 않고 주로 경제학 학술 논문 텍스트가 가지는 언어적 창의성에 주목하고자 한다.

경제학 학술 논문은 경제 활동을 창의적으로 포착하여 언어적으로 표현한 것이다. 따라서 우리가 논의하려는 경제학 학술 논문의 창의성은 언어로 된 텍스트를 대상으로 한다는 점에서 언어적 창의성에 속한다. 앞에서 언급한 것처럼, 언어적 창의성은 언

....

42 도올 김용옥은 성서에 대한 여러 권의 저술에서 실재하지 않는, 신념으로서의 세계도 실존으로서의 역사라고 하며 구성적 창조성(우리의 용어로는 창의성)에 대해 언급한 바 있다.

어 자체에 내재한 창의성과 언어를 통한 창의성으로 나누어진다. 경제학 학술 논문의 경우 다음 절에서 자세하게 논의할 것인데, 부분적으로는 언어 자체에 내재한 창의성이 드러나기도 하지만 전체적으로 보면 언어를 통한 창의성이 주를 이루는 것으로 생각된다. 이는 신문의 경제 기사 등이 언어 자체의 창의성을 상당 부분 포함하고 있는 것과 대비된다.

학술 논문 텍스트에서의 언어를 통한 창의성은 주로 학술 논문의 내용과 관련이 있으며, 언어 자체의 창의성은 학술 논문의 형식과 더 밀접한 관련을 가진다. 이제 경제학 학술 논문 텍스트의 창의성을 내용에서의 창의성과 형식에서의 창의성으로 나누어 좀 더 구체적으로 언급해 보기로 하자.

내용으로서의 경제학 학술 논문 텍스트는 필자의 새로운 주장과 그 주장에 대한 논증으로 이루어져 있다. 필자의 새로운 주장은 창의성의 두 가지 요소 중 '새로움'과 관련이 된다. 필자는 자신의 새로움을 주장하기 위해 학문 공동체가 인정하는 방식으로 논증하고자 한다. 그리하여 기존의 논의를 제시하고 그 논의와 자기주장의 차이점을 집중적으로 언급하기도 한다. 이러한 논증의 과정은 창의성의 두 가지 요소 중에서 주로 '적절함'과 관련이 된다.

형식으로서의 경제학 학술 논문 텍스트는 전형적인 구조와 학술 논문 장르에 적합한 언어 표현을 가진다.[43] 이미 언급한 것처럼, 서론에서 결론으로 이어지는 본문 텍스트와 각주, 참고문헌 등의 기생 텍스트로 이루어진 관습적인 구조를 가진다. 경제학 학술 논문 텍스트의 구조는 정형화되어 있으며 특별히 새로운 구조를 가지는 경우가 거의 없다는 점에서 창의성의 두 가지 요소 중 주로 '적절함'과 관련이 된다. 경제학 학술 논문의 언어 표현 역시 부분적으로는 반복이나 강조, 은유[44] 등을 비롯한 수사적인 수단이나 비유적인 표현을 통해 '새로움'의 특성을 보여 주기도 하지만 대체로는 '적절함'과 관련되는 것으로 보인다.

우리가 생각하는 경제학 학술 논문 텍스트의 창의성은 다음과 같이 정리될 수 있을 것이다.

◇ 경제학 학술 논문 텍스트와 창의성의 요소
• 필자의 새로운 주장: '새로움'과 관련

....

43 이미 언급한 것처럼, 학술 논문의 내용으로서 주장이나 논증은 언어를 통한 창의성에 가깝다. 학술 논문의 형식으로서 언어 표현은 언어 자체의 창의성에 가깝지만, 논문의 구조는 언어를 통한 창의성으로 보아야 할지 언어 자체의 창의성으로 보아야 할지 구분하기 어렵다.

44 루바트와 겟츠는 은유가 가지는 창의성을 세 가지 특성으로 정의한다. 첫째, 하나의 문제에 대한 새로운 관점을 제공할 수 있는 선택적 비교를 통해 문제를 재정의하는 통찰을 제공하고, 둘째, 하나의 문제에 대한 통찰을 구성하거나 확장하여 창의적 아이디어를 만들어 내기 위한 토대를 제공하며, 셋째, 새로운 아이디어를 청자와 소통할 수 있게 만든다고 하였다(제민경·구본관, 「경제 현상의 언어화에 드러난 은유의 담화 구성력」, 1-31쪽).

- 주장에 대한 논증: '적절함'과 관련
- 논문의 구조: '적절함'과 관련
- 논문의 언어 표현: '적절함'과 관련(부분적으로 '새로움'과 관련)

우리가 지금까지 경제학 학술 논문 텍스트를 내용과 형식으로 나누어 창의성을 실현하는 구조를 파악하고자 하였지만 명시적으로 나누어지는 것은 아니다. 주지하듯이 내용과 형식은 동전의 양면처럼 결합되어 있어 구분이 용이하지 않다. 예를 들어 논문에서 필자의 주장이 초록, 서론, 본론, 결론 등에 반복되는 것은 내용상의 반복이기도 하지만, 형식상의 반복이기도 한 것이다. 다음 절에서는 이런 점에 유의하면서 실제 경제학 학술 논문 텍스트의 분석을 통해 창의성의 실현 양상에 대해 논의해 볼 것이다.

2) 경제학 학술 논문 텍스트의 창의성 발현 양상 분석

(1) 거시 구조 측면에서의 경제학 학술 텍스트의 창의성 발현

앞에서 제시한 것처럼 검토 대상 경제학 학술 논문 텍스트들은 '제목(부제)-필자/(논문 정보)-국문 초록-서론-본론 1(모형)-본론 2(결과)-본론 3(적용)-주석-참고문헌-(부록)-영문 초록'의 구조를 가진다.

이와 같이 정형화된 구조는 필자의 주장을 객관적으로 전달하기에 좋은 구조로서 창의성을 실현하기 위한 기초를 제공한다. 이미 언급한 것처럼 경제학 학술 논문 텍스트는 여타의 학술 논문 텍스트와 마찬가지로 형식적 통일성을 가지고 있어 특별히 다른 구조를 가지지는 않는다. 논문의 형식으로서의 거시 구조는 이미 언급한 것처럼 창의성의 두 가지 요소 중에서 '적절함'과 주로 관련이 된다.

'미시 구조'의 측면을 논의하면서 자세하게 밝혀지겠지만, 경제학 학술 논문 텍스트에서는 필자가 자기의 새로운 주장을 '본론'은 물론 '초록', '서론', '결론' 등에서 반복적으로 주장한다. 이는 이미 언급한 것처럼 형식적 상호 텍스트성 내지 동형성을 가지는 구조인 것이다. 이미 언급한 것처럼 논문의 구조는 언어를 통한 창의성 혹은 언어 자체의 창의성 어느 하나로 나누기 어렵다. 문장이나 단락에서 드러나는 수사법으로서의 반복법은 언어 자체의 창의성으로 볼 수 있지만 반복을 위한 구조 자체를 언어 자체의 창의성으로 보기는 어렵다.

(2) 미시 구조 측면에서의 경제학 학술 텍스트의 창의성 발현

① 제목(부제)의 특성과 창의성

우리가 분석 대상으로 삼은 5편의 논문 중에서 A, C 두 편은 콜론을 사이에 두고 부제를 달고 있으며, 나머지 세 편은 부제를 포함하고 있지 않다. 대체로 제목은 명사의 나열로 이루어진 명사

구 문장의 특성이 강하지만 C, D 두 편은 의문문으로 이루어진 동사문을 이루고 있다.

특히 D의 '한국 주택 가격 변동은 펀더멘탈에 의해 주도되고 있는가?'라는 의문문이 실제로 그렇지 않음을 강조하는 수사의문문으로 구성되어 있다. 이는 본문을 비롯한 학술 논문이 수사적 표현을 억제하는 것과 달리 수사적 표현을 통해 필자의 의견을 강조하려는 의도를 가진 것으로 이해된다.

제목 자체는 필자가 새롭게 주제를 선택한 것이므로 본질적으로 내용상의 '새로움'의 창의적 특성을 갖는다. 이는 언어를 통한 창의성에 포함할 수 있다. 아울러 의문문과 같은 수사적 표현의 사용은 비록 관습적이기는 하지만 형식면의 '새로움'의 창의성을 보이기도 하는데, 이는 언어 자체의 창의성으로 볼 수 있음은 물론이다.

② 필자/논문 정보의 특성과 창의성

검토 대상 5편의 논문은 모두 필자 정보와 논문 정보를 포함하고 있다. 필자 정보로는 필자의 소속과 논문에 대한 필자의 역할을 포함한다. 단독 저자 논문인 D, E를 제외하면 공동 저자가 참여한 논문들이므로 제1저자와 교신저자 등을 밝히고 있다.

논문 정보로는 공통적으로 투고 일자, 심사 및 수정 일자, 게재 확정 일자 등을 밝히고 있다. 다른 영역의 학술 논문도 그런 경우가 많지만 경제학 학술 논문의 경우 학술 대회를 통해 먼저 발표되고 토론과 수정을 거쳐 학술지에 게재하는 경우가 많다. 따라서 논문 정보에는 이런 사실과 함께 토론에 참여한 분에 대한 사사를 담고 있는 경우가 많았다. 물론 사사는 심사 과정에 참여한 익명의 심사자에 대한 것도 있었다. 논문이 연구비를 받고 이루어진 경우 연구비를 준 기관에 대한 사사도 포함되어 있다.

사사는 논문의 다른 부분과는 달리 '감사를 드린다'처럼 객체 높임법을 실현하기도 한다. 특히 D 논문의 경우 "두 분 심사자의 제언에 진심으로 감사드립니다."처럼 객체 높임법과 상대 높임법을 동시에 실현하기도 한다. 이는 학술 논문이 일반적으로 객관성을 실현하기 위해 높임법을 중화한 하라체 내지 해라체로 표현하는 것과 대조적이다. 사사 표현에 높임 표현이 등장하는 것은 이 부분이 본문 텍스트와 별도의 기생 텍스트로서 객관성보다는 친교적인 언어 사용이 필요한 부분이라는 점이 작용한 것으로 보인다.

사사를 제외하면 필자 정보나 논문 정보는 기생 텍스트이기는 하지만 논문의 객관성을 논증하는 근거들로 작용하는 것으로 보인다. 따라서 창의성의 관점에서 보면 내용상의 창의성이고, 그 중에서도 특히 '적절함'과 관련이 있는 것으로 볼 수 있다. 언어 표현에 있어 반복이나 강조 등이 나타나는 경우가 거의 없어 언어 자체의 창의성보다는 언어를 통한 창의성을 실현하고 있음은 물론이다.

③ 초록의 특성과 창의성

학술 논문의 초록은 본문과는 다른 언어로 되어 있고, 저자명과 주제어를 포함하고 있으며, 본문보다 뒤에 배치하는 것이 보통이다. 이미 언급했듯이 우리가 분석 대상으로 삼은 학술 논문들은 국문 초록과 영문 초록을 모두 제시하고 있으며, 국문 초록에는 저자명을 포함하고 있지 않고 본문의 앞에 배치하고 있다. 국문 초록에 저자명을 포함하지 않은 것은 제목과 저자가 표시된 본문 텍스트 바로 아래에 배치되기 때문에 저자명을 반복할 필요를 느끼지 못한 것으로 생각된다. 초록의 아래에 일종의 논문 정보라고 할 수 있는 '경제학문헌목록 주제 분류'를 따로 포함하고 있는 것이 특징이다. 영문 초록의 경우 논문의 맨 뒤에 배치하고 있으며 영문으로 제목, 필자, 요약본, 주제어 등을 포함하고 있다.

분석 대상 학술 논문의 초록의 가장 큰 특징은 이미 언급한 바와 같이 본문의 내용을 축소하여 그대로 보여 주고 있다는 점에서 본문과 쌍둥이 구조를 이루고 있다. 이는 초록만으로 논문의 내용에 관심이 있는 사람만 읽을 수 있게 하여 잠재 독자의 시간을 절약하게 하려는 경제적인 배려로 보인다.[45] 또한 국문 초록과 영문 초록이 동일한 내용을 담고 있음은 물론, 국문 초록과 서론

....
45 국문 초록의 경우 서론의 앞에 배치되어 있다는 점에서도 독자의 시간 절약에 도움을 주는 것으로 보인다.

혹은 결론도 유사한 구조를 이루고 있다. 이는 뒤에서 설명할 것이지만, 반복을 통한 자기주장의 새로움을 강조하기 위한 구조라고 생각된다.

초록은 논문의 연구 대상과 연구 내용을 제시한 첫 번째 문장과 이를 자세하게 풀어서 설명하거나 보충한 나머지 문장으로 구성된다. 이런 두괄식 구성 역시 독자를 배려한 것으로 생각되기도 한다. 첫 번째 문장은 B 논문에서처럼 한 문장만으로 따로 단락을 구성하기도 한다. 이 첫 번째 문장은 많은 경우 결론의 첫 번째 문장과 같거나 유사하다.

◇ '초록'과 '결론'의 첫 문장의 비교: 논문 C의 경우
- 초록: 본 연구는 주주가치 경영을 반영하는 EVA가 고용과 임금에 미치는 영향을 2000-2010년 기간의 상장사 455개 한국기업을 대상으로 실증 분석하였다.
- 결론: 본 연구는 주주가치 경영을 반영하는 EVA가 임노동관계에 어떠한 영향을 미쳤는지를 밝히고자 2000~2010년 기간의 한국기업을 대상으로 실증 분석하였다.

위에서 인용한 것처럼 초록과 결론의 첫 문장은 거의 동일하다. 우리가 예를 든 논문 C뿐만 아니라 논문 B, D도 마찬가지이며, 논문 A의 경우도 초록과 첫 문장이 유사하다. 사실 초록을

결론과 비교하면 첫 문장만 동일한 것이 아니라 전체 내용에 있어서도 거의 유사한 경우가 많다. 뒤에서 논의할 것인바 서론 역시 초록이나 결론과 유사한 문장이나 내용을 담고 있는 경우도 흔히 나타난다.

경제학 학술 논문 텍스트의 초록은 필자의 주장을 잘 요약하고 있다는 점에서 창의성의 요소 중 내용상의 '새로움'을 나타내고 있음은 물론 전형적인 구조를 지닌 형식상의 '적절함'을 가지고 있기도 하다. 아울러 초록, 결론, 서론 등이 유사한 문장과 내용으로 나타나는 것은 자신의 견해의 차별성을 반복하는 것을 일종의 반복법으로 본다면 형식상 언어 표현에서의 '새로움'을 보인 창의성으로 볼 수 있다. 이를 언어 자체의 창의성으로 볼 수 있음은 물론이다.

초록에서도 본문에서처럼 경제학 학술 논문 텍스트의 통사적인 특성이나 어휘 몇 표현상의 특성이 드러난다. 1인칭 주어인 '나' 대신에 '우리'가 쓰이며(논문 B),[46] '보이다'(논문 B, , C, D)나 '수행되다'(논문 D)처럼 피동 표현이 흔히 사용되며, 보충 설명을 포함한 길이가 긴 문장이 흔히 나타나기도 한다. 전문 술어를 많이 사용함은 물론 명사구나 명사절도 흔히 사용된다. 또한 '~확

....
46 사실 논문 B의 저자가 3명이므로 복수로 나타난 것으로 볼 수도 있지만, 5편 논문 전부에서 '나'가 전혀 나타나지 않으므로 논문의 객관성을 드러내기 위한 표현으로 볼 수 있다.

률을 높이다'(논문 B), '~확인할 수 있었다'(논문 B, C), '~영향을 미치다'(논문 E), '~압도하는 것으로 나타나다'(논문 D) 등 논문에 흔히 쓰이는 상투적인 표현이 사용되고 있었다.

논문 초록의 통사적인 특성이나 어휘 및 표면상의 특성은 필자의 주장이 객관적임을 언급하여 자신의 주장을 강조하려는 의도를 드러내고 있는 것으로 생각된다. 이런 특성들은 창의성의 두 요소 중 '적절함'과 주로 관련을 맺고 있는 것으로 보이며 강조나 비교, 비유 등에서는 부분적으로 '새로움'의 특성을 보이기도 한다.

④ 서론의 특성과 창의성

검토 대상 경제학 학술 논문의 서론은 연구 필요성과 목적, 선행 연구, 논문 전체의 구성 등을 담고 있는 경우가 많았다. 대부분의 경우 선행 연구를 서론에 포함하였지만 논문 A의 경우 서론과 별개로 기존 문헌 연구를 따로 장을 만들어 다루고 있었는데, 이는 선행 연구의 양이 상대적으로 많고 본 연구와 관련성이 더 크다고 판단되었기 때문으로 보인다.

분석 대상 경제학 학술 논문 텍스트의 서론은 단순한 도입에 그치지 않고 전체 내용에 대한 요약이나 장단점, 한계 등 일반 학술 논문 텍스트에서는 본론이나 결론에서 언급할 내용을 포함하는 경우가 많았다.

◇ 논문 A 서론의 한 단락

본 연구는 한국의 경험을 바탕으로 한국의 발전단계를 가장 잘 설명할 수 있는 지표체계를 구축하였다. 그리고 이를 토대로 한국의 경제사회발전 수준을 OECD 회원국을 대상으로 시계열 및 횡단면 비교 분석을 시도하였다. 물론 지표 연구는 그 자체로서 장점과 단점을 동시에 지니고 있다. 우선 지표연구는 특정 목적의 달성정도를 계량적으로 측정해 준다. 또한 지표 연구는 다른 나라와의 비교 분석을 통해 정책적 활용 가능성을 높일 수 있다. 그러나 지표 연구는 한 사회를 실증적 근거에 기초하여 수량화시킨다는 점에서 측정의 정확성과 타당성 측면에서 논란의 소지가 있다. 그럼에도 불구하고 지표 연구는 단점보다는 장점이 크다는 점에서 전 세계적으로 지표 연구가 확산되고 있다.

위 인용문에서는 첫 두 문장에서 본문에서 다룰 내용에 대해 가치 평가를 겸해 언급하고 있으며, 이어서 이 논문의 한계를 지적하고, 그럼에도 불구하고 장점이 많음을 언급하고 있다. 이처럼 본론에서 다룰 내용을 서론에서 구체적으로 다룬 경우는 논문 B, D에서도 나타난다. 서론에서 이와 같이 구체적인 논문의 내용이나 장단점을 논의하는 경우는 선행 논문과 비교하는 과정에서 흔히 드러난다.

일반적으로는 구체적인 내용이나 전체 논문의 요지는 본론이나 결론에서 다루어지는 경우가 흔하다는 점에서 이런 특성은 분석 대상 경제학 학술 논문 텍스트의 특성이라 할 만하다. 서론에서 구체적인 내용이 모두 언급되는 것은 이미 언급한 바 독자의 시간을 절약하게 하려는 의도로 파악할 수 있으며, 이런 언급이 서론에서 기존의 논문과의 비교에서 많이 드러난다는 점은 필자가 자신의 주장의 타당성이나 장점을 강화하기 위한 의도에서 비롯된 것으로 파악할 수 있다.

서론에서 본론에서처럼 구체적인 내용을 다루고 있는 것은 창조성의 관점에서 보면 언어를 통한 새로움을 나타내고 있는 것이기도 하며, 이미 언급했지만 본론뿐 아니라 초록이나 결론과의 유사성을 가지는 것은 반복의 수사적 구조를 통한 언어 자체의 새로움이기도 하다.

서론에서는 경제학 학술 논문 텍스트의 통사적인 특성이나 어휘 및 표현상의 특징이 비교적 분명하게 드러난다. 1인칭 주어인 '나' 대신에 '우리'가 쓰이며(논문 B, D), 논문 A 한 편만 보아도 '사용되다', '이루어지다', '제기되다', '개선되다', '형성되다', '고조되다', '지적되다', '주춤해지다', '확산되다', '중요해지다', '모색되다', '구성되다'와 같은 피동 표현이 흔히 사용되며,[47] 보충

....

47　학술 논문에서 피동 표현을 쓰는 이유는 흔히 뉴스와 같은 보도문에서 그러하듯이 행동주를 명시하지 않음으로써 명제의 객관성을 드러내려는 의도를 지닌다. 여기서 제시한 피동 표현의 대부분은 그런 의도와 관련이 있으나 이런 의도와 무관하게

설명을 포함한 길이가 긴 문장이 흔히 나타나기도 한다. 전문 술어를 많이 사용함은 물론 명사구나 명사절도 흔히 사용된다. 또한 '~기 때문이다', '~비판이 제기되었다', '~차별점을 갖는다', '~소개하고자 한다', '~여러 가지 문제점이 있다' 등 논문에 흔히 쓰이는 상투적인 표현이 사용되었다.

서론에서 특히 특징적으로 나타나는 것으로는 '단점보다는 장점이 크다', '비교 분석을 통해', '상대적으로 결여되어 있었다', '차별점을 갖는다' 등과 같은 비교나 대조를 나타내는 표현들이 많다는 것이다. 이런 비교나 대조 표현이 서론에서 특히 많이 나타나는 것은 서론에서 선행 연구와 비교를 통해 자기 논문의 연구의 필요성과 방향을 보여 주고 있기 때문으로 보인다. 이 역시 언어를 통한 창의성의 발현이며, 비교의 수사법을 사용하고 있다는 점에서 언어 자체의 창의성이기도 하다.

서론에서는 주로 수식(數式)의 사용이 두드러지는 본론과는 달리 드물지만 은유를 비롯한 수사적인 표현이 사용되기도 한다. 논문 E에서는 "과연 인간은 처음부터 도덕적으로 완벽한가?"와 같은 수사의문문이나, "욕망을 부채질하여", "조직문화를 황폐하게 만들어"와 같은 사은유(死隱喩)도 제법 사용되고 있다. 서론에서만의 특징은 아니지만 개념적 은유[48]의 관점에서 보면 논문에

....

피동 표현이 사용된 경우도 있다.

서는 흔히 '논문은 생물이다'로 볼만한 표현들이 많이 나타난다. 예를 들어, 논문 C의 "노동시장의 변화를 분석하는 입장 이외에도 … 설명하려는 시도가 등장하였다."나 논문 E의 "이러한 연구조차도 인센티브 유형에 따른 양적인 성과 차이를 분석하는 데에 어려움을 토로하고 있다." 등이 그러하다. 이러한 개념적 은유의 사용은 논문의 내용을 정적인 것이 아닌 동적인 것으로 이해하게 하여 전체적인 흐름을 생생하게 전달하는 효과를 가진다. 따라서 비록 관습화되기는 했지만 창의성을 가지는 표현으로 볼 수 있을 것이다.

경제학 학술 논문 텍스트는 본론이나 결론에서 언급할 필자의 새로운 주장을 상당 부분 서론에서 언급하고 있다는 점에서 내용상의 '새로움'의 창의적 요소를 가지고 있음은 물론이다. 선행 연구와의 비교를 통해 필자의 주장을 객관적으로 설명하고자 하고 있어 '적절함'의 창의성 요소와 관련성을 보이기도 한다. 그뿐만 아니라 본론이나 초록, 결론 등 다른 어떤 부분보다도 비교, 대조, 강조 등을 나타내는 표현이나 은유적인 표현을 많이 포함하고 있어 언어 자체의 창의성과 관련이 되는 형식상의 '새로움'을 상

....

48 개념적 은유란 최근 인지 의미론에서 제기된 것으로 은유화 과정을 개념화와 관련하여 일상의 언어생활에 광범위하게 작용하는 은유의 특성을 밝히려는 논의이다. 자세한 논의는 조지 레이코프·마크 존슨, 노양진·나익주 역, 『삶으로서의 은유』, 박이정, 2006의 논의가 참조된다.

당 부분 가지고 있기도 하다.

⑤ 본론의 특성과 창의성

검토 대상 경제학 학술 논문의 본론은 '모형 설명', '추정 결과'로 구성되는 경우가 대부분이다. 모형에 대한 설명은 수식으로 된 모형에 대해 설명하는 부분과 데이터(자료)에 대해 설명하는 부분으로 이루어져 있다. 경우에 따라서는 본론의 뒷부분에 논문 A처럼 모형을 다른 자료에 적용하는 시뮬레이션 분석을 추가하기도 한다.

이처럼 본론에서는 필자의 새로운 주장을 닮고 있어 전형적으로 내용의 창의성이자 언어를 통한 창의성을 보이는 부분이다. 이미 언급한 것처럼 초록이나, 서론, 결론 등에서 필자의 주장이 반복된다는 점에서 구조적인 반복을 보이고 있지만 초록이나 서론과 비교해 볼 때 수사법의 사용이나 화자의 주관적인 표현이 덜 나타난다. 이는 경제학 학술 논문의 본론인 모형이 대체로 수식으로 이루어져 있으며, 모형에 적용할 데이터가 표로 제시되고 있다는 점과도 관련이 있다. 그리하여 본론에 사용되는 언어는 전형적으로 수식(논문 A, B, C, D, E), 도표(논문 A, B, C, D, E), 그래프(논문 B, E) 등이 많이 나타난다.

수식 및 데이터와 이에 대한 설명으로 구성되어 있는 본론의 특성들 때문에 비유적인 표현이 거의 쓰이지 않았고 1인칭 주어가 쓰이는 경우는 논문 B밖에 없었을 정도로 드물었지만 '결정되다, 표현되다, 도출되다, 보여 주다' 등과 같은 피동 표현이나 '~확인할 수 있었다', '~것으로 해석된다', '~하는 것으로 나타났다'와 같은 상투적인 표현이 많이 나타났다.

본론의 어휘 및 표현상의 특징으로는 '확률, 분포, 효율성, 변동계수, 도출, 분석, 유인, 균형, 기각, 귀무가설' 등과 같이 수식을 설명하기 위한 용어들이 많았다는 점이다. 아울러 '경제발전, 자본, 성장동력'과 같은 경제학 관련 전문어가 쓰였으며, '인센티브, 아웃소싱, 옵션, 시스템, 리스크' 등과 같은 외국어 내지 외래어 단어도 흔히 사용되었다.[49]

이런 점들을 고려할 때 본론에 나타나는 창의성은 필자의 새로운 주장이라는 점에서 새로움을 가지고 있지만 수사적인 표현이 별로 사용되지 않는다는 점에서 그 새로움은 언어 자체의 새로움보다는 주로 언어를 통한 새로움이다. 아울러 수식과 도표를 통해 논증해 가는 과정 자체는 창의성의 요소 중 '적절함'과 관련되는 것으로 생각된다.[50]

....

49　이미 언급한 것처럼 경제학 학술 논문은 영어권 학술 논문의 영향을 많이 받고 있으며 필자들의 대부분은 한국어뿐 아니라 영어로 논문을 쓰고 있다. 외래어 내지 외국어를 많이 사용하는 것에는 이 분야의 이런 특성도 작용한 것으로 보인다.

50　일상적인 언어 표현 대신 수식이나 도표, 그래프 등을 이용하는 것을 언어 자체의 새로움으로 볼 수도 있지만 이에 대해서는 자세하게 논의하지 않는다.

⑥ 결론의 특성과 창의성

학술 논문에서 결론은 논의 결과를 요약하고 연구의 의의를 강조하고 필요한 경우 해당 분야의 전망과 연구의 제한점을 제시하기도 하는 부분이다. 따라서 다음과 같은 전형적인 표현을 갖는다.

◇ 결론에 흔히 쓰이는 표현들

가. 주요 결과를 요약하면 다음과 같다.(논문 C)

나. 모두 흥미로운 추가 연구 과제가 될 것이다.(논문 D)

다. 이는 실험적 연구가 지니는 태생적 한계일 수도 있다.(논문 E)

요약은 잠재 독자의 가독성을 높이기 위한 것이며, 추가 연구 과제는 해당 연구의 장점을 이 분야의 흐름 속에서 파악하게 하는 것으로 독자의 편의를 위한 것이다. 논문의 한계에 대한 지적은 자신의 논의에 대해서도 한계가 있음을 지적하여 객관성을 높여 주며, 향후 이루어질 반론에 대한 방어의 성격도 갖는다.

이미 언급한 것처럼 경제학 학술 논문 텍스트에서 결론의 첫 문장은 초록과 동일하거나 유사한 경우가 매우 많았으며, 결론이 본론뿐 아니라 초록이나 서론과 유사한 내용으로 나타났다. 이는 자신의 견해의 차별성을 반복해서 강조하려는 의도를 가지기 때문으로 반복이라는 형식을 통한 언어 자체의 창의성을 통해 드러내는 것으로 평가할 수 있다.

결론에서는 '정리, 요약, 결과, 밝혀지다, 확인하다'와 같은 어휘가 많이 사용되었으며, '최초로'(논문 E), '압도하는'(논문 D), '차이점'(논문 C) 등의 표현을 통해 다른 논문과의 차별성을 강조하는 경우가 많았다. 어휘 및 표현상의 특징은 필자가 다른 논문과 차이 나는 자신의 주장의 새로움을 강조하기 위한 것으로 보인다.

결론에서는 필자의 주장이 잘 드러난다는 점에서 내용상의 '새로움'이라는 창의성이 드러난다. 부분적으로는 강조나 반복을 통한 언어 자체의 새로움이 보이기도 하나 전체적으로 보면 언어를 통한 창의성이 주를 이루는 것으로 보인다.

⑦ 주석의 특성과 창의성

주석은 논문에서 특정 부분의 뜻을 보충하거나 풀이한 보충 텍스트로 본문의 아래쪽에 다는 각주와 논문의 끝에 다는 미주 등으로 나누어진다. 분석 대상 경제학 학술 논문 텍스트에서는 각주로 주로 사용하고 있었고, 본문에 대한 각주뿐 아니라 표에 대한 각주로 드물지 않게 나타났다. 주석은 보충 텍스트로서 논문의 논지와 다소 벗어나서 내용을 보충하거나 어렵거나 오해의 소지가 있는 표현에 대해 명확하게 해 주는 역할을 한다.

주석의 이런 특성은 아래에 인용한 것처럼 필자가 자신과 다른 견해를 제시함으로서 자신의 주장을 명확하게 하기 위해 사용하기도 한다.

◇ 필자의 주장과 다른 주장을 제시한 각주의 사례(논문 D)

Blanchard and Watson은 자산 가격 버블과 폭락이 합리성을 가정하더라도 존재할 수 있음을 보이며, 버블이 존재하지 않는다는 가설이 결합 확률 분포에 미치는 제약조건을 검정하는 버블의 검정 방법을 제시한다. Tirole은 합리적 버블은 경제성장률이 자산의 요구 수익률보다 클 때 무한중첩세대의 자산 소유자가 유한한 계획 기간을 가지는 경우 발생할 수 있음을 보인다. O'Connell and Zeldes는 무한한 계획 기간과 자산 보유자의 숫자가 증가하는 경우 유사한 결론을 도출한다.

위에서 제시한 각주의 주장은 대체로 버블의 존재가 효율적인 시장 가치설과 배제되지 않는다는 것으로 필자의 주장인 한국 주택 가격의 변동이 비펀더멘탈 요소에 의해 주로 결정된다는 가설과는 상치되는 주장이다. 이런 주장을 각주를 통해 자세하게 소개하는 것은 추후에 이루어질 비판을 통해 자신의 견해를 강화하기 위한 장치로 생각된다.

결국 주석은 보충과 상세화 등을 통해 자신의 주장의 객관성을 나타내기 위한 장치이다. 창조성의 관점에서 보면 필자의 새로운 주장을 직접 드러내는 경우가 많지 않다는 점에서 '적절함'과 주로 관련을 맺고 있으며, 수사적인 표현이 거의 없다는 점에서 언어 자체의 창의성보다는 언어를 통한 창의성이 주로 드러나는 것으로 생각된다.

⑧ 참고문헌의 특성과 창의성

참고문헌은 연구에 참조가 되는 책이나 논문 등의 서지사항을 기록한 기생 텍스트인데, 논문의 뒷부분인 결론 다음에 싣는 것이 보통이지만 각주에만 싣거나 각주와 뒷부분 모두에 싣기도 한다. 분석 대상 경제학 학술 논문 텍스트에서는 각주에서는 필요한 경우 저자와 연도 등만 제시하고 결론의 뒷부분에 자세한 서지사항을 싣고 있다. 참고문헌의 역할은 말할 것도 없이 학문 공통체의 관습에 따른 것으로 필자 자신이 쓴 논문이 학문적인 흐름에서의 위치를 정해 준다.

참고문헌 역시 주석처럼 필자의 주장의 객관성을 강조하기 위한 장치로서, '적절함'과 관련된 창의성으로 볼 수 있다. 수사적연 표현을 사용하지 않는다는 점에서 언어 자체의 창의성보다는 언어를 통한 창의성이 나타남은 물론이다.

⑨ 부록의 특성과 창의성

부록은 논문의 끝에 붙이는 문서나 자료 등으로 본문에 싣기에 너무 분량이 많아지는 경우나 본문의 논지와 직접적으로 관련되지 않는 경우에 제시하는 기생 텍스트이다. 경제학 학술 논문 텍스트의 경우 표(논문 A, B, D), 그림(논문 C), 설명(논문 B) 등을 포함한다.

부록 역시 주석이나 참고문헌처럼 필자의 주장의 객관성을 강조하기 위한 장치로서, 창조성의 관점에서 보면 '적절함'과 관련된 창의성으로 볼 수 있다. 수사적연 표현을 사용하지 않는다는 점에서 언어 자체의 창의성보다는 언어를 통한 창의성이 나타남은 물론이다.

4. 창의적인 인재 양성을 위하여

우리는 지금까지 논의를 통해 경제학 학술 논문 텍스트의 성격과 구조, 문체적 특성을 살피고, 이를 창의성의 관점에서 논의해 보았다. 창의성의 본질적인 요소가 '새로움'과 '적절함'이라 할 때, 필자가 자기의 새로운 주장을 논증하는 학술 논문 텍스트는 본질적으로 창의성을 주요한 특성으로 한다. 학술 논문 텍스트는 내용상 필자 자신의 새로운 주장을 담고 있다는 '새로움'의 속성을 가지며, 이를 기존 논의와의 대비를 통해 학문 공동체가 용인하는 방식으로 논증한다는 점에서 '적절함'의 속성을 가지는 것으로 파악되었다. 아울러 서론에서 결론에 이르는 본문 텍스트와 각주, 참고문헌 등의 기생 텍스트를 적절하게 엮은 정형화된 구조를 가지고 있다는 점에서 '적절함'의 속성을 가지며, 언어 표현에 있어서 설명 중심의 '적절함'과 은유나 반복법 등의 '새로움'의 속성을 갖추고 있는 것으로 파악되었다.

우리가 검토 대상으로 삼은 5편의 경제학 학술 논문 텍스트는 다른 영역의 학술 논문 텍스트와 크게 보아 다르지 않았지만 거시 구조나 미시 구조 및 통사 및 어휘 표현상의 특징에서 차이를 보이기도 하였다. 우선 구조의 관점에서 보았을 때, 서론에서 결론이나 초록에서처럼 연구의 구체적인 내용이 언급됨으로써 서론, 본론, 결론, 초록 등이 구조적 동형성을 보이는 상호 텍스트성을 강하게 가진다든지, 본론이 수식으로 된 가설을 제공하고 이에 대한 설명과 자료의 적용을 통한 결과 설명으로 이루어져 있다든지 하는 것들이 특징적이었다. 필자의 주장이 서론에 미리 반영되는 것은 논문의 앞부분에서 주장을 알게 하여 독자가 논문에 대한 정보를 빨리 파악하게 하려는 경제적인 의도로도 보이며, 주장이 반복되는 구조를 가지는 것은 자기주장의 새로움을 강조하려는 의도가 반영된 것으로 보인다. 아울러 통사 구조나 어휘 및 표현에 있어서도 다른 영역의 학술 논문이나 다른 장르의 텍스트와 차이를 보이기도 했다. 이런 문제에 대해서도 우리는 창조성의 관점에서 해석하고자 하였다.

본 장은 '창의적 인재 육성을 위한 융합 교과 개발'이라는 프로젝트의 일환으로 다양한 영역 중 경제학 분야의 학술 논문의 창의성에 대해 밝혀 보려는 것을 목적으로 하였다. 우리의 논의에서 부분적으로 언급되기는 하였지만 경제학 학술 논문뿐 아니라 다른 분야의 학술 논문 텍스트는 어떤 창의성의 특성을 가지는지의 문제와, 같은 경제학 영역에서도 학술 논문이 아닌 신문기사와 같은 다른 장르의 텍스트는 어떤 창의성을 가지는지의 문제가 깊이 있게 논의되어야 한다. 아울러 영역별 창의성뿐 아니라 영역 융합적인 창의성의 속성이 밝혀져야 한다.

　사실 모든 학습자는, 아니 모든 인간은 정도의 차이는 있지만 창의적인 존재이다. 창의성이 정도성의 개념으로 설명할 수 있다고 할 때 창의적 인간을 더 창의적이게 하는 교육적인 노력이 필요할 것임은 분명하다. 제한된 영역의 제한된 논문으로 창의성의 측면이 전면적으로 드러나지는 못했다 하더라도 우리의 논의가 창의성을 가진 인재 양성에 조금이라도 기여할 수 있기를 희망한다.

12장

토론 담화에서
속담의 진행 기능에 대한 고찰

1. 속담에 관한 기존의 논의

사전적 정의에 따르면 속담은 '예로부터 민간에 전하여 오는 쉬운 격언이나 잠언'을 의미한다.[1] 격언이나 잠언이 주로 인생에 대한 교훈이나 경계를 표현한 말이라는 점을 감안한다면, 속담은 '한 언어 공동체의 역사적 체험 속에서 축적된, 인생에 대한 교훈이나 경계를 간결하게, 주로 비유적으로 표현한 말'이라고 이해할 수 있다. 다시 말하면, 속담은 내용상 문화적 진리나 도덕적 교훈을 담고 있으며, 형태상 간결성과 비유성을 특성으로 하고, 기능

....

1 표준국어대사전

상 설득과 경계의 목적으로 사용되며, 운용상 일정한 사회·문화적 맥락이 전제되는 특성이 있다.

국내에서 속담에 대한 그간의 연구는 대체로 속담을 하나의 어휘 자원으로 간주하면서, 의미상의 분류를 시도하거나, 생성과 변형의 과정을 추적하거나, 사용상의 어법적 특성을 규명하거나, 발상과 표현의 문화적 특성을 밝히는 등 다양하게 전개되어 왔다. 그리고 이러한 연구 결과를 교육적으로 적용하려는 시도 또한 풍부하게 이루어지고 있다. 여기에서 이 장의 주제와 밀접하게 관련되는 것은, 국어교육의 관점에서 속담의 설득성에 주목한 후자의 연구들이다.[2]

이성영은 국어교육의 관점에서 속담의 언어적 특성과 어법을 고찰하였다.[3] 이성영은 속담을 사용(使用)으로서의 언어로 규정하고 그 특성은 '구조적인 비완결성과 비직설적인 의미작용'이며, 이것은 비유와 간접화행을 통해서 실현된다고 보았다. 그리고

....

2   이성영, 「속담어법의 국어교육적 의미」, 『국어교육』 73, 74, 한국국어교육연구회, 1991, 167-185쪽; 이종철, 『속담의 형태적 양상과 지도법』, 이회, 1998; 이종철, 「속담의 형태적 양상과 지도법」, 박갑수 외 19인, 『국어표현·이해 교육』, 집문당, 2000; 서혁, 「언어사용으로서의 속담 표현의 특징」, 『선청어문』 21, 서울대학교 국어교육과, 1993, 233-259쪽; 서혁, 「속담에 나타난 언어에 대한 태도와 속담어법 교육」, 남천박갑수선생 화갑기념논문집간행위원회 편, 『국어학연구: 남천박갑수선생 화갑기념논문집』, 태학사, 1994; 송현정, 「국어학 연구」, 위의 책; 김봉순, 「속담의 설득성과 국어교육적 함의」, 『한국국어교육연구회논문집』 56, 한국국어교육학회, 1995; 김현정, 「속담을 통한 한국어 문화 교육 연구」, 서울대학교 석사학위논문, 2002.

3   이성영, 위의 글, 167-185쪽.

속담의 국어교육적 의의로 '사용 언어의 교수·학습 자료, 표현 수단으로서의 어휘의 제공, 현실 사태에 대한 인식의 틀 제공, 발상과 표현법의 제공' 네 가지를 들었다. 이성영의 논의는 속담을 국어교육의 내용과 관련하여 언급하였다는 점에서 의의를 찾을 수 있다. 특히, 발상과 표현법에 관해 언급하면서 김대행의 '간접화의 어법' 개념을 원용하여 속담의 감화력이 '사회적으로 공인된 목소리'를 도입함으로써 발생한다는 점에 주목한 것은 본 연구와도 밀접하게 관련된다.[4] 송현정도 사용 언어로서 속담 표현의 기제를 '간접 표현'으로 규정하고 이를 '비유와 간접화행'으로 분석한 후, 속담 사용의 의의를 '간접 표현의 수단, 사회적 발상의 응집체'라는 두 측면으로 설명하였다.[5] 송현정은 속담의 표현과 해석의 원리를 밝히면서, 여기에 개재하는 인지적이고 문화적인 요소들을 고려해야 한다는 점을 지적하였다. 그러나 이성영과 마찬가지로 구체적인 담화 속에서 속담의 사용 양상을 살피기보다는 개별적인 속담의 표현과 해석의 기제에만 주의를 기울였다는 점에서 한계를 안고 있다.

서혁은 속담 어법 교육의 필요성을 논의하면서 그 방법으로 첫째, 어휘 학습이라는 측면에서 속담의 1차적인 어휘 의미를 학

··········

4 김대행, 「시적 표현의 문법-간접화의 어법을 중심으로」, 『고전문학연구』 3, 한국고전문학연구회, 1986, 38-54쪽.
5 송현정, 앞의 글.

습하는 단계, 둘째, 속담의 실제 사용 맥락을 통한 다양한 적용과 관련된 2차적인 맥락적 의미를 파악하는 단계, 셋째, 속담의 생성적 특성과 반향적 속담의 예를 바탕으로 창조적으로 적용하는 단계, 넷째, 모순적 속담의 발견과 이를 근거로 한 진술 및 반론의 전개를 할 수 있는 단계가 필요하다고 논하고 있다.[6] 넷째 단계의 학습 방법에 대한 언급이 주목되는데, 이는 설득적 언어 사용에서 속담의 화용적 기능과 관련된 것으로서, 구체적인 담화 자료를 바탕으로 좀더 깊이 있게 논의될 필요가 있는 부분이다. 김봉순도 속담의 설득성에 주목하여, 속담의 표현적 특성을 '상황 지시와 비유적 표현'에서 찾고, 그러한 특성이 '상황 규정성과 맥락에의 적절성'을 획득함으로써 설득력을 얻게 된다는 점을 지적하였다.[7] 그리고 이러한 논의를 바탕으로 하여 속담 지도는 교육적 가치가 있는 속담을 선정하여 어휘의 확장이라는 측면에서 지도하고, 표현 및 이해의 과정에서 기존 속담의 적절한 사용 및 새로운 속담의 창조적 사용이라는 측면에서 이루어져야 함을 밝혔다. 김봉순의 논의는 속담을 청자에 대한 화자의 의도의 실현이라는 수사적 관점에서 논의했다는 점에서 의의를 찾을 수 있다. 다만 그러한 수사적 관점이 대화론적 맥락 즉, 화자와 청자의 상호작용 속에서

....

6   서혁, 앞의 글.
7   김봉순, 앞의 글.

실현되는 양상에 대한 좀더 구체적인 검토가 요구된다.

　이종철은 속담 교육을 어휘 교육의 하위 영역으로 자리매김하면서, 속담의 국어교육적 의의를 의사소통적 측면, 사고 작용적 측면, 문화적 측면으로 나누어 고찰하였다.[8] 이종철의 연구는 국어과 교육에서 속담 교육의 위상을 포괄적으로 논의하고 그 구체적인 방법론을 제안하였다는 점에서 의의를 찾을 수 있다. 특히 속담이 갖고 있는 언어 사용 기능적 요소뿐만 아니라 창의적 사고와 문화적 요소까지 포함시킨 점은 주목할 만하다. 그러나 속담을 추론적 사고 작용과 관련하여 이해하고자 했음에도 불구하고, 추론적 사고의 영역을 속담의 의미 파악 과정에 국한하였다는 점에서 논의의 여지를 남기고 있다.

　김현정은 한국어교육을 문화교육의 관점에서 접근하면서, 속담을 통하여 한국어의 어휘, 사고, 비유적 측면에서 문화 요소를 추출할 수 있음을 밝혔다.[9] 이 중에서 속담에 반영된 사고의 범주를 '한국적 신념, 한국적 가치관, 한국적 제도'로 구분하고, 그 중에서 한국적 신념을, 클롭을 인용하여, '경험적 신념, 정보적 신념, 추론적 신념'으로 구분하여 살피고 있는 점이 주목된다.[10] 그

....

8　이종철, 앞의 글.
9　김현정, 앞의 글.
10　D. W. Klopf, *Intercultural Encounters*(3rd), Morton Publishing Company, 1995.

러나 김현정은 언어 사용의 맥락 속에서 속담이 사용됨으로써 한
국적 사고를 표현하고 있다는 점에만 주목하였을 뿐, 속담이 특정
의 신념과 가치관을 정당화하거나, 신념과 가치관의 차이로 인한
의견 충돌의 상황에서 속담이 말터로서 작동하는 기제를 밝히는
데까지 나아가진 못하였다.

이상의 논의를 바탕으로 살펴볼 때, 지금까지 속담에 대한
국내의 연구는 대체로 어휘론적 관점에서 속담에 접근하면서, 맥
락 속에서 속담의 기능과 용법을 밝히는 데 논의의 초점이 모아져
있는 것을 확인할 수 있었다.[11] 여기에서 필자는 속담의 설득성이
대화론적 관점에서 어떻게 작동하는지에 좀더 초점을 맞추어 연
구될 필요가 있다고 본다. 속담이 설득과 경계의 목적으로 사용될
때 그 화용적 기제가 어떠한지, 그리고 그러한 기제의 사회·문화
적 의미가 무엇인지를 밝히고자 하는 시도들이 산견되기는 하지

....

11 한편, 굿윈과 웬젤은 속담이 논증 유형(argument type)의 일상적인 표현 방식
이라고 보았다. 그들은 에닝거와 브로크리드에 따라 논증의 유형을 실체 논증(징후,
인과, 유사 사례, 유추, 일반화, 분류, 통계), 권위 논증, 동기 논증으로 분류하고, 각각
의 유형을 반영하는 속담을 고찰하였다. 이 연구는 속담을 추론 또는 논증의 패턴으
로서 이해했다는 점에서 본 연구와 관련하여 시사하는 바가 많지만, 대화론적 관점을
결여하고 있다는 한계가 있다. 이러한 사실은 그들이 실제 대화의 맥락에서가 아니라
속담 사전의 목록을 연구 대상으로 삼았다는 점으로도 분명해진다. 이에 대해서는 다
음을 참고. P. D. Goodwin and J. W. Wenzel, "Proverbs and Practical Reasoning:
a study in socio-logic", *The Quarterly Journal of Speech* 65, 1979, pp. 289-302;
D. Ehninger and W. Brockriede, *Decision by debate*, N.T.: Dodd, Mead, 1963.

만 본격적인 연구는 없었던 것으로 보인다. 특히 토론이라는 장르 속에서 속담이 논증의 과정에 어떻게 매개되는지에 대해서 구체적인 담화 자료를 분석하며 천착한 연구는 없었다. 따라서 본 장에서는 속담의 설득성에 주목하되 그것이 토론이라는 맥락에서 화자와 청자 간에 어떻게 상호작용을 통하여 의미 작용을 하는지를 밝혀 보고자 한다.[12]

2. 텔레비전 토론에서 속담의 진행 기능

텔레비전 토론의 유형에는 '대학식' 토론, '오리건 형(Oregon style)' 토론, '공동 기자 회견형' 토론, '충돌식' 직접 토론, '시민 포럼형' 토론 등 여러 가지가 있다.[13] 이것은 주로 미국에서 이루어지고 있는 토론의 유형들인데, 최근에는 우리나라에서도 이와 유사한 토론의 유형들이 텔레비전 토론에서 채택되고 있다. 이 유형들은 주로 선거를 목적으로 한 정치 토론에서 많이 활

....

12   본고에서 분석의 대상으로 삼은 자료는 2001년도에 문화 방송(MBC)에서 방영된 100분 토론으로 총 44회분이다. 토론의 전사본은 http://www.imbc.com/tv/culture/toron/index.html에서 열람할 수 있다. 자료의 이용을 허락해 주신 관계자 여러분께 이 자리를 빌어 감사드린다.
13   김환열, 『TV 토론의 이해』, 커뮤니케이션북스, 2000, 39-45쪽.

용되고 있는데, 어떤 경우든 토론(debate)은 기본적으로는 설득(persuasion)과 논쟁(eristics)의 복합적 성격을 띤 논증 담화라고 할 수 있다.[14] 텔레비전 토론은 방청객과 시청자라는 제삼자 앞에서 입장이 서로 다른 양 진영 간에 이루어지는 논쟁이며, 이러한 논쟁을 통하여 토론자는 상대 진영과 제삼자인 방청객 및 시청자를 설득하고 감화시키는 것을 목표로 삼는다.

  텔레비전 토론의 이러한 특성은 정치토론뿐만 아니라 정치·경제·사회·문화의 제반 분야에서 제기되는 현안 쟁점을 다루는 시사 토론의 경우에도 적용된다. 다만, 선거를 위한 정치 토론은 후보자(또는 후보자의 대리인)인 토론자에 대하여 시청자가 유권자로서 실질적인 판정자의 역할을 한다는 점에서 토론의 성격이 좀더 강한 반면, 시사 토론의 경우는 사회적 쟁점을 공론화함으로써 그 해결책을 찾고자 한다는 점에서 토의(discussion)적

....

14 민병곤은 텔레비전 토론을 비판적 토의(critical discussion)의 일종으로 보았다. 그러나 텔레비전 토론이 의견 차이 또는 갈등을 해소하는 것을 목표로 삼는 토의(discussion)적 성격만을 띠는 경우는 많지 않고, 대개는 토론자들이 제삼자 앞에서 자기 진영의 입장을 끝까지 관철하고자 하며 의견의 차이가 해소되지 않는다는 점에서 설득(persuasion)과 논쟁(eristics)의 성격이 복합적으로 결합된 것으로 보는 것이 더 적절하다. 텔레비전 토론에 관한 논의는 다음을 참고. 민병곤, 「TV 토론 담화의 논증 분석」, 『텍스트언어학』11, 한국텍스트언어학회, 2001, 73-109쪽. 대화의 유형 분류에 대한 자세한 논의는 다음을 참고. D. N. Walton and E. C. W. Krabbe, *Commitment in dialogue: Basic conccepts of interpersonal reasoning*, Albany: State University of New York Press, 1995.

인 성격을 띠는 경우가 많다.[15] 본고에서 분석의 대상으로 삼은 토론은 선거를 목적으로 한 정치토론이 아니라 현안 쟁점을 다루는 시사 토론이다.

토론 담화는 의견이 다른 상대 진영을 설복시키는 것을 목적으로 하기 때문에 토론자는 설득의 행위를 정당화하기 위하여 여러 가지 유형의 논증을 사용하게 된다. 킨포인트너는 논증의 유형을 1) 보장을 사용하는 논증, 2) 보장을 만들어 내는 논증, 3) 유추 논증, 4) 권위 논증으로 구분한 바 있다.[16] 킨포인트너의 분류는 툴민 이래 시도되어 온 비형식 논리학의 지향과 올브레히츠-티테카의 신수사학적 분류를 반영한 가장 포괄적인 논증 유형 분류로 평가할 수 있다.[17] 이러한 논증 유형 분류는 논증을 정당화하는 기제가 무엇인가를 기준으로 한 것인데, 일찍이 아리스토텔레스는 『변증론』에서 이

....

15 학교 교육에서 '토의(discussion)'는 의제에 대한 합의를 도출하는 것을 목적으로 하는 대화의 유형으로, '토론(debate)'은 논제에 대한 의견이 대립하는 상대방을 설복시키는 것을 목적으로 하는 대화의 유형으로 규정되고 있다. 그렇지만 현실적으로 우리말에서 토론이 토의를 포괄하는 상위의 개념으로 쓰이는 경우가 많고, 실제 텔레비전 토론에서는 이러한 두 장르의 특성이 복합적으로 나타나는 경우가 더 일반적이다.

16 M. Kienpointner, "How to classify arguments", Eemeren et al. eds., *Argumentation illuminated*, Amsterdam: ISSA, 1992.

17 S. E. Toulmin, *The uses of argument*, Cambridge University Press, 1958; L. Olbrechts-Tyteca, "La Nouvelle Rhétorique", *Les Études philosophiques* 11(1), 1956, pp. 20-29.

러한 기제를 '토포스(topos)'라는 용어로 설명한 바 있다.

　토포스는 공격자가 자신의 논거를 얻는 '장소'이다. '토포스'라는 용어에 대한 어떤 번역은 그 지형적 속성을 강조하여 '장소(places)', '논증 장소(argument place)', '위치(locations)', '탐색 공식(search formula)' 등의 용어를 사용한다. 그러나 '토포스'는 또한 '규칙', '법칙' 또는 절차이며, 이것은 '토포스'의 다른 번역에서 강조된다. '논증 도식(argumentation scheme 또는 argumentation schema)', '논증 기법(argumentation technique)', '절차(procedure)'.[18] 반 에멘레 외[19]에서는 닐과 닐을 따라, '토포스(topos)'라는 용어 대신에 '진행(move)'이라는 용어를 사용하여 이 두 측면을 아우르고자 하였다. 본고에서 필자는 속담이 비판적 토의(critical discussion) 또는 토론(debate)에서 하나의 전제로서 기능하면서 논증을 진행시킨다는 점을 강조하기 위하여 '진행'(move)이라는 용어를 주로 사용하고자 한다. 그러나 이러한 기능적인 측면과 함께 속담이 사전에 등록된 어휘 항목이라는 점을 강조하기 위하여 '말터(topos)'라는 용어의 사용도 배제하지 않을 것이다. 요컨

....

18　F. H. Van Eemeren et al., *Fundamentals of argumentation theory: a handbook of historical background and contemporary developments*, Mahwa. N.J.: Lawrence Erlbaum Associates, Inc, 1996, p. 38.

19　위의 책; W. Kneale and M. Kneale, *The development of logic*, Oxford Clarendon Press, 1962, p. 34.

대 '말터'와 '진행'은 각각 '토포스'로서 속담의 '의미론적', '기능론적' 양상을 지칭하기 위한 용어로 사용하고자 한다.

진행(move)은 어떤 테제에 대해 찬성 또는 반대 논증을 하는 데서 전술적인 도우미의 역할을 한다. 전제와 결론으로 이루어지는 논증에서 진행은 어떤 전제를 사용할 것인지를 선택하게 하고, 선택한 전제로부터 결론으로의 이행을 보장하는 기능을 한다. 다음 [그림 12-1]은 진행의 두 가지 기능 즉, 선택과 보장의 기능을 간결하게 보여 준다.[20]

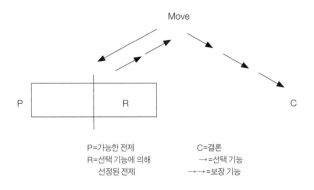

[**그림 12-1**] 진행의 선택 기능과 보장 기능

반 에메렌 외[21]에서는 아리스토텔레스의 『변증론』에서 두 개

....

20 F. H. Van Eemeren et al., 앞의 책, 39쪽.
21 위의 책, 39-42쪽.

의 예를 들어 진행의 기능을 설명한다. "가령, 만일 우리가 지각에 있어 옳고 그름이 있을 수 있다는 것을 보이려고 한다면, '지각하는 것은 판별하는 것이고, 바르게 판별할 수도 있고 바르지 않게 판별할 수도 있기 때문에 지각에 있어서도 옳고 그름이 있을 수 있다'라고 말하는 경우가 그렇다."[22] 말하자면, 위의 논증에서 '지각에 있어 옳고 그름이 있을 수 있다'라는 결론(C)은 가능한 전제들(P) 중 '지각하는 것은 판별하는 것이다'(R1)와 '바르게 판별할 수도 있고 바르지 않게 판별할 수도 있다'(R2)라는 두 전제로부터 도출되는데, 이것은 '유(genus)에 적용되는 것은 그 안의 종(species)에도 적용된다'라는 부류 진행(genus move)에 의해서 선택되고 결론으로의 이행이 보장된다는 것이다.

또 다른 예로, '건강이 운동하는 것보다 한결 선택될 만하다'라는 결론을 이끌어내기 위해서는 "그 자체로 바람직한 것이 다른 이유 때문에 바람직한 것보다 한결 선택될 만하다"[23]라는 진행이, 가능한 전제들(P) 즉, '건강과 운동은 모두 선택될 만하다'(R1), '건강은 그 자체로 선택될 만하다'(R2), '운동은 무언가 다른 것을 성취하는 데 선택될 만하다'(R3) 중에서 R2를 선택하고 이로부터 결론으로의 이행을 보장하는 기능을 한다.

....

22 아리스토텔레스, 김재홍 역, 『변증론』, 까치글방, 1998, 15쪽.
23 위의 책, 29-31쪽.

여기에서 첫 번째 부류 즉, 논리적인 유형은 일반 진행(gen-eral move)이라 하고, 두 번째 부류 즉, 가치론적인 유형은 특수 진행(special move)이라 한다. 특수 진행은 가치 판단을 가능하게 한다.[24]

속담은 논증적 대화에서 하나의 진행으로서 기능하면서 가치 판단과 밀접하게 관련되는 경우가 많다. 그런데 속담은 진행을 직접적으로 표시하기보다는 은유적으로 표시하기 때문에, 직접적으로 표현된 진행과는 달리 간접화되는 특성이 있다. 예를 들어, 다음 예문 (1)에서 '구더기 무서워 장 못 담그랴'라는 속담은 문자적으로는 장을 담그는 일과 관련되어 있지만, 문자 그대로의 상황에 적용하여 속담이 쓰이는 일은 거의 없다. 대부분의 경우에는 이 속담에 함축된 의미 즉, 다소 방해되는 것이 있다 하더라도 마땅히 할 일은 하여야 한다는 의미로 사용된다.

(1)

A: 집단소송이 전 제도 자체는 필요하다고 생각합니다. 이거는 소송 가액이 한 사람 한 사람으로 보면 작은데 전체 뭉쳐 놓으면 큰 그런 사건들이 있고 그런 사건들은 개별 소송만 가지고는 하기 힘든 그러한 측면이 분명히 있습니다. 근데 이제 우려되는 건 뭐냐

....

24   F. H. Van Eemeren et al., 앞의 책, 40쪽.

하면은 실제로 미국에서 있었던 일이 우려가 되는 겁니다. […]

P: 세상의 무슨 제도 건 간에 부작용이 없는 제도는 없다고 생각이
   됩니다. 그런데 제가 생각컨대는 현재의 우리나라에서 집단소
   송제를 도입하는 것은 그 경우에 생기는 부작용은 장 담그는 데
   구더기 정도, 이렇게 봐야 하지 않느냐는 생각이고 […][25]

그래서 이 속담의 진행 기능을 [그림 12-2]에 적용하여 보면
다음과 같이 도해할 수 있을 것이다.

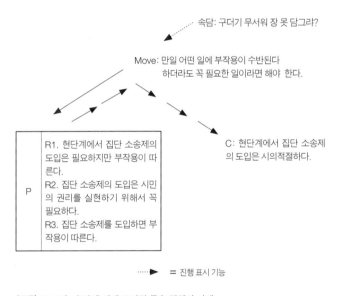

[그림 12-2] 속담에 의해 표시된 특수 진행의 사례

....

25   '소액 주주 운동 권리인가, 간섭인가', MBC 100분 토론, 2001년 3월 8일.

주도자 P(protagonist)의 발화에서, '구더기 무서워 장 못 담그랴?'라는 속담은 결론을 지지하기 위한 전제로서 R2를 선택하는 역할을 하는데, 이것은 반대자 A(antagonist)의 발화에 대립하는 것이다. 비록 구더기가 생길 염려가 있다 하더라도 된장은 한국인의 식생활에서 없어서는 안 될 음식이기 때문에 꼭 담가야 한다. 따라서 이 속담은 P의 논증에 강력한 추론의 규칙을 제공한다. 의미를 비유적으로 표현함으로써 이 속담은 "만일 어떤 일에 부작용이 수반된다 하더라도 꼭 필요한 일이라면 해야 한다."라는 진행으로서 기능하고 있다.

전통적으로 속담은 사용자들에 의해 받아들여지는 의심할 나위가 없는 진리를 표현하는 것으로 이해되어 왔다. 이러한 관점은 (1)에 사용된 속담에도 적용되는데, 이는 이 속담에 의해 지지된 진행에 대해 반대자가 이의를 제기하지 않았다는 사실에서 짐작할 수 있다. 그러나 비판적 토의 또는 토론에서 속담의 지위가 항상 이와 같이 절대 진리로 수용되는 것은 아니다. 다음 예에서 우리는 하나의 진행을 지지하는 속담의 지위가 반대자에 의해서 의문시되고 있음을 확인할 수 있다.

(2)

P: […] 북한을 다녀온 거의 모든 서방 경제학자들은 북한의 유통 시스템이 바꿔져야 한다, 유통 시스템을 바꾸려면 SOC, 즉 사

회간접기반이 시설이 완전히 갖춰지지 않는 한 어떠한 서방적인 지원도 우리의 지원도 이건 밑 빠진 독에 물 붓기다, 이것은 이미 경제평가로 작년 말에 나와 있는 상황인데요. 첫 번째 그림이고… 따라서 우리한테 뭘 얻을 게 없다 하는 그들의 요구조건은 사실 그들 스스로 내부로 들여다봐야 된다는 것, 우선 근본문제고 […]

A: 그래서 숫자로 볼 때는 퍼주기가 온당하지 않고 설령 우리가 북한에 퍼줬다 하더라도 퍼오는 것도 많습니다. 퍼오는 것 중에 가장 큰 거는 평화입니다. 그리고 우리가 평화, 우리가 북한에 대해서 지원을 해주고 쌀 지원을 해주고 아이들은 아까… 북한에 대한 지원이나 식량지원 이런 것이 그냥 밑 빠진 독에 물 붓기라고 이야기하셨는데 저는 그렇게 생각하지 않습니다. 당장 굶어 죽어 가는 그 어린이들한테 쌀 한 톨 주는 것 굉장히 중요하다고 생각하고 그거는 생명을 구하는 것이거든요.

P: 당연하죠, 그거는.

A: 그래서 그런 것이 굉장히 중요하고 그 다음에 얼마를 퍼주는 대신에 평화를 퍼오고 다시 이 땅에 전쟁이 없는 그런 평화구조를 정착시키는 거를 퍼오는 거를 그거는 돈으로 환산할 수 없다고 전 그렇게 생각합니다.[26]

....

26 '남북 관계 어떻게 풀 것인가', MBC 100분 토론, 2001년 6월 4일.

여기에서, 주도자는 자신의 입장을 지지하기 위하여 '밑 빠진 독에 물 붓기"라는 속담을 사용하였다.[27] 이 속담은 일차적으로는 '쓸 데 없는 일' 또는 '헛수고'를 경계하는 의미를 갖고 있는데, 주도자는 이 속담을 실제 상황과 관련짓는 과정에서, 그 의미를 '경제주의적 관점이 인도주의적 관점보다 더 우월하다'라는 새로운 진행으로 해석하여 자신의 입장을 지지하는 전제로 삼고 있다. 이것은 주도자가 '이미 경제평가로 작년 말에 나와 있는 상황인데요'라고 말한 부분에서 확인할 수 있다.[28] 이로부터 그는 서방의 경제적 지원이나 우리 정부의 경제적 지원이 가져올 수 있는 인도주의적 결과를 배제한 채 경제주의적 관점에서 그것을 '헛수고'라고 규정하고, 서방 국가들이나 우리 정부의 대북 지원이 중단되어야 함을 결론으로 이끌어냈다. 반대자는 여기에서 이러한

....

27 '밑 빠진 독에 물 붓기'라는 속담은 '국민의 정부'의 대북 경제 지원과 공적 자금 투입을 문제 삼으면서 야당과 보수 언론에 의해서 가장 빈번하게 사용된 속담 중 하나였다. 그리고 이에 대한 입장의 차이는 지속적으로 정치 쟁점을 형성해 왔다. 그렇지만 '밑 빠진 독에 물 붓기'라고 하는 속담이 상황을 적절하게 규정하고 있느냐에 대한 논란과는 별도로, 우리는 이 속담이 논쟁의 과정에서 입장을 지원하는 말터 또는 진행으로서 매우 강력한 역할을 수행해 왔음을 확인할 수 있다.

28 여기에서 속담으로부터 '진행'을 추리하는 절차는 좀더 구체적으로 상세화하는 것도 가능할 것이다. 이에 대한 자세한 논의는 다음을 참고. D. N. Walton and E. C. W. Krabbe., *Commitment in dialogue: Basic conccepts of interpersonal reasoning*, Albany: State University of New York Press, 1995; F. H. Van Eemeren et al., *Reconstructing argumentative discourse*, University of Alabama Press, 1993.

전제 자체가 안고 있는 문제점을 비판함으로써 주도자의 입장을 반박하였다. 인도주의적 관점에서 볼 때, 서방 국가들과 우리 정부의 경제적 지원은 결코 쓸모없는 일이 아니라는 것이다. 이와 같이 상대방의 '진행'을 부정하고 대안적 '진행'을 선택하는 것은 자신의 주장을 보장할 수 있는 새로운 전제를 선택할 수 있게 하며, 이로써 상대방의 결론을 부정하는 역할을 한다. 그리고 최종적으로는 반대자로 하여금 이러한 반박이 합리적인 것임을 수용하지 않을 수 없게 하고 있다.

3. 논증적 진행으로서
   속담의 화용·대화론적 사용 양상

페렐만과 올브레히츠티테카에 따르면, 논증자와 청중은 (a)전제의 지위, (b)전제의 선택, (c)전제의 언어적 표현, 이 세 가지 층위에서 전제에 대해 동의하지 않을 수 있다.[29] 비록 이들의 접근법은 수사학적 관점을 견지하고 있는 것이긴 하지만 비판적 토의 또는 토론에서 속담의 화용·대화론적 사용 양상을 연역적으로 기술하

....

29 Ch. Perelman and L. Olbrechts-Tyteca, *The new rhetoric. A teratise on argumentation(La nouvelle rhétorique: Traité de l'argumentation)*, Nortre Dame; London: University of Notre Dame Press, 1958/1969.

는 데 시사점을 제공한다. 이를 바탕으로 추론해 보면, 각각의 층위에서 진행으로서의 속담의 지위는 다음과 같은 방식으로 거부될 수 있다.

(a-1) 모순적 속담을 제시하는 경우

(a-2) 속담의 가치에 대한 불수용을 표방하는 경우

(a-3) 속담은 무시하고 반대 논증만을 제시하는 경우

(b-1) 대안적 속담을 제시하는 경우

(b-2) 쟁점의 진행으로서 속담에 대한 불수용을 표방하는 경우

(b-3) 속담은 무시하고 반대 논증만을 제시하는 경우

(c-1) 속담의 언어 표현을 바로잡는 경우

(c-2) 속담의 언어 표현에 대한 불수용을 표방하는 경우

(c-3) 언어 표현상의 오류를 무시하고 반대 논증을 제시하는 경우

이러한 범주는 속담을 객관적인 상황의 기술에만 이용하는 경우, 그리고 수사적이거나 문체상의 효과를 위해 사용하는 경우는 배제한 것이다. 그러한 사례들은 토론의 사회자나 토론 프로그램을 안내하기 위한 나레이션 그리고 쟁점과 무관하게 언급되는 토론자의 말에서 발견된다. 가령, 다음의 인용 부분에서 '환골탈태'라는 속담의 기능을 살펴보자. "지난달 초 쇄신파동에 이은 김대중 대통령의 총재직 사퇴로 지도부 공백이라는 위기를 맞았던

민주당은 당 발전과 쇄신을 위한 특별대책위원회, 즉 특대위를 구성하고 당의 환골탈태를 선언했다."[30] 이것은 프로그램의 도입 발언으로 제시된 나레이션의 한 부분인데, 여기에서 '환골탈태'는 논증적 진행으로 사용되었다기보다는 상황 기술을 목적으로 사용되었다.[31]

필자가 조사한 자료에서 논증적 진행으로 사용된 속담은 대부분 세 번째 층위 즉 (a-3), (b-3), (c-3)의 경우로 대응되었다. 가장 많이 사용된 속담은 "참외밭에서는 신발끈을 매지 말라."로서, 모두 세 번 사용되었다. 그런데 이러한 속담이 논증적 진행으로서 사용될 때 그에 대한 반응은 모순적 속담을 사용하거나 그 의미의 수용을 거부하는 방식으로 나타날 수 있음에도 불구하고, 그러한 경우는 없었다. 이러한 사실은 속담이 논거를 지원하고 그러한 맥락에서 쟁점과 관련한 의견의 차이를 해결하는 데 강력한 진행으로서 가능하다는 사실을 단적으로 보여 주는 것이다. 그러나 이것은 반대자 역시 모순적 속담을 사용함으로써 좀더 강력한 반대 논증을 할 수 있음을 의미하는 것이기도 하다. 이런 의미에서 토론 담화에서 모순적 속담이 사용된 경우가 거의 발견되지 않았던 것은 뜻밖의 결과였다.

....

30   '공적자금 부실, 누구 책임인가?', MBC 100분 토론, 2001년 12월 7일.

31   수사적인 목적으로 속담을 사용한 경우는 4절의 예문 (4)를 참고할 것.

필자가 발견한 좀더 의미 있는 사례들은 대부분 두 번째 층위, 즉 (a-2)와 (b-2)에서 나타났다. 가령, "지금 사회자님께서 학원 선생님하고 일반 선생님들하고의 차이점을 말씀하셨는데요. 제가 싫어하는 속담 중의 하나가 중이 절이 싫으면은 절을 떠나라는 얘기가 있거든요. 그것은 올바른 구도자의 자세가 아니라고 생각됩니다. 절이 잘못돼 있으면 그 절을 고치려고 노력하는 거거든요. 그게 참된 구도자의 자세이고 선생님들도 역시 마찬가지입니다."[32] 여기에서 화자는 "중이 절 보기 싫으면 떠나야지"라는 속담의 의미를 부정하고 대안적 '진행'을 생성하여 자신의 입장을 지지하고 있다. 또 다른 예를 살펴보자.

(3)

M: 고맙습니다. 자, 두 분 의견을 들어봤는데요. 우선 여당에 대해서 참외밭에서 신발 끈 고쳐 맨 것 같은 그런 짓 하는 거 아니냐.

A: 그렇게 보일 수도 있겠죠. 근데 저희 국민의 정부는 언론과 타협할 생각이 없습니다. 그렇게 해서 그런 고리를 끊어야 한다고 생각합니다.[33]

여기에서 반대자는 사회자(Mediator)가 정리한 찬성자의 발

....

32 '이제는 교사가 나서야 한다', MBC 100분 토론, 2001년 5월 17일.
33 '언론사 세금 추징, 정당한 법 집행인가', MBC 100분 토론, 2001년 6월 28일.

언을 부분적으로 수용하지만, 결국에는 정부의 의도를 설명함으로써 그러한 입장을 완전히 받아들이는 것을 거부하고 있다.

화용·대화론적 관점에서, 오류는 토론의 규칙을 위반하는 부정확한 진행으로 분석된다. 특히 속담의 사용과 관련하여, 규칙 6, 7, 10의 위반이 두드러진다.[34] 어떤 속담들은 표현되지 않은 전제를 감추는 데 사용되고(규칙 6의 위반), 어떤 것은 적합하지 않은 논증 도식으로 사용되거나, 적합한 논증 도식이지만 부정확하게 사용되고(규칙 7의 위반), 또 어떤 것은 모호하게 사용된다(규칙 10의 위반). 문제의 해결을 목적으로 하는 비판적 토의(critical discussion)와는 달리, 토론은 제삼자 앞에서 상대방에 대한 설득과 논쟁을 목표로 삼기 때문에, 어떤 속담의 전략적 사용이 그러

....

34 화용·대화론에서는 이상적인 토의(critical discussion)가 준수해야 할 규칙 10가지를 제시하고, 이를 준수하지 않을 때 오류가 발생한다고 보았다. 여기에서 규칙 6은 "한쪽 편 참여자는 전제를 인정된 출발점으로 잘못 제시해서는 안 되며 인정된 출발점을 나타내는 전제를 부인해서도 안 된다."이며, 규칙 7은 "한 쪽 편 참여자는 정확하게 적용된 적합한 논증 유형에 의해서 방어가 이루어지지 않는다면 결론적으로 한 입장이 방어되었다고 간주해서는 안 된다."이고, 규칙 10은 "한쪽 편 참여자는 명료성이 불충분하거나 모호하여 혼동되는 공식을 사용해서는 안 되며, 상대편의 공식을 가능한 한 주의 깊고 정확하게 해석하지 않으면 안 된다."이다. 10가지 규칙에 대한 자세한 설명은 다음을 참고. F. H. van Eemeren and R. Grootendorst, *argumentation, communication, and fallacies: a pragma-dialectical perspective*, Hillsdale. N. J.: Lawrence Erlbaum Associates, Inc, 1992; F. H. Van Eemeren et al., *Fundamentals of argumentation theory: a handbook of historical background and contemporary devlopments*.

한 규칙을 위반하였다고 하여 '오류'라고 규정할 수는 없을 것이다. 문제는 논거를 지지하기 위한 속담의 사용 즉, 논증적 진행으로서 속담이 사용될 때, 거기에 어떻게 대응할 수 있느냐 하는 것이다. 그런 면에서, 토론자들은 속담을 단순한 하나의 보편적 진리의 담지체로 받아들이는 것이 아니라 논증에서 그것의 지위, 선택, 표현을 비판적으로 점검해 보는 일이 필요하다.

4. 텔레비전 토론 담화에서
  속담 사용의 사회·문화적 양상

속담이 담화에서 논증적 진행으로서 기능하는 양상은 그것이 사용되는 사회·문화적 맥락에 따라 달라진다. 어휘의 목록으로서 속담은 그 자체로 해당 언어 공동체의 일상생활과 사고, 가치, 문화 등을 반영하게 마련이지만, 속담이 사용되는 양상이 모든 담화 장르에서 같은 것은 아니다. 예를 들면, 속담은 윗사람이 아랫사람에게 사용하는 것이 그 반대의 경우보다 더 일반적이며, 학술적 담론보다는 일상의 대화에서, 그리고 전문적 주제보다는 일반적 주제를 다룰 때 더 자주 사용된다. 우리가 토론 담화에서 주목하는 속담의 기능은 주로 논증적 진행에 초점이 맞추어져 있지만, 논증 행위가 토론에서뿐만 아니라 일상의 대화뿐만 아니라 광고나 드라마, 또는 정치·경제적 담론이나 학술적인 논의에 이르기까지 보편적으로 존재한다는 점을 감안하면, 이러한 제반의 담화 장르에서 속담이 논증적 진행으로서 기능하는 양상이 어떠한지를 살피는 것은 중요한 일이 될 것이다.

그렇다면 공론의 장으로서 기능하는 텔레비전 토론에서 속담이 사용되는 사회·문화적 양상은 어떠한 것일까? 예컨대, 어떤 속담들이 어떤 방식으로 얼마나 자주 사용되는가, 그러한 사용의 양상을 결정하는 주요 변인은 무엇인가, 그리고 이러한 양상이 텔레비전 토론이라는 장르의 속성과 어떤 관련을 맺고 있는 것일까? 이러한 질문에 대한 답을 찾아가는 과정에서 우리는 텔레비전 토론 그 자체에 대한 이해와 더불어 여기에서 사용되는 속담의 기능을 좀더 풍부하게 이해할 수 있으리라고 본다.

필자가 조사한 자료에서 사용된 개별 속담은 약 30개였다. 그중에서, 2회 이상의 토론에서 사용된 속담은 "참외밭에서 신발끈을 매지 말라(3회)," "밑 빠진 독에 물 붓기", "고양이한테 생선을 맡기다(각 2회)" 이 세 속담이었다.[35] 그리고 1회 사용된 속담은 다음과 같다.

....

35   한 토론회 내에서 토론자들에 의해서 2회 이상 반복적으로 사용된 속담은 1회 사용으로 간주하였다.

고양이 목에 방울 달기, 만시지탄, 미운털이 박혔나, 교각살우, 침소봉대, 용두사미, 구더기 무서워 장 못 담글까, 밑 빠진 독에 물 붓기, 이하부정관, 오비이락, 중이 절 보기 싫으면 떠나야지, 열 사람이 지켜도 한 도둑을 못 잡는다, 밑 빠진 독에 물 붓기, 윗물이 맑아야 아랫물이 맑다, 곡학아세, 나는 바담 풍 해도 너는 바람 풍 해라, 우물 안 개구리, 사필귀정, 사면초가, 제 배가 부르면 종 배 고픈 줄 모른다, 약방에 감초, 부뚜막의 소금도 집어넣어야 짜다, 길고 짧은 것은 대어 보아야 안다, 밑 빠진 독에 물 붓기, 환골탈태, 좌고우면, 침 먹은 지네, 목마른 놈이 우물 판다, 떡 줄 사람은 꿈도 안 꾸는데 김칫국부터 마신다.

이 속담들이 사용되는 맥락은 대체로 두 가지로 구별해 볼 수 있다. 하나는 언어 표현상 수사적 효과를 얻기 위하여 사용된 경우이고, 다른 하나는 3장에서 살핀 바와 같이 논증적 진행으로서 사용되는 경우이다. 수사적 효과를 얻기 위하여 속담이 사용되는 경우는 대개 대상이나 상황을 비유적으로 기술함으로써 화자의 의도에 따라 대상이나 상황을 규정하는 힘을 발휘하게 된다. 다음 예문 (4)에서 '좌고우면'이나 '침 먹은 지네'는 '패기만만하고 자존심 있고 주관이 뚜렷한' 정치인이 공천권이 한 사람에게 집중되어 있는 정당에 들어올 때 어떤 행동 양태를 보이는가를 대조적이고 극단적으로 표현하기 위한 목적에서 사용되고 있다.

(4)

[…] 정말 패기만만하고 자존심 있고 주관이 뚜렷한 분들도 정당에 데려다 놓고 공천권을 꽉 쥐고 있으면 그때부터 좌고우면 하는 이런 사람으로 변해버립니다. 사실 학계에서 아주 유능하시던 분들, 또는 언론계에서 당당하시던 분들도 정당에만 데려다 놓으면 침 먹은 지네처럼 비실비실 이렇게 좀 변해 간다고 하는 것이 한국의 정치문화거든요. […][36]

이것은 그 자체로 이러한 정치 문화를 개혁해야 한다는 화자의 주장을 직접적으로 뒷받침하지 않는다는 점에서 논증적 진행으로서 사용되는 속담과는 그 기능이 다르다. 이와 같이 토론 담화에서 수사적 표현 효과를 얻기 위하여 속담을 사용하여 상황이나 대상을 규정하는 경우, 그러한 표현의 적절성에 대해 논란이 발생하는 경우는 많지 않다. 표현을 문제 삼을 경우, 논제에서 일탈하게 됨으로써 논제에 대한 태도의 진지성을 의심받을 수 있기 때문이다. 실제로 토론 담화에 사용된 많은 속담이 이와 같이 논제와는 직접 관련되지 않으면서 단순히 수사적인 목적에서 상황이나 대상을 비유적으로 기술하기 위한 목적으로 사용되는 것을 볼 수 있었다. 다음 예문 (5)는 이러한 사례들을 보여 준다.

....

36 '대권과 당권', MBC 100분 토론, 2001년 12월 14일.

(5)

자, 여야 3당의 개혁파들에 대해서 어떤 지식인이 말한 것을 들어보니까 고양이 목에 방울을 달자, 그러니까 1인의 보스 정치를 타파하자, 이런 이야기를 많이 하긴 했는데 정작 방울을 다는 쥐는 없었다. 혹시 어떻게 방울을 달 것인지 생각이 있으시다면 1분씩만 시간을 드리겠습니다.[37]

이런 언론 개혁이 지금 거론된다는 것은 너무나 당연하고 만시지탄에 감히 있다고 생각을 합니다.
그 다음에 자꾸 현 정부에 대해 이런 얘기를 해서 내가 미운털이 박일지 모르겠는데, 내가 이 얘기는 꼭 해야겠습니다.[38]

그러나 특정의 논제에 대하여 의견이 다른 두 진영 간의 논쟁과 설득으로 이루어지는 토론 담화에서 논제와 관련하여 자신의 입장을 개진하고 상대방을 설득하거나 반박하는 논증을 지원하기 위하여 속담이 사용되는 경우도 있다. 이와 같이 논제와 밀접하게 관련되면서 논증적 진행으로 사용된 속담의 전형적인 경우로는 다음 속담을 들 수 있다.

....

37 '낡은 정치 깨뜨릴 수 있나?', MBC 100분 토론, 2001년 1월 18일.
38 '신문 개혁, 자율인가? 타율인가?', MBC 100분 토론, 2002년 2월 1일.

(6)

a. 참외밭에서는 신발끈을 매지 말라

b. 밑 빠진 독에 물 붓기

c. 고양이한테 생선을 맡기다

d. 곡학아세(曲學阿世)

(6a)는 정부의 언론 정책을 논제로 다루었던 토론에서 세 차례 사용되었다[언론 개혁인가, 언론 장악인가(2월 22일), 신문 고시, 누구를 위한 제도인가(4월 15일), 언론사 세금 추징, 정당한 법 집행인가(6월 28일)]. (6b)는 의료 보험 제도, 대북 정책, 공적 자금 투입 등을 논제로 다루었던 토론에서 두 차례 사용되었다[위기의 의료 보험, 돌파구는 없는가(3월 22일), 남북 관계, 어떻게 풀 것인가(6월 14일), 공적 자금 부실, 누구 책임인가(12월 7일)]. (6c)는 정부의 건강 보험 정책, 권력형 부정 부패 사건 등에서 두 차례 사용되었다[건강 보험 재정 안정 대책, 어디까지 와 있나(5월 3일), 이용호 게이트(9월 27일)]. 그리고 (6d)는 소위 '곡학아세' 논쟁[39]이 텔레비전 토론에서 재현된 것으로 논증행위에서 하나의 속담이 논증적 진행으

....

39 2001년도에 소설가 이문열 씨가 조선일보에 투고한 칼럼에서 "신문 없는 정부를 원하는가?"라는 토마스 제퍼슨의 말을 인용하여 정부를 비판한 데 대하여 민주당의 추미애 의원이 이를 지식인의 '곡학아세'라고 비판함으로써 사회적으로 이슈가 되었던 일.

로서 사용될 논증의 양상이 어떻게 이루어질 수 있는가를 잘 보여준 사례라 할 수 있다.[40] 이상에서 살필 수 있는 바와 같이 논증적 진행으로 사용되는 속담들은 토론의 주제와 매우 밀접한 관련을 맺고 있다. 위의 속담들이 빈번하게 사용되었다는 사실만으로도 2001년도 한국 사회에서 사회적 쟁점이 어떤 것들이었는지를 미루어 짐작하게 한다.

그런데 속담을 논증적 진행으로 사용한 것은 대부분 긍정 측, 다시 말하면 현 상태(status quo)에 대하여 문제를 제기하는 쪽이라는 점에 주목할 필요가 있다. 이것은 입증의 부담(burden of proof)이 긍정 측에 있다는 점과 무관하지 않을 것이다. 문제를 제기하는 쪽은 현 상태를 부정적으로 평가하는 데서 출발하기 때문에, 그것이 개인의 행위이든 집단의 행태나 상황이든 간에 그러한 부정성을 환기하고 각인할 수 있는 설득력 있고 효과적인 표현을 찾게 마련이다. 그리고 주도자의 그러한 문제 제기에 대해서 반대자는 그러한 규정성이 갖는 문제점에 대해서 비판적 의문을 제기하게 된다.

논증행위에서 비판적 의문의 양상은 앞서 살핀 바와 같이 전제로서 사용된 논증적 진행의 지위, 선택, 언어적 표현의 적절성에 대한 반문으로 나타날 수 있다. 토마스 제퍼슨을 인용한 이문

....

40 '편 가르기 사회, 해법은 없나', MBC 100분 토론, 2001년 7월 26일.

열 씨의 논증 행위는 일종의 권위 논증이라고 볼 수 있는데, 언론 문제에 대한 토마스 제퍼슨의 권위는 부정할 수 없고 그가 특정의 표현을 했다는 사실도 인정할 수 있지만, 그러한 표현이 작금의 상황에 대응될 수 있느냐에 대해서는 전혀 다른 견해를 가질 수 있게 된다. 토론 담화에서 다음 토론자의 언급은 토마스 제퍼슨을 곡해한 이문열 씨의 관점에 대한 비판의 한 사례를 보여 준다.

(7)

[…] 한 쪽에 일관된 입장에 있더라도 사회 일반적인 진리를 왜곡되게 이용해서 한 쪽을 편들고 한 쪽을 공격하면 곡학아세거든요. 신문 없는 정부 원하는가, 이렇게 했단 말이죠. 사실 신문이 그야말로 보도지침 아래 신음하고 기자들이 길거리로 내몰리고 했던 이런 시기에 신문 없는 정부 원하는가, 이렇게 말씀 안 하셨거든요. 그 분이… 안 하셨다가 지금 와서 신문 없는 정부 원하는가 라고 말하니까 이것은 상황을 왜곡시킨 것이기 때문에 이것도 일종의 소위 그분이 인용한 제퍼슨의 논리를 바로 곡학한 것이다 말이죠. 제퍼슨의 정당한 논리를 잘못된 경우에 이용하는 곡학 아니냐.[41]

이상에서 살핀 바와 같이 토론에서 속담의 사용 양상에 영향을 미치는 것은 토론의 주제가 무엇인지, 그리고 참여자가 긍정측

....
41 앞의 토론 방송.

인지 부정측인지, 그리고 여기에 더하여 참여자의 직업이나 종사하는 분야가 무엇인지 등이다. 텔레비전 토론의 패널은 주로 정치인, 교수, 사회단체 임원, 전문가 등으로 구성되는데, 조사 대상 자료에서 속담을 가장 빈번하게 사용하는 이들은 주로 정치인과 교수 집단이었다. 그리고 사회자가 속담을 사용하는 빈도도 높게 나타났다.

이러한 특성을 텔레비전 토론의 장르적 특성과 관련지어 살펴보자. 양식적으로 설득과 논쟁의 복합적 성격을 갖고 있는 텔레비전 토론은 사회적 쟁점을 공론화하는 것을 궁극적인 목적으로 삼는다. 그리고 참여자들은 형식적으로는 대등한 자격을 부여받는다. 그리고 텔레비전 토론에서는 주로 사회적 쟁점인 정치·경제·사회적 분야에서 제기되는 쟁점들을 다룬다. 이런 특성과 관련하여 속담 사용의 주체는 나이나 지위의 고하보다는 긍정 측의 역할을 부여받는지 부정 측의 역할을 부여받는지에 더 많은 영향을 받으며, 속담의 내용은 주제와 관련하여 제기하는 문제 상황을 규정하기에 적합한 것들이 주로 선택된다는 점을 확인할 수 있다. 그리고 단순히 수사적 표현을 목적으로 속담이 사용되는 경우는 거의 그러한 속담의 선택이나 지위, 언어적 표현에 대해 참여자들 간에 이론이 제기되는 경우가 거의 없지만, 논증적 진행으로 사용되는 경우 그에 대해 특히, 논증적 진행으로서 속담의 지위에 대해 논란이 계속될 수 있음을 알 수 있다.

한편, 사용된 속담 중 3분의 1 이상이 한자 성어이거나 한자로 표현할 수 있는 것이라는 점이 주목된다. 참외밭에서 신발 끈을 매지 말라(瓜田不納履 李下不整冠), 침소봉대(針小棒大), 교각살우(矯角殺牛), 용두사미(龍頭蛇尾), 까마귀 날자 배 떨어진다[오비이락(烏飛梨落)], 환골탈태(換骨奪胎), 좌고우면(左顧右眄), 곡학아세(曲學阿世), 우물 안 개구리[정저지와(井底之蛙)], 사필귀정(事必歸正) 등이 그러한 예들인데, 이 중 일부는 현대 중국어나 일본어에서도 통용되는 것들이다.[42] 이러한 속담이 중국어나 일본어에서 통용되는 방식이나 정도는 다르겠지만, 이러한 공통의 어휘 자원이 있다는 것은 한자 문화권 내에서 가치 체계의 일부를 공유하고 있음을 의미한다.

그런데 이러한 가치 체계의 유사성은 비단 어원적으로 동일한 어휘 자원을 공유하는 데에서만 나타나는 것은 아니다. 언어에 따라 어휘의 선택과 발상은 다르지만, 유사한 의미를 표현하는 대응적 속담이 존재하는 경우가 많다. 가령, 우리말과 중국어에서

··········

42 이 속담들은 그 표현 형태는 다소 다르지만 현대 중국어에서도 통용되고 있다. 가령 瓜田不納履 李下不整冠은 '瓜田李下'로 교각살우는 '矯枉過正'으로, 용두사미는 '虎頭蛇尾'로, 환골탈태는 '脫胎換骨'로, 좌고우면은 '左顧右盼'으로 쓰이고 있고, 井底之蛙, 烏飛梨落, 曲學阿世, 事必歸正 등은 현대 국어에 쓰이는 한자와 같은 형태로 쓰이고 있다. 일본어에서도 針小棒大, 矯角殺牛, 龍頭蛇尾, 換骨奪胎, 曲學阿世 등이 원래의 형태를 유지하며 사용되고 있고, 정저지와는 '井の中の蛙'와 같은 형태로 쓰이고 있다 (중국어와 일본어의 경우는 각각 남연(南燕) 선생님과 모리 료스케(森亮介) 선생님의 조언을 받았다).

통용되는 '오비이락'에 대응하는 일본 속담으로는 "바람이 불면 통 장수가 돈을 번다(風が吹けば 桶屋がもうかる)."를 들 수 있다. 또, 영어를 예로 들자면, "고양이한테 생선을 맡기다"는 "Don't set a wolf to watch the sheep"와 대응하며 "침소봉대"는 "To make a mountain (out) of a molehill"과 대응한다고 볼 수 있다. 이와 같이 속담은 언어 공동체 간에 많은 공통요소를 가지고 있다. 고양이와 생선의 관계가 영어 속담에서는 늑대와 양의 관계로, 그리고 바늘과 막대의 관계가 사구와 산악의 관계로 표현되고 있다는 점에서 차이가 있지만, 기본적으로 이 속담들이 표현하고자 하는 의미는 크게 다르지 않은 것으로 보인다. 이러한 대응 양상은 특정 언어의 속담을 근거로 그것이 표현하고 있는 의미가 바로 그 언어를 사용하고 있는 언중들의 고유한 신념의 체계라고 단정할 수 없음을 의미하는 것이다. 오히려 속담에 표현된 의미들은 인류 보편의 신념과 가치 체계들을 지향하는 것이라고 보는 것이 더 바람직할 것이다.

대상 자료에서 사용된 속담 중에서 다음 속담들은 그 기원이 외래적이기보다는 한국적이라고 판단되는 것들이다.

미운털이 박혔나, 구더기 무서워 장 못 담글까, 밑 빠진 독에 물 붓기, 고양이한테 생선을 맡기다, 중이 절 보기 싫으면 떠나야지, 도둑 한 놈에 지키는 사람 열이 못 당한다, 나는 바담 풍 해도 너는 바람 풍 해라, 제 배가 부르면 종 배고픈 줄 모른다, 약방에 감초, 부뚜막의 소금도 집어 넣어야 짜다, 주먹구구식이다, 침 먹은 지네, 떡 줄 사람은 꿈도 안 꾸는데 김칫국부터 마신다.

그런데 다른 언어권에도 이러한 속담의 함축적 의미를 공유하는 속담이 존재할 수 있다. 가령, 토론 담화에서 논증적 진행으로 사용되었던 '밑 빠진 독에 물 붓기'와 '고양이한테 생선을 맡기다'는 각각 영어의 'The beggar's wallet has no bottom' 및 'Don't set a wolf to watch the sheep'과 대응한다. 다만 그 발상이나 표현의 방식이 다소 다를 뿐이다. 어떤 것이 좀더 보편적이고 어떤 것이 좀더 특수한가 하는 것은 비교의 관점에서 자세한 검토가 필요할 것이다.

여기에서 우리는 속담이 문화권에 따라 어떻게 다른가를 따져 보는 것도 중요하지만, 한 언어 공동체 내에서도 담화의 장르나 참여자, 맥락에 따라 그 사용 양상이 다르다는 데 주목할 필요가 있다. 가령, 텔레비전 토론과 일상의 대화나 드라마에서의 속담의 사용 양상은 차이가 있을 것이다. 문학 작품에서와 실용적 텍스트에서 속담이 사용되는 양상도 차이가 있을 것이다. 그리고 학식의 정도나 나이에 따라서도 속담 사용의 양상은 다를 수 있다, 가령, 손아랫사람이 손윗사람에게 속담을 사용하는 것보다는 그 반대의 경우가 더 빈번하게 나타날 가능성이 높다. 요컨대 속담의 사회·문화적 양상은 언어 공동체 간의 비교뿐만 아니라 한 언어 공동체 내에서 언어 사용의 양상 즉 장르에 따라 분석·기술 될 필요가 있다.

5. 결론

지금까지 필자는 텔레비전 토론 담화에서 논증적 진행으로 서 속담의 기능을 화용·대화론적인 측면과 사회·문화적인 측면 에서 분석하였다. 속담은 특정 언어 공동체의 보편적 가치 기반이 라고 할 수 있는 말터(topos)의 일상적 표현 방식으로 이해될 수 있으며, 화용·대화론적인 측면에서 볼 때 토론 담화에 사용된 속 담은 논증적 진행(argumentative move)으로서 그 지위나 선택의 적절성에 의문이 제기될 수 있고, 사회·문화적으로는 속담이 논 제, 토론자의 역할, 대화의 장과 밀접하게 관련되어 있음을 확인 할 수 있었다.

설득과 논쟁의 복합적 성격을 띠면서 사회적 공론의 장으로 기능하는 텔레비전 시사 토론에서 속담은 문체적 효과를 얻기 위 해서뿐만 아니라 논제를 뒷받침하는 가치 기반 즉, 논증적 진행 으로서 사용되며 그것의 지위는 토론의 맥락에 따라서 유동적이 다. 속담을 논증적 진행으로서 사용하는 주체는 주로 주도자(protagonist)이며, 핵심 논제와 밀접하게 관련된 속담이 사용된다. 텔레비전 토론 담화에서 속담 사용상의 이러한 특성은 일상의 대화나 그 밖의 다른 장르의 경우와 대비하여 좀더 면밀히 비교·검토될 필요가 있을 것이다.

이제 속담에 대한 연구는 사용의 주체와 맥락과 장을 고려하여 그 의미와 기능을 좀더 풍부하게 기술하는 방향으로 자리매김하여야 한다. 이러한 접근 방식은 후기 구조주의적 언어 연구의 지향과도 궤를 같이 하는 것이다. 어휘론적으로 속담의 의미를 분류하거나, 속담 어법의 다양한 양상을 기술하는 일, 또는 비교 문화적인 관점에서 언어권별로 속담의 목록을 비교·대조하는 것도 그 나름의 의미 있는 일이지만, 개별 언어 내에 존재하는 다양한 장르 속에서 속담이 사용되는 양상을 밝히는 것도 중요할 것이다.

국어교육에서 속담의 교육은 주로 속담의 목록과 의미를 지도하거나, 그 어법의 지도에 초점을 맞추어 왔다. 그러나 이러한 내용들은 장르론적 관점에서 재구성될 필요가 있다. 예컨대 토론 담화에서는 토론의 주제나 역할과 관련하여 어떤 속담을 어떤 맥락에서 사용할 수 있고, 상대 진영에서 특정의 속담을 논증적 진행으로 사용하였을 때 어떤 방식으로 대응하는 것이 효과적이며 그러한 과정이 토론자 간의 사회적 상호작용이나 우리 사회의 언어문화와 어떻게 관련되는지 따위를 지도할 수 있는 교육 내용을 마련하는 것이 필요하다.

이를 위해서는 다양한 구어·문어 장르에서 속담이 사용되는 양상을 밝히는 일이 선행되어야 할 것이다. 본고의 시도는 속담 연구 및 속담 교육을 장르론적 맥락에 자리매김하는 한 사례가 될 수 있다. 그렇지만 텔레비전 토론이라는 장르에서 속담이 사용되는 양상을 좀더 풍부하게 기술하기 위해서는 더 많은 자료를 대상으로 하여 속담 사용의 맥락을 검토해 볼 필요가 있다.

이상의 논의가 속담 교육에 시사하는 바는 우선, 속담은 고립된 관용구로서가 아니라 대화적 맥락 속에서 교육되어야 한다는 점이다. 그리고 비판적 토의 또는 토론에서 '진행'으로서의 속담은 그 지위와 선택의 적절성에 대해 비판적 의문을 제기할 수 있도록 지도해야 할 것이다. 또 다른 요점은 속담이 진행(move)과 모순적 진행(contradictory move)이라는 짝을 이루어 가르쳐져야 한다는 점이다. 마지막으로, 사회·문화적 맥락과 장르적 속성을 고려하여 속담을 지도해야 한다는 것이다.

참고문헌

1장 창의성의 재개념화와 융복합 교과로서의 국어교육

* 윤여탁, 「창의성의 재개념화와 국어교육의 지향과 과제」, 『새국어교육』 98, 한국국어교육학회, 2014로 게재되었는데, 이 책의 주제와 체제, 각주 방식에 따라 일부 수정됨.

김미혜, 「국어적 창의성의 구성 요소에 관한 연구」, 『국어교육학연구』 20, 국어교육학회, 2004.

김영채, 『창의력의 이론과 개발』, 교육과학사, 2010.

김은성, 「국어과 창의성 교육의 관점」, 『국어교육학연구』 18, 국어교육학회, 2003.

김종철 외 9인, 『2012년 선정 한국사회과학연구지원사업(SSK) 1년차 연차보고서』, SSK 창의적 인재 육성을 위한 융합 교과 개발 연구팀, 2013.

김창원, 「창의성 중심의 국어과 교육과정 구성 방향」, 『국어교육학연구』 18, 국어교육학회, 2003.

소연희, 「정서 창의성과 대인관계성향에 관한 분석」, 『교육방법연구』 16(2), 한국교육과정방법학회, 2004.

송지언·고정희, 「개그 프로그램의 여성 담론 변화와 언어적 창의성」, 『국어교육』 142, 한국어교육학회, 2013.

신명선, 「국어적 창의성의 개념 정립에 대한 연구 – 정서 창의성의 도입을 중심으로」, 『국어교육학연구』 35, 국어교육학회, 2009.

우한용 외 10인, 『핵심역량 중심의 창의·인성교육 국어영역 수업모델 개발연구』, 한국과학창의재단, 2012.

윤여탁, 「다문화 사회의 문식성 신장을 위한 한국어교육의 전략: 문학교육의 관점을 중심으로」, 『새국어교육』 94, 한국국어교육학회, 2013.

윤여탁 외 17인, 『'창의적 국어교육 미래 인재 양성 사업' 사업 신청서』, BK21플러스 창의적 국어교육 미래 인재 양성 사업팀, 2013.

이경화, 「창의성 신장을 위한 국어과 교수 학습 분석」, 『청람어문교육』 26, 청람어문학회, 2003.

이동원, 『창의적 교육의 실천적 접근』, 교육과학사, 2009.

이병민, 「창의성 및 언어의 창의성 개념과 외국어 교육에서의 함의」, 『국어교육연구』 31, 서울대학교 국어교육연구소, 2013.

이삼형 외 2인, 「언어적 창의력 프로그램 개발 연구」, 『국어교육학연구』 19, 국어교육학회, 2004.

이상아·윤여탁, 「다큐멘터리의 언어적 창의성 연구 -《지식채널e》를 중심으로」, 『국어교육연구』 31, 서울대학교 국어교육연구소, 2013.

이화선·최인수, 「언어 창의성의 과제특수성에 대한 연구」, 『교육심리연구』 21(2), 한국교육심리학회, 2007.

제민경·구본관, 「언어 창의성 발현을 위한 교육적 체계의 구성 방향」, 『국어교육』 143, 한국어교육학회, 2013.

전경원, 『동·서양의 하모니를 위한 창의학』, 학문사, 2000.

최인수, 『창의성의 발견』, 샘앤파커스, 2011.

최홍원, 「창의성에 대한 이해 지평의 확대와 국어교육적 재조명」, 『새국어교육』 89, 한국국어교육학회, 2011.

한순미 외 4인, 『창의성: 사람, 환경, 전략』, 학지사, 2005.

Averill, J. R. and Nunley, E. P., *Voyages of Heart: Living an Emotionally Creative Life*, New York: Free Press, 1992. 소연희, 「정서 창의성과 대인관계성향에 관한 분석」, 『교육방법연구』 16(2), 한국교육과정방법학회, 2004에서 재인용.

Boden, M. A., *The Creative Mind: Myths and Mechanisms*, New York: Basic Books Inc., 1991.

Brown, H. D., 이흥수 외 역, 『외국어 학습·교수의 원리』, Pearson Education Korea, 2005.

de Bono, E., *The CoRT Thinking: Teachers Note*, New York Pergamon Press, 1991. 신명선, 「국어적 창의성의 개념 정립에 대한 연구 -정서 창의성의 도입을 중심으로」, 『국어교육학연구』 35, 국어교육학회, 2009에서 재인용.

Gardner, H., "Seven creators of the modern era", J. Brockman ed., *Creativity*, New York: Simon Schuster, 1993. 이동원, 『창의적 교육의 실천적 접근』, 교육과학사, 2009에서 재인용.

Kaufman, J. C., 김정희 역, 『창의성 101』, 시그마프레스, 2010.

Kersting, K., "Considering Creativity -What exactly is creativity?", *Monitor Psy-*

chology 34(10), 2003. 신명선, 「국어적 창의성의 개념 정립에 대한 연구 - 정
서 창의성의 도입을 중심으로」, 『국어교육학연구』 35, 국어교육학회, 2009에서
재인용.

Rhodes, M., "An analysis of creativity", *Dhi Delta Kappan* 42, 1961. 김영채, 『창
의력의 이론과 개발』, 교육과학사, 2010에서 재인용.

Rose, L. H. and Lin, H. T., "The meta-analysis of long-term creativity training
programs", *Journal of Creative Behavior* 18, 1984. 전경원, 『동·서양의 하
모니를 위한 창의학』, 학문사, 2000에서 재인용.

Sternberg, R. J., Grigorenko, E. L. and Singer, J. L. eds., 임웅 역, 『창의성: 그 잠재
력의 실현을 위하여』, 학지사, 2009.

Tudor, I., *The Dynamics of the Language Classroom,* Cambridge: Cambridge
University Press, 2001. 김은성, 「국어과 창의성 교육의 관점」, 『국어교육학연
구』 18, 국어교육학회, 2003에서 재인용.

2장 창의적 문화 세대를 위한 국어교육의 지향

* 윤여탁, 「창의적 문화 세대를 위한 국어교육의 지향」, 『국어교육연구』 57, 국어교육학회, 2015로
게재되었는데, 이 책의 주제와 체제, 각주 방식에 따라 일부 수정됨.

김대행 외 7인, 『문학교육원론』, 서울대학교출판부, 1999.

김창원, 「통합형 국어과 교육과정 구성의 방향과 과제」, 『청람어문교육』 51, 청람어문
교육학회, 2014.

김창원 외 14인, 『문·이과 통합형 국어과 교육과정 재구조화 연구』, 교육부, 2014.

윤여탁, 「비판적 문화 연구와 현대시 연구 방법」, 『한국시학연구』 18, 한국시학회,
2007.

윤여탁, 「국어교육의 본질과 교과서」, 『선청어문』 36, 서울대학교 국어교육과, 2008.

윤여탁, 「다문화 사회: 한국문학과 대중문화의 대응」, 『국어교육연구』 26, 서울대학교
국어교육연구소, 2010.

윤여탁, 『문화교육이란 무엇인가: 한국어 문화교육의 벼리[綱]』, 태학사, 2013.

윤여탁, 「창의성의 재개념화와 국어교육의 지향과 과제」, 『새국어교육』 98, 한국국어
교육학회, 2014.

윤여탁 외 3인, 「현대시 교육에서 지식의 성격과 교육의 방향」, 『국어교육연구』 27, 서
  울대학교 국어교육연구소, 2011.

윤여탁 외 4인, 『매체언어와 국어교육』, 서울대학교출판부, 2008.

윤여탁·이상아, 「융복합적 미래 인재 양성을 위한 국어교육의 과제: 광고를 활용한
  교수－학습을 중심으로」, 『교육연구와 실천』 80, 서울대 교육종합연구원, 2014.

AATK(American Association of Teachers of Korean), *Standards for Foreign
  Language Learning in the 21th Century*, Allen Press, 2012.

Banks, J. A., 모경환 외 역, 『다문화교육 입문』, 아카데미프레스, 2008.

Brown, H. D., 이흥수 외 역, 『외국어 학습·교수의 원리』, Pearson Education Ko-
  rea, 2005.

Collie, J. and Slater, S., *Literature in the Language Classroom: A Resource Book
  of Ideas and Activities*, Cambridge[Cambridgeshire]; New York: Cam-
  bridge University Press, 1987.

Lentricchia, F. and McLaughlin, T. eds., 정정호 외 역, 『문학연구를 위한 비평용어』,
  한신문화사, 1994.

Turner, G., 김연종 역, 『문화 연구 입문』, 한나래, 1995.

Tylor, E. B., *Primitive Culture: Researches into the Development of Mythology,
  Philosophy, Religion, Language, Art, and Custom,* London: J. Murray,
  1871. Lentricchia, F. and McLaughlin, T. ed., 정정호 외 역, 『문학연구를 위
  한 비평용어』, 한신문화사, 1994에서 재인용.

3장 통(융)합적 교양의 가능성과 한계

* 윤대석, 「이효석 소설에서의 음악」, 『인문과학연구논총』 42, 명지대학교 인문과학연구소, 2015로
게재되었는데, 이 책의 주제와 체제, 각주 방식에 따라 일부 수정됨.

김미란, 「감각의 순례와 중심의 재정위」, 『상허학보』 38, 상허학회, 2013.

윤대석, 「1930년대 '피'의 담론과 일본어 소설」, 『우리말글』 1, 우리말글학회, 2011.

윤대석, 「경성제대의 교양주의와 일본어」, 『흔들리는 언어들』, 성균관대출판부, 2008.

윤대석, 「친일문학을 해소하기 위해」, 『사이間SAI』 3, 국제한국문학문화학회, 2007.

이효석, 〈녹의 탑〉, 『國民新報』, 1940. 4. 21.

이효석,《새롭게 완성한 이효석 전집(7)》, 창미사, 2003.

이효석, 「아널드의 교양 개념의 문화정치학적 함의와 '열린' 교양의 가능성」, 『새한영어영문학』 54, 새한영어영문학회, 2012.

이효석,《이효석 전집(1-8)》, 창미사, 1983.

임태훈, 「'소리'의 모더니티와 '음경'의 발견」, 『민족문학사연구』 38, 민족문학사연구소, 2008.

정준영, 「경성제국대학과 식민지 헤게모니」, 서울대학교 박사학위논문, 2009.

최재서, 「교양의 정신」, 『인문평론』, 인문사, 1939.

허병식, 「교양의 정치학」, 『민족문학사연구』 40, 민족문학사연구소, 2009.

허병식, 「식민지 지식인과 그로테스크한 교양주의」, 『한국어문학연구』 52, 한국어문학연구학회, 2009.

岡田曉生, 『西洋音樂史』, 東京: 中公新書, 2005.

柄谷行人, 조영일 역, 『네이션과 미학』, 도서출판 b, 2009.

小池滋, 『英国流立身出世と教育』, 東京: 岩波新書, 1992.

高田里惠子, 『文學部をめぐる病い』, 東京: ちくま文庫, 2006.

竹內洋, 『敎養主義の沒落』, 東京: 中公新書, 2003.

編輯部編, 『哲學·思想飜譯語事典』, 東京: 論創社, 2003.

吉見俊哉, 서재길 역, 『대학이란 무엇인가』, 글항아리, 2014.

Arendt, H., 이진우 역, 『인간의 조건』, 한길사, 1996.

Arnold, M., 윤지관 편, 『교양과 무질서』, 한길사, 2006.

Döring, W. O., 김용정 편, 『칸트철학 입문』, 중원문화, 1978.

Freund, E., 신명아 역, 『독자로 돌아가기』, 인간사랑, 2005.

Kant, I., 백종현 편, 『판단력비판』, 아카넷, 2009.

Ringer, F. K., 西村稔訳 譯, 『讀書人の沒落』, 名古屋: 名古屋大學出版會, 1991.

Small, C., 조선우·최유준 역, 『뮤지킹 – 음악하기』, 효형출판, 2004.

Weber, M., *The Protestant Ethic and the Spirit of Capitalism*, London: Uniwin University Books, 1930. Chanon, M., 김혜중 역, 『무지카 프라티카』, 동문선, 2001에서 재인용.

4장 융합교육을 위한 교과교육의 소통과 언어적 창의성

* 김종철, 「융합교육을 위한 교과교육의 소통과 언어적 창의성」, 『한중인문학연구』 47, 한중인문학회, 2015로 게재되었는데, 이 책의 주제와 체제, 각주 방식에 따라 일부 수정됨.

• 기본 자료

운포처사, 〈농가월녕가〉(필사본, 일사본), 서울대학교.

〈농가월녕가〉, 『忘老却愁記』(필사본, 가람본), 서울대학교.

〈농가월령가(農家月令歌)〉, 김성배 외 3인, 『주해 가사문학전집』, 정연사, 1961.

〈농가월령가(農家月令歌)〉, 박성의 주해, 『한양가·농가월령가』, 예그린출판사, 1974.

〈농가월령가(農家月令歌)〉, 이상원, 『가사육종(歌辭六種)』, 보고사, 2013.

金逈洙, 〈月餘農歌〉, 농촌진흥청 편, 『규곤요람 외』, 농촌진흥청, 2010.

정재호 주해, 〈치산편〉, 『초당문답가』, 박이정, 1996.

신재효, 〈치산가〉, 강한영 교주, 『신재효 판소리사설집(전)』, 민중서관, 1974.

정약용, 다산연구회 역주, 『역주 목민심서』 3, 창작과비평사, 1981.

• 논문 및 단행본

고영화, 「〈농가월령가(農家月令歌)〉에 나타난 시간관의 교육적 고찰」, 『선청어문』 36,
　　　서울대학교 국어교육과, 2008.

곽영순 외 3인, 「핵심역량과 융합교육에 초점을 둔 과학과 교육과정 개선 방향 연구」,
　　　Journal of the Korean Association of Science Education 34(3), 한국과학
　　　교육학회, 2014.

곽영직 외 7인, 『고등학교 과학』(서울특별시교육감인정), 더텍스트, 2011.

교육과학기술부, 『실과(기술·가정)교육과정』(별책10), 교육과학기술부, 2012.

교육과학기술부, 『농생명 산업 계열 전문 교과 교육과정』(별책21), 교육과학기술부,
　　　2012.

권재일 외 3인, 『인문학의 학제적 연구·교육 현황과 활성화 방안』, 경제·인문사회연
　　　구회, 2006.

권정은, 「조선시대 농서(農書)의 전통과 〈농가월령가〉의 구성 전략」, 『새국어교육』
　　　97, 한국국어교육학회, 2013.

권정은, 「조선후기 농가시와 경직도의 복합적 양상 비교」, 『比較文學』 63, 한국비교문
　　　학회, 2014.

길진숙, 「中人 金迥洙의 〈農家月令歌〉 漢譯과 그 意味」, 『東洋古典硏究』 6, 동양고전학회, 1996.

김광웅 외 9인, 『융합학문, 어디로 가고 있나?』, 서울대학교출판문화원, 2011.

김기탁, 「〈농가월령가〉에 대한 고찰」, 『韓民族語文學』 2, 한민족어문학회, 1976.

김문제·송선경, 『예술을 꿀꺽 삼킨 과학』, 살림, 2012.

김상욱, 「〈농가월령가〉의 교육적 수용을 위한 담론 분석」, 이상익 외 18인, 『고전문학 어떻게 가르칠 것인가』, 집문당, 1994.

김석회, 「〈농가월령가〉와 〈월여농가(月餘農歌)〉의 대비 고찰」, 『국어국문학』 137, 국어국문학회, 2004.

김성원 외 3인, 「융합인재교육(STEAM)을 위한 이론적 모형의 제안」, 『한국과학교육학회지』 32(2), 한국과학교육학회, 2012.

김용덕, 「總序: 鄕約新論」, 향촌사회사연구회, 『조선후기 향약 연구』, 민음사, 1990.

김용섭, 『(신정 증보판)조선후기농학사연구』, 지식산업사, 2009.

김종수 외 7인, 『고등학교 한국사』, 금성출판사, 2014.

김종철, 「문학교육과 경제교육의 소통 – 언어적 창의성을 중심으로」, 『문학교육학』, 43, 한국문학교육학회, 2014.

김형수, 〈월여농가〉, 농촌진흥청 편, 『규곤요람 외』, 농촌진흥청, 2010.

김형태, 「〈農家月令歌〉 창작 배경 연구: 歲時記 및 農書, 家學, 『詩名多識』과의 연관성을 중심으로」, 『東洋古典硏究』 25, 동양고전학회, 2006.

김희준 외 8인, 『고등학교 과학』(서울특별시교육감인정), 상상아카데미, 2011.

도면회 외 7인, 『고등학교 한국사』, 비상교육, 2011.

박경주, 「고전문학 교육의 연구 현황과 전망: 시가 교육을 중심으로」, 『고전문학과 교육』 1, 한국고전문학교육학회, 1999.

박기묵 외 3인, 『인문학과 생명과학(공학)의 학제간 연구·교육 현황과 활성화 방안』, 경제·인문사회연구회, 2006.

송진웅·나지연, 「창의 융합의 과학교육적 의미와 과학 교실문화의 방향」, 『교과교육학연구』 18(3), 이화여자대학교 교과교육연구소, 2014.

오영교, 『조선후기 향촌지배정책 연구』, 혜안, 2001.

오필석 외 9인, 『고등학교 과학』(서울특별시교육감인정), 천재교육, 2011.

윤회정·윤원정·우애자, 「2009 개정 교육과정과 융합형 과학 교과서에 대한 고등학교 과학교사들의 인식」, 『교과교육학연구』 15(3), 이화여자대학교 교과교육연구소, 2011.

이두현 외 6인, 『미술관 옆 사회교실』, 살림, 2014.

이상원, 「고전시가의 문화론적 접근 – 〈농가월령가〉를 중심으로」, 『어문논총』 60, 한국문학언어학회, 2014.

이상익 외 18인, 『고전문학 어떻게 가르칠 것인가』, 집문당, 1994.

이숭원, 「〈농가월령가〉에 나타난 자연·인간·사회」, 『국어국문학』 137, 국어국문학회, 2004.

이은경 외 3인, 『인문학과 정보과학기술의 학제간 연구·교육 현황과 활성화 방안』, 경제·인문사회연구회, 2006.

이태수 외 6인, 『외국에서의 인문학의 학제간 연구·교육 및 인문진흥관련 법 사례 조사 연구』, 경제·인문사회연구회, 2006.

이해준, 「조선후기 洞契·洞約과 촌락공동체조직의 성격」, 향촌사회사연구회, 『조선후기 향약 연구』, 민음사, 1990.

임치균, 「〈농가월령가〉 일 고찰」, 백영 정병욱 선생 10주기추모논문집 간행위원회, 『한국고전시가작품론』, 집문당, 1992.

조주연, 『인문학기반의 통합학문적 융합과제 도출 방안』, 경제·인문사회연구회, 2010.

조주연, 『인사 – 이공 학제간 융합연구 과제 도출 및 활성화 방안』, 경제·인문사회연구회, 2010.

지교헌 외 2인, 『조선조향약연구』, 민속원, 1991.

홍성욱 외 5인, 『융합이란 무엇인가』, 사이언스북스, 2012.

Christian, D. and Bain, B, 조지형 역, 『빅 히스토리』, 해나무, 2014.

5장 문법과 문학 영역의 통합

* 구본관, 「문법과 문학 영역의 통합」, 『국어교육』 148, 한국어교육학회, 2015로 게재되었는데, 이 책의 주제와 체제, 각주 방식에 따라 일부 수정됨.

고영근 외 23인, 『한국문학작품과 텍스트분석』, 집문당, 2009.

고영근, 『텍스트 과학』, 집문당, 2011.

곽충구, 「이용악 시의 시어에 나타난 방언과 문법의식」, 김완진 외 38인, 『문학과 언어의 만남』, 신구문화사, 1996.

구본관, 「문법 능력과 문법 평가 문항 개발의 방향」, 『국어교육학연구』 37, 국어교육학회, 2010.

구본관, 「한국어에 나타나는 언어적 상상력」, 『국어국문학』 46, 국어국문학회, 2007.

김경아, 「윤동주의 〈서시〉에 대한 단상」, 김완진 외 38인, 『문학과 언어의 만남』, 신구문화사, 1996.

김대행, 「언어 사용의 구조와 국어교육」, 『국어교육』 71, 한국국어교육연구회, 1990.

김수정, 「문법과 문학 교육의 활용 방안 모색: 최명익 소설의 인용문을 대상으로」, 『국어교육』 55, 국어교육학회, 2014.

김억 편, 『소월시초』 박문출판사, 1939.

김완진 외 38인, 『문학과 언어의 만남』, 신구문화사, 1996.

김완진, 『향가해독법 연구』 서울대학교출판부, 1980.

김은성, 「국어교육의 최전선: 현대문학 텍스트의 교육적 소통에 관한 소론」, 『한국언어문화』 54, 한국언어문화학회, 2014.

김은성, 「이야기를 활용한 문법교육 가능성 탐색」, 『국어교육』 122, 한국어교육학회, 2007.

김정우, 「국어 교과서의 영역 통합 양상 분석」, 『독서연구』 22, 한국독서학회, 2009.

김해숙 외 8인, 『문법 교육과 텍스트의 만남』, 동국대학교출판부, 2012.

남가영, 「문법 탐구 경험의 교육 내용 연구」, 서울대학교 박사학위논문, 2008.

노진서, 「영어와 한국어의 시 구절에 나타난 개념적 은유 비교: 사랑 표현을 중심으로」, 『영미어문학』 83, 한국영미어문학회, 2007.

류수열, 「국어과 교육과정을 위한 문학의 위상 설정」, 『문학교육학』 35, 한국문학교육학회, 2011.

민현식, 「통합적 문법 교육의 의의와 방향」, 『문법 교육』 12, 한국문법교육학회, 2010.

백순재·하동호, 『결정판 소월전집 못잊을 그 사람』, 양서각, 1966.

백영 정병욱 선생환갑기념논총간행위원회, 『국어학 연구』, 신구문화사, 1983.

신명선, 「개정 국어과 교육과정의 문법 교육 내용에 대한 고찰」, 『국어교육학연구』 31, 국어교육학회, 2008.

신명선, 「통합적 문법교육에 관한 담론 분석」, 『한국어학』 31, 한국어학회, 2006.

신호철, 「국어교육에서 '통합'에 대한 관점」, 『한말연구』 27, 한말연구학회, 2010.

신호철, 「국어교육의 상보적 통합: 문법 영역을 중심으로」, 『문법 교육』 7, 한국문법교육학회, 2007.

양세희, 「문법과 쓰기의 통합적 양상 분석」, 『문법 교육』 12, 한국문법교육학회, 2010.

오현아, 「에듀테인먼트 콘텐츠로서의 문법 교육 내용의 이야기화 모델 탐색」, 『국어교육』 138, 한국어교육학회, 2012.

우상영, 「중세국어 문법과 고전시가의 통합교육 모형 연구: 「세종어제 훈민정음 서문」과 「가시리」를 중심으로」, 한남대학교 석사학위논문, 2013.

이경현, 「'독서와 문법' 교과서 단원 구성 방향」, 『한어문교육』 23, 한국언어문학교육학회, 2010.

이관규, 「문법 연구와 문법 교육의 상관관계: 문법 교육의 내용 선정 원리와 관련하여」, 『한국어학』 33, 한국어학회, 2006.

이관규, 「통합적 문법 교육의 의의와 방법」, 『문법 교육』 11, 한국문법교육학회, 2009.

이기문, 『신정판 국어사개설』, 태학사, 1998.

이기문 외 12인, 『문학과 방언』, 역락, 2001.

이삼형, 「'문법' 영역과 '작문' 영역의 통합 문제」, 『문법 교육』 12, 한국문법교육학회, 2010.

이삼형, 「문학과 말하기의 랑데부와 도킹」, 『문학과 교육』 11, 문학과교육연구회, 2000.

이용주, 「초·고교에서의 언어지식 교육」, 『제5차 국어과·한문과 교육과정 개정을 위한 세미나』, 한국교육개발원, 1986.

이종열, 「국어지식 영역 내용체계의 통합적 재구성 방안」, 『문학과 언어』 25, 문학과언어연구회, 2003.

이지은, 「고전 이해 능력을 위한 문법 형태 교육 연구」, 서울대학교 석사학위논문, 2007.

임규홍, 「'문법'과 '독서'의 통합성」, 『문법 교육』 12, 한국문법교육학회, 2010.

임지룡 외 4인, 『문법 교육론』, 역락, 2010.

장신영, 「통합적 문법 교육을 위한 학습 활동 구성의 실제: 2010년 개정 교과서를 중심으로」, 전남대학교 석사학위논문, 2011.

장윤희, 「국어사 지식과 고전문학 교육의 상관성」, 『국어교육』 108, 한국어교육학회,

2002.

전은주,「화법과 문법의 통합 교육 내용 구성」,『문법 교육』12, 한국문법교육학회, 2010.

정재찬,『문학 교육의 사회학을 위하여』, 역락, 2003.

주세형,「할리데이 언어 이론의 국어교육학적 의미」,『국어교육』130, 한국어교육학회, 2009.

주세형,『문법교육론과 국어학적 지식의 지평 확장』, 역락, 2006.

한계전,『한국문학 2: 한용운의 님의 침묵』, 서울대학교출판부, 1996.

허재영,「문법과 문학의 통합과 텍스트 활용 양상」,『우리말교육현장연구』5(1), 우리말교육현장학회, 2011.

홍성욱,「과학과 예술의 접점과 융합, 상상력과 창의성을 중심으로」,『서울대학교 SSK 사업팀 초청 특강 자료』, SSK 창의적 인재 육성을 위한 융합 교과 개발 연구팀, 2014.

Erlich, V., 박거용 역,『러시아 형식주의』, 문학과지성사, 1983.

Lakoff, G. and Johnson, M., 나양진·노익주 역,『삶으로서의 은유』, 박이정, 2006.

Lukács, G., 반성환 역,『소설의 이론』, 심설당, 1985.

6장 도시 공간 속의 한국문학

* 윤대석,「경성의 공간분할과 정신분열」,『국어국문학』144, 국어국문학회, 2006으로 게재되었는데, 이 책의 주제와 체제, 각주 방식에 따라 일부 수정됨.

김사량,〈천마天馬〉,『文藝春秋』, 東京: 文藝春秋社, 1940.

김홍식,「박태원의 소설과 고현학」,『한국현대문학연구』, 한국현대문학회, 2005.

박선희,「경성 상업공간의 식민지 근대성: 상업회사를 중심으로」,『대한지리학회지』41(3), 대한지리학회 2006.

박태원,〈소설가 구보씨의 일일〉,《소설가 구보씨의 일일》, 깊은샘, 1989.

복거일,『죽은 자들을 위한 변호』, 들린아침, 2003.

손정목,『일제강점기 도시사회상 연구』, 일지사, 1996.

손정목,『일제강점기 도시화과정 연구』, 일지사, 1996.

윤대석,『식민지 국민문학론』, 역락, 2006.

윤대석, 「일본과 일본인을 바라보는 분열의 시선, 단일한 시선」, 『대산문화』, 대산문화
　　재단, 2006.

윤해동 외 5인, 『근대를 다시 읽는다(1)』, 역사비평사, 2006.

이 상, 〈추등잡필〉, 《이상전집3》, 문학사상사, 1993.

조이담, 『구보씨와 더불어 경성을 가다』, 바람구두, 2005.

최서해, 〈이중〉, 《최서해전집(상)》, 문학과지성사, 1987.

황호덕, 「경성지리지, 이중언어의 장소론」, 『대동문화연구』 51, 성균관대학교 대동문
　　화연구원, 2005.

柄谷行人, 박유하 역, 『일본근대문학의 기원』, 민음사, 1997.

柄谷行人, 『近代小說の終り』, 東京: INSCRIPT, 2005.

今和次郎, 『考現學入門』, 東京: 筑摩書房, 1987.

田中英光, 유은경 역, 〈취한 배〉, 《취한 배》, 소화, 1999.

前田愛, 『都市空間の中の文學』, 東京: 筑摩書房, 1982.

橘谷弘, 김제정 역, 『일본제국주의, 식민지 도시를 건설하다』, 모티브, 2005.

Loomba, A., *Colonialism-postcolonialism*, London: Routledge, 1998.

7장 문학과 영상의 창의적 융합을 통한 공감교육

* 고정희, 「문학과 영상의 창의적 융합을 통한 공감교육: NT Live 〈리어왕〉을 중심으로」, 『문학치료연구』 35,
한국문학치료학회, 2015로 게재되었는데, 이 책의 주제와 체제, 각주 방식에 따라 일부 수정됨.

• 기본 자료

박범신, 《은교》, 문학동네, 2010.

Shakespeare, W., 신정옥 역, 《셰익스피어 4대 비극집》, 전예원, 1991.

Shakespeare, W., 최종철 역, 《리어 왕》, 민음사, 1997.

Shakespeare, W., 최종철 역, 《리어 왕》, 민음사, 2005.

http://ntlive.nationaltheatre.org.uk/productions/44084-king-lear

• 논문 및 단행본

강손근, 「늙음과 돈으로 보는 플라톤의 정의론」, 『철학논총』 27(3), 새한철학회, 2009.

강일중, 「'스크린'으로 즐기는 공연예술 시대」, 『연합뉴스』, 2010.09.06.

구본관, 「경제학 학술 논문 텍스트의 창의성의 발현 양상」, 『텍스트언어학』 36, 한국
　　텍스트언어학회, 2014.

고정희, 「사설시조와 리얼리즘」, 『국문학연구』 28, 국문학회, 2013.

고정희, 「연민을 이끌어내는 문학과 도덕적 상상력 - 영화 〈레미제라블〉과 소설 〈레미
　　제라블〉의 비교를 중심으로」, 『문학치료연구』 26, 한국문학치료학회, 2013.

김복희, 「〈리어왕〉: 이미지 유형과 주제」, 『한영논총』 16, 한영신학대학교, 2012.

김숙재, 「윌리엄 셰익스피어의 〈리어왕〉 연구」, 『일립논총』 6, 한국성서대학교, 2000.

김용환, 「공감과 연민의 감정의 도덕적 함의」, 『철학』 76, 한국철학회, 2003.

김종환, 「〈리어왕〉 비평의 쟁점: 낙관적 시각과 비관적 시각」, 『셰익스피어 비평』
　　46(4), 한국셰익스피어학회, 2010.

김향원·남용현, 「'융합' 개념의 이해와 디자인 환경에서의 의미」, 『한국디자인포럼』
　　39, 한국디자인트렌드학회, 2013.

김혜련, 「감정 소통매체로서의 영화와 도덕적 상상력」, 『철학논총』 61, 새한철학회,
　　2010.

송희영, 「문학의 확장으로서의 영화 - 영화의 확장으로서의 문학: 폰타네의 〈에피 브
　　리스트〉와 파스빈더의 〈폰타네의 에피 브리스트〉 비교」, 『독일문학』 84, 한국독
　　어독문학회, 2002.

원영희, 「노인편견에 영향을 미치는 요인」, 『일립논총』 9, 한국성서대학교출판부, 2003.

윤희억, 「〈리어왕〉의 비평의 흐름: 1800년에서 현재까지」, 『셰익스피어비평』 44(2),
　　한국셰익스피어학회, 2008.

이병민, 「창의성 및 언어의 창의성 개념과 외국어 교육에서의 함의」, 『국어교육연구』
　　31, 서울대학교 국어교육연구소, 2013.

이지영, 「노년담론에 대한 노인의 인식과 대응에 관한 질적 연구: 자아상과 노인상의
　　차이를 중심으로」, 『노년학연구』 29(3), 한국노년학회, 2009.

장영란, 「늙음의 현상과 여성주의 윤리」, 『동서철학연구』 51, 한국동서철학회, 2009.

전인한, 「두 유혹 사이에서: 영화와 문학」, 『안과밖』 13, 영미문학연구회, 2002.

진인혜, 「문자 매체에서 영상매체로의 전환 - 플로베르의 〈부바르와 페퀴셰〉」, 최경은
　　외 편, 『유럽의 영화와 문학』, 연세대학교 출판문화원, 2012.

채영희, 「노인 어휘망에 나타난 '늙음'의 의미분석에 따른 새로운 노년인식」, 부경대
　　인문사회과학연구소 노년인문학센터 편, 『인문학자, 노년을 성찰하다』, 푸른사

상, 2012.

한순미, 「매체적 상상력과 욕망하는 주체: 김영하의 단편을 중심으로」, 『한국문학이론과 비평』 9, 한국문학이론과 비평학회, 2000,

황미구·권선희, 「청소년들의 노인과 동성애자에 대해 주관적으로 지각된 영상매체 이미지가 노인과 동성애자의 사회적 거리감에 미치는 영향: 영상매체 인물 동일시 및 사회적 자아개념을 매개변인으로 하여」, 『청소년학연구』 15(7), 한국청소년학회, 2008.

황윤정, 「박범신, 트위터에 "차라리 '은교'를 버려주길"」, 『연합뉴스』, 2014.10.15.

황윤정·김종철, 「〈구운몽도〉와 융합 교육의 지향」, 『고전문학과 교육』 29, 한국고전문학교육학회, 2015.

Andreasen, N. J. C., "The Artist as Scientist", *JAMA Neurology* 235(17), American Medical Association, 1976.

Bates, L., 박진재 역, 『감옥에서 만난 자유, 셰익스피어』, Denstory, 2014.

Bell, V. and Troxel, D., 이애영 역, 『치매: 고귀함을 잃지 않는 삶』, 학지사, 2006.

Berchtold, N. C. and Cotman, C. W., "Evolution in the Conceptualization of Dimentia and Alzheimer's Disease: Greco-Roman Period to the 1960s", *NEUROBIOLOGY OF AGING* 19(3), PERGAMON PRESS LTD, 1998.

Carringer, R., "The Cinematic Imagination", *Literature Film Quarterly* 2(1), Salisbury State University, 1974.

Chatman, S., 김경수 역, 『영화와 소설의 서사구조』, 민음사, 1997.

Fogan, L., "The neurology in Shakespeare", *JAMA Neurology* 46(8), American Medical Association, 1989.

Poster, M., 김승현 역, 『미네르바의 올빼미가 날기 전에 인터넷을 생각한다』, 이제이북스, 2001.

Truskinovsky, A. M., "Literary Psychiatric Observation and Diagnosis Through the Ages-King Lear Revisited", *Southern Medical Journal* 95(3), Southern Medical Association, 2002.

• 인터넷 자료

http://jameskarasreviews.blogspot.kr/2014/05/king-lear-review-of-national-theatre.html/2014/05/04/

http://www.telegraph.co.uk/culture/theatre/theatre-reviews/10593210/King-
Lear-National-Theatre-review.html/2014/01/23/

http://www.rsc.org.uk/explore/shakespeare/ plays/king-lear/2007-director-
interview

http://blog.daum.net/yubchoo/7017611

http://blog.naver.com/ken4136112/220109496059

http://blog.naver.com/lse92/220110222164

http://blogs.carleton.edu/englishdepartment/2014/06/23/581/aspx

8장 국어교육에서 표현교육의 확장과 통합 방안

* 민병곤, 「국어 교육에서 표현 교육의 확장과 통합 방안」, 『새국어교육』 99, 한국국어교육학회, 2015로
게재되었는데, 이 책의 주제와 체제, 각주 방식에 따라 일부 수정됨.

교육과학기술부, 『교육과학기술부 고시 제2012-14호에 따른 국어과 교육과정』, 교
육과학기술부, 2012.

김종철 외 6인, 『2013년 국민의 국어 능력 평가』, 국립국어연구원, 2013.

김종철, 「고등학교 '심화 선택' 체제 개편 방향」, 『국어교육』 131, 한국어교육학회,
2010.

민병곤, 「논증 교육의 내용 연구: 6, 8, 10학년 학습자의 작문 및 토론 분석을 바탕으
로」, 서울대학교 박사학위논문, 2004.

민병곤, 「표현교육론의 쟁점과 표현 영역의 중핵 성취기준」, 『한국어교육학회 제269
회 정기학술대회 자료집국어과 교육과정 설계와 학문적 쟁점』, 한국어교육학
회, 2010.

민병곤, 「'화법과 작문' 과목의 정체성에 대한 비판적 고찰」, 『작문연구』 16, 한국작문
학회, 2012.

민병곤, 「학습을 위한 화법의 위상과 과제」, 『선청어문』 40, 서울대학교 국어교육과,
2013.

민병곤, 「고도 전문화 시대의 언어인식과 교육적 대응」, 『국어교육학연구』 46, 국어교
육학회, 2013.

민현식 외 22인, 『2011 국어과 교육과정 개정을 위한 시안 개발 연구』, 교육과학기술
　　부, 2011.

서영진, 「2011 개정 '화법과 작문' 교육과정에 대한 비판적 고찰: '설득' 범주 교육 내
　　용의 재구성을 통한 대안 모색」, 『화법연구』 19, 한국화법학회, 2011.

이도영, 「2009 개정 교육과정의 작문 교수 학습 방법 및 평가: 문제 제기를 중심으로」,
　　『작문연구』 13, 한국작문학회, 2011.

이동후, 「제3의 구술성 : '뉴 뉴미디어' 시대 말의 현존 및 이용 양식」, 『언론정보연구』
　　47(1), 서울대학교 언론정보연구소, 2010.

이동후, 『미디어 생태이론』, 커뮤니케이션북스, 2013.

정대현 외 7인, 『표현 인문학』, 생각의 나무, 2000.

최현섭 외, 『상생화용, 새로운 의사소통 탐구』, 커뮤니케이션북스, 2007.

Littlejohn, S. W. and Foss, K. A., 김홍규·황주연 역, 『커뮤니케이션 이론(제8판)』,
　　커뮤니케이션북스, 2007.

Ong, W. J., 이기우·임명진 역, 『구술문화와 문자문화』, 문예출판사, 1996.

Thomas, S. et al., "Transliteracy: Crossing divides", *First Monday* 12(12), 2007.
　　이동후, 「제3의 구술성: '뉴뉴미디어'시대 말의 현존 및 이용 양식」, 『언론정보
　　연구』 47(1), 서울대학교 언론정보연구소, 2010, 43-76쪽에서 재인용.

9장 문학교육과 경제교육의 소통

* 김종철, 「문학교육과 경제교육의 소통- 언어적 창의성을 중심으로」, 『문학교육학』 43, 한국문학교육학회, 2014로 게재되었는데, 이 책의 주제와 체제, 각주 방식에 따라 일부 수정됨.

교육부, 『국어과 교육과정』, 교육부, 1997.

김상규, 「속담을 통해 본 돈의 속성 분석 및 금융경제연구」, 『경제교육연구』 12(1), 한
　　국경제교육학회, 2005.

김상규, 「계절 관련 속담을 통한 경제교육 활용방안」, 『경제교육연구』 20(3), 한국경
　　제교육학회, 2013.

김진영·오영수, 『고등학교 경제』, 교학사, 2012.

문우종, 「열린 공간 막힌 소통 - IT 벤처기업의 내부 커뮤니케이션과 기업문화」, 서울
　　대학교 석사학위논문, 2006.

박지희·김유진,『윤리적 소비』, 메디치, 2010.

손정식,「초등학교 국어교과서의 경제시각 분석」,『경제교육연구』 7, 한국경제교육학
　　회, 2001.

심상전·이재민,「어린이 경제교육에서 우리 전래동화의 활용가능성 연구」,『경제교
　　육연구』 12, 한국경제교육학회, 2002.

이양호,「창조경제와 창조경영의 개념 정립에 관한 연구」,『경영컨설팅연구』 13(2),
　　한국경영컨설팅학회, 2013.

조성기,〈우리 시대의 소설가〉, 조성기·강석경,『우리 시대의 소설가·숲속의 방 외』,
　　동아출판사, 1995.

최병두,「창조경제, 창조성, 창조산업 – 개념적 논제들과 비판」,『공간과 사회』 23(3),
　　한국공간환경학회, 2013.

한국교육과정평가원,『고등학교 국어과 교육과정 해설 연구 개발』, 한국교육과정평가
　　원, 2008.

Eaglton, T., 이경덕 역,『문학비평 : 반영이론과 생산이론』, 까치, 1986.

Haug, W. F.,「이데올로기적 가치와 상품미학」, 미술비평연구회 대중시각매체연구분
　　과 편,『상품미학과 문화이론』, 눈빛, 1999.

Hokins, J., 김혜진 역,『창조경제』, FKI미디어, 2013.

Klein, N., 정현경·김효명 역,『NO LOGO』, 중앙M&B, 2002.

Nussbaum, B., 김규태 역,『창조적 지성』, 21세기북스, 2013.

Mayer, R. E., "Fifty Years of Creativity Research", Sternberg, R. J. ed., *Handbook
　　of Creativity*, Cambridge, 2006.

Florida, R. L., 이길태 역,『신창조계급』, 북콘서트, 2011.

Rader, M. M. and Jessup, B. E., 김광명 역,『예술과 인간 가치(개역판)』, 까치, 2004.

Rifkin, J., 안진환 역,『3차 산업혁명』, 민음사, 2012.

UN(국제연합), 이정규 외 역,『창조경제 UN 보고서』, 21세기북스, 2013.

Unesco, 도정일 역,『문화산업론』, 나남, 1987.

Veblen, T., 정수용 역,『유한계급론』, 광민사, 1978.

Watt, I., 전철민 역,『소설의 발생』, 열린책들, 1988.

Wilson, E. O., 최재천·장대익 역,『통섭』, 사이언스북스, 2005.

10장 고전에 대한 소양이 창의적 경영에 미치는 영향

* 고정희, 「고전에 대한 소양이 창의적 경영에 미치는 영향－'스타벅스'와 '야후'의 사례를 중심으로」, 『경제교육연구』 21(1), 한국경제교육학회, 2014로 게재되었는데, 이 책의 주제와 체제, 각주 방식에 따라 일부 수정됨.

• 기본 자료

교육과학기술부, 『사회과교육과정』(교육학기술부 고시 제2012-14호[별책7]), 교육
　　과학기술부, 2012.

Melville, H., 김석희 역, 《모비딕》, 작가정신, 2011.

Nicoll, B., *Gulliver's Travels: notes, Lincoln*, Neb.: Cliff's Notes, 1988.

Roberts, J. L., *Moby Dick: notes, Lincoln*, Neb.: Cliff's Notes, 1966.

Swift, J., 류경희 역, 《걸리버 여행기》, 미래사, 2003.

• 논문 및 단행본

권자연, 「언어조건에 따른 브랜드 명이 브랜드 회상에 미치는 영향: 인명과 제품 범주
　　의 조합을 중심으로」, 한국외국어대학교 석사학위논문, 2009.

김동윤, 「창조적 문화와 문화콘텐츠의 창발을 위한 인문학적 연구: '융합 학제적' 접
　　근의 한 방향」, 『인문콘텐츠』 25, 인문콘텐츠학회, 2012.

김상규, 「우리나라 민요를 이용한 경제교육방안」, 『나라 경제』 9, 한국개발연구원,
　　2000.

김상규, 「속담을 이용한 경제학 개념 교육」, 『나라 경제』 10, 한국개발연구원, 2001.

김상규, 「창의성 증진을 위한 동화 활용의 경제교육」, 『대구교육대학교 초등교육연구
　　논총』 20(2), 대구교육대학교 초등교육연구소, 2004.

김상규, 「패러다임의 변화와 퓨전형 경제교육방법의 모색」, 『경제교육연구』 14(2), 한
　　국경제교육학회, 2007.

김상률, 『눈길을 단숨에 사로잡는 카리스마 브랜드 네이밍』, 랜덤하우스, 2007.

김진걸, 「〈걸리버 여행기〉에 나타난 스위프트의 인간관 연구」, 서울시립대학교 석사
　　학위논문, 2009.

김진영·박형준, 「학교 경제 교육의 문제점과 개선 방안」, 『시민교육연구』 36(1), 한국
　　사회과교육학회, 2004.

김진우, 「창조경영이란 무엇인가」, 연세대학교 창조경영센터 편, 『Creative Leader-
　　ship－창조경영을 논하다』, 연세대학교출판부, 2008.

김진우, 「창조경영의 기원: 비즈니스 모델과 고객가치」, 연세대학교 창조경영센터 편, 『Creative Leadership - 창조경영을 논하다』, 연세대학교출판부, 2008.

신문수, 『모비딕 읽기의 즐거움 - 진실을 말하는 위대한 기예』, 살림, 2005.

신석규, 「브랜드 계층구조(Brand Hierarchy)의 체계성과 운용방안에 대한 연구」, 『한국디자인문화학회지』 17(2), 한국디자인문화학회, 2011.

오수연, 「한 글자 네이밍의 숨은 비결」, 『마케팅』 42, 한국마케팅연구원, 2008.

이경숙, 「스위프트의 주요 작품에 나타난 바흐찐의 대화적 상상력」, 성균관대학교 박사학위논문, 2004.

이문규, 「창조경영을 위한 브랜드 매니지먼트」, 연세대학교 창조경영센터 편, 『Creative Leadership - 창조경영을 논하다』, 연세대학교출판부, 2008.

정덕환, 『스타벅스 CEO 하워드 슐츠의 경영 철학』, 일송포켓북, 2010.

정진홍, 『인문의 숲에서 경영을 만나다』, 21세기북스, 2007.

진형준, 『상상력 혁명』, 살림, 2010.

최병모·김진영·조병철, 「세계화·지식기반사회에 있어서의 새로운 경제원리의 탐색과 경제교육」, 『경제교육연구』 10, 한국경제교육학회, 2003.

한기욱, 「〈모비딕〉의 혼합적 형식과 그 예술적 효과」, 호손과미국소설학회 편, 『모비딕 다시 읽기』, 동인, 2005.

Beers, K. etc., *Elements of Literature(Fifth Course)*, Holt, Rinehart and Wiston, 2007.

Beers, K. etc., *Elements of Literature(Sixth Course)*, Holt, Rinehart and Wiston, 2009.

Czartowski, T., 박희라 역, 『세계 500대 브랜드 사전』, 더난출판, 2006.

Harvey, S., "Cliff-Take Note!", *The English Journal* 76(3), 1987.

Jacob, H. E., 박은영 역, 『커피의 역사』, 우물이 있는 집, 2005.

Karsten, E., "Challenging the 'Cliff's Notes' Syndrome", *The English Journal* 78(7), 1989.

Kupperbeg, P., *Jerry Yang, Chelsea House Publications*, 2009.

Nussbaum, B., 김규태 역, 『창조적 지성(Creative Intelligence) - 새로운 네트워킹과 창조경제의 핵심 코드』, 21세기북스, 2013.

Rivkin, S. and Sutherland, F., 토탈브랜딩코리아 역, 『최고의 브랜드 네임은 어떻게 만들어지는가』, 김앤김북스, 2006.

Schultz, H. and Gordon, J., 안진환 · 장세현 역, 『온워드』, 8.0., 2011.

Schultz, H. and Yang, D. J., 홍순명 역, 『스타벅스, 커피 한 잔에 담긴 성공신화』, 김
영사, 1999.

Vlamis, A. S. and Smith, B., 오민길 · 최명호 역, 『야후! 성공 방식』, 물푸레, 2001.

• 인터넷 자료

제리 양 인터뷰(http://www.fool.com/Specials/1999/sp990303YangInterview.htm).

야후 홈페이지(https://www.yahoo.com).

스타벅스 홈페이지(http://www.starbucks.com).

위키피디아(http://www.wikipedia.org).

동아닷컴뉴스(http://news.donga.com/3/all/20090427/8724933/1).

11장 경제학 학술 논문 텍스트의 특성과 창의성

* 구본관, 「경제학 학술 논문 텍스트의 특성과 창의성」, 『텍스트언어학』 36, 한국텍스트언어학회, 2014로
게재되었는데, 이 책의 주제와 체제, 각주 방식에 따라 일부 수정됨.

구본관, 「한국어에 나타나는 언어적 상상력」, 『국어국문학』 146, 국어국문학회, 2007.

김영채, 『창의력의 이론과 개발』, 교육과학사, 2007.

김은성, 「국어과의 창의성 교육의 관점」, 『국어교육학연구』 18, 국어교육학회, 2003.

남가영, 「문법교육용 텍스트의 개념 및 범주」, 『국어교육』 136, 한국어교육학회, 2011.

남가영, 「문법지식 응용화 방향: 신문텍스트에 나타난 '-(다)는 것이다' 구문의 의미
기능을 중심으로」, 『형태론』 11(2), 박이정, 2009.

남길임, 「텍스트 장르에 따른 문장 확대 양상 연구」, 『텍스트언어학』 21, 한국텍스트
언어학회, 2006.

박나리, 「학술논문의 텍스트성 분석: 의도성을 중심으로」, 『텍스트언어학』 25, 한국텍
스트언어학회, 2008.

박성철, 「학술언어의 이상적 문체에 대한 비판적 일고찰」, 『텍스트언어학』 31, 한국텍
스트언어학회, 2011.

신명선, 「국어 학술텍스트에 드러난 헤지(Hedge) 표현에 대한 연구」, 『배달말』 38,

배달말학회, 2006.

신명선, 「국어적 창의성 개념 정립에 대한 연구」, 『국어교육학연구』 35, 국어교육학회, 2009.

신선경, 「공통 과학 교과서의 텍스트성 연구」, 『텍스트언어학』 31, 한국텍스트언어학회, 2011.

신선경, 「과학탐구와 과학글쓰기에 대한 텍스트언어학적 접근」, 『텍스트언어학』 24, 한국텍스트언어학회, 2008.

신지연, 「인문학 학술텍스트의 담화 특성」, 『텍스트언어학』 35, 한국텍스트언어학회, 2013.

안소진, 「학술논문 문형의 문법적 특징과 담화 기능에 대하여」, 『어문연구』 73, 어문연구학회, 2012.

연세대학교 창조경영센터 편, 『창조경영을 논한다』, 연세대학교출판부, 2008.

우한용 외 10인, 『핵심역량 중심의 창의·인성교육 국어영역 수업 모델 개발 연구』, 교육과학기술부 한국과학창의재단, 2012.

이관희, 「문법으로 텍스트 읽기의 가능성 탐색: 신문 텍스트에 쓰인 '-도록 하-'와 '-게 하-'를 중심으로」, 『국어교육연구』 25, 서울대학교 국어교육연구소, 2010.

이병민, 「창의성 및 언어적 창의성 개념과 외국어 교육에서의 함의」, 『국어교육연구』 31, 서울대학교 국어교육연구소, 2013.

이영만, 「교과교육을 통한 창의성 교육의 접근 방안 탐색」, 『초등교육연구』 14(2), 한국초등교육학회, 2001.

전경원, 『창의학』, 법문사, 2000.

제민경, 「텍스트 중심 문법교육의 방향 탐색: 신문 텍스트의 '전망이다' 구문을 중심으로」, 『국어교육』 134, 한국어교육학회, 2011.

제민경, 「텍스트의 장르성과 시간 표현 교육: 신문 텍스트에서 '-었었-'과 '-ㄴ 바 있-'의 선택을 중심으로」, 『텍스트언어학』 34, 한국텍스트언어학회, 2013.

제민경·구본관, 「경제 현상의 언어화에 드러난 은유의 담화 구성력」, 『한국어 의미학』 43, 한국어의미학회, 2014.

제민경·구본관, 「언어 창의성 발현을 위한 교육적 체계의 구성 방향」, 『국어교육』 143, 한국어교육학회, 2013.

주세형, 「'사실과 의견 구분하기'의 국어과 전문성 탐색」, 『국어교육학연구』 37, 국어교육학회, 2010.

주세형·김형석, 「경제학 분야 학술 텍스트의 특성 연구」, 『제29회 한국작문학회 학술 대회 자료집』, 한국작문학회, 2013.

한국텍스트언어학회, 『텍스트언어학의 이해』, 박이정, 2004.

Brinker, K., 이성만 역, 『텍스트언어학의 이해』, 한국문화사, 1994.

Lakoff, G. and Johnson, M., 노양진·나익주 역, 『삶으로서의 은유』, 박이정, 2006.

Moriarty, M., 정희모·김성수·이재성 역, 『비판적 사고와 과학 글쓰기』, 연세대학교 출판부, 2008.

Nussbaum, B., 김규태 역, 『창조적 지성』, 21세기 북스, 2013.

Rhodes, M., "An analysis of creativity", *Phi Delta Kappan* 42(7), 1961.

12장 토론 담화에서 속담의 진행 기능에 대한 고찰

* 민병곤, 「토론 담화에서 속담의 진행(move) 기능에 대한 고찰」, 『선청어문』 30, 서울대학교 국어교육과, 2002로 게재되었는데, 이 책의 주제와 체제, 각주 방식에 따라 일부 수정됨.

• 논문 및 단행본

강등학, 「속담의 유형과 기능」, 『구비문학연구』 6. 한국 구비 문학회, 1998.

김대행, 「시적 표현의 문법 – 간접화의 어법을 중심으로」, 『고전문학연구』 3, 한국고전 문학연구회, 1986.

金文昌, 「俗談論 序說」, 『江原大學校 논문집』 13, 江原大學校, 1979.

김봉순, 「속담의 설득성과 국어교육적 함의」, 『한국국어교육연구회논문집』 56, 한국 국어교육연구회, 1995.

김선풍, 「속담에 나타난 민족성」, 『한국민속학』 5, 한국 민속학회, 1972.

김현정, 『속담을 통한 한국어 문화 교육 연구』, 서울대학교 석사학위논문, 2002.

김환열, 『TV 토론의 이해』, 커뮤니케이션북스, 2000.

민병곤, 「TV 토론 담화의 논증 분석」, 『텍스트언어학』 11. 한국텍스트언어학회, 2001.

朴甲洙, 「言語에 關한 俗談考」, 『蓮布李河潤先生華甲紀念論文集』, 進修堂, 1966.

서혁, 「언어사용으로서의 속담 표현의 특징」, 『선청어문』 21, 서울대학교 국어교육과, 1993.

서혁, 「속담에 나타난 언어에 대한 태도와 속담어법 교육」, 『國語學硏究: 南川朴甲洙先

生 華甲紀念論文集』, 태학사, 1994.

송현정, 「국어학 연구」, 『國語學研究: 南川朴甲洙先生 華甲紀念論文集』, 태학사, 1994.

沈在箕, 「俗談의 綜合的 檢討를 위하여」, 『冠岳語文研究』 7, 서울대학교 국어국문학과, 1982.

Aristotle, 김재홍 역, 『변증론(*Topica*)』, 까치글방, 1998.

안경화, 「속담을 통한 한국 문화의 교육 방안」, 『한국어 교육』 12(1), 국제한국어교육학회, 2001.

이기문, 「속담의 재발견」, 『심연 김명복 박사 화갑기념 논문집』, 1972.

이기문, 『속담 사전』(개정판), 일조각, 1980.

李成永, 「俗談語法의 國語教育的 意味」, 『국어교육』 73, 74, 한국국어교육연구, 1991.

李庸周, 「俗談의 感化性」, 『師大學報』 4, 서울大學校師範大學, 1957.

이종철, 『속담의 형태적 양상과 지도법』, 이회, 1998.

이종철, 「속담의 국어교육적 의미」, 박갑수 외, 『국어표현·이해 교육』, 집문당, 2000.

조남현, 「소설 속의 속담의 기능」, 『낙산 어문』 2, 서울대학교 국어국문학과, 1970.

주경희, 「텍스트에서 속담 사용 양상」, 『한국어 교육』 9(1), 국제한국어교육학회, 1998.

주경희, 「속담과 관용어의 차이점: 의미 실현 양상을 중심으로」, 『국어국문학』 130, 국어국문학회, 2002.

Barnhart, C. L. ed., *The american college dictionary*, N.Y.: Harper and Brothers, 1957.

Ehninger, D. and Brockriede, W., *Decision by debate*, N.Y.: Dodd. Mead, 1963.

Goodwin, P. D. and Wenzel, J. W. 「Proverbs and practical reasoning: a study in socio-logic」, *The Quarterly Journal of Speech* 65, 1979.

Kennedy. G. A., *On rhetoric: a theory of civic discourse / newly translated. with introduction. notes. and appendices*, Oxford: Oxford University Press, 1991.

Kienpointner. M., "How to classify arguments", Eemeren et al. eds., *Argumentation illuminated*, Amsterdam: ISSA, 1992.

Klopf, D. W., *Intercultural Encounters*(3rd), Morton Publishing Company, 1995.

Olbrechts-Tyteca, L., "La Nouvelle Rhétorique", *Les Études philosophiques*

11(1), 1956.

Perelman. Ch. and Olbrechts-Tyteca, L., *The new rhetoric. A teratise on argumentation(La nouvelle rhétorique: Traité de l'argumentation)*, Nortre Dame; London: University of Notre Dame Press, 1958/1969.

Toulmin, S. E., *The uses of argument*, Cambridge University Press, 1958.

Van Eemeren, F. H. and Grootendorst, R., *Argumentation, communication, and fallacies: a pragma-dialectical perspective*, Hillsdale, N.J.: Lawrence Erlbaum Associates. Inc, 1992.

Van Eemeren, F. H. et al., *Fundamentals of argumentation theory: a handbook of historical background and contemporary developments*, Mahwa. N.J.: Lawrence Erlbaum Associates. Inc, 1996.

Van Eemeren, F. H. et al., *Reconstructing argumentative discourse*, University of Alabama Press, 1993.

Walton. D. N. and Krabbe, E. C. W., *Commitment in dialogue: Basic concepts of interpersonal reasoning*, Albany: State University of New York Press, 1995.

Yankah, K., "Proverb", Asher, R. E. ed., *The encyclopedia of language and linguistics*, Oxford, New York, Seoul, Tokyo: Pergamon Press Ltd, 1994.

• 방송 자료

'소액 주주 운동 권리인가, 간섭인가', MBC 100분 토론, 2001년 3월 8일.

'남북 관계 어떻게 풀 것인가', MBC 100분 토론, 2001년 6월 4일.

'공적자금 부실, 누구 책임인가?', MBC 100분 토론, 2001년 12월 7일.

'이제는 교사가 나서야 한다', MBC 100분 토론, 2001년 5월 17일.

'언론사 세금 추징, 정당한 법 집행인가', MBC 100분 토론, 2001년 6월 28일.

'대권과 당권', MBC 100분 토론, 2001년 12월 14일.

'낡은 정치 깨뜨릴 수 있나?', MBC 100분 토론, 2001년 1월 18일.

'신문 개혁, 자율인가? 타율인가?' MBC 100분 토론, 2002년 2월 1일.

'편 가르기 사회, 해법은 없나', MBC 100분 토론, 2001년 7월 26일.

찾아보기